监察法论丛

（第二辑）

主编／谭宗泽

STUDY
ON
SUPERVISION
LAW

法律出版社
LAW PRESS·CHINA
北京

图书在版编目(CIP)数据

监察法论丛. 第二辑 / 谭宗泽主编. -- 北京 : 法律出版社, 2022

ISBN 978-7-5197-6562-0

Ⅰ. ①监… Ⅱ. ①谭… Ⅲ. ①行政监察法-研究-中国 Ⅳ. ①D922.114.4

中国版本图书馆 CIP 数据核字(2022)第 049164 号

监察法论丛(第二辑)
JIANCHAFA LUNCONG(DI-ER JI)

谭宗泽 主编

责任编辑 李 群 陈 熙
装帧设计 汪奇峰

出版发行 法律出版社
编辑统筹 法规出版分社
责任校对 张红蕊
责任印制 耿润瑜
经　　销 新华书店

开本 710 毫米×1000 毫米 1/16
印张 23.25 **字数** 364 千
版本 2022 年 6 月第 1 版
印次 2022 年 6 月第 1 次印刷
印刷 北京虎彩文化传播有限公司

地址:北京市丰台区莲花池西里 7 号(100073)
网址:www.lawpress.com.cn
投稿邮箱:info@lawpress.com.cn
举报盗版邮箱:jbwq@lawpress.com.cn

销售电话:010-83938349
客服电话:010-83938350
咨询电话:010-63939796

书号:ISBN 978-7-5197-6562-0
定价:58.00 元

凡购买本社图书,如有印装错误,我社负责退换。电话:010-83938349

编 委 会

卷首语

每个时代都有最重要的时代命题。进入新时代，随着国家治理体系和治理能力现代化的号角吹响，监察体制改革作为国家治理体系和治理能力现代化的重要组成部分，正伴随国家治理现代化步伐稳步推进，与此同时，监察法研究也必将迈入更广、更深的学术疆域。进行国家监察体制改革并制定一系列与监察相关的法律法规，是以习近平同志为核心的党中央作出的重大决策部署，目的是坚持和加强党对反腐败工作的集中统一领导，使党的主张通过法定程序上升为国家意志，以法治思维和法治方式治理腐败。国家监察体制改革、制定监察法律法规，是我国政治制度、法律制度建设进程中具有里程碑式意义的大事件，影响深远。

2018年3月20日，第十三届全国人民代表大会第一次会议审议通过了《监察法》[①]。深入学习领会《监察法》的精神实质、核心要义，是今后一个时期国家各个部门的一项重要政治任务。制定《监察法》的根本目的是通过国家法律把党对反腐败工作的集中统一领导机制固定下来，强化不敢腐的震慑，扎牢不能腐的"笼子"，增强不想腐的自觉，为夺取反腐败斗争压倒性胜利提供坚强的法治保证。习近平总书记指出，坚持和加强党的全面领导，关系党和国家前途命运，我们的全部事业都建立在这个基础之上，都根植于这个最本质特征和最大优势。反腐败工作查处的是违纪违法的行使公权力的党员干部、公职人员，政治性强，高度敏感。党管干部不仅是管干部的培养提拔使用，还要对干部进行教育管理监督，对违纪违法的干部作出处理。监

① 为方便阅读，本书中的法律法规均使用简称。——编者注

察委员会作为专门的反腐败工作机构,与党的纪律检查机关合署办公,在党的直接领导下,对行使公权力的党员干部、公职人员进行监督,对违纪的人进行查处,对涉嫌违法犯罪的人进行调查处置,这是坚持党管干部原则、加强党的领导的重要体现,是完善坚持党的全面领导体制机制的重要举措。

2018年《宪法》进行了修改,在国家机构体系中增加"监察委员会"一节,以根本法的形式正式将监察委员会确立为国家宪制机关。在法学领域中,监察法学科成为崭新的法学学科,监察法学研究的序幕随之拉开。监察法学研究致力于为国家监察体制改革提供智力支持,从法学学科角度为国家未来发展建言献策。西南政法大学是新中国最早成立的高等政法学府,响应国家号召,在全国率先成立监察法学院。在国家监察体制改革的背景下,依托西南政法大学法学学科的雄厚基础,监察法学研究旨在打破学科壁垒、融合多学科优势,从全校各学科遴选教师组成导师队伍,开展教学与科研活动。除了教学活动之外,监察法学院还致力于推进监察法学的研究深度和广度,愿意与法学界其他同仁共襄盛举。为此,西南政法大学监察法学院决定出版《监察法论丛》,凝结和积累学术研究成果,拓宽研究思路,促进理论和实践的互动,以实践检验学术,以学术推进实践,共同浇灌法治中国的参天大树。

监察法学科是一门新兴的学科,随着监察法体制改革的推进以及监察法的运行,传统的法学阵型出现了新的格局。一方面,监察法学对传统的法学学科提出了新的课题。从法理学角度,如何思考监察权的性质、监察权的哲学前提以及监察权对法治的作用和影响;从宪法和行政法学角度,监察委员会在国家机构体系中如何与其他国家权力机关相互作用,在行政法学中,监察法如何与之相协调等;其他刑法、民法、经济法研究中涉及的监察问题,也都是法学研究需要应对和处理的问题。另一方面,监察法学的出现拓宽了法学研究的疆域,是法学研究的新的学术生长点。以监察法学研究为契机,在党的领导下,推进法治发展,提高执政能力,从严治党,都是重大的理论问题。

我们党是执政党，掌握国家权力，领导一切。实现对公权力的有效监督，提高拒腐防变和抵御风险的能力，是我们党必须解决的重大课题。习近平总书记指出，我们党全面领导、长期执政，面临的最大挑战是对权力的监督。全面从严治党和党领导下的反腐败是一场自我革命，关乎党和国家事业成败，关乎我们能不能跳出历史周期率。我国80%的公务员、95%以上的领导干部是共产党员，党内监督和国家监察既具有高度内在一致性，又具有高度互补性。国家监察本质上属于党和国家的自我监督，不同于其他形式的外部监督。目前党内监督已经实现全覆盖，而行政监察主要限于对行政机关及其工作人员的监督，覆盖面窄；检察院主要侦办国家工作人员职务犯罪，不管职务违法行为。制定《监察法》，就是要通过制度设计，补上过去监督存在的短板，实现对所有行使公权力的公职人员监察全覆盖，真正把所有公权力都关进制度的"笼子"，体现依规治党与依法治国、党内监督与国家监察有机统一，不断强化党和国家的监督效能，探索出一条党长期执政条件下实现自我净化的有效路径，推进国家治理体系和治理能力现代化，把制度优势转化为治理效能。通过整合行政监察、预防腐败和检察机关查处贪污贿赂、失职渎职及预防职务犯罪等工作力量，设立国家、省、市、县监察委员会，同党的纪律检查机关合署办公，实行一套工作机制、两个机关名称，履行纪检、监察两项职能，对党中央或地方党委全面负责，形成监督合力、增强监督实效。

毋庸置疑，随着《监察法》《监察官法》《监察法实施条例》等法律法规的施行，在理论和实践过程中会遇到很多问题，需要广聚智识，共同解决。

目　录　　　　监察法论丛（第二辑）

理论前沿

实务探讨

以案说法(纪)

理 论 前 沿

政治监督权:对于监察权属性之思考和认识*

谭宗泽　付大峰**

[摘要]　在宪法和法律上,监察委员会是国家的监察机关,监察权是国家权力即国家监察权,应是毫无疑义的。但在“两委”合署体制下,监察委应界定为政治监督机关,监察权则应定性为政治监督权。合署体制在中国的政治构造及其结构和体制上,既实现了党和国家与人民及其监督三位一体的有机统一,也实现了国家政治功能的统合。这种监督是党和国家的自我监督,实质是“督政”、监督“政治”,本质上即政治监督。其不同于当前新形势下的政治监督,也不同于法律监督、执法检查监督等。纪委监委反腐败斗争必须增强“四个意识”,坚定“四个自信”,坚决做到“两个维护”,执纪执法必须坚持“纪法融贯”,运用“四种形态”转化,达到“惩前毖后、治病救人”目的等,这都表明了其政治监督之机关以及权力的本质属性和特征。

[关键词]　监察委员会　合署办公　监察权　政治监督机关　政治监督权

引　言

在此,笔者想分享一件亲身经历的事,以引入“监察权属性”这个话题。基于

* 基金项目:国家社会科学基金一般项目“国家监察机关行政问责的体系化研究”(项目编号:19BFX051);西南政法大学行政法学院科研创新项目“监察法实施中的‘法纪衔接’问题研究”(项目编号:XZ2019004)。

** 谭宗泽,西南政法大学监察法学院教授。付大峰,西南政法大学监察法学院博士研究生。

研究的需要,笔者常请教从事纪检监察实务的友人们,曾有一次,在请教之余,与一位友人讨论了一下“监察权属性以及如何进行监督”的问题,后因看法不同不欢而散。而且,在最后,笔者的这位友人扔下了一句:“监委就是政治机关。”之后,笔者也一直在思考这个问题,并不禁反复追问:监察委员会是政治机关吗?监察委员会不是政治机关吗?为此,笔者师生在多次讨论以后,形成了如下文章。

国家监察体制改革,作为党和国家在政治领域开展的一项事关全局的重大政治体制改革,在整体上引起了党和国家既存的政治结构、政治关系、国家制度以及国家机构与国家权力的结构性变迁。不仅在制宪意义上完善了我国宪法的体例和结构,架构起了新的国家制度而生成了新宪制;还调整和优化了党政结构,进一步理顺并加强了党政关系而强化了党的集中统一领导,丰富和发展了中国特色社会主义民主政治的实质内涵。与此同时,还形成了“一府一委两院”的国家机构新格局,以及立法权、行政权、监察权、审判权、检察权相互独立的国家权力谱系。

监察法作为公法部门中的一部新法,与传统公法中的其他部门法之间存在显著的差别,这种差异性主要表现为监察法的政治性明显强于其他部门法,而受监察法调整和规范的监察机关、监察权,也因此在一定程度上具有了政治机关、政治权力的属性特征。为此,有关监察机关究竟是何种性质的机关,监察权究竟是何种属性的权力的问题,在理论和实务界还引发了诸多争论。在学理上合理地定位监察机关、界定监察权的属性,是理论认识和理解国家监察体制改革,以及掌握监察权运行的制度逻辑与基本规律的基础和前提。对于应如何看待国家监察体制改革,以及应如何认识和理解监察权属性特征的问题,我们认为还是应当立足于党和国家具体展开这项改革的逻辑与方法。

一方面,作为新时代重大政治体制改革的成果,国家监察制度的顶层设计实行纪委与监委合署办公,这使监察机关、监察权与生俱来就蕴含了其他国家机关和国家权力所不具有的这种浓厚的政治属性色彩。另一方面,改革从全国人大常委会授权试点到先修宪后全面展开,2018 年修正的《宪法》不仅明确将监察机关纳入了国家机构的序列之中,还以专节的形式规定了监察机关的组织结构及其产生方式、人员构成、职权职责等,且还先后出台了《监察法》《公职人员政务处分法》《监察官法》《监察法实施条例》等国家监察领域基本的法律法规,来调整和规范监察机关行使监察权的行为,这又使监察机关与监察权具有了执行法律的客观要求和法律属性。这更进一步说明,在纪检监察合署体制下,两机关既需遵守并执行党规党纪,也需遵守并执行法律法规。这即表明,无论是对于国家监察体制改革及其深化的问题,还是针对监察机关与监察权属性的问题等,坚持从合署体制下纪检机关监督执纪的政治逻辑及其政治属性,国家监察机关监察执法、依法进行监察的法治逻辑及其法律属性这两个层面来对其进行理解和认识,可能更有利于把握其问题的关键核心。

一、理论脉络:有关监察权属性的代表性观点及其学理纷争

国家监察体制改革产生了一系列新问题,其中,最为核心的问题是监察机关的定位以及监察权的基本属性问题。针对监察机关和监察权的定位与属性问题,理论与实务界已经展开过激烈的研讨,但在具体的观点和看法上至今仍未统一,可谓是观点林立、看法各异。由此可见,要在理论上对这项改革所带来的一系列问题,尤其是对监察机关定位与监察权属性等问题作出既符合改革逻辑,也符合理论和实践逻辑、法治逻辑的合理解释并非易事。客观来说,对于国家监察体制改革以及其所产生的这些新问题的认识和理解不同,所形成的理论观点和基本看法也必然是不尽相同的。就监察机关与监察权的属性问题而言,则与不同学者对改革的目标定位及其在理论上理解和认识监察机关与监察权属性特征的不同逻辑有直接关系。总体而言,从梳理的学者们关于国家监察体制改革,监察委员会定位以及监察权属性等问题的既往研究论述来看,针对监察委员会的定位,形成了如党统一领导的反腐败工作机构、反腐败执法监督机关、新的国家机关、权力监督机关、国家监察机关、政治机关等具有代表性的观点。对于监察权基本属性的问题,亦大致形成了如行政权说、新型的国家权力说、监督权(权力监督权)说、“第四权”说、监察权本位说、宪定权力说、混合性权力说、复合性权力说、政治权力说、双重属性说、“道德权力”说等观点。

(一)纯粹单一的国家权力说

改革试点之初,有学者就指出,国家监察体制改革,基本的目标与任务在于建立党统一领导的反腐败机构,并指出该机构是独立且平行于行政机关、司法机关

的国家机关,是执法监督机关,“监察委员会是行使国家监察职能的专责机关,其准确的法律定位应是专门的监督机关”,一级人大下所形成的则是“一府一委两院”的权力格局。[①] 换言之,监察委员会即便承担反腐败的任务,但在法律定位上其仍是国家机关,或者说是专门的监督机关,监察权是一项与行政权、检察权、审判权相平行而独立的国家权力。与此同时,就监察委员会是一个全新的国家机关、监察权是一项独立的国家权力这一观点和看法而言,同时期还有学者亦认为新创设的“监察机关不是任何现有国家机关的工作部门,而是同人民政府和其他各个国家机关平行的完整意义上的国家机关,宪制上配合制约的权力关系也必将延伸至这一新的国家机关”,[②]这也就意味着,监察权构成一项新的独立的国家权力。

沿循着这样的理解和认识,有学者就指出,改革后的国家机构体系将形成人大统摄下的“一府一委两院”的新格局,而新监察体制的标志性特点就在于在人大统摄下形成了“一府一委两院”的政治体制新格局,新的监察权亦成为一项独立的国家权力、监察权力,并在性质上区别于行政权、司法权,同时指出其完全赞同宪法与监察法对监察委员会是国家的监察机关、是行使国家监察职能的专责机关性质的界定。[③] 基于权力制约对权力监督和权力制衡功能价值的统合,还有学者立足于权力制约指出“监察权是独立于立法权、行政权和司法权的国家权力,属于权力监督的范畴”[④]。有学者除认为监察委员会在法律地位上独立且与“一府两院”平行,监察权与行政权、审判权、检察权平行以外,还进一步指出其是在党的政治

---

① 参见马怀德:《国家监察体制改革的重要意义和主要任务》,载《国家行政学院学报》2016 年第 6 期;马怀德:《〈国家监察法〉的立法思路与立法重点》,载《环球法律评论》2017 年第 2 期;马怀德:《再论国家监察立法的主要问题》,载《行政法学研究》2018 年第 1 期。

② 童之伟:《将监察体制改革全程纳入法治轨道之方略》,载《法学》2016 年第 12 期。

③ 参见陈光中:《关于我国监察体制改革的几点看法》,载《环球法律评论》2017 年第 2 期;陈光中、邵俊:《我国监察体制改革若干问题思考》,载《中国法学》2017 年第 4 期;陈光中、兰哲:《监察制度改革的重大成就与完善期待》,载《行政法学研究》2018 年第 4 期。

④ 夏金莱:《论监察体制改革背景下的监察权与检察权》,载《政治与法律》2017 年第 8 期。

领导下依法独立行使监督权的反腐败专门机构,认为监察权是国家一般监督权。[①]对此,有持相同观点的学者立足于我国人民代表大会制度这一根本政治制度亦指出,"监察委员会是一级人大之下与行政、司法等国家机关相平行的国家监督机关",监察权是国家一般监督权。[②] 有学者则径直指出,"监察权系国家独立监督权"[③]。由此可见,对于监察机关的宪法法律定位以及监察权属性的界定,无论是基于改革的目标或反腐败政治斗争的任务,还是基于国家机构的调整以及国家权力的重新配置和人民代表大会制度这一根本政治制度,其都在"监察机关是一个全新的国家机关,监察权是一项独立的新的国家权力类型",甚至于在"监察机关是一个国家监督机关、监察权是监督权、独立意义上的国家监察权"的基础性范畴和论域内达成了基本共识并成为主流观点。

还有学者指出,"一府一委两院"的组织架构使监察委员会获得了独立性,进而构成了新的权力单元。[④] 也就是说,监察机关不仅是独立的国家机关,监察权亦构成独立的权力系统和体系,是一种新的权力类型。就监察权属于监督权来说,有学者指出,监察委员会是专责反腐的监督执法机关,监察权则是具有完整性与综合性的中性的监督权。[⑤] 监察权作为"治官之权"和"治权之权",具有一般监督权的基本含义,是新型的国家权力,本质上属于监督权。[⑥] 在"监察权是治权之权、是监督权"这一论点范畴之内,有相同观点认为,监察委员会应定位为履行权力监督职责的权力监督机关,监察权本质属性是监督权,但不同的是,后者认为,监察

① 并进一步指出,监察委员会所拥有的国家监督权,主要由廉政监督权、腐败调查权和处置权组成,是集行政和刑事执法权为一体的复合型的国家一般监督权,既高于行政监察权,也不同于检察监督权。参见吴建雄、李春阳:《健全国家监察组织架构研究》,载《湘潭大学学报(哲学社会科学版)》2017年第1期。

② 参见李红勃:《现行纪检监察模式的困境及其法治化改革方向》,载《环球法律评论》2017年第2期;李红勃:《迈向监察委员会:权力监督中国模式的法治化转型》,载《法学评论》2017年第3期。

③ 程衍:《论监察权监督属性与行权逻辑》,载《南京大学学报(哲学·人文科学·社会科学)》2020年第3期。

④ 参见林彦:《从"一府两院"制的四元结构论国家监察体制改革的合宪性路径》,载《法学评论》2017年第3期。

⑤ 参见姚文胜:《国家监察体制改革有关问题的思考》,载《环球法律评论》2017年第2期。

⑥ 参见张震、黄鑫:《监察权的系统定位与制度完善之理论思考》,载《学习论坛》2021年第5期;张震、黄鑫:《监察权的逻辑认知与功能拓展:以国家治理现代化为视阈》,载《四川师范大学学报(社会科学版)》2021年第5期。

权既非“一般监督权”,亦非“法律监督权”,而是“监督权力之权”。[①] 与此同时,基于对监察机关、监察权的本位回归,还有观点认为,监察权的属性就应该是监察权本身,强调监察委员会与“一府两院”在法律地位上平行并立,使国家监察权独立于立法权、行政权、司法权。[②] 例如,有学者指出,监察委员会的法律定位应当就是“监察”,新监察权属于国家权力。并指出若以三权学说划分国家权力,则新的监察权仍属于行政权范畴;若非,监察权则是立法权之下与行政权、司法权并立的权力即监察权本身。[③] 有学者则指出,监察委员会是独立行使监察权的国家机关,认为监察权主要包括反腐败和监督执法权,且属于独立意义上的监察权。[④] 还有学者基于我国宪法以及宪制的基本结构指出,监察委员会是人大之下独立于行政机关、审判机关和检察机关的新的国家机构,在宪法体制结构中将会行使一种新的国家权力即国家监察权。[⑤]

由此可见,以上观点,无论是认为监察权是新的独立的国家权力、国家监督权、“治权”之权力监督权力,抑或监察权本身等,其最终都指向监察权是纯粹单一性质的独立的国家权力。也就是说,监察权是一项新的独立的国家权力,其本质属性就是国家监督权,或者说是监察权本身。

(二)混合性、复合性的国家权力说

有学者基于监察权综合性、复合性、混合性权力的实质内在及其权力运行的形式外观,认为监察权是多项不同性质权力混合、综合、融合的产物。例如,有学者基于改革的顶层制度设计指出,监察委员会既不同于党的机关,也不同于行政机关、司法机关,是集党纪、行政、法律等监督形式于一体而具有综合性、混合性、独立性的机关,其职权亦具有综合性、混合性。[⑥] 同样地,还有学者认为,监察权是

---

① 参见张梁:《中国特色“二维”监察权:属性、使命与功能》,载《广西社会科学》2020 年第 2 期。

② 参见焦洪昌、叶远涛:《监察委员会的宪法定位》,载《国家行政学院学报》2017 年第 2 期。

③ 参见张建伟:《法律正当程序视野下的新监察制度》,载《环球法律评论》2017 年第 2 期。

④ 参见朱福惠:《国家监察体制之宪法史观察——兼论监察委员会制度的时代特征》,载《武汉大学学报(哲学社会科学版)》2017 年第 3 期。

⑤ 参见刘茂林:《国家监察体制改革与中国宪法体制发展》,载《苏州大学学报(法学版)》2017 年第 4 期。

⑥ 参见韩大元:《论国家监察体制改革中的若干宪法问题》,载《法学评论》2017 年第 3 期。

一项由国家法律专门授予而“兼具行政性与专门调查性”且具有专属性的权力。[①]换言之,这种看法和观点认为,由于监察机关混合了党纪、行政与检察等机关的监督职能,监察权亦因此而具有了综合性与混合性权力的特征,或者说监察权是一项综合性权力、混合性权力,是党纪、行政、司法三大性质不同的机关职权综合、混合的产物。但是,监察机关仍是独立的机关,监察权亦是一项独立的权力,只是其权力属性具有多元混合性的特征而已。

还有学者指出,这项改革实质在于重新配置监督权,监察机关因改革而拥有了宪制机关的地位,而监察权亦由此成为一项宪定权力,并认为“这里的监察权或许是一种混合型的权力”,既具有代表制民主下的代表责任,又在一定程度上享有行政调查处置权,还包括一定司法性的权力。[②] 有学者则进一步指出,国家监察体制改革,将行政权、司法权、纪检权融合而生成了国家监察权。[③] 也就是说,监察权并非仅仅是行政、司法、纪检三大机关权力的混合、综合,而是这三大机关权力相融合的产物。对此有学者指出,监察委员会作为独立的国家机关,其监察权由行政监察权等不同属性的权力整合而成,脱胎并独立于行政权,因其在权源上具有天然的行政权属性等,故是一种“复合性”而非“综合性”的新权力形态,是党统一领导下由人大产生的新型独立的复合性国家权力。[④]

有学者进一步指出,作为宪法上国家机关的监察委员会是行使政务监察权和刑事监察权的国家监察机关,而合署体制下的监察权则同时包括党的纪检、政务监察和刑事监察等权力。[⑤] 持相同观点的学者亦指出,应将监察委员会定位为国家监察机关,并指出因监察机关兼具行政与司法两机关属性,故其所行使的监察

---

① 参见郑曦:《监察委员会的权力二元属性及其协调》,载《暨南学报(哲学社会科学版)》2017 年第 11 期。

② 参见秦前红:《我国监察机关的宪法定位以国家机关相互间的关系为中心》,载《中外法学》2018 年第 3 期;秦前红:《国家监察体制改革宪法设计中的若干问题思考》,载《探索》2017 年第 6 期。

③ 参见刘艳红、夏伟:《法治反腐视域下国家监察体制改革的新路径》,载《武汉大学学报(哲学社会科学版)》2018 年第 1 期。

④ 参见徐汉明:《国家监察权的属性探究》,载《法学评论》2018 年第 1 期;徐汉明、张乐:《监察委员会职务犯罪调查与刑事诉讼衔接之探讨——兼论法律监督权的性质》,载《法学杂志》2018 年第 6 期。

⑤ 参见陈瑞华:《论国家监察权的性质》,载《比较法研究》2019 年第 1 期。

职权兼具行政管理职权和检察权的双重色彩,即监察权具有复合性。[①] 依照这种观点,作为国家监察机关,监察委员会只能行使政务监察权与刑事监察权,或者说行政管理职权和检察权,不能行使党的纪检权;而基于合署体制,监察权却涵盖了以上三种权力,是三种权力混合、整合的产物。

与"纯粹单一的国家权力说"不同的是,此种观点认为监察权是或具有行政权属性,或具有司法权属性等的混合性、复合性权力,而其相同之处则在于都认为监察权是一项独立的国家权力。

(三)政治权力说

"监察机关是政治机关、监察权是一项政治权力"的破题,可谓是:一石激起千层浪,甚至于,在学理上几近完全颠覆了学者们对既有的法学知识体系、理论体系,尤其是时下的话语体系的普遍性认知和基本共识。具体就"监察权是政治权力"这一观点来说,监察体制的改革实践论者基本都是持这样的观点,即从纪检监察合署办公的顶层制度设计出发,立基于合署体制下实行的"一套人马,两块牌子"的机构运行模式,从政治体制改革以及其所塑造和生成的权力运行的体制机制的视角来定位监察委员会,理解和认识监察权。

具体而言,这种观点认为,监察委员会就是反腐败工作机构,和纪委合署办公,代表党和国家行使监督权,是政治机关,而不是行政机关、司法机关。[②] 对此,有论者基于加强党的集中统一领导这一改革的根本目的,以及合署体制下监察委员会不设党组、不决定人事的实际进一步指出,监察委员会本质上就是党的工作机构,是实现党和国家自我监督、党的纪检与国家监察有机统一的政治机关,政治属性是其第一属性、根本属性。[③] 还有论者则指出,要正确理解和认识监察机关、监察权的属性,就必须要准确把握其政治属性,作为党统一领导下为实现党和国家自我监督而履行国家监察职能的专责机关,其所从事的是政治活动,执行的是政治任务,监察委员会是反腐败工作机构,是政治机关,监察权本质上是政治权

---

① 参见迟方旭:《对界定监察委员会法律性质的思考》,载《中国社会科学报》2018 年 1 月 16 日,第 8 版。

② 参见《国家监察体制改革试点取得实效——国家监察体制改革试点工作综述》,载《人民日报》2017 年 11 月 6 日,第 1 版。

③ 参见闫鸣:《监察委员会是政治机关》,载《中国纪检监察报》2018 年 3 月 8 日,第 3 版。

力,也就是说,政治属性是其第一属性、根本属性。①

不难看出,以上改革实践论者的观点是一脉相承的,即基于改革的目标以及监察委员会与监察权的顶层制度设计及其运行机制的特征等,认为监察机关是纯粹的政治机关,监察权是纯粹的政治权力。甚至可以说,这一观点在很大程度上代表了改革决策者们对于监察机关与监察权的基本看法和观点。

(四)政治权力与国家权力双重属性说

双重属性说可谓是折中说,在改革实践论者提出"政治机关、政治权力"的观点以后,折中说开始在学界流行起来。双重属性说既兼顾了监察机关、监察权作为政治机关、政治权力的政治属性,也兼顾了宪法法律所明确规定的国家机关、国家权力的属性定位。而且,这一观点基本上将监察委员会、监察权的定位及其属性限定在相对确定的范畴之内,更进一步说,即排除了监察机关、监察权是行政机关与行政权、司法机关与司法权的定位和属性。

持折中说观点的学者主要立足于法规范与政治实践这两方面理解和认识监察权,如有学者基于我国民主政治实践从政治宪法学的角度指出,监察权是执政党的执政权与国家机构的国家治理权相混合的产物,"是党在长期执政实践中创造的一种执政方式",一部分基于党管干部原则而由执政权延伸出来的政治权力属性的监察权构成,另一部分则由国家权力体系中的监察权构成。② 也就是说,监察权既具有政治属性也具有国家权力属性,既是政治权力也是国家权力。对此,有学者指出,监察权既非行政权与司法权,亦非这两种权力之简单混合,以国家权力为划分原则,"监察权的本质属性就是独立的监察权",而以政治权力为划分原则,"监察权具有直接的政治属性,监察机关是政治机关",即监察权是政治权力。③ 同样,监察委员会作为反腐败机构,兼具国家机关与政治机关双重属性,国家机关是其法定属性,而政治机关则是其根本属性、第一属性。④ 这也就意味着,

---

① 参见贺夏蓉:《准确把握监察机关的政治属性》,载《中国纪检监察报》2018 年 6 月 14 日,第 6 版。

② 参见莫纪宏:《国家监察体制改革要注重对监察权性质的研究》,载《中州学刊》2017 年第 10 期。

③ 参见王希鹏:《国家监察权的属性》,载《求索》2018 年第 4 期。

④ 参见黄建达:《双重属性视角下监察委员会与人民代表大会的关系》,载《北京社会科学》2019 年第 2 期。

监察权具有法定的国家权力与政治权力双重属性,政治权力是其根本属性。持相同观点的还如,监察权是一个集监督、调查与处置三权于一体,并融合了执纪执法权和教育惩戒权的新类型的权力,基本属性表现为政治性与法律性、惩戒性与预防性、创制性与执行性的统一。[①] 监察委员会兼具政治性和法律性双重属性,既是政治机关也是国家机关,监察权运行既要遵循政治逻辑也要遵循法律逻辑。[②]

此外,还有学者认为监察委员会兼具政治性和法律性,“介于民意机关与司法机关之间,属于‘政法机关’”,政治性表现为党和人民意志的统一性,法律性则表现为可依法进行调查侦讯。[③] 更进一步来说,即监察机关作为具有政治机关、政法机关属性的国家机关,行使监察权,既要遵循政治权力的运行逻辑而遵守政治规矩和政治纪律,也要遵循国家权力的运行逻辑而严格遵照宪法法律的规定,其运行过程既集中体现党和人民意志相统一的政治性,也客观反映监察权依法行使的法律性。

(五)其他的观点学说

当然,除以上观点外,还有其他观点。例如,有学者认为我国宪法所确立的监察权是具有独立性的准司法性的权力[④];监察委员会应定位为促进公权“廉能、善治”的独立权力机构,监察权是现代公共权力“第四权”[⑤];监察权为“第四极权力”,本质上为主权性权力之监督权的具体化,是人民主权的一体两面。[⑥] 甚至有学者还认为监察权是一项“道德权力”,是“道德权力在社会主义国家的法治表述”。[⑦]

综上所述,这些有关监察委员会的定位及监察权属性的代表性观点,都在一定程度上反映了监察机关以及监察权的属性特征。但同时也应看到其中一些观

---

① 参见彭超:《国家监察权的法教义学阐释》,载《中州学刊》2020 年第 5 期。

② 参见郭文涛:《论监察委员会的双重属性及其制度优势》,载《深圳社会科学》2020 年第 6 期。

③ 参见郑贤君:《试论监察委员会之调查权》,载《中国法律评论》2017 年第 4 期。

④ 参见任进:《宪法视域下的国家监察体制改革》,载《行政管理改革》2017 年第 3 期;杨建顺:《国家监察体制改革十大课题》,载《中国法律评论》2017 年第 6 期。

⑤ 参见魏昌东:《国家监察委员会改革方案之辨正:属性、职能与职责定位》,载《法学》2017 年第 3 期。

⑥ 参见吴园林、刘昱成:《监察权性质新论》,载《河北法学》2021 年第 2 期。

⑦ 参见黄美玲:《监察模式及其权力本质的历史解释》,载《中外法学》2019 年第 4 期。

点的片面性，甚至于完全脱离了我国政治制度和监察法治的客观实践要求。这不仅不利于从整体上把握国家监察体制改革的政治逻辑、法治逻辑与方法论，也难以准确、合理地理解和认识监察机关、监察权的属性特征。

二、监察权属性之审思："守"与"破"及其"立"在理论上的差序格局

从上述梳理中可以清楚地看到，基于宪法、监察法等对监察机关、监察权的明确规定和界定，在宪法法律层面将各级监察委员会定位为与"一府两院"相平行的国家机构、专责履行国家监察职能的国家机关、国家的监察机关，认定监察权是与行政权、检察权、审判权相独立的一项新型的国家权力，应是不会产生任何争议和异议的。① 但即便如此，学界学者们的观点和改革实践论者的观点，在监察委员会和监察权的"政治属性"这一问题上，仍未形成统一且难以形成一致的观点和看法。

（一）现实检视：深化改革对传统法学理念的冲击以及监察权双重属性之显现

从有关监察权属性的学说观点及其理论演化的具体实际来说，在改革实践论者提出"监察委员会是政治机关、监察权是政治权力"这种观点和看法之前，理论界几乎没有学者认为或者说认识到监察委员会是政治机关、监察权是政治权力，也没有学者注意到其政治特性。中共中央印发的《深化党和国家机构改革方案》等文件明确提出，深化国家监察体制改革的目的在于："加强党对反腐败工作的集中统一领导，实现党内监督和国家机关监督、党的纪律检查和国家监察有机统一……组建国家监察委员会，同中央纪律检查委员会合署办公，履行纪检、监察两项职责，实行一套工作机构、两个机关名称。"但基于以往对国家机构以及国家权力的普遍性认知，学者们几乎一致认为即将组建的国家监察委员会属于新的国家

① 我国《宪法》在第3章第7节对"监察委员会"进行了系统的规定，并在第123条对各级监察委员会的宪法定位进行了明确界定，即"中华人民共和国各级监察委员会是国家的监察机关"。同样地，《监察法》第3条也明确规定："各级监察委员会是行使国家监察职能的专责机关，依照本法对所有行使公权力的公职人员（以下称公职人员）进行监察，调查职务违法和职务犯罪，开展廉政建设和反腐败工作，维护宪法和法律的尊严。"由此可见，在宪法法律意义上将各级监察委员会定位为国家的监察机关，认定监察权是国家权力，应当是不存在任何争议和异议的。

机关,监察权则是一项新的国家权力。这从国家监察体制改革试点阶段最早一批系统阐释和论述这项改革的学者们的文章中就可以看出。

例如,在这项改革试点之初,最早结合试点方案系统阐述这项改革之意义和任务的学者就指出,改革所建立的党统一领导的国家反腐败工作机构,是一个与行政机关和司法机关平行的执法监督机关,是“一个独立的国家机关”。[①] 在改革实践论者抛出“监察委员会是政治机关、监察权是政治权力”这一独具特色的命题性观点之前,其他学者普遍认为新组建的监察委员会是与行政机关、司法机关平行且独立的国家机关,监察权则是与行政权、司法权相独立的一项国家权力,即便是认为监察权是复合性权力、混合性权力、现代公共权力“第四权”等,其也几乎都认为监察权是一项新的国家权力。

之后,随着“监察委员会是政治机关、监察权是政治权力,政治性是其根本属性、第一属性”正式被改革实践论者明确提出,学者们的观点才逐渐由一元化的“国家权力说”走向了“双重属性说”,即认为监察机关既具有政治机关的属性,也具有国家机关的属性,监察权既是政治权力,也是国家权力。

当然,即便“双重属性说”逐渐流行并占据了主导地位,也并非所有的学者都认为监察机关具有双重属性,亦并非所有的学者都认同监察机关是政治机关、监察权是政治权力这样一种观点。例如,有学者指出,改革决策者将监察机关定位为政治机关,既不具有宪法法律根据,也没有任何党章和党内规范性文件依据。[②] 由此可见,有学者对于监察机关、监察权是政治机关、政治权力的定位和定性仍持保留的态度。

但不争的事实是,国家监察机关与党的纪检机关合署办公的顶层制度设计,实行“一套工作机构,两个机关名称”,即“一套人马,两块牌子”这样一种组织和体制运行模式,这使监察机关以及监察权在实际运行过程中较其他国家机关和国家权力,明显具有了更为浓厚的政治属性。易言之,监察机关和监察权既具有国家机关、国家权力的属性,同时还具有政治机关、政治权力的属性。即便是以上不

---

① 参见马怀德:《国家监察体制改革的重要意义和主要任务》,载《国家行政学院学报》2016 年第 6 期。

② 参见陈瑞华:《论国家监察权的性质》,载《比较法研究》2019 年第 1 期。

认同监察机关、监察权是政治机关、政治权力这一观点和看法的学者,基于对纪检监察合署办公的体制以及反腐败工作接受党委领导这一客观实际的考量,也指出"改革决策者将这一机关定性为'政治机关'确有一定的根据"①。这也就意味着,即便是不认同监察机关是政治机关的定位、监察权是政治权力的定性,但基于现实的考量,其仍然在一定程度上认可监察机关、监察权具有政治机关的属性特征,或者说认同监察机关的政治性。

如此说来,基于党对纪检监察工作的全方位领导,纪检监察合署办公体制的制度构造,在监察机关、监察权具有鲜明的政治特征以及政治属性这一点上,同样也是能够形成基本共识的。综合监察委员会与监察权所具有的国家机关、国家权力以及政治机关、政治权力的属性特征,上述无论是学者们所认为的监察权是纯粹单一的"国家权力"、"混合性、复合性的国家权力"及其观点,还是其他的如"道德权力说""现代公共权力'第四权'说"等观点,以及改革实践论者所持有的"政治权力说"等观点,其对于监察权属性的理解和认识都存在有失偏颇之处。

"国家权力说"以及其他的"第四权说""道德权力说"等观点,忽略了在党的集中统一领导下实行的纪检监察合署办公运行体制以及其具体所实施的"一套工作机构,两个机关名称"这一组织运行模式的特点和独特性,即政治权力的属性特征;而"政治权力说"则完全忽略了监察权具体由宪法法律所授予,且必须严格依照宪法法律的规定行使权力这一国家权力运行的基本前提和事实,即忽略了监察权作为国家权力、法律权力的基本属性。相形之下,"国家权力与政治权力双重属性说"更为合理,也更能体现监察权所具有的一般与特殊的属性特征。这也就意味着,从属性特征上来说,监察权既具有一般意义上国家权力的法律属性,也具有特殊的政治权力的政治属性,而对于监察委员会的基本定位以及监察权的定性也应从政治性和法律性上来界定,这亦更符合深化国家监察体制改革的目的以及合署办公体制的构造模式及其实际运行。

---

① 陈瑞华:《论国家监察权的性质》,载《比较法研究》2019 年第 1 期。

(二)理性反思:对"道德权力说"等观点和看法之评析

在有关监察权属性的所有观点之中,我们注意到出现了"道德权力说"这样的观点和看法,我们在此对将监察权定性为"道德权力"的观点进行简要评析。从更为开放、包容的学术表达以及理论和学术观点的争鸣上来说,这样的理论研究及其智识成果不仅能够拓展我们的理论视野和学术视角,而且有利于我们从多个维度去理解和认识这项重大政治体制改革的基本逻辑,思考监察委员会、监察权的属性特征等,甚至于作为一种深化改革的方法论,其是一种可以利用的理论经验启示。但同时也应看到,对于这样一种脱离中国实际以及中国政治实践、法治实践、宪法法律规定的理论观点和看法,在其基本的理论逻辑及其具体分析阐释的方法论层面上,应是值得商榷的。这对于在理论上理顺这项改革的基本逻辑,推动符合中国实际并立足于中国政治制度实践、法治实践的监察法学理论的完善与发展才可能起到积极的作用。

1."道德权力说"

具体来说,"道德权力说"以早为古罗马所实行的监察官对道德进行审查这一监察制度,以及其后来发展成为的"道德权力"这一监察模式和制度样本为基础,通过历史解释的方法来框定中国的监察制度并以其"道德性"特征来界定我国监察权的基本属性,认为"中国社会主义监察权,是道德权力在社会主义国家的法治表述","我国的监察权事实上已被表述为一种中国特色的'道德权力'"①。

这一观点和看法及其理论学说展开的学理逻辑在于,以我国监察机关的监察对象为具体的个人为基础,以对监察对象之道德操守、廉洁从政、廉洁从业等情况进行监督检查这一职责为依据,认为国家监察及其监督是检察法律监督的拓展,实质上是对公职人员个人的道德审查、道德性约束,并通过这种道德约束力量来制约公权力,因为腐败实质是政治道德的衰败。②

不可否认的是,道德确实能够约束人的行为,尤其是对于公职人员而言,对其道德的要求也确实能够在一定程度上起到约束公权力的作用。但值得进一步反

① 黄美玲:《监察模式及其权力本质的历史解释》,载《中外法学》2019 年第 4 期。
② 参见黄美玲:《监察模式及其权力本质的历史解释》,载《中外法学》2019 年第 4 期。

思的是,仅仅由于监察机关负有对公职人员的道德操守等情况进行检查监督的职责,就将监察权定性为“道德权力”,并且以西方的制度和理论作为认定的基础和标准,这样的一种界定监察权属性的进路和方法,与深化国家监察体制改革的目的以及改革的逻辑与方法,与中国的体制与制度等是相吻合的吗?

这种观点以古罗马所实施的监察官对监察对象的道德进行审查,以及之后所形成的“道德权力”监察这样一种监察制度模式来界定我国的监察权,明显存在生搬硬套之嫌疑。客观来说,国家监察体制改革可能在一定程度上借鉴了国外反腐败以及腐败治理等的有益经验和做法,甚至在确定监察对象范围,设定监察机关职权、职责时,吸纳了国外的如监察官对公职人员的道德进行监督检查这一具体做法。但尽管如此,简单套用国外历史上存在的理论与制度,甚至已为国外所抛弃抑或被完全改造了的制度来评判中国当下的制度,来界定中国监察权的属性,完全不顾我国的体制以及具体实施的制度而脱离中国的实际,其在基础事实与逻辑前提上明显不合理甚至明显存在偏误。

而且,作为新时代重大政治体制改革的成果,监察制度、监察机关以及监察权的建构,可以说是我国民主政治实践经验和智慧的结晶,是对中国古往今来监督权力这一优良传统文化的传承以及创造性转化和创新性发展。中国的政治体制及其法律制度、传统文化等,与西方国家都存在较大的差别,甚至是完全不同的。中国的监察制度源远流长,而新时代监察制度的特色就在于其是对中国传统政治智慧的文化传承,“其特殊性、独立性植根于中华民族传统文化源流”①。因此,“生搬”西方的理论及制度的框架来“硬套”中国的体制与制度,甚至作为评判的标准,这显然是不经之谈。如此生搬硬套,既不利于准确理解和认识中国特色的监察权的基本属性,也难以从根本上把握党和国家进行这项改革的初衷和目的。

就我国监察法的具体规定来说,即便是明确规定了对公职人员的道德操守等情况进行监督检查的职责,这也仅仅是监察机关的一项职能或者说职责,并非监察机关全部的职权职责。除此以外,监察机关还要对职务违法和职务犯罪进行调查、处置。因此,对公职人员的道德操守等情况进行监督检查,并不意味着监察权

① 陈光中、兰哲:《监察制度改革的重大成就与完善期待》,载《行政法学研究》2018 年第 4 期。

就是“道德权力”,也不能因此而认定监察权具有“道德权力”之属性。此外,同为社会规范的一种,就法律与道德所调整的范围,以及违法与违反道德的情形及其责任而言,其无论是在调整范围,还是在违反其规范的具体情形、责任等方面,显然是不同的。而且还应看到,“法律是最低的道德,道德是最高的法律”。这意味着,一般来说,违反法律也就违反了道德,但违反了道德却不一定就违反了法律。由此可见,尽管二者具有统一的一面,但在适用上仍然存在偏差。

“法律是成文的道德,而道德则是内心的法律。”更进一步地说,法律应当具有明确性,且应当明确什么是违法的以及其具体的判断标准,即哪些行为违法,应当是可以明确判断、衡量的,其认定标准是统一而明确的;具体的道德标准或者说什么样的情形是违反道德的,则是难以确定的,是不尽统一而没有明确标准的。这也就意味着,如果将监察权界定为“道德权力”,专门针对道德操守等情况进行监督检查,那么监察的事项将可能被无限制地扩大,这可能会导致监察权无限制地扩张。这显然是不符合我国宪制结构下权力配置及其运行的基本逻辑的。再进一步说,甚至极有可能造成国家监察的泛化,或者说监察道德主义的泛滥,这是值得我们注意且必须要警惕的。

2.“监察权不完全属于受宪法和法律制约的国家权力论”

在改革试点的过程中,有观点认为,学界将“监察权强行纳入国家权力体系”①,并以种种制度加以限制,将监察权性质完全“国家化”的学术探讨,既不符合改革的初衷,也未考虑到党对国家和社会生活进行政治领导的现实,与我国的政治制度实践大相径庭;并基于监察委员会与纪律检查委员会合署办公体制认为,“监察权不完全属于受宪法和法律制约的国家权力”,并认为监察权是“与党所行使的政治领导权、指挥权、监督权及对干部的问责权存在交叉和重叠”的权力。②简言之,即由于“两委”合署办公,监察权与党的政治领导权、指挥权、监督问责权存在交叉重叠关系,因此监察权不完全属于受宪法和法律制约的权力。

---

① 国家监察体制改革在全国范围内展开之前,有学者就认为:“在改革试点全面铺开时,需要创制宪法根据,除修宪外别无选择。将国家监察体制改革全程纳入法治轨道,有必要制定监察委员会组织法和其他配套的法律。”参见童之伟:《将监察体制改革全程纳入法治轨道之方略》,载《法学》2016年第12期。

② 参见莫纪宏:《国家监察体制改革要注重对监察权性质的研究》,载《中州学刊》2017年第10期。

这种观点和看法在理论上同样值得商榷。对于监察权运行的特性和特征等,我们不否认监察权与其他国家权力相比,确实具有其特别乃至于特殊之处,甚至认同与其他国家权力相比,监察权实质处于"位高权重"的优越地位。但我们认为,"监察权不完全属于受宪法和法律制约的国家权力"的观点,无论是在理论上还是在事实上,都是站不住脚的。首先,从国家监察体制改革展开的基本逻辑及其举措来看,无论是在试点阶段,还是在全国范围内全面推行阶段,这项改革都遵循了"重大改革于法有据"的精神和原则,都是先获得授权,而后再推行实施。其次,就这项改革最终所采取的具体做法来看,其不仅修改了《宪法》,还出台了《监察法》,从根本上保证了改革的合宪性与合法性。由此可见,这项改革从一开始就遵循了以法治思维和法治方式进行改革的原则。

同样,就党的执政领导来说,2012 年 12 月 4 日,在首都各界纪念现行宪法公布实施三十周年大会上,习近平总书记强调:"依法治国,首先是依宪治国;依法执政,关键是依宪执政必须……依据宪法治国理政。"并进一步强调:"党领导人民制定宪法和法律,党领导人民执行宪法和法律,党自身必须在宪法和法律范围内活动。"①同样地,我国《宪法》在第 1 条中也明确表明:"中国共产党领导是中国特色社会主义最本质的特征。"正如有学者指出,"党的领导"入宪,以及作为"最本质特征条款"在宪法上予以规范表达,使"党的领导"具有了明确的规范性,并实现了由"政治原则"向"宪法规范"的转化,从而形成了完整的逻辑结构以及明确的规范内涵和效力。② 从规范逻辑上来讲,这也就意味着,坚持党的领导就必须要遵守宪法,而遵守宪法就是在坚持和贯彻落实"党的领导",二者是有机统一的,党坚持依宪执政,确保党的执政行为的合宪性。③

"宪法是国家的根本法,是治国安邦的总章程,具有最高的法律地位、法律权

---

① 习近平:《在首都各界纪念现行宪法公布施行 30 周年大会上的讲话》,载《人民日报》2012 年 12 月 5 日,第 2 版。

② 参见周叶中、张权:《论我国现行宪法的中国特色社会主义最本质特征条款》,载《政法论丛》2019 年第 3 期。

③ 参见韩大元:《论党必须在宪法和法律范围内活动原则》,载《法学评论》2018 年第 5 期。

威、法律效力,具有根本性、全局性、稳定性、长期性。”①就遵守宪法和法律来说,依据我国《宪法》第5条的规定,无论是国家机关,还是武装力量、各政党和各社会团体、各企业事业组织,都必须要遵守宪法和法律,任何组织或者个人,都没有超越宪法和法律的特权。这也就意味着,无论是作为执政党的中国共产党,还是各级纪律检查委员会、监察委员会,都必须要遵守宪法和法律,都没有超越宪法和法律的特权。就合署体制下的纪检监察机关的实际运行来看,纪检监察机关执纪执法,不仅要依据党规党纪,同样也必须遵守法律法规,无论是监察监督还是调查、处置,都是严格依照《监察法》等的规定来行使监察权的。

由此可见,“监察权不完全属于受宪法和法律制约的国家权力”这种观点和看法,无论是在理论上还是在事实上,均是不能成立的。即便是纪检监察实行合署办公,但这样来定位监察委员会、监察权,不仅不符合宪法和法律规定,也与深化改革的基本要求不相符合,尤其是作为一般理论如果用以指导纪检监察实践,更是要不得的,极易造成监察权异化、滥用而破坏我国的法治实践。在此,还需要强调的是,作为国家权力,监察权与其他国家权力在宪法和法律上的地位是平等的,且是相互独立运行的,各国家机关行使其权力都必须严格依照宪法和法律的规定,必须严格遵循依法行使权力的基本原则。也只有这样,监察机关履行国家监察职能行使监察权,才能够真正发挥其对所有行使公权力的公职人员监察全覆盖的功能,国家监察制度也才能够行稳致远。

当然,这一观点只是在改革具体进行的过程中所形成的一种看法和预判而已,且因当时改革方案部署等尚未定型,基本的制度及其体制机制等设计尚未完成而仍处于探索、构思阶段,由于时空与历史的局限,在预判上难免会有失偏颇。且就基本目的而言,其是为了从理论上理顺改革的逻辑和方法,从学理上阐释这项改革以及监察委员会、监察权的属性特征等,理论研究的最终目的在于促进改革顺利进行并深化。在这个意义上,就学术争鸣应更具开放性和包容性来说,包括“道德权力说”等在内的观点和看法,都是值得肯定的。这些学理观点和争鸣,

---

① 习近平:《在首都各界纪念现行宪法公布施行30周年大会上的讲话》,载《人民日报》2012年12月5日,第2版。

对于我们多视角、多维度地思考、理解和认识这项改革以及监察委员会与监察权，繁荣监察法学理论研究，推进其理论发展都是大有裨益的。

我们认为，对于“两委”合署办公和该体制下的监察委员会的定位，以及对监察权属性的认识和理解，还是应当回归到这项改革实施的初衷、目的、目标以及背景上来，回归到监察权具体的运行实践中来。这样才可能真正地理解和认识这项改革作为重大政治体制改革的重要意义，也才能更加理性地看待合署体制下的监察机关、监察权，才能更准确地定位监察委员会、界定监察权的属性特征，也才能从根本上把握其问题的关键核心进而以理论促进改革深化。

三、政治决策与法律执行:监察权作为政治监督权的运行机理及其双重面向

从上述梳理的学者们以及改革实践论者所表达和言说的“监察机关是党统一领导的反腐败工作机构、反腐败执法机关”“监察委员会是新的国家机关，监察权是一项复合性权力”“监察机关是宪制机关、监察权是宪定性权力”“监察机关是公权力监督机关、监察权是监督权”“监察权就是独立的监察权”“监察机关是政治机关、监察权是政治权力”等观点及其论述的话语体系中，能够在一定程度上得到对合署体制下的监察委员会与监察权的合理解释及启示。单从宪法和法律规范意义上来说，对于将各级监察委员会定位为以人民代表大会制度为基础的与行政机关、审判机关、检察机关相平行的新的国家机构，以及国家的监察机关，认为监察权是与行政权、审判权、检察权相独立的国家权力，是监察权本身的观点和看法，我们与学者们形成的主流看法和观点是一致的。更进一步说，对于认为监察机关是宪制机关、国家机关、法律机关，监察权是监督权、复合性权力、宪制性权力、法律权力的观点，我们也是完全认同的。同样地，对于监察机关是政治机关，监察权是政治权力，政治性是其根本属性、第一属性的观点和看法，我们也认同。换言之，我们认为，监察权具有法律和政治双重属性。对于其颇具争议以致产生了较大理论分歧的政治属性的理解和把握，则应回归到实施这项改革的初衷、目的以及其顶层制度本身设计上来。

(一)合署办公:国家监察的顶层制度设计及其政治功能之统合

“两委”合署办公的体制是定位监察委员会以及认识和理解监察权属性的一把“钥匙”,这些问题“皆可从合署办公的体制中寻得合理的解释方案”①。寻根溯源,为什么要实行合署办公体制,实行合署办公体制能够起到什么样的作用?这两个问题更进一步延展,最终就回到了为什么要深化国家监察体制改革这一问题上来了。

从既往的监督体制上来说,党的纪检机关监督执纪所覆盖的对象范围是党的组织及其党员领导干部,而行政监察则是行政机关及其工作人员,检察院主要负责对贪污渎职等进行法律监督等。从全面从严治党和反腐败斗争以及腐败治理的需求上来说,这些监督力量和资源过于分散,各自在各自领域内独自运行互不干扰。这就导致以上监督运行体制所能发挥的监督实效非常有限,且难以适应全面从严治党和反腐败斗争的现实需求,也难以把权力关进制度的笼子里,而且还存在监督空白之处。② 因此,为了强化监督,整合反腐败资源和力量,将党的执纪监督、行政监察、检察院反贪污腐败等职权整合到一起,组建了监察委员会并由其统一行使所整合权力。这就在制度上聚合了监督力量资源,形成了党集中统一领导、权威高效的监督体制。这一体制既是党统一领导下的反腐败国家机构,也是人大领导下的行使监察权的机构。③ 与此同时,实行合署办公还实现了党的机关监督执纪与国家机关监察执法的有机统一,即基于党的全面领导原则,由党统一领导纪检监察这一体制的运行,实现了监督执纪与监察执法两种监督方式的统合,并实现了执纪执法的衔接与贯通。④

合署体制运行是在一级党委的领导和决策部署下,由纪检监察机关依纪依法

① 刘怡达:《论纪检监察权的二元属性及其党规国法共治》,载《社会主义研究》2019 年第 1 期。

② 中央纪委副书记、国家监委主任杨晓渡曾指出,“实际上,还有广阔的行使公权力的公职人员地带,过去的监督是失控的”。参见姜洁:《杨晓渡:纪委和监察委合署后并非超级权力机关》,载《人民日报》2018 年 3 月 6 日,第 12 版。

③ 参见王旭:《国家监察机构设置的宪法学思考》,载《中国政法大学学报》2017 年第 5 期。

④ 在这项改革之前,由于执纪与执法在体制上的相对分离,导致实践中出现了如一些党员领导干部因职务犯罪等情形,已经被开除公职、被判处刑罚,仍还具有党员身份的情形,而依照党规党纪的规定,这样的情形依规依纪应当开除党籍,进而就引发了执纪与执法衔接不畅的问题。因此,实行合署办公,要求监督执纪执法实现“纪法贯通”,坚持“把纪律挺在前面”,就从根本上解决了这一问题。

依照决策部署执行,展开执纪审查、调查,监察执法监督、调查、处置。这样,在合署体制下就形成了基本的决策与执行机制,依纪依法决策,依纪依法执行,简单来说,即政治决策、法律执行;而更进一步来说,就在制度设计上实现了党和国家以及人民及其监督的有机统一,在体制机制上构建起了党政权力协调衔接及其政治功能统合的桥梁。

党政关系是中国政治的核心,党和国家的政治目标、政治任务与政治目的是完全一致而统一的。"中国是一个典型的党建和党治国家,现有的政治体系是政党构建起来的,现有政治体系的发展与完善也是由政党直接推动和主导的。"①但以往,党与政之间的关系依然表现为不稳定的授权关系和共事关系,这背离中国革命和现代化建设的实际,不利于党政关系的持久健康发展,不符合人民的根本利益。② 从更深层次意义上来说,这项改革以及"两委"合署的体制设计,进一步调整和优化了我国的政治结构、政治体制与政治关系,完善和发展了我国的政治制度,进而从政治构造上进一步强化了党的领导以及党政关系。加强党的领导,强化党政关系,实质则是在强化我们党的执政党地位,强化我国人民民主专政的社会主义国家的性质,强化我国一切权力属于人民由人民当家作主的地位。

"在社会主义国家里,监察权则是巩固和加强无产阶级专政事业不可缺少的武器……我国是人民民主专政即无产阶级专政的社会主义国家。不言而喻,国家的性质从根本上决定了非有监察制度和监察机关不可",因为监察权不仅能整饬纲纪,缓和阶级矛盾,强化阶级统治,而且在严明党规党纪,维护国家法律,保障党员和公民的正当权益,密切党和国家与人民群众的联系等方面都能发挥重要作用。③ 党的十八大报告指出,新形势下党面临着"四大考验"以及"四个危险",而要巩固党的执政地位,确保党始终成为中国特色社会主义事业的坚强领导核心,就要不断加强党的政治建设,提高党的执政领导水平,提高拒腐御险能力,坚持党

---

① 马怀德:《国家监察体制改革的重要意义和主要任务》,载《国家行政学院学报》2016 年第 6 期。

② 参见姚文胜:《国家监察体制改革研究》,中国社会科学出版社 2019 年版,第 59 页。

③ 参见王连昌:《建议重建国家监察机关》,载《现代法学》1981 年第 3 期。

要管党、从严治党、反腐倡廉。[①] 因此,实施这项改革、组建监察委员会的根本目的,就是巩固执政党地位,确保党长期执政,“有效维护人民民主专政的政权安全、制度安全及国家长治久安”,其履行职责最高的政治原则和价值就在于“维护中央权威、巩固执政党地位、维护国家统一、维护党纪国法的尊严和权威”[②]。申言之,这项改革及建立专责履行国家监察职能的监察机关,以及实行监察委员会与党的纪律检查委员会合署办公,这些举措最根本的目的就是进一步巩固和加强中国共产党的执政党地位,确保党始终成为中国特色社会主义事业的坚强领导核心,以从根本上确保我国人民民主专政的社会主义国家的性质不变,我国的一切权力属于人民的人民当家作主的地位不变,实现党长期执政,实现国家的长治久安,实现人民当家作主以及其对美好生活的向往。

同样地,这也是为什么说从根本上实现了党的监督、国家监督与人民监督的有机统一,“合署”这一体制实质是在中国的政治构造以及政治结构和政治体制上实现了“执政党”、“国家”以及“人民”三位一体的有机统一,旗帜鲜明地表明了党和国家以及人民是不可分割的统一整体。也就是说,纪检监察合署办公,使监察委员会不仅是中国共产党的监察委员会,亦是人民的监察委员会,监察权源于人民的赋权,在党的统一领导下“合署”,监察委员会的属性是党和国家一体化的,并使“党的领导、人民当家作主和依法治国的有机统一”得以法权化。[③] 更进一步说,通过这项改革以及合署办公的顶层制度设计,在政治意义上实现了国家政治的功能统合。

(二)“一体两面”:理解和认识监察权及其基本属性的双重逻辑

无论这项改革是实现了党和国家监督的有机统一,还是从根本上巩固和加强了党的执政领导地位,人民民主专政的社会主义国家的性质以及人民当家作主的

---

① 具体而言,即执政考验、改革开放考验、市场经济考验、外部环境考验,以及精神懈怠危险、能力不足危险、脱离群众危险、消极腐败危险。参见胡锦涛:《坚定不移沿着中国特色社会主义道路前进 为全面建成小康社会而奋斗》,载《人民日报》2012 年 11 月 18 日,第 1 版。

② 徐汉明、张乐:《监察委员会职务犯罪调查与刑事诉讼衔接之探讨——兼论法律监督权的性质》,载《法学杂志》2018 年第 6 期。

③ 参见翟志勇:《监察委员会与“八二宪法”体制的重塑》,载《环球法律评论》2017 年第 2 期;翟志勇:《论监察权的宪法性质——兼论八二宪法的分权体系》,载《中国法律评论》2018 年第 1 期。

地位等,最终都归结为一点,即从根本上完善和发展了中国的民主政治制度及其体制机制,从而加强了政治建设,而这也就奠定并构成了定位监察委员会,以及理解和认识监察权属性,尤其是其政治属性的基础和逻辑起点。

1. 政治逻辑:作为政治机关的监察委员会及监察权的政治属性

就"监察委员会是政治机关,监察权是政治权力,政治属性是其根本、第一属性"这一观点和看法,我们认为,这也是从政治功能统合这一层意义上来说的,或者说,其认知逻辑已经超越了法律法规的基本范畴,而是以政治思维从政治逻辑上来认识和定位监察委员会,理解和认识监察权属性的。这也是改革实践论者突出这项改革是政治改革,而且是事关全局的重大政治体制改革的原因。当然,从实际上来说,这项改革也确实事关整个中国的政治结构、政治体制、政治关系,以及宪制与国家机构和国家权力结构等,尤其是直接关涉中国最核心的党政关系的基础结构。用改革实践论者的话来说,即"监察委员会作为政治机关,从事的是政治活动,执行的是政治任务"①。但应当认识到的是,这是从政治逻辑上来定位监察委员会,界定监察权属性的,而且是从广义上来定性和定位的。同样地,在这一层意义上,"政治机关"②还有其他。"中国语境下,我国的政法机关如公安机关、国家安全机关乃至于法院、检察院都不能说是非政治机关。"③正如《中共中央关于加强党的政治建设的意见》中明确指出的那样:"中央和地方各级人大机关、行政机关、政协机关、监察机关、审判机关、检察机关本质上都是政治机关,旗帜鲜明讲政治是应尽之责。"④

更进一步来说,无论是党的机关,还是国家机关,其实质都是服从并服务于政治以及政治统治的,都是为了维护阶级统治和统治阶级利益。一言以蔽之,即党和国家的所有机关以及所有行使公权力的公职人员等,履行其职能、职责具体所

---

① 贺夏蓉:《准确把握监察机关的政治属性》,载《中国纪检监察报》2018年6月14日,第6版。

② 关于"政治机关"的界定,一定意义上来说,主要是指党的办公厅(室)、职能部门、办事机构和派出机关。2017年3月,中共中央印发的《中国共产党工作机关条例(试行)》第2条明确规定:"党的工作机关是党实施政治、思想和组织领导的政治机关,是落实党中央和地方各级党委决策部署,实施党的领导、加强党的建设、推进党的事业的执行机关,主要包括办公厅(室)、职能部门、办事机构和派出机关。"

③ 陈光中、兰哲:《监察制度改革的重大成就与完善期待》,载《行政法学研究》2018年第4期。

④ 《中共中央关于加强党的政治建设的意见》,载《人民日报》2019年2月28日,第1版。

承担的责任都是政治任务,履行好各自的职责则是政治责任,要确保国家政治平稳运行,保证党和国家的决策部署、大政方针落到实处。因此,从这个意义上来说,监察委员会是政治机关,监察权是政治权力,政治属性是其根本属性。我们对此的理解和认识也应当从"讲政治"的逻辑维度去把握,坚持从政治逻辑出发来把握其政治性。也只有这样,才能在真正意义上理解和认识到何为监察机关,乃至于人大机关、政协机关、行政机关、司法机关等,本质上都是政治机关,旗帜鲜明讲政治是其应尽之责,也才能够真正理解为何政治属性是其根本属性、第一属性。也就是说,这项改革的实施,就是为了巩固和加强党的执政领导地位,调整和优化党政关系,确保党始终成为中国特色社会主义事业的坚强领导核心,实现党长期执政,国家长治久安,人民当家作主,一切权力属于人民。

此外,对于监察委员会以及监察权的政治属性,还可以从以下三个具体方面来认识。其一,合署体制下,"监察委员会不设党组、不决定人事"①,基于"党管干部"原则,在中央国家监察委员会主任由中央纪委副书记担任,在地方各级监察委员会的主任则由纪委书记担任。其二,基于依纪依法决策与执行这一合署体制的运行机制,一级党委领导和决策部署纪检监察工作,纪检监察机关则依纪依法执行,这一运行机制集中体现了决策的政治性。例如,就《中国共产党纪律检查机关监督执纪工作规则》《监察法实施条例》等的具体规定来看,即便是纪委监委监督执纪执法,也必须增强"四个意识",坚定"四个自信",坚决做到"两个维护",坚持"纪法贯通、纪法融合",合理运用"四种形态"②转化,贯彻落实"惩前毖后、治病救

---

① 闫鸣:《监察委员会是政治机关》,载《中国纪检监察报》2018年3月8日,第3版。

② "四种形态",即经常开展批评和自我批评、约谈函询,让"红脸出汗"成为常态;党纪轻处分、组织调整成为违纪处理的大多数;党纪重处分、重大职务调整的成为少数;严重违纪涉嫌违法立案审查的成为极少数。

人”[①]的方针政策等,这都集中体现了其政治性。其三,从纪检监察监督执纪执法这个过程来说,就实施一般的监督而言,监督实施所形成的这种监督关系,或者说监察关系,具有明显的政治属性,经过监察法调整以后才形成基本的法律关系,即监察法律关系。[②] 由此可见,监察关系、监督关系,属性特征为政治性,而纳入监察法等法律法规调整以后,才具有了法律属性。

2. 法治逻辑:作为国家机关的监察委员会及监察权的法律属性

除了从政治逻辑上来理解和认识监察机关、监察权的政治属性以外,同时还要坚持从法治逻辑上来理解和认识其法律属性。客观来说,监察委员会、监察权同样也是宪法法律上的国家机关、国家权力。这即表明,理解和认识监察权,定位监察委员会,应当秉持双重逻辑。既要“讲政治”而突出其政治属性,也要“讲法治”而坚持其法律属性。

监察委员会与监察权的法律属性是宪法法律所赋予的,是具有客观的法规范依据的。例如,我国《宪法》第 3 章第 7 节第 123 ~ 127 条对监察委员会的人员组成等进行了基本规定,并授权监察委员会的组织和职权由法律规定。依据规定,我国各级监察委员会是国家的监察机关,依法独立行使监察权,不受行政机关等的干涉。同样地,《监察法》第 3 ~ 5 条也规定,各级监察委员会是行使国家监察职能的专责机关,依法独立行使监察权,对所有行使公权力的公职人员进行监察,调查职务违法和职务犯罪,维护宪法和法律的尊严;国家监察工作严格遵照宪法和法律,以事实为根据,以法律为准绳,适用法律一律平等,等等。此外,依据宪法授权,《监察法》在其“监察机关及其职责”一章,还对各级监察委员会的产生方式、

---

① “惩前毖后、治病救人”是党自 1935 年以来就一以贯之的方针政策。毛泽东就曾指出,我们反对主观主义,对待政治、思想上的毛病等,必须采取“惩前毖后、治病救人”的态度和宗旨。既要对所犯之错误不讲情面地揭发批判,也要坚持“治病救人”的态度,“任何犯错误的人,只要他真正愿意医治,愿意改正,我们就要把他的病治好,使他变为一个好同志”。对此,邓小平也曾指出,针对犯错误的党员,我们必须要区分不同的情形分别对待,针对那些与党对抗、坚持不改,甚至进行分裂、破坏等活动的分子,要进行斗争,给予制裁,直至驱逐出党;而对于那种缺点或犯错误性质不严重的同志,甚至有严重缺点、犯有严重错误,但在接受批评教育以后,仍能把党的利益放在个人利益之上,愿意改正并切实改正的同志,应当采取“治病救人”的方针。参见《毛泽东选集》第 3 卷(第 2 版),人民出版社 1991 年版,第 827 - 828 页;《邓小平文选》第 1 卷(第 2 版),人民出版社 1994 年版,第 238 - 240 页。

② 关于监察法律关系的阐述,详见杨抒见:《监察法律关系刍论》,载《西南政法大学学报》2020 年第 6 期。

人员组成、具体履行的职责等进行了全面系统的规定。同时,《监察法》还规定了监察程序、反腐败国际合作,以及对监察机关和监察工作人员的监督等。

由此可见,无论是监察委员会,还是监察权,都具有明确的宪法法律依据和地位,即监察委员会是依法产生的,监察权来源于宪法法律的授权,监察委员会行使监察权也必须严格依照法律规定的权限及程序进行,违反法律规定行使监察权将承担法律责任。即监察机关组织法定、监察权源法定、监察权运行程序法定、监察人员违法行权责任法定等。更进一步来说,从各级监察委员会及其组成人员的产生、监察职权职责确定,再到具体行使监察权实施监督、调查、处置,甚至违法责任的追究等,都具有明确的法律依据。因此,从法治逻辑上来说,监察委员会,监察权同时具有法律属性,即监察机关依法产生,并严格依法履行国家监察职能,依法行使监察权专责对所有行使公权力的公职人员进行监察。监察权必须严格依照宪法和法律的规定行使。因此,我们说监察机关是与行政机关、审判机关、检察机关相平行的国家机关,是国家的监察机关,监察权与行政权、审判权、检察权相互独立行使,是国家权力,也是符合其宪法和法律定性的。

(三)监督"政治":作为政治监督权的监察权及其展开

综上所述,无论是将监察委员会、监察权界定为政治机关、政治权力,还是将其界定为国家机关、国家权力,可能都较为片面。为此,不禁再次追问,监察权究竟是一项什么权力,这项权力究竟能作何用?我们认为,要厘定监察权的属性特征,就既要体现其双重属性,同时也要符合其合署体制以及其运行的基本特征和权能。就纪检监察合署的体制构造及其具体所承担的监督执纪和监察执法这两项职责,监察权作用的对象范围,合署体制以及监察权运行的基本逻辑来看,其实行"一套工作机构,两个机关名称",即"一套人马,两块牌子"的制度设计,从监督执纪到监察执法都统一于合署办公这一体制。当然,监督执纪与监察执法仅仅是分工不同而已,在整体上,其实质是统一于一体的。二者既要执纪,也要执法,既要遵守党规党纪,也要遵守法律法规。

就其具体履行的职责来看,依据《中国共产党章程》《中国共产党纪律处分条例》等的规定,党的各级纪委是在同级党委领导下的党内监督专责机关,主要任务是维护党的章程和其他党内法规,检查党的路线、方针、政策和决议的执行情况,协助党委推进全面从严治党、加强党风建设和组织协调反腐败工作，职责是监督、执纪、问责，对党的组织和党员领导干部履行职责、行使权力进行监督等。依据《中国共产党章程》总纲对党的建设必须坚决实现的基本要求，各级纪委必须坚持增强“四个意识”，坚定“四个自信”，坚决做到“两个维护”，坚持全面从严治党，把严的标准、措施贯穿于管党治党全过程、各方面，坚持依规治党、标本兼治，把纪律挺在前面，加强对党的领导机关和党员领导干部特别是主要领导干部的监督，深入推进党风廉政建设和反腐败斗争，以零容忍态度惩治腐败，构建不敢腐、不能腐、不想腐的有效机制。与此同时，还要求党的纪检机关要合理运用监督执纪“四种形态”，贯彻落实“惩前毖后、治病救人”的方针政策。

依据《宪法》《监察法》《监察法实施条例》等的规定，各级监察委员会是国家的监察机关，是行使国家监察职能的专责机关，坚持在中国共产党的全面领导下，增强“四个意识”，坚定“四个自信”，坚决做到“两个维护”，与党的纪律检查机关合署办公，依法独立行使监察权，对所有行使公权力的公职人员进行监察，依法履行监督、调查、处置职责，调查职务违法和职务犯罪，坚定不移惩治腐败，开展廉政建设和反腐败工作，一体推进不敢腐、不能腐、不想腐体制机制建设。与此同时，还必须坚持运用法治思维和法治方式促进“纪法贯通”，纪检监察要依纪依法实现纪法有机融合，坚持“惩前毖后、治病救人”，实现政治、法律和社会“三大效果”的统一。

这里不难看出，党规党纪的内容已经大量地融入了监察法体系，甚至可以说，监察法是党规党纪与宪法法律融合架构的产物。一定意义上，其既是法律，也是纪律，既有党规党纪属性、纪律性、政治性，也有法律法规属性、法律性。

这更进一步说，一个是党内监督专责机关监督执纪，另一个是专责履行国家监察职能的国家监察机关监察执法，而合署办公则实现了两个“专责”机关的有机统一，既监督党员领导干部，也监督所有行使公权力的公职人员。而且，二者在职能与职责性质以及监督对象上具有高度一致性①，同时执纪执法要求实现“纪法贯

① 我国80%的公务员以及95%以上的领导干部是中共党员，“两委”监督在内在上具有高度一致性、互补性，本质上都是党和国家的自我监督。参见贺夏蓉：《政治监督的内涵及要求》，载《中国纪检监察报》2018年9月27日，第6版。

通、纪法有机融合”,即意味着二者必须在监督执纪以及监察执法的过程中实现两项监督职责的有机融合。纪检机关作为党内监督专责机关,监察机关作为国家专责机关,两机关合署办公,使监督执纪执法同样具有“专责性”。

基于此,我们认为,应将合署体制下的监察委员会界定为政治监督机关,监察权是政治监督权,抑或政治监察机关、政治监察权,这里“监察”与“监督”在同一意义上使用,即为“督政”、监督“政治”之意,而实施政治监督则是首要职责。正如有改革实践论者认为对纪检监察机关而言,“旗帜鲜明讲政治是第一位的要求,这就决定了纪委监委的监督本质上是政治监督,纪委监委的各项工作都具有很强的政治性”①。但这里的政治监督权,要与“监察权是监督权”以及“监察权是治权之权、权力监督之权”②相区分,而监察权作为政治监督权,监督“政治”,即意味着确保我国人民民主专政的社会主义国家的性质、政权组织形式、基本制度等政治制度和政治肌体不腐烂、不异化、不变质,中国特色社会主义发展道路、方向、底色不变。

四、结论

深化国家监察体制改革作为一项重大政治体制改革,不仅完善了既往的国家政治体制,从改革的成果来看,还完善了我国的宪制结构和宪法体例,建立健全了国家机构以及国家权力的结构。从更深层的意义上来说,还起到了调整和优化中国的政治体制的作用和功能。不仅进一步理顺并强化了党政关系,加强了党的领

---

① 纪委监委的政治监督,根本目的是坚持和加强党的全面领导,职责定位是监督的再监督,重点对象是“关键少数”,首要任务是“两个维护”。也就是坚决对各种违背党的原则、违反党规党纪和国家法律法规、损害党的领导,特别是损害党中央权威和集中统一领导问题现象进行监督,督促党员干部和公职人员牢固树立并增强“四个意识”,坚定“四个自信”,坚决做到“两个维护”,坚决维护习近平同志党中央的核心、全党的核心地位,坚决维护党中央权威和集中统一领导。对党员领导干部、公职人员履行职责和行使权力情况等进行监督,抓住对“领导干部”这个“关键少数”的监督,尤其是对高级干部这个“关键中的关键”的监督,坚持全面从严治党、强化党内监督和国家监察有机统一,等等。参见贺夏蓉:《政治监督的内涵及要求》,载《中国纪检监察报》2018 年 9 月 27 日,第 6 版。

② 有观点基于“决策权、执行权、监督权相互分工又相互协调”的中国特色社会主义权力配置理论,认为应将监察委员会定位为“履行权力监督职责的权力监督机关”,监察权的本质属性是监督权,且是“权力监督”之权。参见张梁:《中国特色“二维”监察权:属性、使命与功能》,载《广西社会科学》2020 年第 2 期。

导,还建构起了党集中统一领导的权威高效的专责履行国家监察职能的国家监察机关,实现了对所有行使公权力的公职人员的监察。

无论是监察法律体系,还是监察委员会、监察权,相较于其他法律部门和其他的国家机关、国家权力,明显可以看出的是,其政治性色彩更为浓厚,且与党的纪律检查机关合署办公,实行"一套工作机构,两个机关名称"。基于此,改革实践论者所抛出的"监察机关是政治机关,监察权是政治权力"的观点和看法不无道理;而学界基于宪法法律的规定,所形成的"监察机关是国家机关、监察机关,监察权是监督权、监察权本身"等观点和看法也同样在理。作为监察法学理论研究的智识成果,这些不同的观点及其具体论述都更有利于大家从多个视角、多个维度去认识和理解监察机关、监察权。与此同时,也能进一步地推动国家监察体制改革深化的步伐,促进国家监察法律制度体系的完善和发展,丰富和繁荣监察法学理论并积极推动其研究向纵深发展,进而推动我国的监察法治实践。

但"两委"合署办公,这并不意味着监察机关就是纯粹的政治机关,监察权就是纯粹的政治权力,在宪法和法律规范意义上这是难以成立的,且是不尽合理的。当然,也不能仅仅以政治思维而从政治逻辑上来理解和认识监察权的属性特征,来定位监察委员会。无须争论的是,监察委员会确实具有浓厚的政治属性,这是其履行的职责、承担的历史任务和历史使命以及其具体的监督对象等所决定的,但这并非仅仅是由于"合署办公"。同样地,定位监察委员会,认识和理解监察权的属性特征,也不能仅仅以宪法和法律为基础而单从法治逻辑上来展开,仅以传统法律思维以及对国家机关、国家权力的传统认知,来理解和认识监察权、定位监察委员会,亦难以把握其本质属性。我们认为,要以改革切入,结合监察委员会、监察权的"政治属性",以"政治属性"和"法律属性"相结合为基础,坚持从"政治逻辑"和"法治逻辑"双重逻辑上来展开,定位监察委员会以及理解和认识监察权,才更有利于我们真正把握改革所带来的诸多问题及其关键核心。为此,我们认为,在宪法和法律上,监察委员会是国家的监察机关,监察权是国家权力,是国家监察权,是毫无疑问的。但在"两委"合署体制下,我们认为,应将监察委员会定位为政治监督(监察)机关,监察权则应定性为政治监督(监察)权。

具体来说,理由有四:其一,客观来说,"两委"实行"合署",从根本上实现了中国共产党和国家与人民监督的有机统一,更在中国的政治构造以及政治结构和政治体制上,实现了"执政党"、"国家"以及"人民"三位一体的有机统一和国家政治功能的统合,旗帜鲜明地表明了党和国家以及人民是不可分割的统一整体。其二,从纪委监委的职责及其监督对象来看,纪委监委履行纪检、监察两项职责,对党员领导干部以及所有行使公权力的公职人员进行监督。这决定了这种监督是党和国家的自我监督,实质是"督政"、监督"政治",本质上即政治监督,既不同于当下新形势下的政治监督,也不同于法律监督、执法检查监督等。① 其三,就监察法律体系本身来说,通过与党规党纪比照不难看出,监察法体系实为党规党纪和国家法律之体系性融合的产物,对于纪委监委来说,既是其监督执纪必须要遵守的纪律,亦是其监察执法必须要遵守的法律。其四,旗帜更为鲜明的是,纪委监委反腐败斗争必须增强"四个意识",坚定"四个自信",坚决做到"两个维护",执纪执法必须坚持"纪法融贯"并"把纪律挺在前面",既要达到"惩前毖后"的效果,也要合理运用"四种形态"达到"治病救人"的目的,实现政治、法律与社会"三大"效果相统一,等等。

由此可见,这些都生动地表明,合署体制下的监察委员会,就是在实质上履行着纪检、监察两项职能,既执纪也执法,在党的领导以及决策部署下,依纪依法对党员领导干部和所有行使公权力的公职人员进行全覆盖监督的专责机关。而且,从本质上来说,这种监督就是党和国家的自我监督,也可以说是"督政"、监督"政治",即本质就是政治监督。因此,合署体制下的监察委员会就是政治监督机关,监察权就是政治监督权,而这种监督实施及其体制运行所形成的基本机制即政治决策、法律执行。

---

① 中华人民共和国成立以来,党中央对"一般监督",一直持慎重和保留态度,如主持起草检察院组织法的彭真同志就认为,"一般监督,检察院是做不了的……应当通过实际工作、通过办案来进行监督"。参见《彭真传》第2卷,中央文献出版社2012年版,第884页。转引自张震、黄鑫:《监察权的系统定位与制度完善之理论思考》,载《学习论坛》2021年第5期。同样地,这里将监察委员会定位为政治监督机关,将监察权定性为政治监督权,监察委员会行使权力所实施的政治监督,或者说监督"政治"的权力,与检察院的法律监督是不同的。

国家监察中的权力制约与监督关系*

杨靖文**

[摘要] 国家监察体制改革致力于将具有中国特色的权力监督模式从“并行”走向“集中”。《宪法》的修订与《监察法》的颁布将改革的成果法治化,形成了“一府一委两院”的国家治理新格局,产生了体现国家监察属性的新型法律关系,即监察法律规范调整的监察机关与其他国家机关、监察对象之间的权力配置关系或权力监督关系。前者体现为不同国家机关“分工负责、互相配合、互相制约”的权力制约关系,后者体现为国家监察机关对公职人员的权力监督关系,具有单向性、封闭性、过程性等特征。权力配置关系与监察关系的核心主体是国家监察委员会,它是在历史中形成的具有中国特色的反腐败国家机关,是党政合一的政治机关与宪制机关。监督关系的核心内容是国家监察权,是在整合党纪检查、行政监察、职务犯罪侦查、职务犯罪预防等权能的基础上形成的独立的“现代公共权力第四权”。

[关键词] 国家监察委员会　制约关系　监督关系

---

* 本文系2020年重庆市高等教育教学改革研究项目“跨专业人才培养模式改革研究——以监察法学为例”(项目编号:203280)阶段性研究成果。

** 杨靖文,法学博士,中国社会科学院法学研究所博士后研究人员,西南政法大学监察法学院教师。

一、国家监察中的法律关系的界分

(一)国家监察体制改革历程

在第十八届中央纪委第三次会议上,习近平总书记提出形成科学的权力结构的改革目标,并明确建立健全惩治和预防腐败体系是国家战略和顶层设计。为落实这一战略举措,党中央做出关于深化国家监察体制改革的决策部署。作为政治体制改革的重大举措,国家监察体制改革与“形成科学的权力结构”是全面推进国家治理结构现代化的基石,也是以习近平同志为核心的党中央治国理政“四个全面”战略布局的有机组成部分。2016 年 10 月 27 日,中共第十八届中央委员会第六次全体会议修订了《中国共产党党内监督条例》,明确“各级党委应当支持和保证同级人大、政府、监察机关、司法机关等对国家机关及公职人员依法进行监督”,首次出现监察机关的提法。2016 年 11 月 7 日,中共中央办公厅印发《关于在北京市、山西省、浙江省开展国家监察体制改革试点方案》,随后,遵循“重大改革于法有据”的精神,2016 年 12 月 25 日,第十二届全国人大常委会第二十五次会议通过和发布《关于在北京市、山西省、浙江省开展国家监察体制改革试点工作的决定》,正式拉开国家监察体制改革先行先试的序幕。2017 年 10 月 29 日,中共中央办公厅再次印发《关于在全国各地推开国家监察体制改革试点方案》,2017 年 11 月,第十二届全国人大常委会第三十次会议通过了《关于在全国各地推开国家监察体制改革试点工作的决定》,实现了党的任务向国家任务的转化,推进了国家监察体制改革的进程。为了贯彻和体现深化国家监察体制改革的精神,为成立监察委员会提供宪法依据,2018 年 3 月,第十三届全国人大第一次会议通过了《宪法修正案》和《监察法》,表明监察体制改革最终落实到宪法和法律层面,是在法治轨道上进行的改革。

(二)权力制约与监督关系的界分

在已有对监察制度的研究中,从政治体制改革的宏观层面讨论监察制度改革及其法治化已成为学术研究的热点。本文拟从微观角度出发,借助法律关系这一基本工具,对《宪法》《监察法》所确立的国家监察制度中存在的法律关系这一基础问题进行探讨。2018 年《宪法》修正时增设国家监察委员会这一独立的国家权力机关。《监察法》的颁布产生了“体现国家监察属性的新型法律关系”,即监察法律关系是由监察法律规范调整的监察机关与其他国家机关、监察对象之间的权力制约关系或权力监督关系。这一法律关系主要包括两个方面:一是监察机关与其他国家机关之间的权力配置关系,属于组织法的范畴。具体而言,即《宪法》《监察法》对国家监察委员会与其他国家机关的关系进行调整后形成的国家机关之间的权力配置关系,包括国家监察委员会与人民代表大会、检察机关、审判机关、执法机关等之间的关系,是优化国家机构设置与职能配置的一项改革,形成不同主体间"分工负责、互相配合、互相制约"的法律关系。[①] 二是监察机关与监察对象(公职人员)之间的权力监督关系,包括与监察人员本身的监督关系,属于行为法的范畴。《监察法》调整的核心内容是监察机关与公职人员间的权力监督关系,旨在通过国家监察权的规范行使,确保公职人员职务行为的廉洁性,实现反腐败的目的。与其他法律关系一样,监察法律关系也应由主体、客体、内容三个基本要素组成。

二、国家监察机关的属性与核心权能

(一)国家监察委员会是具有中国特色的反腐败国家机关

在历史长河中,探索对权力的制度约束以防止权力的异化与滥用是各个国家政治生活的主要内容之一。中华人民共和国成立初期的权力监督体系主要由以下三部分组成:1949 年 11 月,中国共产党决定成立党的纪律检查委员会,主要受理党的组织、干部或党员的违反党纪的处分。1949 年 9 月 27 日,中国人民政治协商会议通过了《中央人民政府组织法》,设立人民监察委员会与最高人民检察署,"人民监察委员会负责监察政府机关和公务人员是否履行其职责",最高人民检察署对政府机关、公务人员和全国国民之严格遵守法律,负最高的检察责任[②]。由此形成了中华人民共和国成立初期纪委负责党纪监督、监察部负责行政监察、检察院负责法律监督的三驾马车并行的状态。但三个机构的职责权限与管辖边界存在交叉重叠或界限不清等问题,实践中又开始了一系列的变更、撤销以及合并等。

---

① 参见《监察法》第 4 条第 2 款规定,监察机关办理职务违法和职务犯罪案件,应当与审判机关、检察机关、执法部门互相配合,互相制约。

② 参见 1949 年《中央人民政府组织法》第 5 条、第 18 条、第 28 条。

1952年中央作出《关于加强纪律检查工作的指示》,各级党委的纪律检查委员会与各级人民监察委员会可酌情实行合署办公。1954年9月,第一届全国人民代表大会第一次会议通过《宪法》(《五四宪法》)。同年9月21日《国务院组织法》颁布,政务院改为国务院,原人民监察委员会改为国务院监察部。① 1955年3月,中国共产党全国代表大会通过了《关于成立党的中央和地方监察委员会的决议》②,决定撤销党的纪律检查委员会,成立党的中央和地方监察委员会,并扩大了党内监督的范围,既包括党纪监督也包括法律监督。1959年4月,第二届全国人民代表大会第一次会议通过了国务院关于撤销监察部的议案③,监察部和各级人民监察机关相继撤销,由党的监察委员会行使监督职能。"1966年到1976年'文革'期间,检察制度发展中断,机构被撤销,人员被遣散,业务实际上被取消。"④这一阶段的机构调整、合并与撤销揭示了党、政、法权力监督机构的复杂关系,也体现了权力监督模式在曲折中探索前行。

改革开放以后,权力监督体系又开始恢复重建工作。1982年9月召开的中国共产党第十二次全国代表大会是在完成拨乱反正的重要时刻召开的一次会议,会议选举产生了中央委员会、中央顾问委员会和中央纪律检查委员会。1982年第五届全国人大第五次会议上正式通过《宪法》(《八二宪法》),明确国务院的职责之一是"领导和管理民政、公安、司法行政和监察等工作"⑤,"1986年12月2日第六届全国人民代表大会常务委员会第十八次会议根据国务院的提请作出恢复监察部的决定:'为了恢复并确立国家行政监察体制,加强国家监察工作,设立中华人

---

① 1954年《宪法》第48条明确国务院的组织由法律规定,同年9月21日《国务院组织法》颁布,国务院设立内务部、外交部、国防部、公安部、监察部等。同年11月10日,国务院公布《关于设立、调整中央和地方国家行政机关及其有关事项的通知》(已失效),将人民监察委员会工作移交监察部。

② 《中国共产党代表大会关于成立党的中央和地方监察委员会的决议》规定,党的中央和地方各级监察委员会的任务是经常检查和处理党员违反党章、党纪和国家法律、法令的案件。党员违反国家法律、法令的行为,除应依法由人民法院审理或政府监察机关惩处外,其应受党纪处分者即由党的监察委员会负责处理。参见《支部建设》2021年下旬刊,第33页。

③ 参见《中华人民共和国第二届全国人民代表大会第一次会议关于撤销司法部、监察部的决议》,载《中华人民共和国国务院公报》1959年第9期。

④ 李莉:《国家监察体制改革视域下的制度设计变迁——新中国成立以来权力监督的历史梳理》,载《当代世界与社会主义》2018年第3期。

⑤ 参见《宪法》(1982年)第89条第8项。

民共和国监察部。'"[①]"人民检察院于1978年恢复重建,直至2000年先后设立反贪污贿赂总结和职务犯罪预防厅,负责查处国家机关、国有企业及其工作人员的职务犯罪。"[②]这一阶段的权力监督基本又形成了纪委负责党纪监督、监察部负责行政监察、检察院负责违法监督的模式,其中的行政监察也包含监督部分违法行为。1993年,根据中共中央、国务院的决定,中央纪委、监察部开始合署办公,实行"一套工作机构、履行党的纪律检查和行政监督两项职能"的体制[③],又重启了具有中国特色的纪检监察模式,并一直沿用。这种中华人民共和国成立初期的党、政、法并行的权力监督模式存有的缺陷在改革开放以来的国家治理中越发凸显,对于遏制腐败现象效果不佳,主要是由于"同体监督乏力,异体监督缺失,党纪国法断层,监察资源分散,对象难以周延等"[④]。因此,为了加强党风廉政建设与反腐败斗争,势必要解决并行模式下反腐败力量分散、监察范围过窄等弊端。党的十八大以来,党中央开始了监察体制改革的决策部署,监察体制改革的目标是整合反腐败资源力量,加强党对反腐败工作的集中统一领导,构建集中统一、权威高效的中国特色国家监察体制,实现对所有行使公权力的公职人员的监察全覆盖。在中华人民共和国成立以来的权力监督模式探索中,权力监督模式逐步从"并行"走向"集中",这并非对已有监督机构与职责权限的简单整合,而是一种权力结构的改革与监督机关的再创造,即国家监察委员会的诞生。

(二)国家监察委员会是党政合一的政治机关与国家机关

2018年3月11日,全国人大通过《宪法》(1982年)第五次修正案。进一步理顺了国家治理体系,完善了国家治理结构。在人民代表大会统一行使国家权力的前提下,实现了立法机关、行政机关、监察机关、司法机关分工合作的宪制安排,形成了"一府一委两院"的基本政治格局。由行政监察到国家监察,国家监察机关取

---

① 于安:《反腐败是构建新国家监察体制的主基调》,载《中国法律评论》2017年第2期。

② 李莉:《国家监察体制改革视域下的制度设计变迁——新中国成立以来权力监督的历史梳理》,载《当代世界与社会主义》2018年第3期。

③ 参见《中共中央、国务院批转中央纪委、监察部〈关于中央纪委、监察部机关合署办公和机构设置有关问题的请示〉的通知》。

④ 秦前红:《困境、改革与出路:从"三驾马车"到国家监察——我国监察体系的宪制思考》,载《中国法律评论》2017年第1期。

得宪法地位,成为独立的宪制机关。对于国家监察委员会的地位已基本形成共识,即其是平行和独立于“一府两院”的国家权力机关、“执法监督机关”。[①] 但对国家监察委员会的性质则有不同表述。《宪法》第123条规定,“中华人民共和国各级监察委员会是国家的监察机关”;《监察法》第3条规定,各级监察委员会是行使国家监察职能的专责机关。此外,还有人认为“监察委员会实质是反腐败机构”,“监察委员会是实现党和国家自我监督的政治机关,其性质和地位不同于行政机关、司法机关。监察委员会不设党组、不决定人事事项,本质上就是党的工作机构”[②]。原本的纪委监察委合署办公变成了实际的高度合一,进而存在国家监察委员会是党的机构或国家权力机关的争议。但这种争议意义不大,“监察委员会,不同于党的机关、不同于行政机关,也不同于检察机关,它是集党纪监督、行政监督及法律监督于一体,具有综合性、混合性和独立性的国家机关”[③],实质是党的机构与国家权力机关高度合一即“党政合一”的产物。根据《中国共产党工作机关条例(试行)》第2条的规定,党的工作机关是党实施政治、思想和组织领导的政治机关。因此,国家监察委员会既是政治机关,也是宪制的国家机关。

在新时期,以习近平同志为核心的党中央强化了以党领导一切为根本原则的治国理政思想,明确“党政军民学,东西南北中,党是领导一切的”[④],要善于使党的主张通过法定程序成为国家意志,善于通过国家政权机关实施党对国家和社会的领导[⑤],“推进党政分工不分家的有机统一”[⑥]。这是在新形势下就如何改善和巩固党的领导作出的探索。在国家治理结构中,为何要在权力监督体系而不是其他领域实行党政合一制度安排?这是由纪检监察工作与国家监察工作的高度重合性所决定的。我国实行的中国共产党领导的多党合作和政治协商制度,与实行多党轮流执政的国家或地区政治制度不同,保持党的先进性是通过党内监督实现的,党章规定“党的各级纪律检查委员会是党内监督专责机关”,因此党内监督是

① 参见马怀德:《国家监察体制改革的重要意义和主要任务》,载《国家行政学院学报》2016年第6期。
② 闫鸣:《监察委员会是政治机关》,载《中国纪检监察报》2018年3月8日,第3版。
③ 杨建顺:《国家监察体制改革十大课题》,载《中国法律评论》2017年第6期。
④ 党的十九大报告:《决胜全面建成小康社会　夺取新时代中国特色社会主义伟大胜利》。
⑤ 参见十八届四中全会报告:《中共中央关于全面推进依法治国若干重大问题的决定》。
⑥ 陈光中、邵俊:《我国监察体制改革若干问题思考》,载《中国法学》2017年第4期。

永葆党的肌体健康的生命之源,必须一以贯之。国家监察委员会作为行使国家监察职能的专责机关,其在目标任务、监察对象以及调查内容等方面与党内监督制度具有较高的重合性,二者在制度上的合并,即在党的统一领导下纪委监察委合署办公,实现了党内监督和国家监督、党的纪律检查与国家监察、党纪与国法的有机统一,更好地解决党内监督在合法性、监察范围过窄等方面存在的问题。例如,被广为认同的"留置"取代"双规"即是反腐进程中法治化的重要举措。因此"在监察委员会体系实质上采用党政合一的机制下,真正落实依宪治国、依宪执政是十分重要的"①,要通过宪法确立的各国家机关分工合作的原则,党纪国法确立的相关制度去规范和完善。

(三)国家监察机关的核心权能是国家监察权

在监察法律关系呈现的权力配置关系、权力监督关系中,核心内容是国家监察权。国家监察权作为国家监察委员会享有的一项宪法性权力,其法律地位已基本得到认同,即"监察权既非行政权,也非司法权,而是一种独立的国家权力。"②"任何公权力的属性定位,既要符合权力划分的一般规律,又要符合一国现行的宪制模式。"③西方的政治文明发展按照权力的内容和性质将国家权力划分为立法权、行政权、司法权,我国在借鉴我国古代与近代监察制度的基础上单独创设国家监察权这一权力类型。王连昌教授认为"在社会主义国家里,监察权则是巩固和加强无产阶级专政事业不可或缺的工具"④,监察权的单设符合权力划分一般规律。在宪制安排上,人民代表大会作为人民行使最高权力的统一机构,在不存在权力分立只有权力分工不同的情形下,可以依法设立行使监察权的单独机构。从权力内容上看,监察权实质是对已有的行政监察、职务犯罪侦查、职务犯罪预防等权能的继承、整合与改造,兼具行政权与司法权的特征,但这并不影响监察权作为一项独立权力的独特属性。从监察权的性质和功能来看,其既发挥了权力制衡作用,也发挥了权力监督作用。从权力结构上讲,"在我国人民代表大会制度下,制

① 韩大元:《论国家监察体制改革中的若干宪法问题》,载《法学评论》2017年第3期。
② 陈光中、邵俊:《我国监察体制改革若干问题思考》,载《中国法学》2017年第4期。
③ 秦前红、李雷:《监察体制改革的宪法学思考》,载《江苏行政学院学报》2017年第3期。
④ 王连昌:《建议重建国家监察机关》,载《现代法学》1981年第3期。

衡体现的是权力主体之间的'分工负责、互相配合、互相制约'"①,监察权的产生使不同国家机关间的权力制约关系发生了重要的变化,下文详述。但这种制约关系规范的是国家机关,并没有涉及代表国家机关行使公共职权的公务人员在履行职责过程中滥用权力的问题。因此,监察权并非通过其他权力的分立形成的相互牵制力、制衡力作为其职能发挥的主渠道②,而是通过对个体的权力监督发挥功能,体现为监察机关对行使公权力主体的监督。这种"监督模式下权力的结构是单向的,即监督与被监督的关系"③,监察权则实质体现为法定的单向权力监督关系,这也是在监察法中对监察对象的权利着墨不多的缘由。

三、监察委员会与其他国家机关的关系

(一)监察机关与人民代表大会的关系

人民代表大会制度是我国的根本政治制度,人民代表大会是国家权力机关,其他国家机关都由人民代表大会产生,对其负责并受其监督,国家监察委员会也不例外。但就人大对国家监察委员会的监督方式而言,其具有特殊性。《宪法》和《监察法》并没有规定监察委员会定期向人大报告工作的制度,在目前的宪制安排中只有中央军事委员会有类似规定,"一府两院"每年要向人大报告工作,这是制度化的监督机制。在《监察法》出台之前,学界对监察委员会是否要向人民代表大会报告工作有不同的看法。有观点认为,"就监察委员会向人大报告工作而言,并不会损害监察权的独立性,人大对监委会的监督属于整体监督而非个案监督,人大不会干涉监委会对具体案件的处理"④;也有观点认为,"因为存在报告通过或不通过的问题,法律并未规定报告不通过的法律后果,因此不一定要报告工作"⑤;"监察机关是和党的机关合署办公的,核心是接受党的领导,它要向同级党委报告,同时监察委承担的反腐败工作具有特殊性,调查过程涉及大量的党和国家秘

① 夏金莱:《论监察体制改革背景下的监察权与检察权》,载《政治与法律》2017年第8期。
② 参见张瑜:《从"应然"层面解析国家监察体制相关概念及内涵》,载《行政法学研究》2017年第4期。
③ 夏正林:《权力制约中的监督与制衡》,载《检察日报》2017年2月22日,第7版。
④ 秦前红、李雷:《监察体制改革的宪法学思考》,载《江苏行政学院学报》2017年第3期。
⑤ 马怀德:《国家监察体制改革的重要意义和主要任务》,载《国家行政学院学报》2016年第6期。

密,涉及国家安全和重大利益,保密要求高,不宜在人大会议上公开报告”[①]。最终《监察法》的立法没有采取定期报告工作这种监督方式,而是采取听取和审议监察委员会的专项工作报告,组织执法检查,就监察工作中的有关问题提出询问或者质询的方式进行监督。本文认为,确保监察机关的独立性、接受党的领导等因素并不能成为阻碍监察机关向人大报告工作的理由,只有当反腐败工作涉及国家秘密或国家安全事项时,这项常规监督机制才能免除。

国家监察委员会的监察对象之一是人民代表大会及其常务委员会机关中的公务员。这里需要明确的是,首先,人民代表大会是国家权力机关,不受其他国家机关的干预,具有自主性与独立性。因此,这里的监察对象只能是个人而不是组织。其次,这里的“个人”应该是指机关的工作人员而不包括人大代表和人大常委会委员。

(二)监察机关与人民检察院的关系

在国家监察体制改革中,监察机关与检察机关的关系最为复杂,需要仔细甄别。有学者提出,检察机关是宪法规定的法律监督机关,其部分职权整合到监察委员会是否削弱了检察机关的宪法地位?[②] 根据《宪法》和《人民检察院组织法》的规定,中华人民共和国人民检察院是国家的法律监督机关,依照法律规定独立行使检察权。对于监察权的性质,历来就有争议,但作为国家的法律监督机关,法律监督职能应当是监察权的核心内涵。“法律监督是一种源于宪法、位列人大监督之下的宪制职能,旨在监督宪法法律正确统一实施、促进政令畅通和维护中央权威。”[③]根据《人民检察院组织法》和《刑事诉讼法》等相关法律的规定,检察院的职能主要包括对公安机关的侦查监督、自侦案件的侦查、审判与执行监督、行政检查监督等,按照理论上的归类大致可分为“公诉权、侦查权和狭义的法律监督,狭义的法律监督主要包括并行诉讼(审判和执行)监督与行政检查监督”[④],其中侦查、侦查监督以及公诉权是检察机关参与刑事诉讼的正常活动,是法院、检察院和

---

① 《【聚焦监察法草案④】党性和人民性的高度统一》,载《中国纪检监察报》2018 年 3 月 10 日,第 2 版。

② 参见韩大元:《论国家监察体制改革中的若干宪法问题》,载《法学评论》2017 年第 3 期。

③ 秦前红:《两种“法律监督”的概念分野与行政检察监督之归位》,载《东方法学》2018 年第 1 期。

④ 秦前红:《两种“法律监督”的概念分野与行政检察监督之归位》,载《东方法学》2018 年第 1 期。

公安机关在刑事诉讼中"分工负责、互相配合、互相制约原则"的体现[①],它被认为是"刑事诉讼中应有的制约机制,属于正常的诉讼程序,这在没有什么法律监督机关的其他国家的刑事诉讼中同样存在"[②],从狭义上来讲应当属于法律实施的范畴。诉讼监督和行政检察监督才是监督权的本质体现,即对法院、监狱机关、行政机关等在开展职权活动中是否合法正当地实施法律进行监督,属于监督的范畴。尤其是2017年《行政诉讼法》的修订增加了有关公益诉讼的规定,行政检察监督的手段和方法进一步扩充。

厘清检察院与监察委员会关系可以从以下几个方面进行:第一,将检察院的反贪污、反渎职以及职务犯罪预防等相关职能剥离开来整合到监察委员会中,实质只是将其有关参与刑事诉讼活动的部分职能进行转移,并不影响检察院作为法律监督机关的宪法定位。从二者同作为监督机关的关系来看,检察院的监督主要针对的是国家机关的职权行为,主要通过抗诉、公益诉讼、通知相关机关改正违法行为、提出检察建议等方式进行。监察机关的监督主要对象是国家机关工作人员,即公职人员在履行国家职责的过程中可能存在的腐败问题。诚然,由于国家机关的行为是由国家工作人员负责具体实施的,会出现检察院的法律监督与监察委员会的权力监督同时存在的情形,二者应当按照法律的规定各司其职、各尽其责。第二,在涉嫌贪腐、渎职或其他职务犯罪的案件中,监察机关与检察机关皆为参与刑事诉讼过程的主体,存在程序上的衔接问题。根据《监察法》第45条第1款第4项的规定,"对涉嫌职务犯罪的,监察机关经调查认为犯罪事实清楚,证据确实、充分的……移送人民检察院依法审查、提起公诉"。这一规定打破了职务违法与犯罪案件中受到质疑的侦查与公诉合一体制,建立起了侦查、公诉与审判相分离的机制,实现了科学的办案机制与基本的程序正义。第三,从实体上看,监察机关的调查活动具有一定的警示教育作用,但调查活动归根结底是收集证据的问题。监察调查的主要目的是查清事实,收集证据。监察机关在收集、固定、审查、运用证据时,应当与刑事审判关于证据的要求和标准相一致。该项内容对监察证

---

① 参见《刑事诉讼法》第7条规定:人民法院、人民检察院和公安机关进行刑事诉讼,应当分工负责,互相配合,互相制约,以保证准确有效地执行法律。

② 陈卫东:《我国检察权的反思与重构——以公诉权为核心的分析》,载《法学研究》2002年第2期。

据的要求和标准进行了明确,体现了"以审判为中心"的刑事诉讼制度的基本要求。《监察法》第33条第1款规定,"监察机关依照本法规定收集的物证、书证、证人证言、被调查人供述和辩解、视听资料、电子数据等证据材料,在刑事诉讼中可以作为证据使用"。《监察法》对于职务犯罪案件的证据移送规则,检察院审查后作出起诉、不起诉、退回补充调查或自行补充侦查的决定皆有明确的规定,监察委员会的案件调查工作也应当被纳入"分工与制约"的刑事司法制约机制进行约束。第四,从法理上讲,检察机关作为宪制的法律监督机关,对人大以外的国家机关都有法律监督的职能,因此也应当有权对监察委员会在调查职务违法或犯罪案件过程中是否正确统一实施法律进行监督。

(三)监察机关与执法部门的关系

根据《监察法》的规定,在监察机关工作过程中,执法部门应当予以配合与协助。根据《监察法实施条例》第9条的规定,"监察机关开展监察工作,可以依法提请组织人事、公安、国家安全、审计、统计、市场监管、金融监管、财政、税务、自然资源、银行、证券、保险等有关部门、单位予以协助配合。有关部门、单位应当根据监察机关的要求,依法协助采取有关措施、共享相关信息、提供相关资料和专业技术支持,配合开展监察工作"。这是由于国家设立监察机关专门从事反腐工作,但不能免除其他国家机关的反腐义务。从我国的政治制度来看,"一府一委两院"皆由人民代表大会产生,对其负责、受其监督。各个国家机关之间没有分权与制衡的关系,只有分工与合作。由于职务违法与犯罪行为的特殊性,在遇到超出监察机关的调查权限范围的事项或遇到特殊情况时,需要其他有关部门进行配合。例如,监察机关在本行政区域内通缉时,需要公安机关发布通缉令将相关人员追捕归案;采取搜查、限制出境等措施,需要提请公安机关配合的,公安机关应予协助;采取查询、冻结涉案存款、股票等财产,以及调取、查封、扣押涉案的财物、文件等措施时,税务、海关、金融监管机构等相关部门应予以协助。

四、监察委员会与监察对象(公职人员)的关系

(一)判断是不是监察对象的核心标准在于是否行使公权、履行公务

根据《监察法》的规定,监察对象包括"所有行使公权力的公职人员",这里的

公权力既包括国家公权力也包括社会公权力。具体而言,其可以分为六类:一是公务员和参公管理人员:中国共产党领导的多党合作和政治协商制度是我国基本政治制度,共产党、各民主党派、政协机关同人大、政府、司法机关等国家机关一样实际履行管理公共事务的职能,因此受到《公务员法》的调整,同时也受到《监察法》的调整。二是法律、法规授权或受国家委托依法管理公共事务的组织中从事公务的人员。三是国有企业管理人员。四是公办的教育、科研、文化、医疗卫生、体育等单位中从事管理的人员。五是基层群众性自治组织中从事管理的人员。这是基于在国家、社会、市场的三元结构中,基层群众性自治组织承担了大量的自我管理与服务的职能,在一定范围内代表了不特定多数人的共同利益,具有管理公共事务的主体地位与职权职责,同时通过法律法规授权或行政委托的方式承担了一定的行政职能,从《监察法实施条例》的规定来看,基层群众性自治组织的管理人员在从事这两类不同事务时的行为均需要纳入国家监察的范畴。六是兜底条款,即其他依法履行公职的人员。对此,《监察法实施条例》进行了一定的列举,总而言之,无论是否有编制,无论是否在国有党政机关、企事业单位工作,只要是代表国家履行公务的人员,皆属于监察对象。

这里需要注意两个问题。首先,法律法规授权或行政委托组织与公办科教文卫事业单位、基层群众性自治组织之间存在交叉关系,意即基层群众性自治组织、公办科教文卫事业单位和国有企业有时会作为法律法规授权组织或行政委托组织存在,同时也会在法律规定的范围内享有一定的自治权。例如,高等学校的办学自主权,村委会、居委会的自我管理与服务权。无论其以何种身份行使权力,皆属于《监察法》的监察对象。其次,对于何为"履行公职""从事管理"的人员,不能做无限的扩张解释,其判断的核心在于该职位是否拥有公权、履行公务、使用公财。例如,高校科研人员申报的国家课题及经费属于国有资产,但不应将其作为管理国有资产的人员纳入监察对象的范畴。对于哪些属于"管理人员",需要在实践中不断确认和完善。

(二)监察法律关系的单向性

诚如前述,监察机关与监察对象的法律关系主要是一种权力监督关系,表现为单向的权力结构,因此,在《监察法》中大多为关于监察机关所享有的权力和监察对象所承担的义务的相关规定，主要为《监察法》第4章“监察权限”与第5章“监察程序”的内容，对监察对象是否享有权利并未涉及。根据《监察法》的规定，监察机关享有监督、调查、处置三大权力，并在调查过程中有权采取谈话、讯问、询问、留置、查询、冻结、搜查、调取、查封、扣押、勘验检查、技术调查、决定通缉等措施。这些皆是监察机关一方所享有的国家权力，具有单方性和强制性，相对方有服从和配合的义务。从这个意义上讲，监察法律关系与行政法律关系有着本质的不同，行政法律关系的一方主体同为国家机关，但另一方主体是公民、法人或其他社会组织，因此其在行政法律关系中会享有陈述、申辩、复议、诉讼等权利。由于监察对象的特殊性，监察法律关系只是一种法定的权力监督关系，目的在于查清相关的违法犯罪事实，监察对象享有的权利受到限缩，如根据《监察法》的规定，监察对象在监察调查期间不得像普通的刑事犯罪嫌疑人一样聘请律师进行法律援助，监察对象对监察机关作出的涉及本人的处理决定不服的，可以向作出决定的监察机关或上一级监察机关申请复审，而不能通过司法途径解决争议等，在监察程序中表现为受到限缩的程序权利与单向的权力结构。

（三）监察法律关系的封闭性与人权保障

根据《监察法》的规定，监察委员会在对案件调查期间不允许有律师介入，监察委员会作出的处置决定，即对违法的公职人员作出的警告、记过、记大过、降级、撤职、开除等政务处分决定，对不履行或者不正确履行职责负有责任的领导人员作出的问责决定，不接受司法审查，体现出较强的封闭性。监察法律关系的封闭性，是由监察对象身份的特殊性即党员或公职人员身份所决定的，表现为一种“特别法律关系”。特别权力关系的理论体系建立在19世纪的德国国家法与行政法理论之上，由德国学者波尔·拉贝德（Paul Laband）建立理论雏形，而由奥托·迈耶完成理论体系建构，并逐渐传入日本、我国台湾地区等地。拉贝德的“主体封闭说”认为，“国家方拥有权力与相对方自愿加入便构成了特别权力关系的基本要素和特征”[①]。奥托·迈耶认为，“权力关系可通过法律或行政行为设立，也可由对

① 胡建淼：《“特别权力关系”理论与中国的行政立法——以〈行政诉讼法〉、〈国家公务员法〉为例》，载《中国法学》2005年第5期。

公共设施作用范围的进入而自行产生,相关人在一定程度上必须依照公共管理目的的需要而行事,这意味着对现有自由的限制,如学校关系、囚犯与监狱管理机关的关系、公务员关系与兵役关系"①,并将特别权力关系的适用范围从公法上的勤务关系扩张到公法上的营造物关系、公法上的特别监督关系。从上述分析可以看出,特别权力关系的本质是基于相对方进入特别关系后,为达到公共目的而处于附属地位,自愿服从与放弃权利,从而使自由受到限制的特殊关系。

随着民主与法治国建设的推动,尤其是法律保留原则对公民基本权利保护的重视,特别权力关系因处于法律救济的真空地带而受到质疑,先后出现了不同的理论与司法判例试图对特别权力关系进行修正,有代表性的有"基础关系与管理关系理论""重要性理论"等。德国乌勒教授认为,在"特别权力关系内,可以区分为基础关系与经营(管理关系)"。② 基础关系是指有关特别权力关系产生、变更及消灭的事项,如公务员资格的取得、丧失、降级、撤职等。管理关系是指为了达到特定行政目的而采取的内部管理措施,如公务员的管理、学校的宿舍管理等。前者可以视为行政机关作出的行政决定,适用法律保留原则,也可以接受司法审查。但基础关系与管理关系之间并非泾渭分明,如财产关系就难以认定。其后,"重要性理论"更将特别权力关系的适用范围进一步缩小。1972 年,德国联邦宪法法院通过对监狱服刑案作出判决,否定了在没有法律依据的情形下可以通过特别权力关系来限制公民基本权利(本案指通信自由)的做法。因此,在管理关系中只要涉及公民基本权利或重要事项,皆属于法律保留范畴,应受到法治国原则的支配。除了从适用内容上对特别权力关系的要求作出限制外,在适用范围上也出现了学校关系、监狱关系等不受特别权力关系调整的判例,在适用方式上出现特别权力关系对公职人员的自由的限制要遵循"比例原则"等。特别权力关系经历了一个修正的过程。

我国的立法也受到"特别权力关系"理论的影响,对相关领域的调整仍处于传统特别权力关系时代,这从《公务员法》《行政诉讼法》的规定中即可看出。虽然

---

① [德]奥托·迈耶:《德国行政法》,刘飞译,商务印书馆 2002 年版。

② 许育典:《教育行政法》,元照出版社 2020 年版,第 158 页。

从 1997 年“田某诉北京科技大学案”开始，司法实践中已出现多起案例对该理论进行冲击。此次《监察法》的立法也基本遵循“特别权力关系”的思路，“公法上勤务关系”是特别权力关系适用的核心领域，也是其最初适用的领域。在其他的监狱关系、学校关系出现适用例外的情形下，这一领域的封闭要求会更高。因此，公职人员的自由较之囚犯、学生而言在这一特别权力关系中会受到更多的限制。例如，监察委员会作出的处置决定或问责决定，不属于司法审查范围。但法律关系的封闭性不等于铁板一块，人权保障是我国宪法的核心内容之一，在涉及公民的重要的基本权利时必须要对特别权力关系进行限制。例如，《监察法》已设立的职务违法与犯罪预审机制[①]，即区分一般违法与涉嫌犯罪案件进行分类处理。由于职务犯罪侦查会给公职人员的人身权等基本自由造成重要影响，理应按照《刑事诉讼法》中有关基本权利保障的规定进行。

（四）监察法律关系的过程性与分工制约的刑事司法机制

虽然监察制度是以特别权力关系进行的制度构建，但这一内部行为已受到法律规范的调整，必须按照法定的监察程序进行。从监察权的内容来看，其由国家监察体制改革之前的行政监察权、党纪检查权、贪腐渎职案件侦查权整合而成，因此监察权的权能主要由调查权构成。调查权“多数情况下是一种程序性权力，不是最终的处理权，只有当监察对象仅存在违法违纪的情形需给予行政处分时，监察委员会的处置才是实体的”[②]。相较于行政处罚、行政许可等兼具实体性与程序性的行政法律关系，监察法律关系大多仅是在调查程序中形成的过程性法律关系，是刑事诉讼流程的一个步骤而已。监察法律关系中对于职务犯罪的调查权应属于刑事司法体制的一部分，与检察院的公诉权、法院的审判权共同构成司法职权的核心内容，共同受到《刑事诉讼法》的调整。在构建这一新的刑事诉讼程序过程中，尤其要注意监察委员会、检察院、法院在刑事司法活动中职权配置的均衡与

---

① 参见《监察法》第 38 条规定，需要采取初步核实方式处置问题线索的，监察机关应当依法履行审批程序，成立核查组。初步核实工作结束后，核查组应当撰写初步核实情况报告，提出处理建议。承办部门应当提出分类处理意见。初步核实情况报告和分类处理意见报监察机关主要负责人审批。第 39 条规定，经过初步核实，对监察对象涉嫌职务违法犯罪，需要追究法律责任的，监察机关应当按照规定的权限和程序办理立案手续。

② 马怀德：《国家监察体制改革的重要意义和主要任务》，载《国家行政学院学报》2016 年第 6 期。

制约,以及防止司法实践中惯常出现的“侦查中心主义”,“侦查中心主义在一定程度上架空了审查起诉权和审判权,以至于审查起诉和庭审工作沦为走过场的形式主义”①。因此,在阶段性的调查权、审查起诉权、审判权的分工下,各个程序能够保持独立并能够对案件发挥拦截和阻断作用,检察院能够发挥好退回调查、补充侦查、审查起诉的作用,法院能够依据调查结果独立进行裁判,共同构筑起分工制约的刑事司法机制。

① 王超强:《论监察体制改革背景下监、检、法关系新构》,载《东方法学》2017 年第 5 期。

依法监察与监察法治：国家治理现代化的重要维度*

郭文涛**

［摘要］ 监察委员会作为行使国家监察职能的专责机关，在党和国家监督体系中处于主干位置、发挥保障作用，其依法监察、实现监察法治是推进国家治理体系和治理能力现代化的应有之义。作为具有明确宪法地位的监察委员会，其行使监察权必须体现所依赖的基本宪法条款，即法治国家，法治国家是依法监察的宪法基点。依法监察就是监察机关行使国家监察职权、履行国家监察职责必须由法律授权并依据法律规定行使，即一切国家监察工作应依法而为，受法之拘束，国家监察工作由此获得最低程度的形式正当性。依法监察包含职权法定原则、法律优先原则、法律保留原则、权责统一原则四个方面的基本内容。监察法治是监察法学研究的基本范畴，其基本内涵是以法治思维和法治方式开展国家监察工作、进行反腐败斗争，维护宪法和法律的尊严。除了依法监察原则外，监察法治的基本内涵还包括民主正当性原则、功能适当原则、权威高效原则、比例原则四方面的内容。厘清监察法治的基本内涵，不仅可以构建独具中国特色的监察法学二级学科，更可以发挥理论对实践的指导作用，深化纪检监察体制改革，推进纪检监察工作规范化、法治化，实现国家治理现代化。

---

* 基金项目：本文系 2020 年度重庆市社会科学规划博士项目“重大改革特别授权机制研究”（项目编号：2020BS88），2019 年度重庆市博士后科研项目特别资助三等“监察法中的法理研究”阶段性成果。

** 郭文涛，西南政法大学监察法学院讲师、博士后，法学博士，研究方向为监察法学。

[关键词] 依法监察 监察法治 法治国家 国家治理现代化

2019年10月,党的十九届四中全会提出:"深化纪检监察体制改革,加强上级纪委监委对下级纪委监委的领导,推进纪检监察工作规范化、法治化。"监察委员会作为行使国家监察职能的专责机关,在党和国家监督体系中处于主干位置、发挥保障作用,其依法监察、实现监察法治是推进国家治理体系和治理能力现代化的应有之义。健全党和国家监督体系过程中的法治化原则,以及《宪法》《监察法》等法律制度的规定性,决定了纪检监察工作必须遵循规范化法治化的要求。[①]故此,本文试图探究依法监察及监察法治的基本内涵,希冀可以指导深化纪检监察体制改革,推进纪检监察工作规范化、法治化,实现国家治理现代化。

一、依法监察的宪法基点

2018年,《宪法》(1982年)第五个《宪法修正案》的重要内容是将监察委员会纳入宪法框架之中,赋予监察委员会宪法地位,健全党和国家监督体系。[②]《宪法修正案(五)》确立了监察委员会作为国家机构的宪法地位,为其依法行使监察权、开展反腐败工作奠定了宪法基础,为其履行国家监察职责提供了根本法遵循。[③]作为具有明确宪法地位的监察委员会,其行使监察权必须体现所依赖的基本宪法条款,即法治国家,法治国家是依法监察的宪法基点。[④] 法治国家所指涉的是国家监察要服从法的统治。在宪法规范的框架中,依法监察构成了监察法的生命之源,它具有相对稳定的核心内容,但又是一个开放性的法理体系,在现代社会变迁中不断吐故纳新。

---

① 参见师长青:《推进纪检监察工作规范化法治化》,载《中国纪检监察》2020年第8期。

② 参见钟纪言:《赋予监察委员会宪法地位 健全党和国家监督体系》,载《人民日报》2018年3月3日,第3版。

③ 参见钟纪言:《以宪法为根本遵循 肩负起国家监察神圣职责》,载《人民日报》2018年3月14日,第15版。

④ 参见江国华、何盼盼:《中国特色监察法治体系论纲》,载《新疆师范大学学报(哲学社会科学版)》2018年第5期。

(一)法治国家的规范表述

法治国家,也称法治国,即学理上法统治的国家(权力)。法治国家既是指一定地理区域的国家的法治化状态,也是指一定区域内国家公权力的法治化状态。综合起来,法治国家就是指在一个被称为国家的地理区域内的所有国家公权力的法治化状态。① 关于"法治国家"的规范表述,《宪法》第5条第1款规定:"中华人民共和国实行依法治国,建设社会主义法治国家。"1982年《宪法》在最初制定的时候并没有这一条款,这一条款是在1999年宪法修改时增加进去的。同时,1982年《宪法》第五个《宪法修正案》将《宪法》序言第七自然段中的"健全社会主义法制"修改为"健全社会主义法治"。② "法治国家"入宪,划出了它与"法制国家"的界限,由"制"改为"治",进一步消解了法的工具主义色彩,也改变了法与国家之间的关系。

(二)法治国家的规范解释

1. 法律控制国家权力

如前所述,法治国家是指一定地理区域内国家公权力的法治化状态,是公权力受到法的统治的国家。人民是国家权力的最终来源,任何国家权力都是由一定社会成员共同赋予的。国家权力来自人民,它一旦与人民相分离,就具有了一种脱离人民的倾向和离心力。要确保国家权力忠实于作为其基础的人民,就必须有对国家权力的必要控制,以防止国家权力远离人民或者背叛人民。人民是一个整体,人民对国家权力进行控制的意志,只有通过法律才能得以表达。法律可以为国家权力的运用预设一个既定的模式。只有法律才能作为人民整体共同意志的表现形式,法律对国家权力及其行使进行规范,防止国家权力成为没有约束或者失去约束的权力。③ 也许正因如此,有的学者直接把国家权力与法律连接起来,认

---

① 参见卓泽渊:《法治国家论》(第4版),法律出版社2018年版,第18页。

② 参见《王晨向十三届全国人大一次会议作关于〈中华人民共和国宪法修正案(草案)〉的说明(摘要)》,载《人民日报》2018年3月7日,第6版。

③ 参见卓泽渊:《法治国家论》(第4版),法律出版社2018年版,第104-105页。

为国家权力是法律秩序的实效。[①] 法律具有模式的意义，人民可以通过法律对国家权力的范围、等级、效力，行使的程序、后果、责任等作出规定。法律，一方面是对权力行使者的要求，另一方面也是人民检验权力行使状况的根据和准则。合法性原则具有宪法原则的位阶，可以拘束包括监察权在内的所有国家权力，这一宪制思想在监察法上被浓缩为依法监察原理。监察委员会只有依照法律规定行使监察权，其权力行使才能获得法律意义上的合法性，而监察对象则因基于《监察法》所确认的权利，获得了国家监察法律关系中的主体地位。监察对象的这种主体地位既与监察权对峙，又与监察权合作。“永恒不变的是，权利使权力对抗权力。”[②]为确保监察委员会依照法律规定行使监察权，宪法需要在国家机关之间创设一种分权机制，以避免国家权力集中于某一个国家机关之手。这种分权机制在《监察法》上表现为：全国人民代表大会及其常务委员会为监察委员会行使监察权提供法律依据，人民法院、人民检察院通过刑事诉讼监督制约监察委员会合法行使监察权。由此可见，在这个国家权力的制度框架内，监察对象的基本权利才能得以保障。

2. 控制国家权力的法律是良法

法律是治国之重器，良法是善治之前提。在理解法治国家的含义时，必须注意到法治国家有形式法治国和实质法治国两种形态。基于对法治包含形式法治和实质法治的理解，法治国家也应该既包括形式法治意义上的法治国家，也包括实质法治意义上的法治国家。只有具有双重意义上的法治国家才是严格意义上的法治国家，而我们追求的就是严格意义上的法治国家。形式法治国是指特别强调有法必依、严格守法的国家，它强调法律必须被遵守，但并不特别关注法律本身的价值内涵，不刻意要求法律是良法而非恶法。实质法治国除强调形式法治国的守法要求外，还更加强调法律的价值内涵，要求法治之法必须是良法而绝非恶法，

---

① 凯尔森认为：“人民所从属的那种国家权力不过是法律秩序的效力和实效，而领土和人民的统一就是从这一秩序的统一性中引申出来的。如果主权被认为是国家‘权力’的一种属性，这一权力一定是国内法律秩序的效力和实效。”参见[奥]凯尔森：《法与国家的一般理论》，沈宗灵译，中国大百科全书出版社1996年版，第283页。

② [美]史蒂芬·霍尔姆斯、[美]凯斯·R. 桑斯坦：《权利的成本——为什么自由依赖于税》，毕竟悦译，北京大学出版社2004年版，第35页。

即实质法治国要求法律制度必须具有公正的价值内涵与精神品德。是否具有民主、自由、平等、人权、正义等法的价值内涵就是是否为实质法治国的判断标准。[①]在严格意义上的法治国家,控制国家权力的法律一定是良法而非恶法,即应为具有民主、自由、平等、人权、正义等法的价值内涵和精神品德的法律。

(三)法治国家与依法监察

1. 法治国家与监察权

监察委员会作为行使国家监察职能的专责机关,依照法律规定,代表党和国家,对所有行使公权力的公职人员进行监察。监察委员会行使国家监察职权、履行国家监察职能,必须严格依照法律规定,否则就不能形成法治中国。进言之,监察委员会所享有的监察权必须受到法律的严格支配和约束。在监察机关可以制定监察法规、监察规范性文件的情况下,监察权不仅要受到宪法和法律的约束,还要受到监察法规和监察规范性文件的约束。在全国人大常委会授权国家监察委员会制定监察法规之后,监察机关除了原有的监察权之外,还获得了监察法规制定权,监察委员会已经成为"位高权重"的国家机关。[②] 这并非对法治国家的反动,而是法治国家的发展结果。监察权必须严格遵守依法监察原理,这在党和国家的权威文献中已有明确的要求。[③]

2. 法治国家与《监察法》

国家监察法律体系是以依法监察原理为核心展开的,它旨在确保监察权行使的合法性,促进国家监察工作规范化、法治化。《监察法》源于国家监察需要受法律约束,它是法治国家理论的产物。《监察法》第 4 条规定:"监察委员会依照法律规定独立行使监察权……"第 5 条规定:"国家监察工作严格遵照宪法和法律,以事实为根据,以法律为准绳……"已经出台的《公职人员政务处分法》《监察官法》等国家监察法律,都可以看作法治国家理论的产物。监察委员会不仅拥有监察权,还拥有履行宪法法律职责所需的广义立法权,面对这种情况,监察法需要发展

① 参见卓泽渊:《法治国家论》(第 4 版),法律出版社 2018 年版,第 6 -7 页。

② 参见李龙、李一鑫:《国家监察委员会的法规制定权研究》,载《河南社会科学》2019 年第 12 期。

③ 参见《持续深化国家监察体制改革 推进反腐败工作法治化规范化》,载《人民日报》2018 年 12 月 15 日,第 1 版;骆梅芬:《习近平监察法治论述研究——以国家监察体制改革为视角》,载《法治论坛》2018 年第 3 期。

出多种控制监察权的法律机制,以满足法治国家的需求。

二、依法监察的基本内容

依法监察就是监察机关行使国家监察职权、履行国家监察职责必须由法律授权并依据法律规定行使,即一切国家监察工作应依法而为,受法之拘束,国家监察工作由此获得最低程度的形式正当性。依法监察是对监察机关的要求,不是对监察对象的要求。依法监察要求监察机关在法律范围内行使监察权,依法开展反腐败工作;监察机关及其工作人员如果违反法律,超越法律行使职权、履行职责,就要承担相应的法律责任。依法监察解决了法律与监察之间的关系问题。法律是监察机关开展国家监察工作的依据和人民对该工作进行评判的标准。法律,必须是由人民通过全国人大及其常委会制定的。对监察机关提出依法监察的要求,植根于我国的国家性质和政治体制。我国是人民民主专政的社会主义国家,人民代表大会制度是我国的根本政治制度。监察机关由人民代表大会产生,这表明监察权来源于人民,因此必须对人大负责,受人大监督。人民代表大会通过制定法律表述人民意志,监察机关也就是执行法律的国家机关,依法监察是人民民主专政国家和人民代表大会制度的应有之义。依法监察包含职权法定原则、法律优先原则、法律保留原则、权责统一原则四个方面的基本内容。

(一)职权法定原则

职权法定原则,是指任何国家监察职权的来源与作用都必须具有明确的法定依据,否则越权无效,要受到法律追究,承担法律责任。《宪法》第124条第4款的规范表述为:“监察委员会的组织和职权由法律规定。”监察机关的职权,主要是指国家监察委员会、地方监察委员会及其派驻或者派出监察机构、监察专员的职权,必须由法律规定。监察机关必须在法律规定的职权范围内活动,非经法律授权,不可能具有并行使某项职权。职权法定原则具体包含以下三层含义:

1. 监察职权来源于法律

监察机关的一切工作活动都必须以监察职权为基础,无职权即无监察。然而,监察职权必须合法产生,监察机关的监察职权或由《宪法》、《监察法》、普通监察法律设定,或由有权机关依法授予,否则权力来源就没有法律依据。没有法律依据的监察权从根本上说是一种非法的权力。公权力主体的职权合法是法治基本要求。在我国,监察机关是在党的集中统一领导下,开展反腐败工作的专门机关,它有宪法明确地位和《监察法》明确授权,非常契合主体合法、职权合法的法治要求,是做好反腐败工作的基础,是反腐败工作法治化的基点。① 这是对权力来源的要求,构成职权法定原则的基础。

2. 监察职权受制于法律

无法律即无监察,监察权的特性决定了必须以法律设定监察权的行使界限,即监察权限。监察机关只有在法定的权限范围内行使其监察职权才是合法的。同时,法律给监察职权设置的限制,不仅包括实体上的权限范围(监察权限),还在程序上为监察机关规定了行使职权的方式和过程(监察程序)。监察机关行使监察职权不仅要依据法定的权限,还要依据法定的程序,既要遵循实体法的规定,也要遵循程序法的规定。《宪法》第127条和《监察法》第4条的规范表述为:"监察委员会依照法律规定独立行使监察权……"这是对权力行使的要求,构成职权法定原则的核心。

3. 越权无效,并应承担法律责任

监察职权应来源于法,受制于法,否则即为违法的权力,构成一种越权行为。职权法定要求监察机关不得越权,否则不具有法律效力。这是因为,监察机关的行为效力必须由法律授予,如不在法律授权范围内,它就在法律上站不住脚。因此,人民法院、人民检察院在刑事诉讼中就可以退回补充调查、作出不起诉决定、排除非法收集的监察证据,否定监察调查的合法性,并使相关责任主体承担法律责任。当监察委员会及其工作人员违法行使职权,侵犯监察对象的合法权益时,就要承担国家赔偿责任。这是对监察权行使后果的要求,构成职权法定原则的保障。如果违法的权力不需要承担法律责任,那么权力来源于法律、权力受制于法律将毫无意义。

(二)法律优先原则

法律优先原则,也称法律优位原则或法律优越原则。德国行政法鼻祖奥

---

① 参见王勇:《推进反腐败工作规范化法治化前提是纪检监察工作规范化法治化》,载《中国纪检监察》2020年第8期。

托·迈耶首创法律优先的概念,他认为,在所有国家意志中法律是效力最强者。[①]广义的法律优先原则,要求一切国家监察工作,无论是权力性监察工作还是非权力性监察工作,无论是监察规范创制活动还是监察行为作出活动,无论是监察监督行为、监察调查行为还是监察处置行为,都不能与法律相抵触。狭义的法律优先原则,是指监察法律相对于监察立法即监察法规、监察规范性文件的优越地位,监察法律在效力上高于监察法规和监察规范性文件,这也是法律优先原则的基本含义。我们是在狭义上使用"法律优先"这一原则的,从这个角度而言,法律优先原则实质上强调的是法律的位阶体系,即《监察法》位阶高于普通监察法律,普通监察法律位阶高于监察法规,监察法规位阶高于监察规范性文件。监察法律在效力位阶上高于其他监察规范,其他监察规范都必须与监察法律保持一致,不得与之相抵触,否则就是无效的。这是立法权高于监察权、监察从属于法律的体现,它是法律至上原则在监察法领域的适用。

对于拥有监察立法权的监察机关而言,法律优先包含以下两方面的含义:一方面,在已有监察法律规定的情况下,监察法规、监察规范性文件不得与监察法律相抵触,凡有抵触的,都以监察法律为准。监察法律优先于监察法规、监察规范性文件。同样地,凡是上一位阶的监察法律规范已经对某一事项有了规定的,下一位阶的监察法律规范不得与之相抵触。全国人大常委会在授权决定中规定"监察法规不得与宪法、法律相抵触","全国人民代表大会常务委员会有权撤销同宪法和法律相抵触的监察法规",这体现的就是法律优先原则。另一方面,在监察法律尚无规定,监察法规、监察规范性文件在各自范围内作了规定时,一旦监察法律就此事项作出规定,则监察法律优先,其他监察法律规范的规定都必须服从监察法律。例如,在《公职人员政务处分法》出台之前,中共中央纪委、国家监察委员会制定了《公职人员政务处分暂行规定》,《公职人员政务处分法》颁布实施后,该监察法律就优先于《公职人员政务处分暂行规定》,《公职人员政务处分暂行规定》对公职人员政务处分事项的规定都必须服从于《公职人员政务处分法》。

---

① 奥托·迈耶指出:以法律形式出现的国家意志依法优先于所有其他形式表达的国家意志;法律只有以法律的形式才能废止,而法律却能废止所有与之冲突的意志表达,或使之根本不起作用。这就是我们所说的法律优先。[德]奥托·迈耶:《德国行政法》,刘飞译,商务印书馆2013年版,第71页。

法律优先原则作为法律位阶在监察立法中具体作用的客观要求,在强调国家立法权限与监察立法权限划分的同时,侧重于要求低位阶监察法律规范的制定必须以高位阶监察法律规范为依据,前者必须服从于后者并不得与之相抵触。据此,法律优先原则又可具体导出"根据法律"和"不相抵触"两个派生性原则。根据法律原则,是指监察立法应服从法律位阶的要求,以上位法作为监察立法的根据。全国人大常委会的授权决定表述为:"国家监察委员会根据宪法和法律,制定监察法规。"根据法律原则厘清了立法权在全国人大及其常委会与国家监察委员会之间的权限划分标准,保障了国家监察法律体系内部的和谐统一,同时也是对监察立法内容的一种限定,使监察立法遵循上位法的规定,符合内容合法有效的成立要件。不相抵触原则,是指在国家监察法律体系的层级结构中,下位阶的监察法律规范不得与上位阶的监察法律规范相冲突,凡有冲突时应以上位阶的监察法律规范为准绳。与根据法律原则相比,不相抵触原则主要侧重于监察立法的内容不得与监察法律相抵触。国家监察委员会在制定监察法规时,必须严格依照监察法律的规定和原则,其立法内容不得与监察法律相悖。全国人大常委会的授权决定表述为:"监察法规不得与宪法、法律相抵触。"从这个意义上讲,法律优先原则是"消极的依法监察原则"。

(三)法律保留原则

法律保留原则,是指某些监察事项必须由全国人大及其常委会通过制定法律来加以规定,国家监察委员会不得僭越,在经过全国人大及其常委会授权情况下国家监察委员会可以制定执行性规范、创制性规范、授权性规范等监察法规。① 国家监察委员会制定监察法规的行为,"是国家监察委员会履行宪法法律职责所需要的职权和手段"②。与消极的法律优先原则所不同的是,法律保留原则更为严格,进一步要求监察立法活动必须具有监察法律的明确授权根据,因而属于"积极的依法监察原则"。法律保留原则的法理依据是民主原则和法治国家原则。立法

---

① 参见聂辛东:《国家监察委员会的监察法规制定权限:三步确界与修法方略》,载《政治与法律》2020 年第 1 期。

② 沈春耀:《关于〈全国人民代表大会常务委员会关于国家监察委员会制定监察法规的决定(草案)〉的说明——2019 年 10 月 21 日在第十三届全国人民代表大会常务委员会第十四次会议上》,载《中华人民共和国全国人民代表大会常务委员会公报》2019 年第 6 期。

机关的任务是为宪制国家及其国家形式提供一般的法律框架,用通过法律形式表达出来的人民意志约束监察机关。就此而言,在监察法领域坚持法律保留原则,其目的是加强全国人大及其常委会的政治领导责任,强化法律对监察机关的控制作用,以实现全面依法治国的目标。

法律保留分为绝对保留和相对保留:绝对保留是指某些事项必须由全国人大及其常委会制定法律,不得授权其他国家机关作出规定;相对保留是指全国人大及其常委会可以授权其他国家机关先制定法规。① 具体到监察领域,结合《立法法》第9条的规定,至少有以下三项属于法律绝对保留事项,只能由全国人大及其常委会制定法律,国家监察委员会不得制定监察法规:关于剥夺公民政治权利和限制人身自由的强制措施和处罚,如关于留置措施的事项;关于犯罪和刑罚的相关事项;关于监察制度与司法制度的内容,如监察和诉讼的衔接问题。结合《立法法》第8条规定,以下内容则属于法律相对保留事项,即全国人大及其常委会可以授权国家监察委员会制定监察法规:关于各级监察委员会的产生、组织和职权;关于监察活动对非国有财产的征收、征用问题;关于《监察法》在民族区域自治地区、特别行政区、基层群众性自治组织的适用问题;关于监察活动的国际合作问题,等等。但是,国家监察委员会就法律相对保留事项制定监察法规,必须以依法授权为前提,并且严格遵循法定程序。② 此外,根据全国人大常委会的授权决定,监察法规在法律保留的事项之外,为履行领导职责所需,可制定相关创制性规范。

法律保留原则旨在厘清监察立法权限分配问题,其为国家监察委员会制定监察法规划定了边界。③ 法律保留原则严格区分国家立法权与监察立法权,是法治国家在监察立法领域的当然要求,其根本目的在于保证国家立法的至上性。对法律保留范围内的事项,监察机关非经授权不得自行创制规则,这保障了国家监察法律体系位阶的有序性,防止了监察立法权的自我膨胀,有利于对监察对象权利

---

① 参见应松年:《〈立法法〉关于法律保留原则的规定》,载《行政法学研究》2000年第3期。
② 参见林珊珊:《监察法规的制定与地位》,载《学习时报》2019年10月30日,第2版。
③ 参见秦前红、石泽华:《论依法监察与监察立法》,载《法学论坛》2019年第5期。

的保护。因此,法律保留的意义就在于"明确权力秩序,确立授权禁区"①。

(四)权责统一原则

权责统一原则,是指《宪法》《监察法》赋予监察委员会的国家监察职权和国家监察职责是相统一的,是一个硬币的两面。监察委员会的监察职权,不仅表现为一种法律上的支配力量,而且包含法律上的责任,是权利义务、职权职责的有机统一体。诚如黑格尔对国家权力的论述一样:"因此,在国家中,我对实体性所负的义务同时是我的特殊自由的定在,这就是说,在国家中义务和权利是结合在同一的关系中的。"②国家监察职权既不可放弃,也不可不依法行使,否则就是违法失职,就是不履行法定职责,就应该追究法律责任。

监察委员会作为行使国家监察职权的专责机关,其依法享有的监察权,既是权力又是责任。"专责机关"的法律定位,不仅强调职权,更突出责任。③ 按照《监察法》第11条的规定,监察委员会依法履行监督、调查、处置三项职责,这三项职责不仅是监察机关"责"的体现,更是其"权"的体现,是职权职责的有机统一体。监督是监察机关的第一职责、基本职责,也是监察机关的首要职权。④ 监察委员会需要对公职人员开展廉政教育并进行监督检查,监督检查的措施包括列席或者召集会议、听取工作汇报,以及实施检查或者调阅、审查文件和资料等,这些具体监督措施就是监察委员会行使监督职权、履行监督职责的表现形式。调查公职人员职务违法犯罪,是监察委员会的重要职责和职权,是监察委员会的一项经常性工作,突出地体现了监察委员会作为国家反腐败工作机构的定位。⑤ 按照《监察法》第4章"监察权限"的规定,监察机关对涉嫌职务违法和职务犯罪的公职人员,可以采取谈话、讯问、询问、查询、冻结、调取、查封、扣押、搜查、勘验检查、鉴定、留置

---

① 范忠信、范沁芳:《论对授权立法中授权行为的监控——各国现制比较及我国现制反省》,载《法律科学》2000年第1期。

② [德]黑格尔:《法哲学原理》,范扬、张企泰译,商务印书馆2017年版,第298页。

③ 参见王伟:《为什么将监委定位为行使国家监察职能的"专责机关"——不仅强调职权更突出责任》,载《中国纪检监察》2018年第6期。

④ 参见魏昌东:《监督职能是国家监察委员会的第一职能:理论逻辑与实现路径——兼论中国特色监察监督系统的规范性创建》,载《法学论坛》2019年第1期。

⑤ 参见中共中央纪律检查委员会法规室、中华人民共和国国家监察委员会法规室编写:《〈中华人民共和国监察法〉释义》,中国方正出版社2018年版,第32页。

等具体调查措施,这些具体调查措施就是监察委员会行使调查职权、履行调查职责的表现形式。[①] 处置是监察委员会实现前两项职责的重要保障。依据《监察法》第 45 条的规定,监察机关根据监督、调查结果,可以采取谈话提醒、批评教育、责令检查、诫勉、政务处分、问责决定、移送审查起诉、提出监察建议等具体处置措施,这些具体处置措施就是监察委员会行使处置职权、履行处置职责的表现形式。[②]

在国家监察体制改革的过程中,改革决策者认为:"监察委员会是实现党和国家自我监督的政治机关,不是行政机关、司法机关。"[③]监察委员会政治机关的属性定位,决定了其不是行政机关,不能成为行政诉讼的被告,人民法院不能对监察委员会行使监察权作出的行为进行司法审查,监察委员会不必承担行政诉讼败诉的责任。但这并不意味着监察委员会及其工作人员违法行使职权不用承担任何责任,按照《监察法》第 65 条的规定,对负有责任的领导人员和直接责任人员可以依法给予处理。当监察机关行使职权侵犯监察对象的合法权益时,监察对象可以按照《监察法》第 67 条的规定,申请国家赔偿。[④] 此外,监察委员会在办理职务违法犯罪案件时,与人民法院、人民检察院是相互配合、相互制约的关系。按照《监察法》第 47 条的规定,监察委员会不正确行使职权、履行职责时,人民检察院可以依法作出退回补充调查或不起诉的决定。按照《监察法》第 33 条的规定,监察证据应当与刑事审判关于证据的要求和标准相一致,司法机关可以依法排除以非法方式收集的监察证据。当司法机关退回补充调查、作出不起诉决定、排除非法监察证据时,监察委员会及其工作人员就要承担法律上的否定性评价或不利后果。这也是监察委员会及其工作人员不正确行使职权、履行职责所要承担的法律责任。

---

① 参见刘艳红:《监察委员会调查权运作的双重困境及其法治路径》,载《法学论坛》2017 年第 6 期;左卫民、安琪:《监察委员会调查权:性质、行使与规制的审思》,载《武汉大学学报(哲学社会科学版)》2018 年第 1 期;陈瑞华:《论监察委员会的调查权》,载《中国人民大学学报》2018 年第 4 期。

② 参见陈辉:《论监察委员会处置权的合理配置与规范运行》,载《社会主义研究》2019 年第 6 期;李蓉:《监察机关非罪化处置权及其限制》,载《北方法学》2019 年第 4 期。

③ 钟纪言:《赋予监察委员会宪法地位 健全党和国家监督体系》,载《人民日报》2018 年 3 月 3 日,第 3 版。

④ 参见张红:《监察赔偿论要》,载《行政法学研究》2018 年第 6 期;王青斌:《论监察赔偿制度的构建》,载《政法论坛》2019 年第 3 期。

三、监察法治的基本内涵

依法监察,亦即形式上的监察法治、监察法治的合法性原则,是监察法治的核心内容,是一切有关国家监察制度和国家监察工作的基本前提。监察法治是监察法学研究的基本范畴,其基本内涵是以法治思维和法治方式开展国家监察工作、进行反腐败斗争,维护宪法和法律的尊严。① 除了依法监察原则外,监察法治的基本内涵还包括民主正当性原则、功能适当原则、权威高效原则、比例原则四方面的内容。

(一)民主正当性原则

依法监察是监察法治的合法性原则,这里的合法性原则实质是指卡尔·施米特意义上的"合法律性原则"。② 为了使国家监察工作获得更高层次的合法性,就要求助于民主正当性原则。民主正当性原则的基本含义是监察机关所进行的一切国家监察工作的出发点、落脚点和根本点都是人民,具有人民性、合法律性的国家监察工作由此获得了政治意义上的合法性,其法理基础是多数决民主制所赋予的正当性。

民主正当性原则作为监察法治的基本内涵,贯穿于一切国家监察工作中,无论是国家监察体制改革的逻辑与路径、国家监察法律的制定与通过、监察委员会的产生与组成,还是监察委员会行使监察职权、履行监察职责的活动,都鲜明地体

---

① 参见秦前红、石泽华:《新时代监察法学理论体系的科学建构》,载《武汉大学学报(哲学社会科学版)》2019 年第 5 期。

② 卡尔·施米特指出:"所有国家生活基本的'合法律性原则'终极的、真正的意义在于,最终根本不再有统治或者命令,因为只有非人格的有效的规范生效。所有国家政权行使的普遍合法性就包含着对这样一种国家体制的辩护。一个完整的合法性体系说明了要求服从的理由,并且表明排除任何抵制的权利是正确的。法的特殊表现形式在这里就是法律,对国家强制的特殊辩解就是合法性。"参见[德]卡尔·施米特:《合法性与正当性》,冯克利、李秋零、朱雁冰译,上海人民出版社 2015 年版,第 96 页。

现了“以人民为中心”的政治立场。[①] 深化国家监察体制改革,加强国家监察工作,实现对公职人员监督的全面覆盖,不是为了监督而监督,不是为了控权而控权,而是通过强化对权力运行的制约与监督,使行使公权力的公职人员不敢腐、不能腐、不想腐,永葆公权力的人民性。[②] 将民主正当性原则作为监察法治的基本内涵,其法理基础可以追溯至马克思主义的人民主权学说。马克思主义经典作家都强调,人民是一切公权力的所有者,公权力不是公职人员的私有物,而是人民赋予的职责,公职人员要当好“人民公仆”,做人民的勤务员,利用手中的公权力为人民服务。马克思在总结巴黎公社经验时指出,一切公职人员都必须“在公众监督之下进行工作”,这样“能可靠地防止人们去追求升官发财”和“追求自己的特殊利益”。[③]

(二)功能适当原则

在第二次世界大战之后,德国发展出关于国家权力配置的“功能适当原则”,其不仅保障个人自由,还重视国家权力行使的“正确性”以及国家治理的权能和效率。[④] 这种功能主义的国家权力配置观以国家治理能力及其效能为目标,主张将国家权力配置给在组织、程序、人员、结构上最具优势,最有可能做出正确决定的国家机关,同时要求承担这种国家权力的机关,相应调整组织、程序、人员、结构以适应职能。[⑤] 功能适当原则实质性地填充了民主集中制的内涵,构成了权力配置

---

① 李建国副委员长在说明制定监察法的重要意义时指出:“人民代表大会制度是我国的根本政治制度,是坚持党的领导、人民当家作主、依法治国有机统一的根本政治制度安排。人民行使国家权力的机关是全国人民代表大会和地方各级人民代表大会。监察法草案根据宪法修正案将行使国家监察职能的专责机关纳入国家机构体系,明确监察委员会由同级人大产生,对它负责,受它监督,拓宽了人民监督权力的途径,提高了社会主义民主政治制度化、规范化、法治化水平,丰富和发展了人民代表大会制度的内涵,推动了人民代表大会制度与时俱进,对推进国家治理体系和治理能力现代化具有深远意义。”参见李建国:《关于〈中华人民共和国监察法(草案)〉的说明——2018 年 3 月 13 日在第十三届全国人民代表大会第一次会议上》,载《中华人民共和国全国人民代表大会常务委员会公报》2018 年第 2 期。

② 参见吴建雄:《国家监察体制改革的法哲学思考:立场、观点与方法》,载《中南大学学报(社会科学版)》2019 年第 4 期。

③ 参见《马克思恩格斯选集》第 2 卷(第 2 版),中共中央马克思恩格斯列宁斯大林著作编译局编译,人民出版社 1995 年版,第 414 页。

④ 参见张翔:《国家权力配置的功能适当原则——以德国法为中心》,载《比较法研究》2018 年第 3 期。

⑤ 对于功能适当原则的基本阐释为:“作为一个原则的权力在组织和功能上的分工,有助于政治权力和责任的分配以及对掌权者的监督;但其目的也在于,让国家能作出尽可能正确的决策,也就是,由具有最优前提条件的机关按照它们的组织、组成、功能和程序作出决策。这也是为了谋求国家权力的适度和节制。”参见张翔:《我国国家权力配置原则的功能主义解释》,载《中外法学》2018 年第 2 期。

方案的正当性基础,不仅是国家监察体制改革的指导性原则,更是十九届四中全会以来深化纪检监察体制改革的指导性原则,理应成为监察法治的基本内涵。

国家监察体制改革是我国党和国家机构改革的重要组成部分,党的十九届三中全会鲜明地指出,深化党和国家机构改革要遵循"坚持优化协同高效原则"①,该原则的学理表述就是"功能适当原则"。国家监察体制改革以提高腐败治理体系和治理能力现代化水平为改革目标,将诸多反腐败资源和力量集中起来,配置给统一行使反腐败权力的纪检监察机关,改革后的纪检监察机关在组织、程序、人员、结构上最具优势,最能够提高党和国家监督体系的监督效能,最能够提高反腐败的工作效率。中共第十九届中央纪委第四次会议上的 2020 年度工作报告指出,要统筹推进纪检监察体制改革,不断提高规、法治化水平,并提出"转职能、转方式、转作风",其目的就是相应调整组织、程序、人员、结构以适应纪检监察职能的变化。②

(三)权威高效原则

权威高效原则的基本含义是监察委员会具有权威地位和独立品格,确保其能够高效履行国家监察职能、开展反腐败工作。③"权威高效"是国家监察体制改革的目标之一,尽可能追求反腐败的工作效率是监察委员会的历史使命,因而权威高效原则也是监察法治的基本内涵。在国家监察体制改革前,我国政权架构采取的是人民代表大会下的"一府两院"模式,即国家权力机关选举产生行政机关、审判机关和检察机关。④ 此时,监察机关隶属于行政机关,监察权属于行政权。在国家监察体制改革后,监察机关从政府部门序列中剥离出来,与检察机关的反贪反

① 党的十九届三中全会作出《中共中央关于深化党和国家机构改革的决定》,指出"坚持优化协同高效原则"的基本内涵是:"优化就是要科学合理、权责一致,协同就是要有统有分、有主有次,高效就是要履职到位、流程通畅。必须坚持问题导向,聚焦发展所需、基层所盼、民心所向,优化党和国家机构设置和职能配置,坚持一类事项原则上由一个部门统筹、一件事情原则上由一个部门负责,加强相关机构配合联动,避免政出多门、责任不明、推诿扯皮,下决心破除制约改革发展的体制机制弊端,使党和国家机构设置更加科学、职能更加优化、权责更加协同、监督监管更加有力、运行更加高效。"

② 参见赵乐际:《坚持和完善党和国家监督体系 为全面建成小康社会提供坚强保障——在中国共产党第十九届中央纪律检查委员会第四次全体会议上的工作报告(2020 年 1 月 13 日)》,载《人民日报》2020 年 2 月 25 日,第 3 版。

③ 参见江国华、彭超:《国家监察立法的六个基本问题》,载《江汉论坛》2017 年第 2 期。

④ 参见江国华编著:《国家监察立法研究》,中国政法大学出版社 2018 年版,第 22 页。

渎等部门组成新的国家的监察机关,与“一府两院”并列,都由人大产生,对人大负责,受人大监督,并集中统一行使反腐败权力——监察权。[①] 监察委员会具有“位高权重”的特点[②],在监察委员会独立行使监察权的情况下,监察委员会在国家监察工作中具有“权威”自不待言,关键是如何实现“高效”。

高效是指监察机关在开展国家监察工作时,在措施、步骤、时限、顺序等因素设置上,都必须有助于确保基本的监察效率,并且在不损害监察对象合法权益的前提下尽量提升反腐败工作效率。监察效率是国家监察工作的生命,没有基本的监察效率,就不可能满足深入开展反腐败工作所需要的基本效率的功能,就不可能构建权威高效的中国特色国家监察体制。但是,过分强调监察效率,又会损及监察对象的合法权益。国家监察工作的高效原则具有以下两个方面的内涵:提高监察效率不得违反依法监察原则,一切监察权力的行使必须在合法的前提下追求效率;提高监察效率不得损害监察对象的合法权益,《监察法》第5条规定“国家监察工作……保障当事人的合法权益”的重要意义即在于此。例如,留置措施是一种剥夺被调查人人身自由权的监察调查措施,但是留置措施对于调查贪污贿赂、失职渎职等严重职务违法或者职务犯罪,具有十分重要的效率价值。《监察法》对留置措施的适用条件、批准程序、解除程序、执行程序、人权保障等进行了详细规定,有利于实现高效反腐败与保障人权的平衡,解决长期困扰我们的法治难题,彰显全面依法治国的决心和自信。[③]

(四)比例原则

诞生于德国公法的比例原则,被誉为公法中的“帝王原则”“皇冠原则”,呈现出普遍化的现象,不仅普遍适用于公法领域,甚至还向私法领域挺进。比例原则的普遍化,寄生于“正当限制基本权利”这个观念的普遍化。[④] 国家监察法律体系也属于公法,监察委员会行使的监察权会对监察对象的基本权利造成限制,为了规制监察权、保障监察对象的基本权利,有必要将比例原则拓展适用于监察法领

---

① 参见秦前红:《监察体制改革的逻辑与方法》,载《环球法律评论》2017年第2期。

② 参见童之伟:《对监察委员会自身的监督制约何以强化》,载《法学评论》2017年第1期。

③ 参见陈越峰:《监察措施的合法性研究》,载《环球法律评论》2017年第2期;谭世贵:《监察体制改革中的留置措施:由来、性质及完善》,载《甘肃社会科学》2018年第2期。

④ 参见陈景辉:《比例原则的普遍化与基本权利的性质》,载《中国法学》2017年第5期。

域。因此,比例原则也是监察法治的基本内涵。在监察法领域,比例原则的基本含义是指监察机关在行使监察权、采取具体监察措施时,应当兼顾国家监察目标的实现和适当性手段的选择、保障公共利益和监察对象权利的均衡,如为实现国家监察目标可能对监察对象权利造成某种不利影响时,应将这种不利影响限制在尽可能小的范围和限度内,保持二者处于适度的比例。与合理原则相比,采用比例原则作为评价基准更符合我国法治建设和人权保障的需要。①

监察监督权本身不会对监察对象的基本权利进行实质性限制,而监察调查权、监察处置权则会对监察对象的基本权利造成直接的实质性不利影响。因此,我们主要评价的是监察调查权、监察处置权是否符合比例原则。有研究表明,监察委员会行使监察调查权采取的监察措施,已经根据办案阶段、案件类型以及特定程序要件而呈现出明显的分类适用现象,监察调查措施分类适用总体上体现了对比例原则的贯彻,但部分监察调查措施的分类适用特别是在必要性、均衡性方面仍然与比例原则要求存在明显差距。② 此外,有学者认为,监察处置权的配置与限定,应综合考虑对公职人员基本权利的限制是否符合比例原则,平衡所保护的法益与某种受限制的权利,对基本权利的限制应选择最小侵害手段。③ 根据《监察法》第45条的规定,监察机关依据监督、调查结果,按照公职人员职务违法、职务犯罪的情节轻重以及性质恶劣程度,分别适用谈话提醒、批评教育、责令检查、诫勉、政务处分、问责决定、移送审查起诉、提出监察建议等轻重程度不同的监察处置措施,这在总体上体现了对比例原则的贯彻。在纪检监察实践中,纪检监察机关通常采用被称为监督执纪"四种形态"的纪检监察处置措施,即《中国共产党纪律处分条例》第5条④规定的四种纪检监察处置措施,监督执纪"四种形态"从本

---

① 参见杨登峰:《从合理原则走向统一的比例原则》,载《中国法学》2016年第3期。

② 参见梁坤:《纪检监察措施分类适用的法规范解读》,载《法学》2019年第3期。

③ 参见陈辉:《论监察委员会处置权的合理配置与规范运行》,载《社会主义研究》2019年第6期。

④ 《中国共产党纪律处分条例》第5条规定:"运用监督执纪'四种形态',经常开展批评和自我批评、约谈函询,让'红红脸、出出汗'成为常态;党纪轻处分、组织调整成为违纪处理的大多数;党纪重处分、重大职务调整的成为少数;严重违纪涉嫌违法立案审查的成为极少数。"

质上而言体现了对比例原则的贯彻。[①]

四、研究监察法治的重要意义

自2016年年底国家监察体制改革拉开序幕以来,学术界对这场事关全局的重大政治体制改革给予了高度的理论关注,相关研究成果呈现出井喷式发展。2018年3月全国人大通过了《监察法》,以此为标志,学术界对国家监察的研究进入了精细化研究阶段。然而,学术界关于国家监察的理论研究尚在起步阶段,理论储备较少、研究不足,对于问题的探讨大多处于对基础概念的探索阶段,不能对国家监察工作实践起到应有的理论纠偏作用,更不用说将其上升到推进国家治理现代化的高度。因此,厘清监察法治的基本内涵,不仅可以构建独具中国特色的监察法学二级学科,更可以发挥理论对实践的指导作用,深化纪检监察体制改革,推进纪检监察工作规范化、法治化,实现国家治理现代化。

(一)理论意义

《监察法》作为新时代的一部重要反腐败国家立法,以立法形式将实践证明行之有效的做法上升为法律。这意味着国家监察体制改革成果被进一步固化为法律制度,既是反腐败工作法治化的重要里程碑,同时也为监察法学科教育及研究指明了新的方向。自《监察法》通过以来,法学界就有学者提出以监察法为主要研究对象,构建监察法学,使之成为一门新的法学二级学科。[②] 然而,囿于国家监察体制改革形成的法律制度存在时间较短,已展示出来的监察法学文献尚存在许多不足。例如,现有的教材论著大多停留在对监察法条的一般性阐述解读上,未能进行较深入的理论概括、学术证成和学理、法理上的揭示。欲使监察法学成为一门独立的法学二级学科,就不仅要对监察法进行一般性阐述解读,更要对监察法学基础理论进行精深的研究,使其具有深厚的理论基础,以便与其他法学二级学科进行区分。独具特色的学科研究基本范畴是一门新兴学科构建的理论基础。

---

① 参见魏晓文、吕新海:《监督执纪"四种形态"的内涵、价值与践行路径》,载《当代世界社会主义问题》2019年第1期;任建明、薛彤彤:《实践运用"四种形态"遇到的主要问题与应对策略》,载《河南社会科学》2018年第1期。

② 参见吴建雄:《监察法学学科创立的价值基础及其体系构建》,载《法学杂志》2019年第9期。

"任何一门科学,从理论形态上来说,都是由范畴构建起来的理论大厦。"①有学者认为,监察法与监察法治、监察权力与监察权利、监察主体与监察对象、监察行为与监察责任四对范畴可以作为监察法学的基本范畴。② 故此,本文研究监察法学基础理论的其中一个关键范畴——监察法治,这有助于构建独具中国特色的监察法学二级学科,具有重大的理论意义。

(二)实践意义

2018 年 3 月《监察法》的施行,标志着全面深化国家监察体制改革的开始,改革者启动了被称为"三项改革"的纪检监察体制改革,即党的纪律检查体制改革、国家监察体制改革、纪检监察机构改革,其目标是不断提高纪检监察工作规范化法治化水平,推动职能、人员、工作深度融合,实现"形"的重塑、"神"的重铸。③ 与过去的行政监察学研究相比,当前意义上的国家监察法学研究有着几乎完全不同的面向,因此此前行政监察学研究的理论成果并不能用来指导当下的纪检监察体制改革,亦对纪检监察工作不具有理论纠偏作用。然而,学术界关于国家监察的理论研究尚在起步阶段,理论储备较少、研究不足,对于问题的探讨大多处于对基础概念的探索阶段,尚未形成具有深厚理论基础的国家监察法学。但是,纪检监察体制改革和纪检监察工作实践对理论提出了迫切的需求,如果实践长期缺乏清晰的理论指引,就不免走向弯路甚至歧路,影响法治中国的建设进程。所以,厘清监察法治的基本内涵,构建具有中国特色的国家监察法学,就可以发挥理论对实践的指引和纠偏作用,持续深化纪检监察体制改革,不断提高纪检监察工作规范化法治化水平。此外,以监察法治为基本内容的国家监察法学研究,有助于破解《监察法》实施中面临的难题,既回应司法实践中的疑难问题,也关注立法改进中的前瞻性问题,并在此基础上提出合理性、可行性意见和建议。这可以有效解决理想与现实的冲突,为形成完备的反腐败法律规范体系、高效的法治反腐实施体

---

① 张文显:《论法学的范畴意识、范畴体系与基石范畴》,载《法学研究》1991 年第 3 期。

② 参见秦前红、石泽华:《新时代监察法学理论体系的科学建构》,载《武汉大学学报(哲学社会科学版)》2019 年第 5 期。

③ 参见赵乐际:《忠实履行党章和宪法赋予的职责　努力实现新时代纪检监察工作高质量发展——在中国共产党第十九届中央纪律检查委员会第三次全体会议上的工作报告(2019 年 1 月 11 日)》,载《中国纪检监察》2019 年第 4 期。

系、严密的法治反腐监督体系、有力的法治反腐保障体系贡献智慧和力量,最终为全面依法治国的伟大实践提供坚实的学理支撑。

(三)对国家治理现代化的意义

党的十八届三中全会提出,全面深化改革的总目标是推进国家治理体系和治理能力现代化,党的十九届四中全会为此做出了全面战略部署。所谓国家治理体系,是一个国家治国理政的制度体系的总称,而治理能力则是指治理体系实现治理目标的水平、资格和能力。[①] 腐败治理是国家治理中越来越重要的组成部分,治国首先要治官,只有吏治清明,才能实现国家治理的海晏河清。[②] 在国家监察体制改革前,反腐败权力配置不合理,分散在诸多机构中,导致腐败治理效能不高。[③] 深化国家监察体制改革,制定《监察法》及其相关配套法律法规,由监察委员会集中统一行使反腐败权力,可以形成系统完备、科学规范、运行高效的中国特色国家监察体制,从而完善腐败治理体系、提升腐败治理能力,这是国家治理现代化的重大制度创新。[④] 法治是国家治理的基本方式,与国家治理体系和治理能力有着外在的契合和内在的联系,全面推进依法治国决定了国家治理现代化在本体和路径上就是推进国家治理法治化。[⑤] 因此,善于运用法治思维和法治方式治理腐败,把中国特色国家监察体制的制度优势转化为治理腐败的效能,就成为实现腐败治理现代化的重要举措。[⑥] 在此时代背景下,厘清监察法治的基本内涵,有助于腐败治理的转型升级,从而实现国家治理现代化。[⑦]

---

① 参见应松年:《加快法治建设促进国家治理体系和治理能力现代化》,载《中国法学》2014 年第 6 期。

② 参见王希鹏、胡扬:《中国特色腐败治理体系现代化:内在逻辑与实践探索》,载《经济社会体制比较》2014 年第 4 期。

③ 参见马怀德:《〈国家监察法〉的立法思路与立法重点》,载《环球法律评论》2017 年第 2 期。

④ 参见魏昌东:《〈监察法〉与中国特色腐败治理体制更新的理论逻辑》,载《华东政法大学学报》2018 年第 3 期。

⑤ 参见张文显:《法治与国家治理现代化》,载《中国法学》2014 年第 4 期。

⑥ 参见王希鹏、胡扬:《中国腐败治理结构变迁与纪检监察机关职能定位审视》,载《河南社会科学》2014 年第 7 期。

⑦ 参见王柱国、崔英楠:《监察法治:国家治理的新模式》,载《北京联合大学学报(人文社会科学版)》2019 年第 4 期。

审判中心主义视域下监察权审判监督的方式与限度*

陈　辉**

［摘要］“以审判为中心”是当前司法改革的主要目标，其强调审判活动及司法监督在诉讼过程中的决定作用。基于监察体制改革对审判中心主义司法改革带来了一定的冲击，有必要重申审判中心主义的重要性。审判中心主义承载着强化人权保障、实现权力制约和强调司法主治的价值诉求。根据法律规定，审判机关对监察权的监督主要体现在对移送起诉案件的审判和对从宽处罚建议的审查，并在审理的基础上依法作出裁判。从权利救济层面上看，对监察机关作出的开除公职等剥夺监察对象特定身份的处置措施，在穷尽监察救济后，也应纳入诉讼监督范畴。未来可通过完善立法为司法救济提供法律依据，当前，《监察法》所确立的监察赔偿制度虽然有待激活，但已为司法救济预留了解释空间。

［关键词］　监察机关　监察权　审判中心主义　移送起诉　审判监督

一、监察体制改革对审判中心主义司法改革目标的冲击

“以审判为中心”是当前司法改革与诉讼法研究的一个热点问题。党的十八

---

* 基金项目：教育部哲学社会科学研究重大课题攻关项目“全面依法治国视域下司法行政职能定位及作用发挥问题研究”（项目编号：20JZD021）。

** 陈辉，法学博士，河南工业大学法学院讲师，河南工业大学监察法治研究中心研究员，东南大学党内法规研究中心研究员，河南大学监察制度研究中心兼职研究员。研究方向为宪法学、监察法学。

届四中全会通过的《中共中央关于全面推进依法治国若干重大问题的决定》明确提出“推进以审判为中心的诉讼制度改革”,将理论上的“审判中心主义”正式引入依法治国的宏观部署中。审判中心主义强调的是审判活动在整个刑事诉讼过程中的中心地位和决定作用。① 这是重视程序法定的必然结果,也是对长期以来在实践中所形成的侦查中心主义的纠正。审判中心主义的基本内容表现为三个方面:一是强调审判活动在诉讼程序中的核心地位;二是强化法院对前置控诉权、侦查(调查)活动的审判监督;三是强调审判权的独立行使及法院对裁判结果的主导和决定性地位。以审判为中心的刑事诉讼制度改革的基本要求是:要贯彻以审判为中心理念,落实庭前会议制度,推进庭审实质化改革,贯彻证据裁判规则、非法证据排除规则及疑罪从无等。② 地方司法机关也将着力构建诉讼以审判为中心、审判以庭审为中心、庭审以证据为中心的刑事诉讼制度新格局作为改革进路,坚持实现惩治犯罪与保障人权相统一,将疑罪从无、程序公正等法律原则落到实处。③

监察体制改革后,承担职务犯罪调查工作的监察机关加入职务犯罪刑事案件的诉讼结构中来,即职务犯罪案件的办理工作由原来的“检察机关侦查、公诉—审判机关裁判”二元主体模式转变为“监察机关调查—检察机关公诉—审判机关裁判”的三元主体参与模式。这种变化改变了现有的刑事诉讼格局,其对审判中心主义改革的冲击主要体现为以下三点:

第一,监察机关的政治机关属性定位及独立监察程序对审判中心主义改革的冲击。尽管监察机关加入刑事案件工序性作业流程后,这种“线性结构”模式与普通刑事案件的办理模式在形式上并无差别,但基于监察机关的政治机关定位及监察程序的封闭性结构,职务犯罪案件的办理程序实质上是由监察程序向司法程序的转化和推进,即跨越了两个性质不同的程序。《监察法》创设了完整的调查措施

---

① 参见詹建红:《审判中心主义的检察应对》,载《甘肃社会科学》2017 年第 2 期。

② 参见张童:《刑事诉讼制度改革走向以审判为中心》,载《人民法院报》2018 年 10 月 23 日,第 2 版。

③ 参见陈小康等:《以审判为中心的刑事诉讼制度改革落地见效》,载《人民法院报》2018 年 11 月 27 日,第 6 版;《银川市人大常委会视察银川法院以审判为中心的刑事诉讼制度改革工作》,载澎湃网 2019 年 10 月 22 日,https://m.thepaper.cn/baijiahao_4743303。

体系和详细的内部运作程序，并且排除了外部司法审查，由监察机关独立实施①，而以维护犯罪嫌疑人合法权益为己任的律师亦无法介入其中，这导致司法机关很难在事实上实现对监察机关调查职务犯罪案件的监督制约。即便是《监察法》第33条明确了监察机关在收集、固定、审查、运用证据时，应当与刑事审判关于证据的要求和标准相一致，但由于监察程序与司法程序的界分，审判机关实质上无法依据刑事程序标准对上述证据进行审查。

第二，从目前的立法及政治因素考量，承担专责监察职能的监察委员会在同一级国家机关中具有较高的政治法律地位，容易对审判活动形成"超诉讼功能"的制约因素。首先，从监督职能上看，监察委员会监督所有国家机关的公职人员，这种监督的单向性预示着其与除人大之外的其他国家机关之间存在"监督—被监督"的关系②，因此，居于监督地位的监察委员会的法律地位要高于被监督者。其次，从纪委监委合署办公层面上看，其体现了党统一领导之下党内监督和国家监督的有机统一；而地方监察委员会主任往往由同级纪委书记兼任，同级纪委书记又系同级党委常委，具有较高的政治地位。再次，从权力的整合方面上看，监察权是行政监察、反贪反渎、预防腐败等职权的优势集合而非简单叠加，实现了监察范围的全覆盖。最后，职务违法调查与职务犯罪调查统归于监察委，两个部门和两种职能之间可相互支援，形成打击腐败犯罪的有效合力。③ 基于监察委员会地位高、权力厚重及监察全覆盖等特征，审判的中心地位以及权威性和独立性能否有效维系，不无疑问。

第三，监、检、审三机关互相配合原则和机制对审判中心的影响。《宪法》第127条明确了监察机关办理职务违法和职务犯罪案件，应当与审判机关、检察机

① 参见叶青、程衍：《关于独立监察程序的若干问题思考》，载《法学论坛》2019年第1期。

② 有学者认为，监察委应坚持以事后为监察路径的"对人监察"，不能将权力触角伸及其他公权力运行的内部，以防止造成权力过度膨胀及干预的后果。参见周乐军：《"对人监察"抑或"对事监察"——论我国监察委员会监察权的边界》，载《时代法学》2018年第4期。虽然《监察法》第3条强调监察委员会依照该法监督所有行使公权力的公职人员，但根据《监察法》第11条第1项的规定，监察机关对公职人员监督的内容标准是依法履职、秉公用权，这显然属于职务行为，通常是以其所在的机关单位名义进行的，且机关均是由公职人员构成的，因此，对公职人员的履职行为的监督，必然涉及对公职人员所在机关的监督。

③ 参见谢登科：《论国家监察体制改革下的侦诉关系》，载《学习与探索》2018年第1期。

关、执法部门互相配合、互相制约。这从宪法层面界定了监察机关与审判机关、检察机关之间的关系。三者的关系在实现路径上,互相分工是前提、互相制约是核心、互相配合是保障。① 但从公、检、法关系的实践来看,在共同肩负的惩罚与打击犯罪行动目标驱动下,"互相配合"常常被放在较高的位阶,"互相制约"当然退居其次,逐步削弱。② 鉴于监察委员会地位的厚重性及权力的高配性,结合《监察法》多处明确规定其他机关在监察机关要求下应负协助义务的立法现状③,过度互相配合,制约失衡现象严重的问题极有可能在监、检、审三机关重演。"以审判为中心"与"分工负责,配合、制约原则"属于不同的诉讼构造与诉讼关系,前者要求调查、起诉必须面向审判、服从审判,而后者强调不同机关在职务犯罪案件的工序化流程中各管一段,在其管辖的程序阶段,实现程序自控。调、诉、审之间是并列和平行的关系,即便是在互涉关系中存在事实上的制约性,也被界定为"相互制约",尤其是还提出三机关需要"相互配合",审判的中心意识与独立性、权威性难以维系。④

二、监察体制改革背景下重申审判中心主义的意义

(一)强化人权保障的价值取向

我国《宪法》第 33 条第 3 款"国家尊重和保障人权"的增设,标志着人权保障之宪法原则的确立。国家权力的正确行使和公民权利的有效保障是宪法的基本内容,其中公民权利的有效保障具有支配地位。宪法对国家制度的设计和安排的

① 参见陈辉、汪进元:《论"监、检、审"三机关间的分工、配合与制约关系》,载《南京社会科学》2018 年第 5 期。

② 参见陈光中:《如何理顺刑事司法中的法检公关系》,载《环球法律评论》2014 年第 1 期。

③ 从宪法规范上看,监察委员会在国家机构中位列人民法院、人民检察院之前,在权力配置方面,监察委员会将行政机关监察权、检察机关职务犯罪职权、纪检监察职权等三主体分散行使的权力统归于一体,实现权力的集中,虽然未创设新的权力形态,但这种集中本身就是对权力的强化。《监察法》第 4 条、第 24 条、第 43 条均涉及其他机关和单位应负协助义务,第 62 条、第 63 条又规定不协助、不配合应承担的法律后果。

④ 该部分内容是对龙宗智教授对公、检、法三机关"配合制约原则"对审判中心主义改革影响的观点阐述的借鉴,尽管监察机关与履行侦查职能的公安机关存在机关属性的差异,但调查职能与侦查职能在查明犯罪事实真相和收集证据材料这一目标任务上并无差别,故具有可借鉴的基础。参见龙宗智:《"以审判为中心"的改革及其限度》,载《中外法学》2015 年第 4 期。

根本目的在于通过对国家职能的定位，设立不同的国家机关，合理地分配国家权力，并通过国家权力之间的互相制约以及公民权利对国家权力的制约，确保国家权力的正确行使。[①] 宪法之所以将办理职务违法犯罪案件的国家权力分解给监察、检察、审判三机关，其根本目标不是打击犯罪，而是保障当事人得到公正的裁判，受到应有的惩处。基于此，我国宪法专门对三机关关系进行了规定，体现了宪法对涉嫌违法犯罪公职人员正当权利保障的良苦用心。

人权保障的价值诉求决定了监、检、审三机关的分工、配合与制约关系中，权力制约居于支配地位，其中权利对权力的监督制约尤为重要。目前，对于三机关是否遵守“互相配合、互相制约”原则及实现程度的判断标准、判断主体、相关法律后果等问题，《宪法》第127条未作出明确规定。但《宪法》第140条在对公、检、法三机关关系进行规定时，明确了“应当分工负责，互相配合，互相制约，以保证准确有效地执行法律”。有学者认为，公、检、法三机关的“分工、配合与制约”是手段，“准确有效地执行法律”是目的，是判定三机关关系合宪的形式标准，是塑造和实现公民权利(主要是批评监督权)的入口。[②] 鉴于《宪法》第140条与第127条的规范结构及调整对象具有高度相似性，在人权保障宪法原则的导控下，通过确定类推适用的规则[③]，“准确有效地执行法律”也应当成为监、检、审三机关互相配合、互相制约的目标。这种合宪性解释既可弥补宪法文本规范的不完整性，为相关配套法律规范的健全与完善提供规范依据，也打开了私权利监督公权力的通道。

(二)权力制约原则在腐败犯罪治理中的具体化

权力制约原则是资本主义国家的分权与制衡原则和社会主义国家的权力监督原则的总称[④]，其核心在于对权力进行制约，进而有效保障公民基本权利。作为一项重要的宪法原则，权力制约是宪法基本价值的体现。尽管集中反腐败权力，提高反腐败效率是监察体制改革追求的主要目标，但中央在推进监察体制改革的

---

① 参见李步云、邓成明：《论宪法的人权保障功能》，载《中国法学》2002年第3期。

② 参见韩大元、于文豪：《法院、检察院和公安机关的宪法关系》，载《法学研究》2011年第3期。

③ 参见汪进元：《宪法个案解释基准的证成逻辑及其法律控制》，载《中国法学》2016年第6期。

④ 参见秦前红：《宪法原则论》，武汉大学出版社2012年版，第187页。

过程中,并没有忽视权力集中可能带来的腐败风险,通过权力的分立、互相制衡,预防监察机关权力过于集中,防止监察体制改革过犹不及,是必须看到的监察体制改革的另一面。[①] 宪法将职务犯罪案件的调查权、公诉权、审判权分别赋予监、检、审三机关独立行使,是通过权力分工的基本原理实现权力之间静态上的制约,而宪法将三机关的关系定位为"互相配合""互相制约",则是对权力运行活动的动态制约。在配合与制约的关系位阶上,制约应处于高位阶,配合处于低位阶,这种位阶上的高低关系也是刑事诉讼规律的本质要求。立足于宪法文本规范和我国当前的司法实践,切实贯彻宪法原则和精神,以权力制约原则和人权保障精神作为宪法规范指引,强调"互相制约"在三机关关系中的核心地位尤为必要。

然而,作为调整监察机关及其职权运行的基本法律,《监察法》第 4 条第 1 款、第 2 款的内容却是对《宪法》第 127 条的全文照搬,且第 3 款增加了"监察机关在工作中需要协助的,有关机关和单位应当根据监察机关的要求依法予以协助"。这种协助义务的增设进一步强化了其他机关对监察机关的配合,是对"互相配合"宪法条款的具体化,但对三机关如何"互相制约"及实现标准问题未作明确。从宪法与部门法关系的角度来看,监察法的任务并非简单复述这一原则,而应当是通过更为明确的规定对该宪法性原则予以具体化。否则,这种与宪法"规范表述趋同化"的立法现象,实质是一种立法者的不作为。[②] 当前,如何对这一原则性宪法条款进行充实完善并使其有效指导实践,是立法和司法活动应当认真对待的问题。

(三)司法主治在刑事领域中的具体化

司法主治即司法的主导地位,在宏观层面,是指人民司法主治;在中观层面,是指法官(法院)的司法主治;在微观层面,是指司法救济在权利救济中的主导地位。[③] 司法主治具有丰富的内涵,从办理职务犯罪案件的流程来看,其强调了审判阶段对调查、公诉阶段的支配,是对侦控机关活动的司法审查;从纠纷解决的方式

---

① 参见周佑勇:《监察委员会权力配置的模式选择与边界》,载《政治与法律》2017 年第 11 期。

② 参见李样举、韩大元:《论宪法之下国家立法具体化功能的实现》,载《厦门大学学报(哲学社会科学版)》2013 年第 3 期。

③ 参见汪进元:《基本权利的保护范围:构成、限制及其合宪性》,法律出版社 2013 年版,第 123 页。

来看,审判以独特的方式[①]解决了公民个人与国家的矛盾冲突;从被告人权利救济来看,审判毋宁是一种正当的权利和救赎。[②] 司法主治的价值诉求决定了“以审判为中心”应当成为三机关关系的本质要求,其实质是在刑事诉讼的全过程实行以司法审判标准为中心,核心是统一刑事诉讼证明标准。有观点认为,职务犯罪较之普通刑事犯罪在主体身份上具有特殊性、高智能和高隐蔽性,在强制措施、证据采信等规范设计上要作出不同于普通刑事犯罪的特殊规定。[③] 笔者认为,强制措施作为一种案件调查手段,可根据案件类型的不同有所区别,《监察法》所规定的留置措施、技术侦查手段已经体现了职务犯罪的特殊性,若再对职务犯罪证据标准进行特殊化规定,必将有悖于平等保护、人权保障等宪法原则,且不符合刑事诉讼规律,亦与当前所推进的“以审判为中心”的诉讼制度改革格格不入。

“以审判为中心”的内涵和要求是控、辩、审三种职能都要围绕审判中事实认定、法律适用的标准而展开,法官直接听取控、辩双方意见,依证据裁判原则作出裁判。[④] “以审判为中心”是对三机关相互配合、相互制约原则的创新和发展,是对职务犯罪调查、审查起诉、审判三阶段之间诉讼地位的重新界定,强调审判权对侦控职能的制约,体现了审判最终的司法规律。坚持“以审判为中心”对三机关关系进行合宪性调整,为“互相配合”“互相制约”指明了方向,意味着调查讯问、证据收集、移送起诉、审查公诉要依法进行,符合审判的标准和要求;开庭审理时,检察机关要按照审判的要求承担举证责任,监察机关及监察人员要积极配合公诉活动,必要时应出庭作证或说明情况,确保犯罪的人受到合法、公正的惩罚。这种互相配合、互相制约的模式既能有效提高三机关办理职务犯罪案件的质量,实现惩处犯罪与保障人权的双重目标,也有利于明确各诉讼环节的责任界限,完善责任追究制度。

---

① 与其他纠纷解决方式相比,其独特性表现为具有控、辩、裁的三方结构,法官的中立地位、公开审判、依赖证据裁判原则、裁判及说理等。

② 参见闵春雷:《以审判为中心:内涵解读及实现路径》,载《法律科学(西北政法大学学报)》2015年第3期。

③ 参见吴建雄:《国家监察体制改革的法治逻辑与法治理念》,载《中南大学学报(社会科学版)》2017年第4期。

④ 参见樊崇义:《“以审判为中心”与“分工负责、互相配合、互相制约”关系论》,载《法学杂志》2015年第11期。

三、对监察机关移送起诉权的审判监督

根据《监察法》第 45 条和第 46 条的规定,监察机关针对涉嫌职务犯罪的案件,作出起诉意见书并将案件卷宗、证据材料一并移送检察机关审查起诉的类型,在表现形式上体现为监察机关作出移送审查起诉的监察文书(起诉意见书)。此外,对被调查人涉嫌犯罪取得的财物,监察机关也应当随案移送,以确保后续国家机关顺利开展审查起诉和审判工作。尽管《监察法》将移送起诉和移送财物分别规定在两个法律条款中,但二者在实际运行中密切关联,即被调查人涉嫌犯罪取得的财物清单应在起诉意见书中有所体现,并随案移送。《宪法》将启动追诉公职人员职务犯罪的职权配置给监察机关,并授权予其在不经检察机关批准逮捕的前提下,采取技术调查、留置等限制基本人权的措施,主要是考虑到职务犯罪案件的高度隐蔽性、调查取证困难及新形势下反腐败斗争的严峻性和复杂性等现实问题。但这些为监察机关配置的厚重权力仅限于职务犯罪案件的调查阶段,在案件调查终结后,应严格按照人大体制下的职权分工原则要求,将案件移送检察机关审查起诉,并由检察机关审查和代表国家提起公诉,由审判机关依法裁判。移送审查起诉既是监察机关对职务犯罪案件办理终结的基本方式,也是案件由监察程序进入司法程序的标志。案件一旦进入司法程序轨道,监察权就应接受司法权的监督制约。作为国家审判机关的人民法院,主要是通过对移送起诉监察案件的审判和对监察机关提出的从宽处罚建议予以审查的方式进行监督的。

(一)对移送起诉案件进行审判监督的路径

在职务犯罪案件的办理作业流程中,审判是人权保障的最终环节,由法院对案件作出终局性、最高性的裁判,是法治社会司法主治原则的具体体现。基于此,刑事诉讼结构的重心才从传统的"以侦查为中心"转移到"以审判为中心"。尽管在调查职务违法犯罪过程中,监察机关与司法执法机关的配合协作是"零容忍"法治反腐目标实现的关键环节,但是,在案件调查终结移送检察机关审查起诉时,其与普通刑事案件并无实质性的差异,审判机关应严格审查案件证据材料,并在查清案件事实的基础上强化对审判前程序的实质性制约功能。

“以审判为中心”要求审判机关在面对刑事案件时，应贯彻证据规则，排除非法证据，严格适用证据标准，确保庭审的实质化，实现疑罪从无。审判机关强化对监察机关监督制约的具体路径有四：其一，坚持证据裁判原则，注重对刑讯逼供和非法取证的源头预防，构建科学合理的证据认定标准，规范职务犯罪办案程序，确保监察、检察机关严格按照法院认定标准展开证据的收集及审核工作。法官在案件审理中，根据案情需要，可要求监察机关办案人员出庭说明情况①，对被告人及辩护人提出的非法证据排除申请，应及时审查并予以处理。其二，坚持控辩平等原则，重视辩护辩解意见。将庭审作为控辩双方平等抗衡的主战场，面对监检强力联合下的控诉力量，只有依靠独立专业的律师充实被告人一方的力量，才能科学构造出“以庭审为中心”的“控辩审”三角诉讼结构。其三，坚持司法公开原则，广泛接受社会监督，防范冤假错案。其四，坚持无罪推定、疑罪从无原则，对确实不构成职务犯罪仅构成职务违法的被告人，敢于宣判无罪，并移送监察机关处理。

（二）对从宽处罚建议的审查监督

监察机关在对涉嫌职务犯罪的被调查人作出移送审查起诉的处置措施时，如发现被调查人符合从宽处罚的情形的，可以经集体研究并报请上一级监察机关批准后一并提出从宽处罚建议。对于从宽处罚建议的效力问题，《监察法》未作出明确规定。监察机关提出的从宽处罚建议对后续机关具有一定的约束力。这种约束力的理论基础有二：一是国家机关职权的分工与衔接理论，二是国家对公民权利的保护义务理论。上述两种理论在现有制度规范中均有所体现，前者的规范基础是《宪法》第 127 条第 2 款和《监察法》第 4 条第 2 款，对后者而言，刑事实体法和程序法均设定了从宽处罚的刑罚减让和程序简化性的制度条款。② 从本质上看，从宽处罚建议属于对刑事案件量刑问题的评判，而定罪和量刑均属于刑事审判权的主要内容。实践中，监察机关提出的从宽处罚建议的效力已经延伸至法院

① 《监察法》对此未作规定，但根据《刑事诉讼法》第 59 条第 2 款规定，法院可以通知有关侦查人员或者其他人员出庭说明情况。基于监察机关与公安机关在办理刑事案件中的类似角色定位，该条款同样适用于监察人员。

② 参见陈辉：《监察机关从宽处罚建议在诉讼中的价值、定位与运作》，载《公共治理研究》2021 年第 6 期。

的审理阶段。[①] 如果检察机关在审查起诉阶段对监察机关提出的从宽处罚建议予以认可和采纳的话,则该从宽处罚建议应当接受刑事审判的检验。审判机关对从宽处罚建议的审查监督标准主要有以下三点:

第一,审查从宽处罚建议的事实依据是否充分。监察机关提出的从宽处罚建议虽然在形式上是具有主观倾向性的意见,但它必须建立在客观事实依据之上,即从宽处罚建议必须是建立在被调查人具有从宽处罚情节量刑事实的基础上的,否则难以经受严格的刑事诉讼规则的检验。[②] 基于《监察法》规定的从宽处罚建议适用情形与《刑法》《刑事诉讼法》等刑事法律及相关司法解释所规定的从宽处罚适用情形存在一定的差别[③],且监察机关注重对被调查人主动悔罪认罪的主观认识和充分考虑个案的实际情况[④],因此,审判机关在审查从宽处罚建议时,应当对照《监察法》第 31 条、第 32 条规定的情形审查监察机关提出的监察建议是否具有上述法律规定情形的事实和证据依据。对缺乏从宽事实和证据的从宽处罚建议,应当不予采纳并说明理由。

第二,审查从宽处罚建议的提出程序是否合法。《监察法》对监察机关提出从宽处罚建议设定了严格的程序,而这些程序规则也构成了审判机关对从宽处罚建议予以审查的程序标准。提出从宽处罚建议的监察机关有义务向司法机关提交从宽处罚建议作出程序合法的相关证据,具体包括监察机关领导人员经集体研究同意监察机关审理部门作出从宽处罚建议的决议文件,监察机关向上一级提出从宽处罚建议的请示或报告及上一级监察机关批准同意下级监察机关提出从宽处罚建议的批复等证据材料。对不符合上述程序的从宽处罚建议,因缺乏《监察法》规定的程序要件,审判机关不应采纳。

第三,审查从宽处罚建议证据证明标准与刑事证据证明标准是否一致。通常

---

① 参见韩旭:《监察委员会办理职务犯罪案件程序问题研究——以 768 份裁判文书为例》,载《浙江工商大学学报》2020 年第 4 期。

② 参见张明正:《监察机关调查职务犯罪从宽处罚问题研究》,载《南海法学》2019 年第 1 期。

③ 整体上看,监察机关对被调查人提出从宽处罚建议的情形的范围相对较窄,如我国《刑法》规定的其他诸如犯罪中止、从犯、胁从犯等减刑情节均不在监察机关提出减刑建议的序列中。参见马怀德主编:《中华人民共和国监察法理解与适用》,中国法制出版社 2018 年版。

④ 例如,《监察法》第 31 条关于被调查人移送可以从宽的情形中,规定了“具有重大立功表现或者案件涉及国家重大利益等情形”,该条款是典型的个案考量条款。

认为,《监察法》第33条是监察证据与刑事诉讼证据相衔接的制度通道,该条第1款明确了监察机关依法收集的证据材料在刑事诉讼中可以作为证据使用;第2款要求监察机关在收集、固定、审查、运用证据时,应当与刑事审判关于证据的要求和标准相一致。尽管有学者对上述法律规定提出质疑①,但立足于法释义学的视角,审判机关应当依照《监察法》和《刑事诉讼法》等法律规定的证据规则对从宽处罚建议背后的量刑证据进行审查。基于刑事证据证明标准是监察机关调查取证之证明标准的标杆和基准,故审判机关应侧重对照刑事证据证明标准对从宽处罚建议证据进行审查。对不符合刑事案件证明标准的,审判机关有权拒不采纳从宽处罚建议,将不采纳的理由反馈给审查起诉的检察机关,并由其反馈给监察机关。因为从刑事案件办理流程角度分析,监察机关与审判机关以作为公诉主体的检察机关为纽带,二者之间不发生直接关系,监察机关不宜就其移送审查起诉的职务犯罪案件越过公诉机关直接向审判机关递交或补充证据材料或发表建议意见。

四、审判机关监督处分型处置权的路径试探

根据《监察法》第45条、第46条的规定,监察委员会根据不同的监督、调查结果,有权作出六类处置。具体包括谈话提醒、批评教育、责令检查或予以诫勉等轻处理措施,警告、记过、记大过、降级、撤职、开除等政务处分措施,问责决定和问责建议,移送检察机关审查起诉或撤销案件,提出监察建议及没收、追缴或者责令退赔违法取得的财物等措施。在学理分类上,以处置权的内容及行使方式为划分标准,可将处置权分为建议型处置权、处分型处置权、移送型处置权三种基本类型。其中,处分型处置权即指监察机关直接给予被处置人一定的处分等惩戒措施,主要包括政务处分及对被问责对象权利义务产生实质性影响的问责决定。

---

① 例如,有学者认为,赋予非刑事诉讼主体直接收集诉讼证据之权力,与现行《刑事诉讼法》第52条“审判人员、检察人员、侦查人员必须依照法定程序”收集证据的取证法定规则不符,刑事诉讼法的证据体系面临重大调整。参见方明:《职务犯罪监察调查与刑事诉讼的衔接》,载《法学杂志》2019年第4期。还有学者认为,《监察法》第33条第2款的文字表述似存歧义,使用“刑事审判”而非“刑事诉讼法”关于证据的要求和标准的规范意义为何?使用“相一致”而非“应当遵循”之类的表述亦可能造成法律理解上的疑难。参见龙宗智:《监察与司法协调衔接的法规范分析》,载《政治与法律》2018年第1期。

(一)对处分型处置措施予以审判监督的可能性

目前,有论证立足于监察机关对公职人员的外部监督定位,认为与行政处分相比,后者是国家行政机关对其系统内部违法失职的公务员实施的一种惩戒措施,在国家监察体制改革之前,该行政处分行为属于内部管理行为,按照《行政诉讼法》的规定不具有可诉性。监察机关作出的处置行为是一种外部监督,和行政处分有本质区别,所以监察机关实施的处置行为应当具备一定程度的可诉性。[①]基于监察委员会与公职人员之间不再是内部法律关系,而是一种管辖关系,是外部法律关系,不能针对行政处分提起行政诉讼的理由并不适用于政务处分,政务处分有必要纳入诉讼救济范畴。[②] 还有学者认为,监察机关虽然不是行政机关,但监察机关的上述行为具有广义行政行为的性质。[③] 因此,将监察对象向法院提起的这类诉讼归入行政诉讼的范畴,在理论上是能够成立的。[④] 正如前文所述,尽管应将政务行为定位为一种外部行为,但基于监察机关与行政机关的本质性差异,在现有法律制度和政治体制下,在监察机关所实施的监察行为中引入司法救济渠道,存在一定的困难,讨论政务处分行为司法审查的意义相当有限。但是,这并不排除今后由审判机关对处分型处置措施进行监督的可能性,申言之,我们仍然有必要从学理上探索司法救济的正当性问题,为立法修订和制度变革清除理论上的障碍。

针对学理上关于监察行为可诉性的探讨,笔者认为,在监察体制改革的背景下,监察机关被赋予了独立的宪法地位,尽管监察机关对监察对象所作出的政务处分等监察行为具有行政行为的部分特征,但二者存在本质性的差别,不能将其纳入广义的行政行为范畴。否则,将给现有的行政行为理论乃至行政法学科带来冲击和混乱。从外部监督关系切入来探讨政务处分行为的可诉性问题,固然值得肯定,但我们还可以从以下两个层面进一步分析:

第一,政务处分作为监察机关代表国家对监察对象所实施的一种强制性的监

---

① 参见马怀德主编:《监察法学》,人民出版社 2019 年版,第 345 页。

② 参见徐继敏:《监察委员会政务处分行为探究》,载《河南社会科学》2018 年第 10 期。

③ 参见杨红:《被监察者的权利及其保障研究》,载《行政法学研究》2017 年第 6 期。

④ 参见姜明安:《国家监察法立法应处理的主要法律关系》,载《环球法律评论》2017 年第 2 期。

察措施，是公权力对监察对象人格权、财产权、劳动权等基本权利的限制或剥夺。尽管这种限制具有一定的合宪性基础，也符合对公职人员权利适当克减的理论，但不能以此为由让监察对象与司法救济绝缘。因为政务处分毕竟包含开除公职这种严厉的处罚措施，是对监察对象公职身份的解除和否定，将严重影响监察对象以后的劳动权。① 如果不赋予被处分人一定的司法救济权，则难以符合人权司法保障的宪法精神。《中共中央关于全面推进依法治国若干重大问题的决定》要求"使每一项立法都符合宪法精神"，并要求"加强人权司法保障"，"完善对限制人身自由司法措施和侦查手段的司法监督"，为改革设置了法治和人权上的高标准。不应该将反腐与法治建设、人权保障对立起来，二者都是国家治理现代化的目标。② 基于政务处分作为公权力的运行方式，将侵犯公民基本权利，应赋予被处分人相应的司法救济权。

第二，司法救济能有效弥补处分型处置措施内部救济机制的不足。《监察法》规定的监察救济机制包括复审复核、申诉和国家赔偿，其中，复审复核是对已经作出的监察决定是否合法进行复查核实(《监察法》第 49 条)。③ 监察申诉则是被调查人及其近亲属针对监察权滥用或不当行使的情况，向监察机关申述情由，诉说请求，监察机关应当在收到申诉后依法作出调查和处理(《监察法》第 60 条)。④ 监察赔偿则是针对监察机关及其工作人员行使职权，侵犯公民、法人和其他组织的合法权益造成损害的情况，依法给予国家赔偿的救济制度(《监察法》第 67 条)。从目前的法律规定来看，一方面，上述救济机制均是概括性的法律条款，尚需进一步细化和完善；另一方面，这些救济机制具有内部性和封闭性，且承担救济责任的

---

① 公职人员被开除后，在今后寻找新的工作时，基于被开除的劣迹，其重新就业的范围将大大缩减，将被诸如公务员、律师等诸多职业所排斥。

② 参见张翔、赖伟能：《基本权利作为国家权力配置的消极规范——以监察制度改革试点中的留置措施为例》，载《法律科学(西北政法大学学报)》2017 年第 6 期。

③ 根据《监察法》第 49 条的规定，监察对象对监察机关作出的涉及本人的处理决定不服的，可以在收到处理决定之日起一个月内，向作出决定的监察机关申请复审，复审机关应当在一个月内作出复审决定；监察对象对复审决定仍不服的，可以在收到复审决定之日起一个月内，向上一级监察机关申请复核，复核机关应当在二个月内作出复核决定。

④ 参见秦前红主编：《监察法学教程》，法律出版社 2019 年版，第 411 页。

主体往往就是实施“违法或侵权”[①]行为的主体,二者身份的重合决定了这种救济机制的局限性,这至少在形式上是非正义的。司法救济能有效弥补内部救济在形式上的不足,且在依法治国、依宪执政的时代背景下,由专业化和职业化水平相对较高的司法机关和法官判定监察行为的合法性问题,亦是法治治理的题中之义。

(二)对处分型处置措施予以司法监督的范围及限度

在肯定审判机关可对处分型处置措施进行监督的同时,应当合理限定审判监督的边界和限度。基于监察机关的政治机关属性和与纪委合署办公的模式,以及严格的审批程序和重大事项向党委报告请示的实践惯例等,监察机关作出的处置决定往往具有较强的政治敏感性。这要求审判机关在对个案进行监督时,要考虑到监察机关处置决定中的政治因素和对公职人员进行管理教育的专业性,并在维护监察权威和有效保障被处分对象基本权利之间寻求平衡。为此,不应当将所有的处分型处置措施都纳入司法审查的范围之中,应当在类型化界分的基础上,将严重影响被处分对象重大权益的开除公职纳入司法救济机制。[②] 其他诸如警告、记过、记大过、降级、撤职等政务处分类型,虽然对被处分对象的名誉权、财产权乃至职务晋升利益等产生影响,但尚未突破对公职人员进行管理教育的惩戒边界,且作为监察对象的公职人员亦负有服从监管的义务。但开除公职则涉及对被处分人公职身份的剥夺,是除移送审查起诉外最严厉的处置措施,将其纳入司法监督范围,一方面体现了国家对公民基本权利的保护义务,另一方面则有效规制了监察机关滥用职权,防止政务处分沦为当权者打击报复、排除异己的政治工具。

(三)对处分型处置措施予以司法监督的路径选择

关于司法监督的进路问题,应当明确限定为合法性监督。根据《行政诉讼法》的制度安排,司法机关对行政行为主要进行合法性监督,而对行政处罚等行政行

---

① 这里用双引号意在说明,这里的“违法或侵权”均是一种假设或推定,即至少在寻求救济的主体看来,监察机关所实施的行为是错误的,侵犯了自己的合法权益。

② 有学者认为,监察委员会在作出开除这种政务重处分之前,一般还要征得上级党委的批准,开除已不是单纯的法律问题,而是执政党作出政治决断的政治问题,这种政治决断不适宜由人民法院进行司法审查。参见郭文涛:《论政务处分的不可诉性——基于特别权力关系理论的视角》,载《西部法学评论》2020 年第 4 期。

为则可进行合理性监督。尽管政务处分与行政处罚在实施结果上具有相似之处,但由于政务处分决定中往往融入了一定的政治考量因素,这些法外考量因素在技术进路上可纳入结果合理性的范畴,而对政治问题予以回避或保持沉默是宪制国家的基本原则。因此,审判机关对监察机关的处置决定的监督,应恪守合法性审查标准,且重点对被诉监察行为的作出程序进行合法性审查。在实现路径上:

一是在法律制度完善层面,从长远来看,未来立法要明确严重影响被处分人基本权利之处置措施的可诉性,为将开除公职政务处分纳入司法救济提供法律依据。当前,可通过对《监察法》第 67 条监察赔偿条款予以立法解释的方式寻求法律依据。该条款规定,监察机关及其工作人员行使职权,侵犯公民、法人和其他组织的合法权益造成损害的,依法给予国家赔偿。此处的合法权益包括人身权、财产权及人格利益等。结合现有国家赔偿制度中的行政赔偿和刑事赔偿,均确立了司法机关裁决的终局性,《监察法》第 67 条为司法介入监察赔偿预留了解释的空间,也为对政务处分的司法审查提供了制度通道。为了激活监察赔偿条款,应及时修改《国家赔偿法》,设专章对监察赔偿制度作出详细规定,构建监察赔偿的司法审理程序。[①] 鉴于错误开除公职的政务处分属于监察赔偿的范围,若被开除公职人员对监察机关作出的开除处分不服的,经先行处理和复议程序后,再申请法院作出赔偿决定或裁决时,法院对监察赔偿案件的审查势必会涉及对开除公职处分予以合法性审查。

二是在审判机构选择层面,基于党纪处分与政务处分的匹配性要求和四种形态的适用规则,开除公职这种最严厉的处分型处置措施的适用比例相对较小,故即便是在法律层面承认了该处分型处置的可诉性,也不会有大量案件涌入法院。因此,审判机关无须单设监察审判的业务庭室,可考虑将此类案件并入现有的行政审判庭,且其诉讼程序亦可参照行政诉讼法的有关规定。这既是在法律体系比较完备阶段下法法衔接的必然要求,也减少了另起炉灶的制度成本。需要说明的

① 例如,王青斌认为,监察赔偿的司法审理程序应当借鉴刑事赔偿的司法审理程序,监察赔偿申请人在经过了复议程序而依然不服的情况下,可以向复议机关所在地的同级人民法院赔偿委员会申请作出赔偿决定。参见王青斌:《论监察赔偿制度的构建》,载《政法论坛》2019 年第 3 期。

是,尽管"监察对象因不服监察行为所提之诉,符合行政诉讼法'民告官'之结构"①,但其并非行政诉讼案件。将监察案件并入行政审判庭审理主要是基于诉讼供给成本的考虑,随着监察救济制度的健全和完善,未来可考虑对监察案件进行集中管辖或以省级区域为单位设定专门的监察诉讼法院,在节约司法资源的同时能有效强化监察案件审判的专业性和权威性。

三是在救济程序选择层面,应确立穷尽监察救济原则。《监察法》第 49 条规定了监察对象对处理决定不服的复审和复核救济机制。未来立法在明确开除公职处分的可诉性后,应设定前置复核程序,即监察对象不能直接提起监察诉讼,应先寻求内部救济,在经过复审复核救济程序后,仍然不服的,才能提起诉讼。如此设计的优势在于:一方面有利于实现法法衔接,为监察系统自行纠正提供合理的机会与缓存空间,形成对监察对象内外救济的闭环保护机制;另一方面有利于培养司法救济的谦抑性理念,防止审判机关通过诉讼手段干预监察权行使的独立性。

四是在案件管辖层面,应由与复核机关同级的异地法院或同级法院的上一级法院管辖。在明确监察内部救济机制前置程序后,监察对象所不服的不单是监察机关的处理决定,而且包括作为复核机关的上一级监察机关的维持原处理决定的决定。从倒逼监察复核制度的监督效果层面来看,应借鉴行政复议法的规定,将维持原处理决定的监察机关作为共同被告。在监察全覆盖的原则要求下,如果允许作为被监察对象的本辖区同级人民法院法官审理的话,则将产生监督悖论,最终导致审判监督流于形式,司法救济形同虚设。为此,应打破监察机关和审判机关相互对应的关系,通过案件管辖将监察案件交由不属于被诉监察机关监察对象的人民法院法官审理。

结 语

对国家权力的限制和对公民基本权利的保护既是依宪治国的核心,也是法治

① 王昭华、江国华:《法理与逻辑:职务违法监察对象权利救济的司法路径》,载《学术论坛》2020 年第 2 期。

国家和法治社会的必备品格。基于权力的天然扩张性,权力滥用不可避免。监察机关作为反腐败专责机构,其监察权的行使同样存在失范的可能与空间,从而对监察对象的基本权利造成侵害。权利依赖于救济。在诸多救济渠道中,司法救济始终发挥着最后一道防线的功能和作用。监察机关的政治属性固然赋予了其特定的调查措施和强力的保障机制,但这并不意味着监察权可以替代审判权对监察对象作出终局性的处理决定。在审判中心主义的视域下,人民法院作为国家审判机关独立行使对监察机关移送起诉案件的审判权,实现了对监察权监督的目标。同时,对于监察机关作出的开除公职处分,因涉及对监察对象公职人员身份的剥夺,从权利救济的层面来看,应允许监察对象在穷尽内部救济后向法院提起诉讼。当前,《监察法》所确立的监察赔偿制度虽然有待激活,但已为司法救济预留了解释空间。当然,如何在中国特色监察制度框架内更好地发挥审判机关对监察权的监督作用,既需要实践经验的积累和顶层设计的导控,也需要学界进行旷日持久式的分析论证。

监察改革后纪检监察案件增减差异的实证审思

王小光*

[摘要] 监察体制改革后出现不同类型的纪检、监察案件数量增减差异的现象，尤以职务犯罪案件量快速下降和缓慢增长备受关注。改革期间的人员调整、调查机制探索以及办案“空窗期”造成职务犯罪案件量短期下降。改革后的职务犯罪调查模式以留置为主线，留置适用存在成本高、周期长等局限，对职务犯罪案件数量增长起到抑制作用，形成职务犯罪线索流转的“漏斗效应”(funnel effect)。执法反腐属于少数人监督多数人的反腐方式，下游程序的承载能力上限造成办案数量增长存在天花板。偏重执法反腐诱发内部办案指标、畸形办案理念和反腐资源分配不当，应跳出以办案数字衡量反腐成效的习惯思维，实现执法反腐向制度反腐的转型。

[关键词] 审查调查案件　增减差异　调查模式　留置成本　漏斗效应

导　论

2016年11月，北京、山西、浙江三地开始试点监察体制改革，2017年上半年完成人员转隶和监察挂牌，同年启动办案工作。其他地区在2017年下半年开始推广试点，2018年上半年建立起全国范围内的监察体系。新型监察调查体制投入运

* 王小光，华东政法大学刑事司法学院特聘副研究员，法学博士。

转,反腐成效到底如何?监察机关公布的反腐成绩单显示案件总量大幅增加①,但是职务犯罪案件数量下降现象也引起研究者关注。吴建雄等人调研H省在2018年查办职务犯罪情况,发现全省监察机关移送审查起诉案件量较改革前减少一半,认为原因是高压反腐遏制新发案件,管辖范围变化造成案件减少。② 詹建红等人通过比较多省改革前后的职务犯罪案件数量,同样发现改革后案件量明显下滑,但否定下滑是由于反腐威慑力降低发案率、部分地区进入发案低谷或新机构尚未发挥全部功能,认为"监察分流"机制是案件量下降的主要原因。③

上述观点,单独抽出职务犯罪案件数量这个单一指标,观察短期内数字变化规律,或将案件量下降归结于反腐高压,或是管辖范围变化,或是程序性分流不当。这些分析注意到改革前后的职务犯罪案件数量变化特征,但缺少对改革后所有类型案件数量变化的整体分析,也未对较长时期内的类型案件数量变化规律进行观察解读。

监察机关在内部专设审查调查部门,该部门负责纪律审查和监察调查业务,统一调查违反党纪、职务违法和职务犯罪案件。监察改革后的违纪案件和职务违法案件的数量大幅上升,查办较高级别党员干部数量增长较快,但是职务犯罪案件数量出现快速下滑,且增长乏力的现象。以整体视角观察不同类型审查调查案件数量增减现象,在监察语境中认识数字增减变化的规律,是本文关注的第一个问题。现行的职务犯罪监察调查机制业已成型,呈现出高度依赖留置的特征,以留置运行为主线的职务犯罪调查机制是否对不同类型案件增减差异产生影响,是本文关注的第二个问题。由此进一步反思:专责机关执法反腐本质上是一种少数人监督多数人的机制,典型特征是由少数专业人员承担调查违法犯罪的职责,监

---

① 从部分省级监察机关公布的案件数据来看,改革后办案总量增长极为显著。比如,浙江省纪委在2019年2月发布的2018年工作总结中的数据显示全省共处置问题线索52,957件,同比增长20.9%;运用"四种形态"处理55,138人次,同比增长25.9%;审查调查案件较去年增加81%。参见《任振鹤在省纪委十四届四次全会上的工作报告》,载温岭市纪委监委官网,http://www.wllzw.gov.cn/art/2019/2/25/art_1530747_30490900.html。

② 参见吴建雄、李春阳:《〈监察法〉实施中的若干疑难问题及其破解对策》,载《湖南大学学报(社会科学版)》2019年第6期。

③ 参见詹建红、崔玮:《职务犯罪案件监察分流机制探究——现状、问题及前瞻》,载《中国法律评论》2019年第6期。

督者数量远少于被监督者数量,监督者自身的人员、场所、预算等资源限制对办案量增长有限制作用。在反腐资源投入存在上限的前提之下,可以认为职务犯罪案件数量下滑可能是"程序问题"中的有意为之,然而,更需关注监察调查中的办案模式及资源"瓶颈"所导致的增长之不能。

基于上述问题,笔者对监察改革前后的办案情况进行调研,以期发现监察审查调查案件数量增减存在差异的深层次原因。由于监察改革试点三地在2017年启动办案,当年虽然存在数月的办案"空窗期",但这些地区在2018年以后的数据较有代表性,笔者选取试点地区的S市作为调研区域。在样本内容上,包括S市纪检监察机关和检察机关发布的年度工作报告、预决算报告、立案情况通报及法院裁判文书。样本覆盖时间段为2011年至2019年,以更全面分析比较改革前后办案方式及办案数量的变化。

一、监察口径:不同类型案件指标的普遍增长

(一)统计标准:沿用职务违法和职务犯罪合并统计的指标体系

纪检监察机关在传统上使用违纪和违法二分的办案统计指标,违纪案件是指中共党员违反《中国共产党纪律处分条例》中六项纪律的案件,违法案件则包括一般违法和犯罪。此种分类方法在纪检监察系统沿用已久,在党内规范性文件中也有明确体现。[①] 2019年,中央纪委国家监委发布《纪检监察统计分析指标体系(试行)》,其基本沿用违法和犯罪一并统计的指标体系。根据此类标准进行统计,S市监察机关在改革后的线索受理、立案审查调查、移送司法等指标数据均有上升。

1. 受理线索数量激增,线索处置率高,立案审查调查案件总量回升较快

监察改革期间的人员、机构及办案机制重塑对改革当年的案件量有所影响,但第二年的各类指标均呈现不同程度增长。以线索处置为例,首先出现线索受理数量的急速增长。2017年上半年,S市正式启动监察办案之后,案件线索数量即呈现爆炸式增长。S市纪检监察机关在2018年受理的线索总量为1300余件,而

① 比如,2016年修订的《中国共产党党内监督条例》第7条对"四种形态"的解读,要求严重违纪涉嫌违法立案审查成为极少数,此处违法应包括一般违法和犯罪。

监察挂牌前的2016年总计受理线索量为600余件，前者几乎为后者的两倍。其次，伴随线索总量急速增加，线索处置率也有明显提升：S市纪检监察机关在2016年受理线索600余件，当年处置线索超过300件，处置率超过50%；2018年受理线索1300余件，当年处置线索1000余件，处置率超过70%。

从线索类型来看，纪检监察机关受理的线索中绝大多数属于违纪线索，占比高达77%；职务违法犯罪线索占比10%；其他违法犯罪线索占比13%。监察改革后的线索数量快速增加，审查调查案件数量同步增长。由于在2016年年底至2017年上半年，监察改革造成人员、机构和办案机制处于调整期，2017年5月才全面完成监察挂牌，造成2017年的有效办案时间仅有6个月，对2017年的办案数量下降有直接影响。S市纪检监察机关在2015年、2016年、2017年、2018年分别立案审查调查案件140余件、160余件、130余件、280余件，2017年的立案数量下降较快，但2018年的立案数量较2016年和2017年均有大幅增加，2018年的审查调查立案数量相比改革前的2016年的数量增长超过70%。

由于监察机关将职务违法和职务犯罪合并为单一的职务违法犯罪指标，如果将违纪案件和职务违法犯罪案件作为两个独立统计标准，可以发现这两类案件数量均有大幅上升。S市2018年查处的违纪案件和职务违法犯罪案件数量分别比2017年增长164%和200%。其中职务违法案件数量占所有职务违法犯罪案件总量的63%。

2."四种形态"中的轻处分案件增长较快，重处分案件增长不明显

监督执纪"四种形态"作为基础性统计分类标准，是测量纪检监察办案实效和是否符合办案导向的重要指标。从监察改革前后三年的统计数据看，S市纪检监察机关在2016年处分182人，其中轻处分103人，重处分79人，移送司法9人；2017年处分159人，其中轻处分102人，重处分57人，移送司法10人；2018年处分260人，其中轻处分162人，重处分98人，移送司法21人（见表1）。这三年的处分人员数量变化与立案审查案件数量在2017年出现下滑，之后在2018年迅速反弹的变化趋势较为类似。值得注意的是，2018年的轻处分案件数量相比改革前的2016年增长幅度较大，轻处分案件量近乎翻倍，其中处分县处级干部人数增长240%，处分乡科级干部人数增长287%。但是S市监察机关在2018年的重处分案件数量相比改革前的2016年增幅不大，重处分案件量只有24%的增长，该数字

增长幅度与其他案件指标增幅相比并不凸显。虽然监察机关移送司法人数呈现快速增长趋势,但2017年监察改革之后的移送数据实为监察机关调查职务犯罪数据。2017年之前的职务犯罪案件主要由检察机关立案侦查,移送司法的数据并不能反映全市职务犯罪案件量的真实变化趋势。

表1　S市纪检监察机关2016年至2018年处分人员数量变化

单位:人

年份	处分总数	轻处分	重处分	移送司法
2016	182	103	79	9
2017	159	102	57	10
2018	260	162	98	21

3. 查处地方"高级别"干部的数量增长迅速

从监察改革后各地纪检监察机关公布的数据来看,查处较高级别领导干部数量较改革前有较大增长。比如,吴建雄等人调研H省监察办案情况后,发现改革后移送起诉的厅级以上干部涉嫌职务犯罪案件数量处于高位运行。① 北京市监察机关在2019年公布的数据显示,截至2019年11月,全市立案厅局级干部119件,同比增长38.4%;处分厅局级干部102人,同比增长18.6%。② 浙江省纪委2019年2月发布的在省纪委十四届四次全会上的工作报告显示,全省在2018年立案17,544件,其中地厅级52人、县处级490人,同比分别增长6.5%、126.1%和104.2%。③ 与全国其他地区监察机关查办"高级别"干部的数据变化趋势一致,S市在监察改革后查办本地"高级别"领导干部的数量也有大幅度增加。

由于S市是一个中等规模地级市,按照S市监察机关的办案考核标准,市管干部(一般为县处级干部)即属于本地区级别较高的领导干部,此类人员涉嫌职务违法犯罪的应由市级监察机关立案调查。即使在2016年监察改革之前,检察机关亦以查办县处级干部的数量作为考核大要案的指标之一。2017年监察机关挂

① 参见吴建雄、李春阳:《〈监察法〉实施中的若干疑难问题及其破解对策》,载《湖南大学学报(社会科学版)》2019年第6期。

② 参见郭云峰:《北京处分厅局级干部102人 持续强化不敢腐的震慑》,载中央纪委国家监委网站2020年1月9日,http://www.ccdi.gov.cn/yaowen/202001/t20200107_207302.html。

③ 参见《任振鹤在省纪委十四届四次全会上的工作报告》,载温岭市纪委监委官网,http://www.wllzw.gov.cn/art/2019/2/25/art_1530747_30490900.html。

牌完成以后,S 市监察机关所查处县处级干部人数出现快速增长:2016 年处分县处级干部 9 人,2017 年处分人数为 10 人,2018 年处分人数为 34 人。此外,2016 年以后查处乡科级干部数量同样增长迅速,其中 2016 年处分乡科级干部 18 人,2017 年处分乡科级干部 14 人,2018 年处分乡科级干部 54 人。对比 2018 年和 2016 年的数据,监察机关查处两类干部的人数增长接近 3 倍,是近 20 年以来出现的最大增幅。

长期来看,地市级纪检监察机关每年均处分一定数量的县处级干部,但查处县处级职务犯罪嫌疑人并非易事,检察机关在查办县处级干部时遇到的阻力更大,某些年份立案侦查这类领导干部的数量甚至为零。S 市检察机关在监察改革前 5 年所立案的县处级干部数量为平均每年 1 人,而监察改革后由监察机关立案的县处级职务犯罪嫌疑人数量有快速增长,但总体数量仍不多。比如 S 市监察机关在 2018 年立案县处级干部 5 人,2019 年立案县处级干部 4 人(见图 1)。

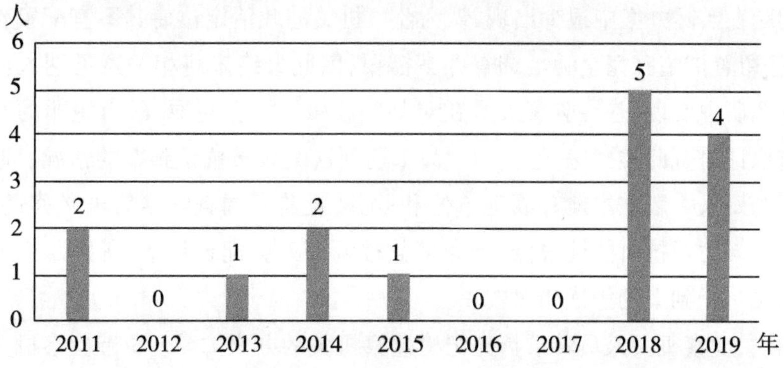

图 1　S 市 2011 年至 2019 年每年立案调查的县处级领导干部数量

(二)案件量增长趋势的可能原因分析

1. 监察改革后办案潜力在短期内快速释放

监察改革的目的之一是整合反腐败资源和力量,建立集中统一、权威高效的监督体系,改革动机源自先前多重监督并存,以及检察机关和纪检监察机关分割行使腐败调查职能而造成反腐体系碎片化的弊端。[①] 针对原反腐体制中的旧弊,监察改革确实取得一定突破,短期内创造出亮眼的办案数据。

---

① 参见马怀德:《国家监察体制改革的重要意义和主要任务》,载《国家行政学院学报》2016 年第 6 期。

首先,改革提升专责反腐机构的权威性,办案力度有充分保障。纪委书记本为市委常委之一,纪委作为党内监督机构在地方影响力较大,纪检、监察合署进一步强化其权威性。尤其在2019年扫黑除恶专项行动中,S市监察机关先后查处十几名涉黑官员,进一步提升监察机关在本地的影响力。在此背景下,反腐调查受到来自调查对象级别因素的阻力相对减弱,查办"高级别"干部的数量快速上升,这在全国各级监察机关的统计数据中均有所体现。

其次,改革赋予监察机关强大的调查职权,2018年发布的《监察法》明确监察机关可以使用留置等12类调查措施,这些措施基本能够满足调查办案需要。有学者曾指出监察调查缺乏警察权支持,没有法警队伍,依赖其他执法机关配合执行监察调查措施。① 监察措施缺少强制到案手段,候审羁押手段单一,应建立梯度式强制措施体系。② 从S市监察办案实践和办案人员访谈中得知,S市纪检监察机关在试点期间已发现此类问题,并上报征询改革意见,但上级机关经调研发现这类问题在实际办案中很少出现,认为监察机关的政治定位使其不宜配置警察类手段,且留置措施已完全满足调查办案需要,因此最终未将相关意见纳入调整方案。在调研中发现,基层监察人员在对某些涉嫌黑社会犯罪、暴力犯罪的对象进行调查取证时有此类疑虑,但实践中尚未遇到这类人员抗拒到案的情况。职务违法犯罪嫌疑人一般在本地有固定单位和职务,且监察调查终结后未必移送司法,调查中的暴力对抗可能性很低,绝大多数被调查人会配合到案,所以监察人员对这类人员抗拒到案的担忧相对较小。

再次,检察机关人员转隶扩充纪检监察机关的办案力量。S市检察机关转隶人员融入纪检监察机关之后,纪检监察人员的数量整体增长20%左右。从人员转隶去向看,S市市级检察院转隶的21人中有6人调入市监委审查调查科室,剩余15人转入其他业务科室。此外,S市纪委监委每年均从外单位选调和招录公务员,2018年启动的监察派驻改革进一步扩大了在编的纪检监察队伍。③ 纪检监察人员数量的快速增长为普通违纪和职务违法案件量的持续上升提供了基础保障。

---

① 参见程雷:《"侦查"定义的修改与监察调查权》,载《国家检察官学院学报》2018年第5期。

② 参见魏昌东:《〈监察法〉监察强制措施体系的结构性缺失与重构》,载《南京师范大学学报(社会科学版)》2020年第1期。

③ 2018年,中央办公厅印发《关于深化中央纪委国家监委派驻机构改革的意见》,在监察改革中注入派驻改革的新内容。派驻改革逐步实现由派出纪委监委统一管理各派驻纪检监察组,分阶段收归派驻人员编制,派驻领域延伸至国企、高校等企事业单位,纪检监察机关的实有人员编制进一步扩大。

最后,改革后的线索来源渠道实现合并集中,违纪和违法两类线索互通,不仅解决过去案源不足问题,甚至出现线索爆炸式增长。纪检监察机关的巡察机制对案件线索增长助益最大,如S市2018年受理的1300余件线索中,来自巡视巡察发现的线索总计有600多件,占所有线索来源的一半左右。

2. 改革后的纪检监察管辖范围扩张

监察改革在纪检监察机关的违纪管辖范围基础之上,进一步扩大案件管辖范围:监察对象扩展至广义上的六类公职人员;监察事项涵盖道德操守、廉洁从政、依法履职、职务违法犯罪及其他相关违法犯罪;职务犯罪管辖范围扩大至88类相关罪名。监察对象的数量相比过去出现成倍增加,从全国其他地区公布的数据看,部分地区的监察对象数量少则增长2倍左右①,多则增长10倍以上。② S市在启动试点改革之后,对全市各系统的监察对象进行摸排梳理,发现监察对象数量从1.9万左右增长至4万左右,这与全国范围内的增长趋势基本一致。纪检监察管辖范围大幅扩张,为监察机关提供更广的案源,与纪检监察线索和监察对象数量的增长具有同步性,均为审查调查案件总量的快速增加创造基础条件。

3. "四种形态"对案件比例的政策性引导

"四种形态"是由原中央纪委书记王岐山在任内提出的监督执纪工作方针,其基本要求是将党内纪律和规矩挺在前面,通过提早介入监督党员干部,以严明纪律从严治党,基础理念是通过早期监督来教育和挽救干部。2016年10月27日《中国共产党党内监督条例》第7条引入"四种形态"的内容,并将其重新定义为,第一种形态:经常开展批评和自我批评、约谈函询,让"红红脸、出出汗"成为常态;第二种形态:党纪轻处分、组织调整成为违纪处理的大多数;第三种形态:党纪重处分、重大职务调整的成为少数;第四种形态:严重违纪涉嫌违法立案审查的成为极少数。随着党内规范性文件对"四种形态"的升格和明确界定,"四种形态"成为全国纪检监察机关监督执纪的政策指南,也成为监察办案的指导性原则,频见于各级纪委监委的工作报告、经验总结以及工作部署之中,演变为衡量执纪执法是否符合政策要求的标准之一。按照"四种形态"的内容要求,轻处分应当成为大

---

① 参见《江西赣州:改革后监察对象扩大近两倍》,载中央纪委国家监委网站2018年1月17日,http://www.ccdi.gov.cn/gzdt/jctzgg/201801/t20180115_161894.html。

② 参见《哪里有权力哪里就有监督》,载广西纪检监察网,http://www.gxjjw.gov.cn/article.php?act=preview&articleid=138504。

多数,重处分成为少数,涉嫌违法而立案调查是极少数,此种案件类型比例的政策导向对监督执纪和执法有深刻影响。比如,各级纪检监察机关在统计办案类型和数量过程中,一般会对“四种形态”案件比例进行测算,以此印证办案工作是否符合各形态要求。S 市在 2018 年做出的各类处分之中,虽然轻处分和重处分的人数均有快速增长,但轻处分案件相比 2016 年增长 57%,而重处分案件相比 2016 年仅增长 24%,且轻处分案件占全部案件比例从 57% 上升至 62%,相应地,重处分案件比例则下降 5%。在办案比例变化趋势上,S 市纪检监察机关办案数据的增减基本符合“四种形态”所要求的比例导向。

二、依赖留置:职务犯罪调查模式对案件量的反向抑制

相比监察改革后的违纪案件和职务违法案件数量快速增长,S 市监察机关查办职务犯罪案件数量出现较大下滑,且连续两年增长缓慢,这与前文所述其他地区的变化趋势类似。自 2013 年以来,S 市检察机关和监察机关立案调查的职务犯罪嫌疑人数量分别为:2013 年 33 人,2014 年 49 人,2015 年 29 人,2016 年 36 人,2017 年 10 人,2018 年 21 人,2019 年 27 人。从立案数量变化趋势上看,2015 年立案人数即开始下滑,2017 年降幅最大,2018 年迅速回升,2019 年又进一步回升。目前监察机关的立案量仍低于检察机关在 2015 年办案低谷期的数据。

2017 年以来的职务犯罪案件数据下滑现象,有令人疑惑的地方:改革后的职务犯罪案件未如预测般出现快速增长,甚至低于改革前检察机关的办案量。按照常理推断,前文讨论的改革红利必然惠及职务犯罪调查,该类案件的办案量回复至改革前应非难事,但实际增长却略显缓慢。究其原因,是否如部分学者所言是程序分流失控所致。程序分流机制设置不当或缺乏监督,可能制造犯罪案件流向非犯罪处置程序的制度空间,但该假设只有在监察机关主观上有此意图,且行使自由裁量权实施这种行为时才能实现。实际上,分流程序只是提供了一个案件流转通道,监察机关仍可选择将更多线索导向犯罪调查程序。长期以来,查办职务犯罪案件在地方影响大,可提升办案机关的权威性,易获得上级机关及社会舆论肯定,所以纪检监察机关对该类案件的重视不亚于检察机关。以 S 市纪检监察机关为例,市纪委监委在改革后抽调所有具备办案经验的年轻监察人员,全部集中于办案一线,办案人员在 2018 年和 2019 年几乎全年无休,留置场所处于满负荷运转状态,并不存在刻意减少职务犯罪案件数量的情况。虽然程序分流缺乏控制或

监督存在犯罪案件"非犯罪化"处置的隐患,但这未必是导致职务犯罪案件量下降的直接原因。

至于为何监察机关投入大量调查资源,主观上努力增加职务犯罪办案量,却未换来实际案件数量的快速增加。一方面,职务犯罪调查的复杂性和专业性远超普通违纪案件[①],并非简单堆砌资源即可在短期内带来办案数量急升,改革红利在职务犯罪调查领域的释放可能具有延后性。比如,S市在2016年和2017年处于改革过渡期,期间有数月的工作交接和人事重组,一度停止查办职务犯罪案件,但重新启动职务犯罪办案工作后即出现立案量的稳步回升。另一方面,改革后的监察调查模式经过长时间探索才逐步成型,该模式的运转情况可能直接影响办案成效。假如监察调查模式自身存在某些问题,限制监察调查工作效能的发挥,会导致出现职务犯罪案件量增长缓慢的现象。

(一)以留置为主线的职务犯罪调查模式逐步成型

查办职务犯罪案件严重依赖口供,是过去备受批评,却又始终无法扭转的现象。获取口供的最便捷的方式是长时间控制被调查人[②],长时间"控人"为运用各类讯问策略创造必要条件。2018年《监察法》颁布后,留置正式取代"两规"[③],成为监察机关唯一可用的长时间"控人"措施。此后,留置开始广泛适用于监察办案,对监察调查模式的实践样态有深刻影响。

其一,留置取代"两规"之后,成为职务犯罪调查中的核心调查手段。《监察法》将留置界定为一类调查措施,但其实际功能具有多重性:一是调查取证功能。控制和隔离被调查人,制造有利于审讯的客观环境,为突破被调查人的口供创造基础条件。二是程序保障功能。以限制留置对象人身自由的方式,防止留置对象实施逃跑、毁灭证据等妨碍调查的行为。[④] 既可用于调查取证,又可保障调查程序顺利运行,留置成为监察机关调查职务犯罪的主要手段,也是当前各级各地监察

---

① 职务犯罪调查的专业性非常强,对软硬件资源的要求很高,如需要配置齐全的同步录音录像设备、专业技术取证工具、专门的讯问场所等,调查人员需要具备专业的讯问和制作笔录技能,专业化建设可能耗时数年才有成效。

② 参见谢小剑:《贿赂犯罪案件的查办需求与程序供给——兼论监察调查程序的改革思路》,载《政法论坛》2019年第5期。

③ 参见张文显:《以法治思维和法治方式反对腐败》,载《中国纪检监察报》2019年11月25日,第2版。

④ 参见刘文轩:《监察留置若干问题研究》,载《公安学刊(浙江警察学院学报)》2019年第2期。

机关最为依赖的一种调查措施。S 市在 2018 年立案的职务犯罪案件中,总计对 35 人采取过留置措施,其中有 21 人因涉嫌职务犯罪被移送司法处理,其余涉嫌行贿的 14 人未移送司法处理。虽然《监察法》规定监察机关可以对涉嫌严重职务违法的监察对象采取留置措施,其他地区监察机关也已有对涉嫌严重违法人员实施留置的先例,但 S 市监察机关在办案实践中仅对涉嫌职务犯罪的对象实施留置,尚未对涉嫌严重职务违法的人员采取过留置措施。

其二,留置和职务犯罪调查同步捆绑。同步捆绑体现在:一是同步报批。线索初核组在初核报告中即建议立案并采取留置措施,之后同时制作立案文书和留置文书,一同报请审批。二是同步运行。监察立案及留置均获批后,正式立案文书和留置文书同时向被调查人宣布执行。监察机关在留置期间内完成调查任务,在留置期限届满之前做出处置决定,解除留置后进入移送司法等具体分流程序。同步捆绑对调查人员办案思维有所影响,调查人员在初核过程中即提前判断案件是否符合留置条件,不符合留置条件意味着较高的办案风险,随之容易产生不支持立案的倾向。三是案件调查以留置适用为主线,其他调查措施附着于留置措施。现行监察调查在本质上仍未跳出"由供到证"的办案逻辑,只是取得口供的手段由过去的"两规"转换为留置措施。随着留置贯穿整个职务犯罪调查过程,调查样态呈现为:立案后即行留置,在留置期间取得被调查人口供,并附随运用其他调查措施。其他调查措施转变为留置措施的辅助措施,运用其他措施的目的是辅助留置讯问,口供突破后再通过其他调查措施固定外围证据。

职务犯罪调查过度依赖口供一直是无法破解的难题,监察改革前纪委、检察院在办案中即如此,现在监察机关在办案中依然以获取口供为中心。如同过去职务犯罪调查对"两规"的依赖一样,此种现象与我国现阶段的社会经济结构、职务犯罪特性及刑事法规定有关系。① 改革开放以后的市场经济活跃催生权力寻租空间,以权钱交易为主要形式的职务犯罪高发,这类犯罪无物理现场、无目击证人且犯罪嫌疑人反侦查意识强,通过现代刑事技术手段所获取的定位信息、音频及银行记录等只为职务犯罪侦查提供有限支持,比如,犯罪嫌疑人可以将转账记录辩解为借款,通话记录中的用语近乎"只可意会不可言传",很难直接证明犯罪嫌疑人的主观要件。现行的刑事法体系对职务犯罪的主观要件有明确要求,对职务犯

---

① 参见刘忠:《读解双规侦查技术视域内的反贪非正式程序》,载《中外法学》2014 年第 1 期。

罪案件移送审查起诉设置“证据确实充分”的高标准[①]，而行受贿犯罪嫌疑人主观要件的证明完全取决于口供[②]，在刑事证明印证模式的基本框架之下，审查起诉和审判等“下游程序”对口供有极高要求，迫使调查人员在“上游调查程序”获取口供，否则调查工作将会面临失败风险。

这种困局造成职务犯罪调查始终依赖传统讯问方法，现代刑事科技在职务犯罪调查中的作用十分有限。2012 年修正《刑事诉讼法》之后，S 市检察机关一度担忧人权保障进步和严格限制侦查手段会影响办案，于是积极倡导侦查信息化建设，先后购置了手机恢复、车载定位等数百万元技术设备，但实际应用中发现这些技术收集的证据无法达到“确实充分”的程度，最终突破案件只能回到通过审讯突破口供的旧路。从这个角度来看，留置对“两规”的取代在根本上仍是服务于职务犯罪调查的现实需要，而留置也非常完美地实现手段替换，成为新阶段获取口供的基础保障。基于留置和监察调查捆绑的基本现状，留置措施的运行状况会直接影响监察办案的成效，进而影响案件数量的增减趋势。

（二）留置成本高企：推高办案成本，限制办案量的增长

反腐败的政治意义和社会价值高于经济收益，反腐成本无法以具体数字标准衡量。[③] 然而，反腐成本投入持续上升，造成财政预算支出的压力，可能对办案工作产生负面影响。当前留置成为职务犯罪调查最依赖的手段，调查成本是否对办案产生影响，可结合具体的留置类型和成本投入进行考察。

首先，自建留置点是主要的留置方式。《监察法》第 22 条规定留置执行场所是“特定场所”，留置场所的设置、管理和监督依照国家有关规定执行。目前各地对留置场所的具体解释存在差异，造成实践中的留置场所主要包括两类：一类是纪委先前使用的“两规”场所，经改造后成为留置场所，监察机关借助其他力量管理和执行留置。比如，省一级留置场所借助武警力量，市县一级留置场所借助公安力量。另一类是对公安机关管理的看守所等羁押场所的部分设施进行改造，开

---

① 参见《监察法》第 45 条同样规定对涉嫌职务犯罪的监察对象，监察机关经调查认为犯罪事实清楚，证据确实、充分的，移送人民检察院审查起诉。

② 参见牟军：《口供中心主义之辩》，载《河北法学》2005 年第 12 期。

③ 早前研究者已开始关注反腐成本问题，但多借用经济学理论和研究方法对其展开分析，且无足够数据支撑，仍然停留在公式研讨和逻辑推理层面。参见闫海燕：《腐败与反腐败的成本效益分析》，载《社科纵横》2011 年第 1 期；徐玉生、马阿米娜、陆奕君：《腐败与反腐败及其经济学发生机制分析》，载《河南社会科学》2016 年第 10 期。

辟成为留置专区,由公安民警管理留置场所,监察人员负责讯问取证。[①] S市的留置类型属于使用原"两规"场所,具体做法是对"两规"场所进行硬件改造,建立留置管理、执行和监督制度,具体包括:在设施上,设立办案区、指挥室、监控室、休息室、医务室;在管理上,纪委案件服务中心负责管理留置场所的运营,纪委案件监督管理室和公安机关派驻民警共同监督留置过程,辅之以健全的留置运行操作规程。S市的留置类型在其所在省份具有普遍性,该省仅有一个地市设立了看守所留置点,其他地市均将"两规"场所改造为留置场所。

其次,留置成本推高办案整体支出。根据S市对外公布的2015年以来的部门支出决算报告,S市纪检监察机关在2016年以后的公共支出呈现快速增长趋势。S市纪检监察支出决算报告包括纪检监察事务、社会保障和就业支出、医疗卫生与计划生育支出、住房保障支出等项目。其中纪检监察事务包括监督执纪问责、巡察等业务,该项目的年度决算支出分别为:2015年1673万元,2016年1631万元,2017年1754万元,2018年2368万元,2019年3388万元。其中2016年和2015年的监察业务支出相差无几,但从2017年以后开始出现快速上升,2018年的业务支出相比改革前的2016年增长47.9%。此外,留置执行需要配备大量警力,留置对象越多,所需配置的监察人员和警力亦随之成比例增多,留置开支费用会节节攀升,最终推高整个监察调查的办案成本。

最后,留置场所设置方式限制留置适用案件数量。"两规"成为纪委主要的调查手段之后,各地纪委均在各自辖区建设"两规"场所。然而,国家监察机关对留置场所的设置层级有严格限制,只有地市级以上监察机关有权建造留置场所,各县区监察机关只能申请使用地市级监察机关的留置场所。由于多数地市级纪委只有一处"两规"场所,经改造后成为全市两级监察机关的共同留置场所,而各县区的"两规"场所均无法用于留置,改革后留置场所数量相比原"两规"场所数量锐减。[②] 新造留置场所从设计到投入使用需耗时2年以上,且需大量的财政预算支持,而国内各地区的财政状况差异很大,某些财政较差地区在扩建场所过程中会遇到更多压力。即使短期内能够改造或新建一批符合硬件标准的留置场所,也

---

① 参见台州市纪委监委:《走进监察法:留置程序、场所、时间等细节问题》,载 http://www.tzqf.gov.cn/art/2018/3/15/art_1229059935_43631766.html。

② 实际可用办案场所锐减的现象在某些较大的地级市表现比较明显,这类地级市下辖县区数量较多,留置需求和场所供应不足的矛盾明显。

还需配置场所管理人员、案件监督管理人员、执行人员、后勤人员等人力资源，场所运行的成本支出将会持续升高，这些因素导致留置场所的数量无法在短时间内大规模增加。因此，留置成本和场所限制在短期内会持续抑制职务犯罪办案量的快速增长。

（三）留置引发办案期限相对延长的隐忧

《监察法》并未明确规定监察调查的期限，但在职务犯罪调查和留置同步捆绑的趋势之下，留置期限可能直接对调查期限起到限定作用。在《监察法》规定的12类调查措施之中，除留置措施之外，监察机关并无其他监察羁押措施可用，解除留置很难保证被调查人继续配合调查工作，进而增加调查办案的不确定性。即使被调查人在自由状态下未必会强烈抗拒调查，但调查人员主观上仍有此担忧或疑虑，促使调查人员在法定留置期限内完结调查工作。类似情况也存在于检察侦查领域，侦查羁押制度中也存在逮捕与羁押一体化、办案期限等同于羁押期限的现象。①

为确认S市检察机关和纪检机关在改革前后的职务犯罪调查周期变动情况，笔者选取S市某区级检察机关在2011年至2016年查办的24件职务犯罪案件，统计从立案到移送审查起诉的平均周期，发现检察侦查周期最短为14天，最长为93天，平均周期为45天，平均周期未超出逮捕第一阶段的2个月期限。经进一步了解，S市监察机关在2018年调查职务犯罪案件的周期多数在2个月左右，一般不超过3个月，平均留置期限为46天。② 需要注意的是，留置对象中有超过1/3为未移送司法处理的行贿人，留置行贿人的周期多数非常短，进而拉低了平均留置期限。实际上，留置受贿人的时间远超过46天的平均期限，普遍在2个月左右，但大多未超出留置第一阶段的3个月期限。

从调查期限变化来看，监察调查平均周期相比检察侦查平均周期有所延长，在特定地区内职务犯罪类型、发案特点等变化不大的前提下，势必影响调查人员

---

① 参见张兆松、王显祥：《侦查羁押制度的实践困境和完善路径》，载《西南政法大学学报》2011年第4期。

② 有学者选取北京、山西、浙江三地法院的部分裁判文书，统计监察案件的留置天数，发现平均分别为64天、35天、40天。另有学者在统计768份监察案件判决书之后，发现留置时间在1～2个月的占26.8%，留置时间在2～3个月的占34.8%，其中2～3个月是留置人数最多的时间段。本文调研发现的所有留置（包含留置受贿人及行贿人等未移送司法人员）的期限平均为46天的数据与浙江较为接近，但留置被调查人（绝大多数为行贿人）的平均周期与北京地区相近。参见洪浩、朱良：《论监察委留置权：权力属性、运行原则及程序衔接》，载《甘肃政法学院学报》2019年第2期；韩旭：《监察委员会办理职务犯罪案件程序问题研究——以768份裁判文书为例》，载《浙江工商大学学报》2020年第4期。

调查办案的进度和效率。导致调查周期变长的原因可能有两个：

其一，监察羁押期间的讯问进度有减缓趋势。从被调查人休息时间来看，留置对象休息时间超过检察院在2017年以前的做法。2012年修正《刑事诉讼法》要求保障犯罪嫌疑人的必要休息时间，S市所在省级检察机关补充规定为保障犯罪嫌疑人每日休息6小时，但未明确该6小时处于一天中的哪个时间段，实践中仍存在要求犯罪嫌疑人白天休息、夜间讯问的情况。目前S市监察机关明确要求休息时间固定为晚23时到第二日早7时，调查对象每晚至少有8小时休息时间，对调查对象的人权保障相对进步，但减少了每日可用的讯问时间，禁止夜审对审讯节奏和效率有所影响。从有效讯问时间来看，检察院在拘留之前依法可用的讯问时间为48小时①，而监察机关在3个月的法定留置期限内，扣除调查人员休息、用餐等时间，每日至少有9小时的可用讯问时间，总计可有810小时的讯问时间。相比检察院迫于时间压力的高强度和快节奏审讯，监察机关可以从容利用长达数月的讯问周期，以整体耗时较长但节奏较缓的讯问方式获取口供。

其二，程序借用延长留置时间。多数留置对象身兼公职人员和党员两个身份，违法犯罪必然违纪，所以监察立案必然伴随党纪立案。一方面，监察和党纪同步立案之后，调查人员实际借用留置程序调查违反党纪问题，在留置期限内完成违纪调查工作；另一方面，根据“先纪后法”的原则要求，监察机关应先对调查对象进行党纪政务处分，再移送检察院审查起诉。监察机关案件审理部门会在做出党纪政务处分决定前介入，并制作材料、撰写报告、报请审批，此类工作均在留置期间完成。此外，检察院一般提前15天介入审查监察案件，该固定保留时间亦占用留置时间。这也导致留置实际承载过多的程序性功能，监察调查部门、监察审理部门和检察公诉部门对留置期限分割使用，造成留置和职务犯罪调查周期的同步延长。

（四）单一案件调查工作更为复杂，专业调查人员数量增加有限

案多人少是犯罪调查中历来存在的问题，不仅是强调案件数量多而办案人员少，更主要是指案件工作量和人力资源之间的矛盾。该问题在监察改革后表现得十分明显。

---

① 一般情况下，除去使用指定居所监视居住的情况，检察院的讯问时间主要来自传唤和拘留期限的灵活组合。《刑事诉讼法》规定案情特别重大、复杂，需要采取拘留、逮捕措施的，传唤可持续24小时。拘留后应在24小时内送看守所。此外，某些检察机关会将调查对象带至谈话室，以询问的形式对其施压，变相增加12小时的可用时间。

相较检察侦查人员只负责调查职务犯罪问题的做法，监察审查调查人员同时负责调查职务犯罪、职务违法和党员违纪问题。根据党内纪律规范规定，违法或犯罪行为属于违纪行为，监察对象（党员身份）实施一个职务犯罪行为，既要接受监察调查，又要接受纪律审查，两类调查工作均由审查调查部门承担。比如，S 市监察审查调查部门承担所有的违纪调查和职务违法犯罪调查工作，甚至一个人同时负责多个违纪、违法犯罪案件的调查工作，单个职务犯罪案件的实际工作量大幅增加。S 市在试点期间曾考虑是否分设违纪调查部门和监察调查部门①，但考虑到违纪和违法犯罪的高度关联性，分流后存在复杂的程序衔接和转换，会极大增加工作量，产生程序性运转障碍，因不具有实践可行性而放弃。

虽然监察改革整合了检察院和纪委的调查力量，但实际可用于调查职务犯罪的专业人员数量仍然不足。人数扩张在提高普通违纪案件的查办效率方面或许成效显著，但在提升职务犯罪调查实力方面作用有限，原因是职务犯罪调查更需要经验丰富的专业人员。S 市检察院反贪局和反渎局在改革前共有 20 人，其中具有独立承办案件能力的人员为 9 人。监察改革之后，S 市市级监委的审查调查部门共有 10 人，其中包括 2 名内勤人员，专业调查人员数量相比转隶前的检察院反而有所减少。专业调查人员的培养有一个较长周期，调查人员独立承办案件需要掌握讯问方法、笔录制作、外围取证、证据分析、调查指挥、对外协调等多项技能，培养周期少则 3 年，多则 5 年以上。即使监察机关可以在短期内抽调其他部门人员参与办案，但抽调人员多数不是专业调查人员，只能承担配合审讯、制作简单笔录、开具法律文书、整理信息、装订案卷等辅助工作，无法担负指挥调查、案件把关等核心工作。随着监察改革深入，监察专业人才的培养进程逐步加快，但短期内可用的专业人员数量并不会大量增加，这也限制了监察机关查办更多职务犯罪案件的实际能力。

三、反思：理性认识审查调查案件数量的增减趋势

（一）历史回溯：办案数量增减趋势与反腐成效并非直接相关

回顾国内反腐机关的历年工作报告，通行做法是在工作总结部分列举往年的

---

① 许多研究者也关注到党纪调查和监察调查一体运行的问题，建议在纪委监委内部分设党纪调查和监察调查部门，建立违反党纪政纪案件与职务违法、涉嫌职务犯罪案件的分流调查机制。参见詹建红、崔玮：《职务犯罪案件监察分流机制探究——现状、问题及前瞻》，载《中国法律评论》2019 年第 6 期；陈瑞华：《论监察委员会的调查权》，载《中国人民大学学报》2018 年第 4 期。

办案数据,可能的情况下列出增长率,以此印证工作成效显著。然而,首先,办案数据不可能永远增长,增减趋势受到反腐政策、制度变革、法律修订、反腐资源供给等因素影响,甚至于受到发案偶然性的冲击,在短期内出现强烈波动。其次,解读者的立场和视角不同,对办案量增减的诠释结论差异很大,甚至得出截然相反的结论。比如,最高人民检察院原副检察长王振川在2007年接受新华社记者采访时提到,最高人民检察院自2003年以来职务犯罪年立案数量每年递减5%,认为这代表腐败得到一定遏制,反腐成效明显。① 最后,立案量增长或降低的单一指标解释空间有限,需要结合其他指标才能评判办案成效。比如,S市及全国其他许多地方在监察改革后均出现职务犯罪立案总量下降现象,但是查处县处级以上干部的数量快速增加,办案影响力相比过去有所增强。

最高人民法院、最高人民检察院、公安部、国家安全部、司法部、全国人大常委会法制工作委员会在1998年1月19日发布《关于刑事诉讼法实施中若干问题的规定》(已失效),将检察机关侦查管辖的贪贿犯罪和渎职犯罪的范围严格限制在《刑法》第8章、第9章规定的罪名之中,此后一直到2016年监察体制改革,检察机关管辖的罪名数量基本处于稳定状态。② 在检察机关职务犯罪管辖范围基本固定的前提下,案件数量在之后的历史周期中的变化并不稳定,在全国及某些地区均出现不同历史阶段的增长和下降趋势。③ 从图2可以看出,S市检察机关1998年至2019年的职务犯罪立案变化趋势,主要表现出以下特征:

(1)全市职务犯罪立案量的年度变动较大,整体呈现下降趋势。

(2)1998年至2016年,可分成三个阶段,平均立案量呈梯度式下降,每次下降后会短期稳定在一个数字区间内。其中,1998年至2001年为第一阶段,年平均立案量为77件。2002年至2008年为第二阶段,年平均立案量为56件。2009年至2016年为第三阶段,年平均立案量为36件。

---

① 参见《全国检察机关立案侦查职务犯罪数每年递减约5%》,载中国法院网2007年9月14日,https://www.chinacourt.org/article/detail/2007/09/id/265635.shtml。

② 参见张兆松、罗薇:《检察侦查管辖权七十年:回顾与反思》,载《河南警察学院学报》2019年第5期。

③ 1978年至1998年,检察机关的自行侦查范围一度处于扩张中,侦查案件范围涵盖假冒商标、偷税、抗税、骗取国家出口退税款等经济犯罪,以及贪污、贿赂、渎职侵权等犯罪,每年立案侦查数量较多,1994年曾一度达到75,307件。参见张思卿:《最高人民检察院工作报告》,载最高人民检察院官网,http://www.spp.gov.cn/spp/gzbg/200602/t20060222_16370.shtml。

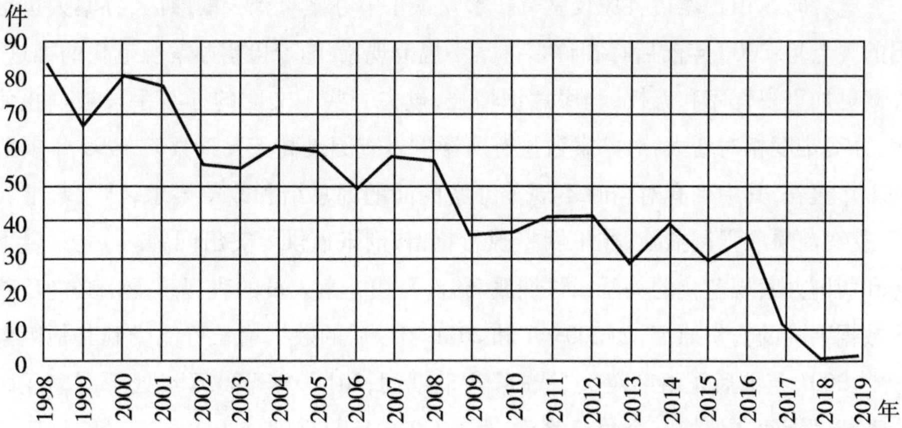

图 2　S 市检察机关 1998 年至 2019 年职务犯罪年度立案(件数)变化情况

(3)与全国检察机关职务犯罪立案量变化趋势相比(见图 3),两者在 1998 年至 2001 年的办案量均处于高位;2001 年至 2010 年出现持续下滑趋势,均在 2003 年出现过一次上升。不同的是在 2011 年至 2016 年,在中央推动的反腐专项行动的高压状态持续期间,全国职务犯罪年度立案量出现快速回升,但 S 市在此期间办案数据未有明显上升,甚至出现两次较大的下滑。

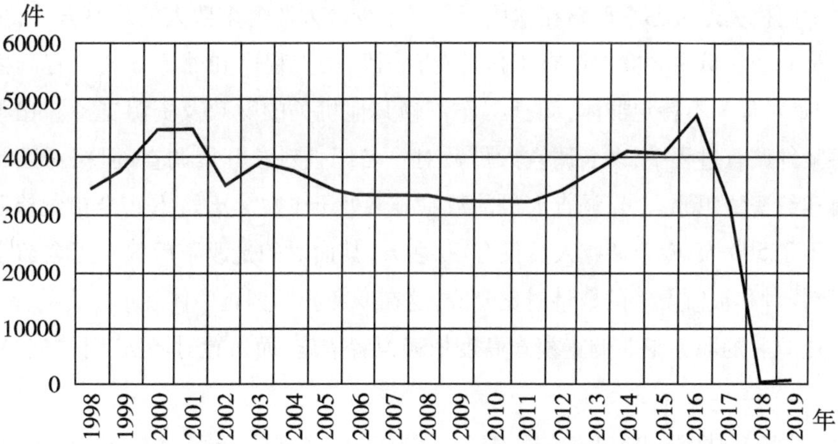

图 3　全国检察机关 1998 年至 2019 年职务犯罪年度立案(件数)变化情况

注:最高人民检察院 2018 年工作报告仅公布 2017 年立案人数,一般情况下立案人数远超过立案件数,2017 年的实际立案件数应比图中所标位置更低。

笔者向S市检察机关原反贪局干警访谈了解办案量减少的原因,办案人员给出的观点是:2000年前后存在许多办案不规范现象,随着检察办案规范化的推进,办案更加重视程序和人权,程序意识增强,过去一些不文明的办案手段被禁止使用,办案难度相对增大,对办案数量有所影响。查阅最高人民检察院1999年前后的工作报告,其中确有对当时不规范办案的问题的总结和改革要求,涉及超期羁押、立案前采取强制措施、在讯问室执行拘留、刑讯逼供等突出问题。① 立案量下降和所谓办案规范化的关系或许纯属巧合,一线办案人员的直观感受未必能反映出数据下降的真实原因,如2001年和2011年以后的数据增长可能受到其他因素影响,2001年前后正值第四次"严打"行动期间,2011年至2016年处于国家反腐专项行动期间。但换一个角度来看,假如2000年前后的侦查人员以牺牲程序公正和基本人权的刑讯逼供等不规范办案方式换来立案数字增长,则与依法反腐的基本理念相悖,也不符合社会主义法治国家的反腐价值追求。因此,在监察改革仍处于探索调试阶段的背景下,对职务犯罪立案量的减少不宜过度解读,查办职务犯罪不是反腐败工作的全部,还应跳出以办案数字衡量反腐成效的习惯思维,客观看待案件量下降的原因及调整方向。

(二)少数人监督多数人引发监察线索流转的漏斗效应

专门机关通过办案反腐在本质上仍属于少数人监督多数人的反腐方式,主要特征是专职人员主导案件调查工作,调查手段、调查程序和处置方式均有严格规范,调查对象为不特定群体,调查工作依赖其他机关的财政及资源支持。在单个监察案件调查过程中,多名调查人员针对一名调查对象开展调查,但相对区域内所有违纪违法犯罪人员,调查人员的数量显然处于少数。比如,S市全市纪检监察人员不足500人,专业调查人员仅有60多人,其面对的是改革后的4万名监察对象,监督者和被监督者的数量对比悬殊,这在职务犯罪调查中体现得尤为明显。

改革后的职务犯罪调查模式高度依赖留置措施,而留置对场所、财政支持、执

---

① 最高人民检察院1999年工作报告中要求严格执行中央政法委"四条禁令",并提到9条硬性规定:(1)严禁超越管辖范围办案;(2)严禁对证人采取任何强制措施;(3)立案前不得对犯罪嫌疑人采取强制措施;(4)严禁超期羁押;(5)不得把检察院的讯问室当成羁押室;(6)讯问一般应在看守所进行,必须在检察院讯问室进行的,要严格执行还押制度;(7)凡在办案中搞刑讯逼供的,先停职,再处理;(8)因玩忽职守、非法拘禁、违法办案等致人死亡的,除依法依纪追究直接责任人员外,对于领导严重失职渎职的,要依照法定程序给予撤职处分;(9)严禁截留、挪用、私分扣押款物。参见韩杼滨:《最高人民检察院工作报告》,载最高人民检察院官网,http://www.spp.gov.cn/spp/gzbg/200602/t20060222_16389.shtml。

行人员有苛刻要求,这些因素限制了职务犯罪办案量的增长,甚至无形中形成了一个办案数量增长的天花板。S 市监察机关办案人员在 2019 年连续办案,多数办案人员全年常驻留置场所,留置场所在春节期间仍处于满负荷运营状态,在国家扫黑除恶专项行动的助力之下,职务犯罪立案数达到改革后的最高峰 27 人,已至数量增长极限。除非后续大量增加专业办案人员,扩建留置场所,保障充裕的财政支持,否则很难出现进一步的立案量增长。

少数人监督多数人的"瓶颈"在一定程度上导致监察系统中出现类似刑事司法系统的"漏斗效应"。刑事司法中的"漏斗效应"是指发现犯罪、立案、侦查、起诉、审判、执行过程中存在数量衰减的漏斗。[①]"漏斗效应"显示刑事司法系统不会以相同方式处理案件,司法人员基于政策和资源有限的现实考虑,对案件进行裁量筛选,以漏斗型方式留住部分案件,最后只有少数案件进入法院审判及执行程序。如果将监察系统视作一个独立系统,内含线索受理、立案、调查、审理、处置等基本环节,那么监察案件线索历经这些环节分流,最终进入处置环节的案件数量同样会出现锐减现象。以 S 市 2018 年的案件线索流向趋势为例,全年受理各类线索 1343 件,监察立案 286 件,职务违法犯罪立案 57 件,移送司法 21 件,同样呈现出从线索受理到涉嫌犯罪移送司法层层过滤的"漏斗效应"现象。在少数人监督多数人的基本框架设定之中,监察调查人员每年所能调查处置的线索数量存在一个上限值,这意味着职务犯罪立案调查等"下游程序"存在消化犯罪线索的能力极限。如果线索受理等"上游程序"将过多犯罪线索引流到犯罪调查程序,超出监察调查程序的承载能力,那么调查人员受制于人力、场所等资源限制,不仅无法完成案件调查任务,还可能挤占其他监察业务的资源,影响整个监察反腐体系的有效运行。

(三)从偏重查办个案反腐向制度反腐的转型

监察机关通过查办个案主要起到两个作用:一是将违纪违法犯罪人员清除出公权力机关,保证公职人员群体的廉洁性;二是警示其他监察对象,阻吓其他监察对象实施违纪违法犯罪行为。因为查办个案在地方的影响力较大,对提升监察机关在当地形象和地位有正面效果,所以受到监察机关的高度重视。此种偏重查办个案的反腐导向,存在明显弊端:其一,催生内部办案指标。虽然地方监察机关一

---

① 参见韩德明:《从回溯调查到犯罪治理:侦查权范式的演化趋向》,载《中国人民公安大学学报(社会科学版)》2015 年第 5 期。

般不会设定具体的办案数字指标,但是办案数字和个人业绩、奖惩及晋升挂钩,地区之间存在办案数字评比或竞争,导致监察机关对办案数字格外敏感,于是向办案部门下发概括的数字目标,对办案人员形成无形的业绩压力。其二,影响监察资源分配。在数字指标压力之下,监察机关在个案调查中投入过多资源,特别是查办职务犯罪案件消耗大部分监察资源,影响其他业务的资源合理分配。例如,S市在2018年监察业务开支2413万元,其中接近一半是调查职务犯罪的项目支出,而全年仅查办21件职务犯罪案件。其三,形成畸形的办案理念。监察机关偏重查办个案也体现在对大要案的重视上,执着于涉案金额、涉案人员级别和罪名数量,追求个案深挖,促使调查人员延长羁押和调查时间,偏向使用激烈对抗的调查取证手段,可能恶化被调查人的境遇。其四,限制反腐理念和反腐方式的转型。普遍监督和重点打击的关系失衡,一旦查办职务犯罪案件数量进入高位区间,就会对后续的查办工作形成业绩比较压力,会迫使监察机关持续投入大量监察资源,以避免数字下滑带来的负面影响,最终阻碍反腐模式的调整和转型。

监察改革在一定程度上解决了外部反腐资源分散和权威不足问题,但监察系统内部资源过度积聚于执法办案领域,却遇到办案量停滞不前的困境,可能需要进一步调整反腐思路或角度。中国香港特别行政区同样施行专门机关反腐模式,其设立廉政公署的执行处、防止贪污处、社区关系处三个机构分别执行惩戒、预防、教育三项职能,三项职能有机整合,形成独立、高效、制衡三管齐下的反腐败运作体系。[①] 现任香港廉政公署负责人白韫六曾指出香港廉政公署的经验证明单靠打击贪污行为的反腐效果有限,执法、防贪和教育必须同时推进,特别是通过后两者慢慢累积的成效,可以带来“移风易俗”的效果,真正做到令官员“不想贪”。[②] 可以说,香港廉政公署在过去40多年里,通过调查打击贪污腐败,开展腐败预防和廉洁教育,培育廉洁文化,开展了一场静默的社会改造运动。[③] 在全社会构建整体反腐败体系,从根本上改造滋生腐败的社会和文化土壤,正是香港特别行政区在数十年内取得廉政奇迹的根本原因。

从当前监察反腐的实际运行状况来看,执法反腐已经遇到案件数量增长的

---

① 参见朱超然、王杰:《对香港特区廉政公署制度设计的思考与借鉴》,载《河南社会科学》2018年第3期。

② 参见李镭等:《廉政公署专员谈香港40年反贪最有益经验》,载人民网2015年2月9日,http://hm.people.com.cn/n/2015/0209/c42272-26531303.html。

③ 参见李红勃:《香港廉政公署的廉洁社会改造运动》,载《中国政法大学学报》2018年第1期。

"瓶颈"。突破此"瓶颈"并非仅依靠持续投入海量资源即可实现,因为少数人监督多数人会遇到人力局限、程序承载能力上限和高昂成本等问题。应平衡执法反腐和其他反腐手段之间的关系,逐步转向建立综合性反腐制度体系,使反腐预防和教育发挥更大的作用。这也符合党和国家的基本反腐政策。2019 年 1 月 11 日,习近平总书记在十九届中央纪委三次全会上的重要讲话中强调指出,新时代加强党风廉政建设和反腐败斗争"要深化标本兼治,夯实治本基础,一体推进不敢腐、不能腐、不想腐"①。"不敢腐、不能腐、不想腐"蕴含惩戒打击、制度反腐和培育廉政文化等要求。在监察体制改革的基本背景下,一方面,监察机关要维持调查打击腐败行为的高压状态,逐步加强监督预防和廉政教育体系的建设,构建监察机关主导的专责反腐败体系;另一方面,要继续推进完善反腐法治体系,适时建立包括财产公开、任职利益回避在内的阳光法律体系,发挥公众和媒体监督的作用,实现多数人监督少数人的效果,最终从体制机制上破除腐败诱因,以移风易俗的方式建立一个廉洁社会。

结　语

监察改革之后违纪案件和职务违法案件数量激增,职务犯罪案件数量大幅下滑且增长缓慢,引起研究者高度关注。监察案件增减差异现象是不是程序性分流失控所致?从 S 市调研情况来看,监察机关高度重视职务犯罪案件查办工作,并不存在主观上刻意减少职务犯罪案件数量的情况,相反,其通过行使自由裁量权引流更多的犯罪线索进入调查程序。然而,职务犯罪案件数量却并未出现爆发式增长,导致这类案件数量减少的直接原因可能并非程序分流问题。

职务犯罪案件调查的专业性强,改革期间重塑调查体制耗时较长,改革红利在该领域的释放未如在其他类型案件中那么迅速。改革后形成的监察调查体制以留置适用为主线,留置已成为监察办案的主要成本支出,消耗一半以上监察业务开支,且造成职务犯罪调查周期延拓,在专业办案人员数量不足的情况下,职务犯罪案件数量下滑较快且增长有限。更进一步思考,通过查办个案反腐仍属少数人监督多数人的方式,固定数量的专业办案人员每年所能查处的案件数量存在上限,职务犯罪调查程序无法消化超出其承载能力的案件线索。解决问题的关键不

---

① 习近平:《取得全面从严治党更大战略性成果　巩固发展反腐败斗争压倒性胜利》,载《人民日报》2019 年 1 月 12 日,第 1 版。

在于简单地改革调查模式,或是降低留置适用率,只要调查人员仍然受制于查办案件数量的现实压力,就必然会寻求能突破程序限制或替代留置功能的其他手段,如此只会陷入限制人身自由的调查手段往复替代的循环之中。反腐转型应跳出执着于办案数字的习惯思维,实现惩戒、预防和教育同步推进,稳步确立综合性反腐体系,最终实现建立廉洁社会的目的。

监察留置的规范适用及问题克服*

冯文杰**

［摘要］　留置是指监察机关调查涉嫌贪污贿赂、失职渎职等严重职务违法或者职务犯罪时，将被调查人或者涉嫌行贿犯罪或共同职务犯罪的涉案人员带至并留在特定场所，使其就案件所涉及的问题配合调查而采取的一项案件调查措施。留置的规范化与法治化形塑，能够在一定程度上起到权力监督的作用，但是留置规范及其适用存在适用于严重职务违法案件的合理性疑问、执行合法合理性的监督不明以及特定场所模糊等问题。应当从《监察法》与《刑事诉讼法》《刑法》的衔接着手，解决监察留置的规范适用难题。应当在保持现有规定不变的基础上，通过制定实施细则或监察解释对留置规则进行"两分"重塑，区分"严重职务违法"与"职务犯罪"两种不同情形，并分别设置不同的留置规则，最大限度地保障规则内部协调和规则外部衔接。应当合理吸收刑事诉讼法中相关的义务性规范与禁止性规范，以补正公权力规制的不足，同时须考虑到保障人权因素，建立健全留置措施的外部监督机制，塑造符合法治反腐需要的留置规则体系。为了实现留置场所的明确化，应当制定留置办法，进一步明确留置场所的具体规定。

［关键词］　监察法　监察留置　规范适用　职务犯罪　问题克服

---

* 基金项目：本文系2021年度四川省哲学社会科学重点研究基地——四川省犯罪防控研究中心重大项目"监察法与刑法的衔接实施问题及其克服"（项目编号：FZFK21－01）的阶段性成果。

** 冯文杰，西南政法大学行政法学院暨监察法学院讲师，四川省犯罪防控研究中心研究员，法学博士，研究方向为中外刑法学、监察法学。

一、问题的由来

2018 年 3 月 20 日,中华人民共和国第十三届全国人民代表大会第一次会议通过了《监察法》,标志着纪委监委合署办公的监察全覆盖体制形成。《监察法》对公职人员的约束分为两部分:一是对公职人员的监督,监督事项覆盖了公职人员的职务行为以及与其公职人员身份相关的道德与个人生活问题;二是对职务违法和职务犯罪行为进行调查,至于公职人员的其他违法和犯罪行为,根据其他法律进行处理。① 为了以合理的手段实现监察全覆盖,《监察法》规定了一系列的强制措施。其中,留置是一种尤为特殊的强制措施。监察留置是我国监察体制改革中制定并实施的一项重要创新型法律制度,不仅在国家监察运作体系中具有极其重要的地位与价值,而且是监察机关有效调查职务违法与职务犯罪行为的重要依靠。习近平总书记在中国共产党第十九次全国代表大会上所作的报告中明确提出,“制定国家监察法,依法赋予监察委员会职责权限和调查手段,用留置取代‘两规’措施”②。规定《监察法》第 22 条的主要目的是将留置这一重要的调查措施确立为监察机关在调查过程中可以运用的法定权限,解决长期困扰反腐败的法治难题。“权力是一把‘双刃剑’,在法治轨道上行使可以造福人民,在法律之外行使则必然祸害国家和人民。”③《监察法》依靠留置取代“两规”措施,实现“两规”的法治化,这既是法治建设的重大进步,也是以法治思维和法治方式开展反腐败的重要体现,更是反腐败工作思路、办法的创新发展。监察机关在进行职务违法犯罪案件调查过程中,既要严格依法收集证据,也要用党章、党规、党纪、理想信念宗旨做被调查人的思想政治工作,依靠组织的关怀感化被调查人,使他们真心认错悔过。总之,留置是对于“两规”的法治化改进,是国家监察体制改革过程中实现党纪和国法有效衔接的重要反腐举措。

无疑,留置的规范化与法治化形塑,能够在一定程度上起到权力监督的作用。但是留置规范的适用在监察实践中出现了一些问题,这也倒逼留置规范必须进行进一步的调整,从而在进行人身权利限制的同时,保障被调查人的人权。此外,即使单纯从留置规范本身来看,也需要进一步对其进行细化,以实现更高程度的良

---

① 参见秦前红主编:《监察法学教程》,法律出版社 2019 年版,第 78 页。

② 习近平:《决胜全面建成小康社会夺取新时代中国特色社会主义伟大胜利——在中国共产党第十九次全国代表大会上的报告(2017 年 10 月 8 日)》,人民出版社 2017 年版,第 68 页。

③ 习近平:《习近平谈治国理政》(第 2 卷),外文出版社 2017 年版,第 128 - 129 页。

法善治。就此而言，其一，《监察法》第22条规定，监察留置适用于严重职务违法或者职务犯罪案件，将监察留置适用于严重职务犯罪案件中不存在问题，但是将监察留置适用于严重职务违法案件中，却具有相当程度的合理性问题。其二，《监察法》并未规定，对监察留置措施执行的合法性与合理性的监督问题，也就是说，如何监督监察留置执行人员遵守人权保障规则？其三，《监察法》并未规定，监察留置措施执行场所的选择标准，只是规定"经监察机关依法审批，可以将其留置在特定场所"，留置场所的设置、管理和监督"依照国家有关规定执行"，"特定场所"需要进一步被细化。尽管《监察法实施条例》第103条第1款规定："留置场所应当建立健全保密、消防、医疗、餐饮及安保等安全工作责任制，制定紧急突发事件处置预案，采取安全防范措施。"但是，留置场所的明确化问题依旧存在，亟须解决。《宪法》第127条第2款明确规定："监察机关办理职务违法和职务犯罪案件，应当与审判机关、检察机关、执法部门互相配合，互相制约。"应当将视野置于刑事司法的体系来看待留置措施的适用及其完善，以有效衔接刑事正当法律程序。[①]

二、监察留置的概念界定：以监察法规范为视角

（一）监察留置的规范展开

《监察法》中涉及留置的条款主要包括第22条、第29条、第41条、第43条以及第44条。其中，《监察法》第22条规定，被调查人涉嫌贪污贿赂、失职渎职等严重职务违法或者职务犯罪，监察机关已经掌握其部分违法犯罪事实及证据，仍有重要问题需要进一步调查，并有下列情形之一的，经监察机关依法审批，可以将其留置在特定场所：(1)涉及案情重大、复杂的；(2)可能逃跑、自杀的；(3)可能串供或者伪造、隐匿、毁灭证据的；(4)可能有其他妨碍调查行为的。对涉嫌行贿犯罪或者共同职务犯罪的涉案人员，监察机关可以依照前述规定采取留置措施。留置场所的设置、管理和监督依照国家有关规定执行。《监察法》第29条规定，依法应当留置的被调查人如果在逃，监察机关可以决定在本行政区域内通缉，由公安机关发布通缉令，追捕归案。通缉范围超出本行政区域的，应当报请有权决定的上级监察机关决定。《监察法》第41条规定，调查人员采取讯问、询问、留置、搜查、调取、查封、扣押、勘验检查等调查措施，均应当依照规定出示证件，出具书面通

---

① 参见胡铭：《职务犯罪留置措施衔接刑事诉讼的基本逻辑》，载《北方法学》2019年第4期。

知,由二人以上进行,形成笔录、报告等书面材料,并由相关人员签名、盖章。调查人员进行讯问以及搜查、查封、扣押等重要取证工作,应当对全过程进行录音录像,留存备查。《监察法》第43条规定,监察机关采取留置措施,应当由监察机关领导人员集体研究决定。设区的市级以下监察机关采取留置措施,应当报上一级监察机关批准。省级监察机关采取留置措施,应当报国家监察委员会备案。留置时间不得超过3个月。在特殊情况下,可以延长一次,延长时间不得超过3个月。省级以下监察机关采取留置措施的,延长留置时间应当报上一级监察机关批准。监察机关发现采取留置措施不当的,应当及时解除。监察机关采取留置措施,可以根据工作需要提请公安机关配合。公安机关应当依法予以协助。《监察法》第44条规定,对被调查人采取留置措施后,应当在24小时以内,通知被留置人员所在单位和家属,但有可能毁灭、伪造证据,干扰证人作证或者串供等有碍调查情形的除外。有碍调查的情形消失后,应当立即通知被留置人员所在单位和家属。监察机关应当保障被留置人员的饮食、休息和安全,提供医疗服务。讯问被留置人员应当合理安排讯问时间和时长,讯问笔录由被讯问人阅看后签名。被留置人员涉嫌犯罪移送司法机关后,被依法判处管制、拘役和有期徒刑的,留置一日折抵管制二日,折抵拘役、有期徒刑一日。通过《监察法》第22条、第29条、第41条、第43条以及第44条的规定,《监察法》在总体上勾勒出了监察留置的实体与程序规则,为监察人员采用监察留置措施提供了基本规范依据。

(二)监察留置的概念形塑

概念是对于某个事物的特征进行完整概括而生成的定义。研究监察留置的概念就是指出监察留置是什么。当然,我国学界并未刻意区分监察留置与留置的区别,在监察法的语境下,研究监察留置就是在述说留置。对于形成于监察法留置规范的留置概念,我国学界存在一定的争议。有人指出,留置是一种由国家监察委员会对涉嫌职务违法和职务犯罪的人做出的,期限较长的,在立案后、逮捕前能够折抵刑期的,带有羁押性质的刑事调查措施。① 有人认为,留置是监察委员会在公安机关的配合下,经法定程序运用国家暴力机器限制被调查人员人身自由,

① 参见秦前红、陈地苏:《法律汉语概念规范化——以“留置”为例》,载《湖南社会科学》2017年第6期。

进一步查明案件事实的法定刚性强制措施。① 有人坚持,留置是监察法设置的,实现控制犯罪和保障人权相均衡的监察措施。② 有人称,留置是为保障侦查活动的顺利进行,由监察委员会针对被调查人所采取的、限制其人身自由的强制措施。③ 有人主张,留置是“被调查人涉嫌贪污贿赂、失职渎职等严重职务违法或者职务犯罪,监察机关已经掌握其部分违法犯罪事实及证据,仍有重要问题需要进一步调查”,在法定情形下,监察机关经依法审批,可以将其留置在特定场所。④ 有人阐述,留置是监察机关为保障调查活动的顺利进行,依法限制或剥夺被调查人人身自由的监察强制措施。⑤ 可见,留置至少是一种强制措施,这是当前我国学界的定论。无论如何界定留置的概念,都无法否认留置的采用会给被调查人以及涉嫌行贿犯罪或者共同职务犯罪的涉案人员带来人身自由被限制的权利剥夺痛苦。

概念是“将大量彼此不同,而且本身极度复杂的生活事件,以明了的方式予以归类,用清晰易辨的要素加以描述,并赋予其法律意义上‘相同’者同样的法律效果”⑥,其包括内涵和外延两个方面,内涵是概念所反映的事物的特有属性,外延是具有概念所反映的特有属性的事物。⑦ 质言之,事物之概念应揭示该事物之内涵并包容该事物之外延。如果监察委员会没有留置权,监察机关就难以深入调查相关违法犯罪事实,可能造成事实不清,证据不确实、充分,最终阻碍审查起诉、审判的顺利进行。⑧ 留置概念的界定应当展现留置权力主体、留置目的、留置对象、留置内容以及留置性质等核心要素。其中,当前学界对于留置权的性质存在激烈争

---

① 参见马俊军、江怡:《从“两规”到“留置”——宪法视域中的国家监察法留置制度探析》,载《广东行政学院学报》2018 年第 6 期。

② 参见张咏涛:《留置措施的基本内涵与规范运行》,载《新疆师范大学学报(哲学社会科学版)》2018 年第 2 期。

③ 参见江国华、王冲:《监察委员会留置措施论析》,载《湖北社会科学》2018 年第 9 期。

④ 参见邵俊:《监察留置问题探讨》,载《犯罪研究》2019 年第 3 期。

⑤ 参见熊瑛:《留置概念研究——从留置性质的角度切入》,载《法治研究》2021 年第 1 期。

⑥ [德]卡尔·拉伦茨:《法学方法论》,陈爱娥译,商务印书馆 2003 年版,第 319 页。

⑦ 参见金岳霖主编:《形式逻辑》,人民出版社 1979 年版,第 18 页。

⑧ 参见中共中央纪律检查委员会法规室、中华人民共和国国家监察委员会法规室编写:《〈中华人民共和监察法〉释义》,中国方正出版社 2018 年版,第 135 页。

议，主要有刑事强制措施说①、党纪审查措施说②、双重权力说③、多重权力说④。综观监察体制改革前后的情况，与留置直接相关联的限制人身自由的措施主要有三项，分别是“两规”、“两指”以及逮捕，三者分别主要适用于违纪、行政违法以及刑事犯罪。所谓“两规”，是指《中国共产党纪律检查机关案件检查工作条例》第28条第3项规定的“要求有关人员在规定的时间、地点就案件所涉及的问题作出说明”。所谓“两指”，是指原《行政监察法》第20条第3项规定的“责令有违反行政纪律嫌疑的人员在指定的时间、地点就调查事项涉及的问题作出解释和说明，但是不得对其实行拘禁或者变相拘禁”。所谓逮捕，是指2018年《刑事诉讼法》第81条规定的逮捕，即2012年《刑事诉讼法》第79条规定的逮捕，因为2018年《刑事诉讼法》修正于2018年10月26日，而《监察法》通过于2018年3月20日，所以存在一些衔接上的不同之处。当适用于“严重职务违法”案件时，留置的效果类似于“两指”；当适用于“职务犯罪”案件时，留置的作用与逮捕羁押极其相似。留置并不能完全替代“两规”，“两规”的规范依据也没有被完全废除，“两规”的法治化改进还需结合《监察法》第19条规定的“谈话”“要求说明情况”等规定。从留置的渊源以及权力运作过程来看，应当坚持多重权力说，认可留置兼具党纪审查措施、行政违法强制措施和刑事强制措施的属性。当然，留置权既是一项程序性权力，也是一种《监察法》所明文规定的强制措施。

就此而言，留置的权力主体是各级监察委员会，留置的目的是保障被调查人所涉嫌的贪污贿赂、失职渎职等严重职务违法或者职务犯罪问题得到进一步调查，留置对象包括涉嫌贪污贿赂、失职渎职等严重职务违法或者职务犯罪的被调查人以及涉嫌行贿犯罪或者共同职务犯罪的涉案人员，留置性质是一种多重权力，留置内容是留置在特定场所。由此可见，所谓留置，是指监察机关调查涉嫌贪污贿赂、失职渎职等严重职务违法或者职务犯罪时，已经掌握被调查人部分违法犯罪事实及证据，仍有重要问题需要进一步调查，并且具备法定情形，经依法审批后，将被调查人或者涉嫌行贿犯罪或共同职务犯罪的涉案人员带至并留在特定场

---

① 参见张翔、赖伟能：《基本权利作为国家权力配置的消极规范——以监察制度改革试点中的留置措施为例》，载《法律科学（西北政法大学学报）》2017年第6期。

② 参见施鹏鹏：《国家监察委员会的侦查权及其限制》，载《中国法律评论》2017年第2期。

③ 参见汪海燕：《监察制度与〈刑事诉讼法〉的衔接》，载《政法论坛》2017年第6期。

④ 参见刘艳红：《程序自然法作为规则自洽的必要条件——〈监察法〉留置权运作的法治化路径》，载《华东政法大学学报》2018年第3期。

所,使其就案件所涉及的问题配合调查而采取的一项案件调查措施。

三、监察留置的适用要件甄别

监察法基本原则所确立的最基本的行为准则体现了国家监察活动的基本价值抉择以及目标追求,监察法具体规则的制定与完善必须接受监察法基本原则的指导。监察留置的适用要件需要在监察法基本原则的指导下展开。鉴于监察留置对于监察法运作的重要意义以及监察机关需要规范化的留置来完成监察调查,因此监察留置的适用要件值得进一步研究。换言之,监察留置的实施需要符合什么法定条件,亦即监察留置的适用范围、证据要件、程序要件以及情节要件值得我国监察法学界认真对待。总体而言,上述四个要件相互联系、缺一不可,必须严格掌握,只有同时具备这四个要件,才能对被调查人或涉嫌行贿犯罪或者共同职务犯罪的涉案人员采取留置措施。

(一)监察留置的适用范围要件

监察留置的适用范围是涉嫌贪污贿赂、失职渎职等的严重职务违法或者职务犯罪。由此可见,监察留置的适用范围包括:一是严重职务违法行为,从范围上而言,具体是指行使公权力的公职人员涉嫌贪污贿赂、滥用职权、玩忽职守、权力寻租、利益输送、徇私舞弊以及浪费国家资财等职务违法行为;二是严重职务犯罪行为,从范围上而言,具体是指行使公权力的公职人员涉嫌贪污贿赂、滥用职权、玩忽职守、权力寻租、利益输送、徇私舞弊以及浪费国家资财等职务犯罪行为。《监察法实施条例》第92条规定,严重职务违法,是指根据监察机关已经掌握的事实及证据,被调查人涉嫌的职务违法行为情节严重,可能被给予撤职以上政务处分。留置适用范围与监察委员会的管辖密切相关,管辖是指监察委员会对监察对象职务违法和职务犯罪行为进行监督、调查、处置的权限和分工。根据《国家监察委员会管辖规定(试行)》(国监发〔2018〕1号)的规定,监察委员会管辖六大类88个职务犯罪类案件,亦即国家监察委员会负责调查行使公权力的公职人员涉嫌贪污贿赂、滥用职权、玩忽职守、权力寻租、利益输送、徇私舞弊以及浪费国家资财等职务犯罪案件。其中,贪污贿赂犯罪案件17个罪名、滥用职权犯罪案件15个罪名、玩忽职守犯罪案件11个罪名、徇私舞弊犯罪案件15个罪名、重大责任事故犯罪案件11个罪名、其他犯罪案件19个罪名,主体都是行使公权力的国家公职人员。此外,《关于人民检察院立案侦查司法工作人员相关职务犯罪案件若干问题的规定》(高检发研字〔2018〕28号)规定对14个罪名检察机关"可以立案侦查",同时根据《国家监察委员会管辖规定(试行)》第21条第1款的规定,"在诉讼监督活动中发现的司法工作人员利用职权实施的侵犯公民权利、损害司法公正的犯罪,由人民检察院管辖更为适宜的可以由人民检察院管辖"。因此,理论上监察委员会对检察院可以立案的14个罪名也可以管辖。由于14个罪名中的"滥用职权罪"和"玩忽职守罪"在监察委员会管辖的88个罪名中也存在,所以,理论上监察委员会对88个罪名加上12个罪名共计100个罪名有管辖权。

(二)监察留置的证据要件

《监察法实施条例》第92条规定,已经掌握其部分违法犯罪事实及证据,是指同时具备有证据证明发生了违法犯罪事实、有证据证明该违法犯罪事实是被调查人实施以及证明被调查人实施违法犯罪行为的证据已经查证属实这三个条件。同时,部分违法犯罪事实,既可以是单一违法犯罪行为的事实,也可以是数个违法犯罪行为中任何一个违法犯罪行为的事实。由此可见,监察留置的证据要件包括以下三个方面:首先,有证据证明发生了违法、犯罪事实,并且该事实涉嫌贪污贿赂、失职渎职,属于监察机关依法监察的行为;其次,有证据证明该项违法犯罪事实是被调查人所为,并且所涉嫌的情节已经达到严重违法或犯罪的程度,相关证据已经查证属实;最后,虽然已经掌握部分违法犯罪事实及证据,仍有重要问题需要进一步调查。司法实践中定罪的证明标准是"事实清楚,证据确实、充分",即"排除合理怀疑",具体指证据与证据之间、证据与案件事实之间不存在矛盾或者矛盾得以合理排除,而根据证据认定案件事实的过程符合逻辑和经验法则,由证据得出的结论具有唯一性。对于职务犯罪的证明要求是"排除合理怀疑",对于职务违法的证明要求无须达到"排除合理怀疑"的程度,尽管《公职人员政务处分法》要求"事实清楚、证据确凿",但是违法与犯罪的证明标准理应不同,由此满足效率的要求。① 上述留置的证明标准应当低于"排除合理怀疑",具体应当通过逻辑以及经验法则来解释法条。此外,《监察法实施条例》第92条规定,重要问题,是指对被调查人涉嫌的职务违法或者职务犯罪,在定性处置、定罪量刑等方面有重要影响的事实、情节及证据。由此可见,"重要问题"并不是轻微影响定性处置以及定罪量刑等方面事实、情节及证据。

---

① 参见马怀德主编:《监察法学》,人民出版社2019年版,第315页。

（三）监察留置的程序要件

监察机关实施限制人身自由的留置措施，并不是随意进行的，需要在程序正义观念的指导下遵守严格的程序规范。关键点在于：一是监察机关领导人员集体研究决定；二是设区的市级以下监察机关应报上一级监察机关批准，省级监察机关应报国家监察委员会备案。对于留置决定的集体研究人员由哪些领导组成，有无法定人数的要求，《监察法》没有明确规定，并且《监察法实施条例》也没有明确规定，这值得进一步完善。目前，在决定实施留置措施时，可以由承办人提出意见，部门负责人签署，分管领导决定提交监察委员会领导研究决定。关于提请时需要的证据材料，根据《监察法》对于留置条件的规定，提请材料应当明确对被调查人采取留置措施符合哪一项标准，并提供相应的材料，以证明其符合《监察法》中规定的留置条件，如需要证明被调查人存在逃跑、自杀、串供、毁灭证据等妨碍调查的行为。

监察留置的程序要件还涉及留置的权限内容。留置的权限内容主要包括留置的审批权限、留置的期限及解除以及公安机关的协助义务这三个方面的内容。就留置的审批权限而言，第一是本级审批。具体而言，各级监察机关采取留置措施，都应当经本机关领导人员集体研究决定，而不能由调查人员自行决定，也不能由某一个或少数几个领导决定，必须经由集体决定。第二是上级审批。具体而言，市、县级监察机关决定采取留置措施，还应当报上一级监察机关批准，省级监察机关采取留置措施，应当报国家监察委员会备案。因为留置措施属于限制人身自由的强制措施，必须依据比例原则审慎决定设置何种审批权限。就留置的期限及解除而言，第一，留置期限通常不得超过 3 个月；3 个月是固定期限，不因案件变化而变化，因此不得因为掌握了新的犯罪证据而重新计算留置期限。第二，特殊情况下，可以延长一次，但延长的时间也不得超过 3 个月。第三，留置解除包括到期解除、不当解除以及衔接解除。一是到期解除，是指留置期限满 3 个月，特殊情形下满 6 个月时，无论违法犯罪事实是否调查清楚，都应当解除留置；二是不当解除，是指监察机关发现采取留置措施不当的，应当及时解除；三是衔接解除，是指对于监察机关移送起诉的已采取留置措施的案件，人民检察院应当对犯罪嫌疑人先行拘留，此时留置措施自动解除。此外，监察机关可以提请公安机关配合，公安机关应当依法予以协助，以防止相关单位或个人的阻挠，保证被留置人员的安全。留置的执行机关仍然是监察委员会，公安机关仅仅是配合或辅助机关。《监察法实施条例》第97条规定,采取留置措施时,调查人员不得少于二人,应当向被留置人员宣布《留置决定书》,告知被留置人员权利义务,要求其在《留置决定书》上签名、捺指印。被留置人员拒绝签名、捺指印的,调查人员应当在文书上记明。

(四)监察留置的情节要件

监察留置适用的情节要件需要满足以下四个条件之一:其一,涉及案情重大、复杂;其二,可能逃跑、自杀;其三,可能串供或者伪造、隐匿、毁灭证据;其四,可能有其他妨碍调查行为。以上情节要件中第二、三种情节较为容易把握,对于第四种情节的把握而言,一般从被调查人是否阻挠调查、打击监察人员以及可能继续实施违法犯罪行为等方面予以判断,《监察法实施条例》也是从这些情况进行具体把握的。目前,《监察法实施条例》第93条至第95条分别对上述第二、三、四种情节展开了细化解释,大致能够解决实践操作的问题。对于第一种情节的把握较难,何为案情重大、复杂?对于职务违法行为而言,一般应当从职务违法行为轻重,可能施加的政务处分轻重,是否存在民行交叉问题等方面予以判断;对于职务犯罪行为而言,一般应当从职务犯罪行为轻重,可能判处的刑罚轻重,是否存在民刑交叉、行刑交叉问题等方面予以判断。

此外,需要指出的是,《监察法》第22条第2款规定:"对涉嫌行贿犯罪或者共同职务犯罪的涉案人员,监察机关可以依照前款规定采取留置措施。"换言之,对于有上述法定情形且涉嫌行贿犯罪或者共同职务犯罪的涉案人员,如果不将其留置将严重影响监察机关对违法犯罪事实的进一步调查,有可能造成事实调查不清、证据收集不足,使腐败分子逃脱法律的惩治,影响调查工作的客观性、公正性,给党和国家的廉政建设和反腐败工作造成损害。因此,对涉嫌行贿犯罪或者共同职务犯罪的涉案人员,监察机关可以依照相关规定采取留置措施。

四、监察留置的问题甄别及其克服

(一)监察留置的人权保障问题及其克服

被留置人员的权利保障内容主要包括通知义务、保障措施以及折抵刑期这三个方面的内容。就通知义务而言,对被调查人采取留置措施后,除非存在有碍调查的情形,应当在24小时以内,通知被留置人员所在单位和家属,保障其知情权。《监察法》第44条第1款规定:"对被调查人采取留置措施后,应当在二十四小时以内,通知被留置人员所在单位和家属,但有可能毁灭、伪造证据,干扰证人作证或者串供等有碍调查情形的除外。有碍调查的情形消失后,应当立即通知被留置人员所在单位和家属。”值得进一步研究的是,《监察法》第 44 条第 1 款没有明文规定通知的形式、通知的内容等,基于程序正义原则的遵守,宜采用书面形式通知,并且在通知单位和家属被调查人被留置的时候,应当告知其涉嫌的违法犯罪行为。《监察法实施条例》第 98 条规定,当面通知的,由有关人员在《留置通知书》上签名。无法当面通知的,可以先以电话等方式通知,并通过邮寄、转交等方式送达《留置通知书》,要求有关人员在《留置通知书》上签名。此外,该条例第 101 条规定,延长留置时间的,应当通知被留置人员家属。可见,该条例具体规定了通知的形式以及内容,这极大地提高了人权保障原则贯彻的可操作性程度。

此外,建议留置期间经监察机关同意,被调查人家属和单位相关人员可以探视,这样可以起到协助调查的作用,也可以教育感化被调查人,促使其配合调查。就保障措施而言,其一,被留置人员的饮食、休息和安全应当得到保障。其二,讯问被留置人员时应当合理安排讯问时间和时长,一般情况下,监察机关应当在白天讯问被留置人员,如需在晚上进行讯问,时间也不宜超过夜晚 24 时。其三,讯问笔录由被讯问人阅看后签名。如果被讯问人提出异议,监察人员应作出解释。由被讯问人阅看后签名,是为了保障被讯问人的真实意愿受到保护。监察留置规范的突出亮点包括折抵刑期制度。其一,留置羁押 1 日折抵管制刑期 2 日;其二,留置羁押 1 日折抵拘役、有期徒刑刑期 1 日。以往包含“两规”“两指”措施的党规国法并未规定刑期折抵制度,但是“两规”“两指”等措施与刑事羁押具有很大的相似之处。我国《刑法》第 41 条、第 44 条以及第 47 条分别规定,判决执行以前先行羁押的,羁押 1 日折抵管制的刑期 2 日,折抵拘役、有期徒刑的刑期 1 日。《监察法》第 44 条第 3 款吸收了刑法中的刑期折抵制度,规定“被留置人员涉嫌犯罪移送司法机关后,被依法判处管制、拘役和有期徒刑的,留置一日折抵管制二日,折抵拘役、有期徒刑一日”,从实质上保障了被留置人的合法权利。由此可见,必须在刑事审判中严格贯彻这一刑期折抵制度。然而,《监察法实施条例》的突出亮点是,其在第 96 条规定,对患有严重疾病、生活不能自理的人,怀孕或者正在哺乳自己婴儿的妇女,系生活不能自理的人的唯一扶养人,不得采取留置措施,上述情形消除后,根据调查需要可以对相关人员采取留置措施。

(二)留置适用于严重职务违法行为的合理性问题及其克服

监察留置与其他法律法规的衔接具有以下三个方面的内涵。第一,监察留置与《中国共产党纪律检查机关案件检查工作条例》第28条第3项规定的“两规”不具有直接的替代关系,因为“两规”适用的是党员违纪案件,而留置适用的是公职人员“严重职务违法和职务犯罪案件”,二者只是在少部分情形上有所交叉,至少在很多党员违纪但没有达到严重职务违法程度的案件中,留置并没有发挥替代“两规”的作用。换言之,留置不能一般性地适用于违纪案件。第二,留置事实上替代的是“两指”和逮捕。第三,《监察法》第69条规定,本法实施后,《行政监察法》同时废止,“两指”的法律依据随之丧失。但“两规”却有所不同。虽然“两规”措施在实践中不断减少,但《监察法》实施之后,作为规范党员行为依据的《中国共产党纪律检查机关案件检查工作条例》依然有效。因此,留置并不能完全替代“两规”,“两规”的规范依据也没有被完全废除。如此一来,将监察留置适用于严重职务违法案件存在一些疑问。一是规则内矛盾,即对“严重职务违法与职务犯罪”案件不加区分,均适用相同的留置规则,变相增加了公职人员的责任负担。二是规则之间矛盾,即选择性吸收2012年《刑事诉讼法》的内容,造成法法衔接不畅,而2018年《刑事诉讼法》也未合理衔接。例如,《监察法》第29条规定了对在逃的留置人员可以发布通缉令以确保追捕归案,这条规定实际上吸收自2012年《刑事诉讼法》第153条(2018年《刑事诉讼法》第155条)的内容,但存在两点疑问:一方面,按照该条规定,通缉的决定权归属于监察机关,而其他在逃人员通缉的决定权和执行权都归属于公安机关,这种变化是否合理还有待商榷;另一方面,将该条与《监察法》第22条第1款相结合,可以看出“严重职务违法”和“职务犯罪”人员都可能成为该条通缉的对象。然而,2012年《刑事诉讼法》第153条(2018年《刑事诉讼法》第155条)规定的对象是犯罪人员,《监察法》将通缉对象扩展至因“严重职务违法”而应当被留置的在逃人员,也并没有实质的理据。

应当在保持现有规定不变的基础上,通过完善《监察法实施条例》或制定监察解释对留置规则进行“两分”重塑,区分“严重职务违法”与“职务犯罪”两种不同情形,并分别设置不同的留置规则,最大限度地保障规则内部协调和规则外部衔接。至于涉嫌“严重职务违法”而逃跑的行为人,虽然没有必要对其发布通缉令,但对这类人员可以在政务处分时从严把握,也能够起到合理制裁的效果,没有必要扩大通缉的范围而造成与《刑事诉讼法》衔接不畅。至于通缉的决定权,考虑到反腐权力集中的需要,比照《人民检察院刑事诉讼规则》第200条规定,即“为了查明案情,必要时经检察长批准,可以进行侦查实验。侦查实验,禁止一切足以造成危险、侮辱人格或者有伤风化的行为”,将之交由监察机关行使是妥当的。

(三)留置措施执行的合法合理性监督问题及其克服

为了实现法法衔接的目标,不仅应当及时修订完善《刑法》,而且应当及时修订完善《刑事诉讼法》,即通过对其中涉及职务犯罪监察、法律监督部分的内容进行增、改、废,使《监察法》与《刑事诉讼法》能够有效衔接。当然,也不能仅仅依靠《刑事诉讼法》的修订,《监察法》及其解释性规范也应当及时将实践问题予以解决,而《监察法实施条例》仍然具有进一步完善的必要性。就留置执行的合法合理性监督问题而言,在保持人大代表监督以及群众监督的监督力量之外,一方面,留置的外部监督者角色应当由检察机关承担,不仅因为检察机关与监察机关属于不同的单位,而且因为检察机关是我国宪法上的法律监督机关,具有监督法律实施是否合法的职责。另一方面,不同于以往的静态的结果监督,检察机关应当以动态的过程监督方式介入留置适用的过程中,当前实践中不乏检察机关提前介入留置适用之中进行监督的现象。这不仅规范了监察机关依法办案,而且使留置的适用更加合理化。法治的固有含义,是以规范公权、保障私权为目的的,因此在监察留置规则设计、解释和运用的过程中,应当合理吸收《刑事诉讼法》中相关的义务性规范与禁止性规范,以补正公权力规制的不足,同时需要考虑到保障人权的制约,建立健全留置措施的外部监督机制,塑造符合法治反腐需要的留置规则体系。

(四)留置措施执行场所的明确性问题及其克服

无疑,当前留置措施执行场所的地点选择,在全国范围内并不统一。目前的留置点多采用“双轨制”,即看守所以外设定的专门场所和看守所内的特定区域,监察机关的留置更倾向于看守所外的专门场所。在调查程序结束后,为防止出现妨害诉讼、串供等风险,移交看守所后被调查人依旧被关押在看守所的特定区域,在案件进入审查起诉阶段前,值班律师不具备介入调查的客观条件。① 由此可见,留置措施执行场所的选择并不统一,并且选择看守所的特定区域作为留置地点,事实上使值班律师难以依法履行保障犯罪嫌疑人的法律解答义务。但是,无论实践中如何选择,监察留置地点的不明确问题并未得到解决。《监察法》第 22 条第 3 款规定:“留置场所的设置、管理和监督依照国家有关规定执行。”并且《监察法实施条例》第 103 条第 1 款规定,留置场所应当建立健全保密、消防、医疗、餐饮及安

① 参见牟绿叶、张传玺:《职务犯罪调查阶段认罪认罚从宽的制度缺陷与完善路径》,载《浙江社会科学》2021 年第 8 期。

保等安全工作责任制,制定紧急突发事件处置预案,采取安全防范措施。但是,留置场所的明确化问题依旧存在,亟须解决。留置是十分重要的调查措施,留置场所的设置、管理和监督需要一套严密、细致的制度来加以规范。监察法作为国家基本法律,不可能对监察工作涉及的所有问题一一作出细化规定。相关条款为日后国家制定关于留置场所设置、管理和监督的专门规定提供了法律依据,既有利于监察机关依法履行好留置措施,又有利于依法依规保障被留置人的合法权利。[①]因此,应当及时总结实践经验,在尊重和保障人权原则的指导下,制定更为明确的实施办法。

目前,实践中存在监察委员会另外设立专门场所进行留置和在公安机关看守所进行留置这两种情况。为了实现留置场所的明确化,应当制定留置办法,进一步明确留置场所的具体规定。当然,留置场所的选择不需要"一刀切"地规定在看守所,只要能够在尊重和保障人权的前提下,有效保障监察机关履行监察调查职责,留置场所的选择完全可以更加灵活一些,只不过需要在立法上进行明确。比如,具体规定在看守所特定区域进行留置时,是否需要全程录音录像、如何具体保障被留置人的休息权等基本人权;又如,具体规定在看守所特定区域进行留置时,如何防范刑讯逼供的发生。当然,《监察法》第 41 条第 2 款规定,调查人员进行讯问以及搜查、查封、扣押等重要取证工作时,应当对全过程进行录音录像,留存备查。由此可见,根据全面依法治国的要求,在留置中进行讯问必须要对全过程进行录音录像,留存备查。当然,对更为具体的细节性活动,如被留置人的饮食等日常活动是否需要全程录音录像,仍然值得进一步研究。

五、结论

留置的规范化与法治化形塑,能够在一定程度上起到权力监督的作用,但是从留置的规范条款以及实践状态中,可以发现监察留置的一些亟须解决的问题。其一,《监察法》第 22 条规定,监察留置适用于严重职务违法或者职务犯罪案件,将监察留置适用于严重职务犯罪案件中不存在问题,但是将监察留置适用于严重职务违法案件中,却具有相当程度的合理性问题。其二,《监察法》并未规定,监察留置措施执行的合法性与合理性监督问题,亦即如何监督监察留置执行人员遵守

① 参见中共中央纪律检查委员会法规室、中华人民共和国国家监察委员会法规室编写:《〈中华人民共和国监察法〉释义》,中国方正出版社 2018 年版,第 36 页。

人权保障规则？其三,《监察法》并未规定,监察留置措施执行场所的选择标准,只是规定“经监察机关依法审批,可以将其留置在特定场所”,留置场所的设置、管理和监督“依照国家有关规定执行”,而《监察法实施条例》只是从功能上作了细化规定,但是特定场所仍然需要进一步被细化。应当将视野置于刑事司法的体系来看待留置措施的适用及其完善,以有效衔接刑事正当法律程序。留置是指监察机关调查涉嫌贪污贿赂、失职渎职等严重职务违法或者职务犯罪时,已经掌握被调查人部分违法犯罪事实及证据,仍有重要问题需要进一步调查,并且具备法定情形,经依法审批后,将被调查人或者涉嫌行贿犯罪或共同职务犯罪的涉案人员带至并留在特定场所,使其就案件所涉及的问题配合调查而采取的一项案件调查措施。监察留置的适用范围、证据要件、程序要件以及情节要件值得我国监察法学界认真对待。总体而言,上述四个要件相互联系、缺一不可,必须严格掌握,只有同时具备这四个要件,才能对被调查人或涉嫌行贿犯罪或者共同职务犯罪的涉案人员采取留置措施。应当在保持现有规定不变的基础上,通过制定实施细则或解释对留置规则进行“两分”重塑,区分“严重职务违法”与“职务犯罪”两种不同情形,并分别设置不同的留置规则,最大限度地保障规则内部协调和规则外部衔接。应当合理吸收《刑事诉讼法》中相关的义务性规范与禁止性规范,以补正公权力规制的不足,同时也要考虑到保障人权因素,建立健全留置措施的外部监督机制,塑造符合法治反腐需要的留置规则体系。为了实现留置场所的明确化,应当制定留置办法,进一步明确留置场所的具体规定。此外,监察留置的规范适用需要尊重人权保障原则。监察法使用职务犯罪调查来代替侦查,使调查行为不受刑事诉讼法的直接规制,律师也无法以刑事诉讼法为依据,不能如同在刑事诉讼侦查阶段那样为相关人员提供帮助,包括行使“申请侦查人员回避和申请复议、提供法律帮助、代理申诉和控告、申请变更强制措施、向侦查机关了解犯罪嫌疑人涉嫌的罪名和案件有关情况并提出意见、会见、通信、向犯罪嫌疑人了解案件情况、提供法律咨询”等一系列权利。根据《刑事诉讼法》第36条的规定,值班律师的设置地点包括人民法院、看守所等场所,但不包括监察机关的留置点。由此可见,被调查人难以在留置阶段咨询值班律师。被调查人一般缺乏相应的法律知识,被留置后处于孤立无援的状态,因而允许被调查人在被留置后聘请律师,以确保他具备必要的防御能力,是程序公正和人权保障的基本要求。至于如何在监察法规范中落实到实处,需要进一步展开研究。

实务探讨

关于惩治贪贿犯罪中党内法规、行政法与刑法相衔接的若干问题研究

王晓卫　郭煜华*

［摘要］　对贪污贿赂罪的惩治，以及由此延伸的对腐败现象的惩治与遏制，需要由刑法、行政法规、党内法规等不同层级、不同范畴的规范形成一个综合严密的惩防体系。本文就如何进一步完善党内法规与行政法、刑法的衔接，行政法与刑法的衔接，加强对贪污贿赂行为的惩治与防范，从法理分析出发，结合司法及纪检监察实务，以一体化思维做了一些探讨。

［关键词］　纪法衔接　法法衔接　综合治理

在对贪污贿赂罪的惩治，以及由此延伸的对腐败现象的惩治与遏制中，刑法是不可或缺的有力武器，但刑法也远非是万能的，更需要各层级规范（包括行政法规、党内法规、单位内部规章等）形成一个综合的惩防体系。2015 年 8 月，全国人大常委会通过《刑法修正案（九）》，2016 年 4 月，最高人民法院、最高人民检察院（以下简称两高）又配套出台了《关于办理贪污贿赂刑事案件适用法律若干问题的解释》（以下简称《贪污贿赂解释》）。《刑法修正案（九）》与《贪污贿赂解释》对贪污贿赂罪从犯罪构成到司法适用做了较大修正，为刑法与行政法、党内法规在对贪贿行为进行惩戒方面的衔接明确了方向、留下了空间。

在行政法律法规方面，除原有的《公务员法》《行政机关公务员处分条例》《事业单位工作人员处分暂行规定》《国有企业领导人员廉洁从业若干规定》等法律法

* 王晓卫，南京江北新区党工委委员、纪工委书记、监察工委主任，从事监察法学方向研究。郭煜华，南京江北新区纪工委监察工委办公室主任，从事刑法学、刑事诉讼法学、监察法学方向研究。

规外,2018 年 3 月伴随着国家监察体制改革而出台的《监察法》[①]以及 2020 年 7 月起施行的《公职人员政务处分法》,均在不同层面规定了对职务违法行为的惩戒措施。此外,起到与行政法类似作用的还有党内法规,尤其是 2014 年 10 月十八届四中全会通过的《关于全面推进依法治国若干重大问题决定》中,将完善的党内法规体系与完备的法律法规体系并列,作为全面推进依法治国五大体系之一,党内法规的重要性凸显。党内重要法规——《中国共产党纪律处分条例》自 2003 年颁布后 10 余年未变,却在 2015 年、2018 年连续两次做了较大幅度的修订。2016 年以后,党中央密集出台及修正了《中国共产党巡视工作条例》《中国共产党党内监督条例》《执纪工作规则》等一系列党内法规,中央纪委国家监委也于 2019 年 7 月出台了《监察机关监督执法工作规定》[②]。这些党内法规,尤其是《中国共产党纪律处分条例》,详细规定了刑事处罚、行政处罚与党纪处分间的衔接关系。

可以说,随着《刑法修正案(九)》《贪污贿赂解释》的出台、国家监察体制改革的推进,对贪污贿赂行为的刑事处罚与行政处罚、党纪处分的衔接贯通、一体打击,从之前的不成体系,几无关联,缺乏合力,逐渐向系统化、体系化方向转变。为更好地加大对腐败行为的打击与遏制,一体推进"不敢腐、不能腐、不想腐"的综合治理体系建设,本文试图就惩治贪污贿赂违法犯罪中行政法、党内法规与刑法相衔接的几个问题做一剖析,以求反腐败法律体系能够进一步完善。

一、《刑法》及司法解释中对贪污贿赂罪行政法规制与刑法规制的演进

(一)《刑法修正案(九)》出台前立法对贪污、贿赂行为的刑法处罚与行政处罚从最初的差异化向趋同一致的渐进及内在矛盾

在 1979 年《刑法》中,贪污罪设在第 5 章"侵犯财产罪"中,而受贿罪规定在第 8 章"渎职罪"中。对贪污罪的处罚,1979 年《刑法》只规定了刑事处罚,即第 155 条规定:"国家工作人员利用职务上的便利,贪污公共财物的,处五年以下有期徒刑或者拘役;数额巨大、情节严重的,处五年以上有期徒刑;情节特别严重的,处无

---

① 需要说明的是,《监察法》是一部独特的法律,不能简单地归入某个法律部类。限于本文主旨,文中不对《监察法》性质展开述评,只是鉴于该法中对监察机关职责及监察程序的部分规定具有行政法属性,在此层面将其视为行政法加以论述。另外,为避免行文的累赘,下文中将监察机关给予的政务处分和公职人员任免机关、单位给予的行政处分统称为"行政处分"。

② 监察机关成立后,因为与党的纪检机关合署办公,一套人马、两块牌子,实质上出现了一种新类型的法律规范,即党内法规与国家监察法规的合体。

期徒刑或者死刑。犯前款罪的,并处没收财产,或者判令退赔……”而对受贿罪,除法条本身规定了刑事处罚措施之外,1979 年《刑法》还规定了“行政处分”。第 185 条第 1 ~ 2 款规定,“国家工作人员利用职务上的便利,收受贿赂的,处五年以下有期徒刑或者拘役。赃款、赃物没收,公款、公物追还。犯前款罪,致使国家或者公民利益遭受严重损失的,处五年以上有期徒刑”,在该章之末,第 192 条还规定,“国家工作人员犯本章之罪,情节轻微的,可以由主管部门酌情予以行政处分”。

1988 年 1 月 21 日第六届全国人大常委会通过的《关于惩治贪污罪贿赂罪的补充规定》(已失效)(以下简称《补充规定》)这一单行刑法中,充实了对贪污罪的处罚规定。其第 2 条第 1 款第 3 项规定,“……个人贪污数额在 2000 元以上不满 5000 元,犯罪后自首、立功或者有悔改表现、积极退赃的,可以减轻处罚,或者免予刑事处罚,由其所在单位或者上级主管机关给予行政处分”;第 4 项规定,“个人贪污数额不满 2000 元……情节较轻的,由其所在单位或者上级主管机关酌情给予行政处分”。对受贿罪的处罚,则是“根据受贿所得数额及情节,依照本规定第二条的规定处罚”,这意味着上文所引对贪污罪的处罚中的行政处分规定同样可适用于受贿罪中。在《补充规定》中,已出现将贪污罪与贿赂罪同等考量、同等处罚的态势。

1997 年《刑法》中,除个别字词外,总则部分第 37 条,基本保留了 1979 年《刑法》第 32 条的内容①;在分则中正式将贪污贿赂类犯罪合并为第 8 章“贪污贿赂罪”。第 383 条关于贪污罪与受贿罪的处罚规定中,除数额调整外,对于刑事处罚与行政处分的衔接,基本沿用了《补充规定》的内容。

细察刑法中对贪污贿赂罪刑事处罚与行政处分的规定,会引发人们一系列的发问:其一,如果贪污贿赂罪可以规定行政处分,挪用公款罪可不可以规定行政处分?对犯行贿罪、介绍贿赂罪的国家工作人员,单位受贿罪和私分国有资产罪中的主管人员和直接责任人员可不可以规定行政处分?② 其二,如果贪污贿赂罪一章中可以规定行政处分,渎职罪一章中可不可以规定?③ 其三,如果可以规定行政

---

① 1997 年《刑法》中,将“刑事处分”改为“刑事处罚”;在“由主管部门予以行政处分”中增加一项行政处罚,变为“由主管部门予以行政处罚或者行政处分”。

② 从刑罚设置上看,挪用公款罪及所列其他各罪的危害性及危害后果较贪污贿赂罪为轻。如果贪污贿赂罪情节较轻的可以施之以行政处分,从逻辑上说,为何同章其他罪名情节较轻者不可受之呢?

③ 逻辑同上,渎职罪的处罚较贪污贿赂罪为轻,且司法实践中渎职犯罪的轻缓化处理也远甚于贪污贿赂罪,但渎职罪一章中均未有关于行政处分的规定。

处分,可不可以在刑法中规定行政处罚?[①] 以上总括起来直指一个问题,即是否需要在刑法中规定对犯罪行为的行政处分?笔者的意见是否。1997 年《刑法》第 383 条规定的对贪污贿赂罪的处罚,其前置条件是已构成贪污、贿赂罪(法律文本用语为"对犯贪污罪的,根据情节轻重,分别依照下列规定处罚"),而在具体处罚措施中又直接规定了由单位或主管机关给予行政处分。在刑法条文中规定对犯罪行为的行政处分,在逻辑上难以自洽,在实践中也会引发困惑。

(二)《刑法修正案(九)》及《贪污贿赂解释》的规定理顺了对贪污贿赂行为的党纪处分、行政处分和刑事处罚的逻辑关系

《刑法修正案(九)》对贪污贿赂罪做了较大修改、调整,除修改贪污受贿犯罪的定罪量刑标准(由绝对数额犯改为数额加情节)、加大对行贿犯罪的处罚力度、严密惩治行贿犯罪的法网外,还直接删除了处罚规定中的给予行政处分内容。虽然我们从已公开的全国人大法工委《关于〈中华人民共和国刑法修正案(九)(草案)〉的说明》中未看到对为何删除该方面内容的解释,但这一调整显然顺应刑法的内在逻辑,是恰当的。

有意思的是,在 2016 年 4 月 18 日两高联合发布的《贪污贿赂解释》中,又出现了贪污贿赂罪与行政处分的关联,只不过这次两者间的关系出现了颠倒。以往立法规范中,是在对贪污贿赂罪构成要件、处罚标准作出规定之余,又规定对免予刑事处罚的或情节较轻的可以由所在单位或主管机关给予行政处分,但在司法实践中,两高无论是在单独还是在联合制发的关于办理贪污贿赂罪的司法解释中,对如何将刑事处罚与行政处分相衔接,几乎未置一词。[②] 而《贪污贿赂解释》中,则首次将行政处分置于刑事处罚之前,该解释第 1 条第 2 款中规定,将曾因贪污、受贿受过党纪、行政处分的情形列为根据《刑法修正案(九)》修改后的《刑法》第 383 条第 1 款中的"其他较重情节",只要贪污、受贿数额在一万元以上,即可入罪(一般情况下数额需在三万元以上方达入罪门槛)。该规定理顺了贪污贿赂行为

① 行政处分与行政处罚是种属概念,行政处罚的外延更广。行政处分只能适用于国家工作人员,而 1997 年《刑法》第 8 章"贪污贿赂罪"中所规定的犯罪主体并非仅限于国家工作人员,最典型的即行贿罪主体。

② 唯一例外或是最高人民检察院的《人民检察院刑事诉讼规则(试行)》,其中第 409 条规定了对被不起诉人需要给予行政处分的,人民检察院应当提出检察意见,连同不起诉决定书一并移送有关主管机关处理,并要求有关主管机关及时通报处理情况。而这规定多半也是基于 2012 年《刑事诉讼法》第 173 条中作了类似规定。2019 年《人民检察院刑事诉讼规则》基本沿用了前述表述。

违纪、违法及犯罪之间的轻重关系，以及党纪处分、行政处分与刑事处罚间的先后次序，体现出对中共党员、公职人员党纪、政纪严于国法的要求，也是对社会上质疑《贪污贿赂解释》是否放松了对贪腐行为的打击力度声音的回应，更是对潜在腐败分子的震慑。虽然入罪有数额门槛，但违纪违法并无数额要求，理论上来说哪怕是贪污、受贿一分钱，也可以依纪依规对行为人给予党纪或行政处分。一旦有处分在身，则本身又成为一项加重情节。如此，形成了对贪腐分子惩治上的全链条覆盖。

(三)进一步完善不起诉及免予刑事处罚与行政处分的衔接

曾因贪污贿赂行为而受过党纪、行政处分的，在实践中，如果后续又有贪污、贿赂行为，达到降低后的入罪门槛的，监察委员会自然会依法留置，按涉嫌职务犯罪开展调查；此前的违纪、违法行为也自然作为相应加重情节的证据入卷，接受后续程序中检察院的审查和法院的开庭审理。这种由轻到重、自前往后的处理符合事物发展一般规律，但实践中还存在另一种由重到轻、由后往前的情况，这就是对因贪污贿赂行为被不起诉或被判免予刑事处罚的公职人员(党员)给予相应党纪或行政处分的问题，虽然现行法律规范中也作了相应规定，但从重视程度及程序规范上说，还需进一步完善。

不起诉是《刑事诉讼法》赋予检察机关的法定职权。司法实践中通常将不起诉分为绝对不起诉、存疑不起诉和相对不起诉。本文中的不起诉与行政法衔接问题中涉及的是相对不起诉，其所针对的对象即《刑事诉讼法》第 177 条第 2 款所规定的“犯罪情节轻微，依照刑法规定不需要判处刑罚或者免除处罚”的行为。相对不起诉的前提是犯罪嫌疑人已构成犯罪，根据《刑事诉讼法》第 177 条第 3 款的规定，“人民检察院决定不起诉的案件……对被不起诉人需要给予行政处罚、处分或者需要没收其违法所得的，人民检察院应当提出检察意见，移送有关主管机关处理。有关主管机关应当将处理结果及时通知人民检察院”。

无论是《刑法修正案(九)》前《刑法》条文中直接规定了对情节较轻，客观上未受刑事处罚的贪贿行为应给予行政处分，还是《刑法修正案(九)》删除了此规定，及至《贪污贿赂解释》明确了党纪处分、行政处分与犯罪间的关系。从客观实际出发，有必要规定一个司法处罚与行政处分的衔接程序。因为刑法是惩治腐败与职务犯罪的最后也是最严厉的武器，如果行为人的贪污贿赂行为按照刑法规定符合犯罪构成要件，那么前提是他一定已触犯了相应的政纪或党纪，是故亦可表述为凡应受刑事处罚者,必当受行政处分或党纪处分。由于刑事处罚和行政处分、党纪处分系不同的惩戒体系,其惩戒内容、后果均不相同,因此并不违反“一事不二罚”的原则。无论是《中国共产党纪律处分条例》还是《公职人员政务处分法》中,也都规定了因犯罪情节轻微,被检察院不起诉或被法院免予刑事处罚的,均应受到相应处分。

实践中存在的问题是,虽然《刑事诉讼法》和《人民检察院刑事诉讼规则》对不起诉与行政处分衔接作了规定,但缺乏刚性手段,可操作性不强。其一,两个规范性文件中都规定,对被不起诉人需要给予处分的,检察院才应当提出建议,何谓需要,何谓不需要,如何把握判断?其二,两个规范性文件中都规定如需给予行政处分,应移送有关主管机关处理,何谓有关主管机关?《刑法》条文中规定的给予行政处分的主体是行为人所在单位或上级主管机关,但在司法实践中,如果移送这两个机关,则或互相推诿,或称无处分权限,或称不归自己管理,甚或不予理睬,而检察机关又并无法律依据可以强制要求某一机关收下检察意见。如此,后文所谓有关主管机关应当将处理结果及时通知检察院更无从谈起。基于以上因素,现实中,部分办案部门往往持多一事不如少一事的心态,做出不起诉决定就了事,不再劳心费力地去研究该给予什么处分,该向哪个机关移送。此举客观上放纵了贪污贿赂行为人,不利于对其进行特殊预防,也不利于教育其所在单位的其他工作人员。《贪污贿赂解释》实施后,还可能出现司法缺乏衡平性情况。例如,同样状况的案件,甲被认真执行要求,发意见,给处分,乙则相反,若甲乙二人事后又均再有相同贪贿行为,则甲可能因曾受处分而入罪,乙则出罪,造成司法不公。

笔者认为,为理顺关系,应当在《刑事诉讼法》或相关司法解释中明确规定,凡检察机关做出相对不起诉决定的,必须向对被不起诉人具有管辖权的纪检监察机关发送检察意见,明确提出要求,由该纪检监察机关对被不起诉人给予相应党纪或行政处分,并在规定期限内将处分决定抄送检察机关。与之相对应,应同步修改《中国共产党纪律处分条例》和《公职人员政务处分法》,在其中写明处理司法机关移送的要求给予行政处分意见的程序。因为虽然对行为人具备管理权限的单位也可以对其给予相应处分,但具有管辖权的纪委监委或其派出、派驻机构同样有权给予相应处分。从工作沟通的便利、易协调角度,以及强化纪委监委监督职能角度来看,宜明确规定统一移送给纪检监察机关。

与此同时，尽管贪污贿赂罪犯罪嫌疑人被法院判处免予刑事处罚的数量在实践中应是远远少于被检察机关相对不起诉的，但这不意味着法院就无此需求与责任。笔者认为，在《最高人民法院关于适用〈中华人民共和国刑事诉讼法〉的解释》中，应比照前文所述，作出相对应的规定。

二、对贿赂犯罪的一点思考

(一)进一步放宽对受贿行为由行政处分到刑事处罚的条件

1997年《刑法》将贪污与受贿犯罪归入一章，且设置了完全一致的处罚内容。自此以后，历次的修正案及司法解释在涉及处罚规定时都是将两罪同等考量，包括《贪污贿赂解释》。但客观上，贪污与受贿两罪在对客体的侵犯、社会危害性的程度方面，仍是有所不同的。虽然两罪均利用了职务便利，都侵犯了职务的廉洁性，但贪污罪的危害性大小通过其贪污数额的多寡可以较为直观地反映出来；而受贿罪本质特征是权钱交易，且受贿行为多伴随着渎职行为，其对社会利益及民心向背造成的损害要比贪污重。从预防职务犯罪角度而言，如果一个单位有着严格的财务管理制度并认真执行的话，贪污得手的概率较小，犯罪动机的发生概率也较小；而受贿远非靠单位内部管理制度能够控制，更多还是权力的滥用、人性中贪欲的体现，预防成本远高于贪污。从检察机关和监察机关查处实践看，其也一直是将受贿罪作为打击的重点，受贿罪在职务犯罪总数中占比也远高于贪污罪。而受贿罪之所以成为重点，显然与它的危害性及易发高发性相关。

有鉴于此，在对贪污与受贿罪的打击上，不妨考虑加重对受贿罪的处罚力度，或者说降低受贿罪的入罪门槛，以体现出刑法的规制作用。《贪污贿赂解释》中虽将曾因贪污、受贿受过行政处分的情形列为根据《刑法修正案(九)》修改后的《刑法》第383条第1款中的“其他较重情节”，但仍是贪污、受贿并举，且入罪数额也一样，都是一万元以上不满三万元。笔者建议，应进一步放宽对受贿行为由行政处分到刑事处罚的条件，即只要曾因受贿行为受过行政处分，有再犯的，不设置数额标准，直接入罪。当然，如果数额在一万元以下的，可以在刑罚配置上加以一定限制，比如说在自由刑方面，处一年以下有期徒刑或拘役。诚如先贤贝卡里亚所说，“对于犯罪最强有力的约束力量不是刑罚的严酷性，而是刑罚的必定性……即使刑罚是有节制的，它的确定性也比联系着一线不受处罚希望的可怕刑罚所造成的恐惧更令人印象深刻”。

(二)完善对行贿行为由行政处罚到刑事处罚的制度设计

《贪污贿赂解释》中虽将贪污、受贿的曾受行政处分列为入罪情节,但遗憾的是,对行贿犯罪的打击在思维上仍未有所突破。近年来从立法机关到司法机关,对行贿犯罪打击的力度不可谓不大,但由于立法上行贿罪构成要件中谋取不正当利益与受贿罪中为他人谋取利益的不对称,以及对不正当利益证明的难度,客观上造成对行贿犯罪的打击远逊于受贿犯罪,与社会公众加大对行贿行为的打击力度的普遍呼吁形成较大落差。《贪污贿赂解释》中对行贿行为入罪的情节规定也仍陷于单纯刑法思维的窠臼,未能将行政法规、党内法规与刑法统筹考虑,从而加强对行贿行为打击的力度。"天下熙熙,皆为利来;天下攘攘,皆为利往",行贿人之所以行贿,无非是想舍小本以逐大利,因此对行贿行为的打击就应该从图利性入手,综合施治。笔者建议可从以下几个角度加以完善:

其一,从行政法角度相衔接。根据2021年修订后的《行政处罚法》规定,行政处罚的种类分为:(1)警告、通报批评;(2)罚款、没收违法所得、没收非法财物;(3)暂扣许可证件、降低资质等级、吊销许可证件;(4)限制开展生产经营活动、责令停产停业、责令关闭、限制从业;(5)行政拘留;(6)法律、行政法规规定的其他行政处罚。对第(6)项所称的其他行政处罚,该法中是如此规定的,行政法规可以设定除限制人身自由以外的行政处罚(第11条)、地方性法规可以设定除限制人身自由、吊销企业营业执照以外的行政处罚(第12条)。当然,如果法律或行政法规对违法行为已经作出行政处罚规定的,行政法规及地方性法规只能在法律、行政法规规定的给予行政处罚的行为、种类和幅度的范围内作具体规定。

可以考虑在国务院制定的行政法规和地方性法规中明确对在市场经营活动中发生的行贿行为(无论是单位还是个人)设定行政处罚(2021年《行政处罚法》新增了降低资质等级、限制开展生产经营活动、责令关闭、限制从业等处罚措施。这些都是可以直接施加于行贿人及其所实际控制的企业的),在《刑法》或刑法解释中增加对应解释,将曾受过行政处罚的情形亦作为入罪情节或加重情节。譬如,在监察机关调查案件过程中,可能发现行贿人未谋取不正当利益或认定其谋取不正当利益的证据不足,但有充分证据证明其的确实施了行贿行为;或在法院审判过程中认定行贿人构成行贿罪证据不足,但能够认定其实施了行贿行为。在这种情况下,除非行贿人系被索贿,否则只要是主动行贿行为,司法机关和监察机关均应当在作出司法裁定后(无论是检察机关的相对不起诉,还是审判机关的裁定),将未做犯罪认定的行贿事实部分移送有管辖权的行政执法机关,由其依据行政法规或地方性法规对行贿人科以行政处罚。如果在一定期限内,行贿人再次实施行贿行为,则无须证明谋取利益是否正当,其前次因行贿行为受到行政处罚的事实即可直接作为入罪情节。

其二,从党内法规角度相衔接。如果从行贿人是否具有党员或公职人员身份角度来区分,实际上可分为六类:党员公职人员、党外[①]公职人员、非党公职人员以及相对应的党员非公职人员、党外非公职人员、非党非公职人员。对具备公职人员身份的行贿人,无论是否具备党员身份,均可类比上文适用《公职人员政务处分法》[②]给予其相应行政处分或政务处分(亦是行政处罚)。对于纯粹只具有党员身份的行贿人,只要确认行贿事实存在,亦应给予其相应的党纪处分。此外,比照《贪污贿赂解释》中对贪污、受贿罪入罪门槛的降低,在今后的司法解释中亦应将因行贿行为受到过党纪或行政处分作为行贿罪的加重情节,并相应降低入罪标准。

三、对强化纪法衔接,综合治理贪贿行为的拓展思考

(一)加强对贪污贿赂犯罪财产刑执行中行政执法手段的运用

《刑法修正案(九)》在完善对贪贿犯罪的财产处罚方面做了进一步的努力,1997 年《刑法》中对贪贿犯罪只有判 10 年有期徒刑以上刑罚的,才可以并处没收财产。《刑法修正案(九)》增加为只要定罪,即并处财产刑——3 年有期徒刑以下是并处罚金(10 万元以上 50 万元以下),3 年至 10 年有期徒刑是 20 万元以上犯罪数额二倍以下罚金或没收财产,10 年有期徒刑以上的是 50 万元以上犯罪数额二倍以下罚金或没收财产;同时,完善了对行贿犯罪的财产刑规定。

但是,对贪贿犯罪财产刑的执行,一直是法院刑事执行中的老大难问题。如果被告人或其家属不配合,司法机关往往面临着查清难、追赃难的局面。尤其是对已服刑,或已刑满释放的人员,如果其财产刑尚未执行完毕,继续追缴的难度就更大。解决此问题的思路可以借鉴法院对民事执行失信人的惩戒措施。法院通过与多个行政执法部门信息共享,形成合力的方式,对民事执行失信人(俗称的

---

① 此处的“党外”人员特指除中共以外的其他民主党派及无党派人士。

② 《公职人员政务处分法》第 33 条规定,有贪污贿赂行为的,予以警告、记过或者记大过;情节较重的,予以降级或者撤职;情节严重的,予以开除。

“老赖”)采取了披露失信人自然信息,限制其出境、高消费等举措,对其正常民事权利做了一些限制,以促使其主动履行法律义务。这实际上就是利用行政法的规制来促进民法典、民事诉讼法目标价值的实现。从逻辑上说,刑事罪犯不履行缴纳罚金的义务,其严重性要远大于民事判决当事人不履行义务,因此对其的惩戒措施与力度也可大于、强于对民事执行失信人的,让其处处受限,以促使其履行义务。同时,这种进一步抬高其犯罪成本的方式也可以有效地警醒、教育未犯者,起到一般预防的吓阻作用。

(二)在社会治理中加强对贪污贿赂犯罪的信息披露

同样以行贿犯罪为例,自 2001 年起,从地方基层检察院发轫,逐渐形成了自上而下的四级检察机关行贿犯罪档案查询系统。该系统的建设与运用,在惩治与预防行贿犯罪方面发挥了积极的作用,在越来越多的地方和行业,尤其是在招投标领域,成为事实上的市场准入门槛。随着时间的推移,社会上企业、公民乃至行政管理部门对社会诚信体系建设的重要性认识越来越深,行贿犯罪档案查询系统作用的发挥也有进一步调整的必要。

在当时模式下,行贿犯罪档案查询系统完全是在检察系统内部封闭运行的,与行政机关积极推进的社会征信系统建设相隔离,且查询的门槛多由招标方或政府部门设定,大量企业及个人为参与某项经济活动或社会活动,需到检察机关进行查询,以证明自己无行贿犯罪记录。客观上来说,这实际起到了一个前置行政许可的作用,况且即便需要此项证明,也应当由审查方履行责任,而非转嫁给被审查方。而且对有行贿犯罪记录的单位或个人,其权利限制期限长达 10 年,远远超出刑法对职业禁止、资格限制规定的年限(5 年)。

自 2018 年推进监察体制改革以来,检察机关原职务犯罪侦查与预防职能由新设立的各级监察委员会承接下来,但是行贿档案查询工作不在其中,检察机关也未再继续此项工作,因此,行贿档案查询实质上被废止。但是,如前文所述,随着时间的推移,社会上企业、公民乃至行政管理部门对社会诚信体系建设的重要性认识越来越深,对行贿犯罪档案查询系统的需求是客观存在的,甚至越来越强。

笔者认为,有必要科学甄别检察时代职务犯罪惩防工作的利弊得失,建立行贿档案查询系统,无论是司法认定的行贿犯罪,还是受到党政纪处罚的行贿行为,均应录入该系统。如果希望将行贿档案查询系统作用发挥至最大化,最便捷高效的做法就是将其纳入社会征信系统。审判机关在判决后公开裁判文书的同时,同步将行贿犯罪认定的事实及行为人自然情况提供给社会征信系统；对于不构成行贿犯罪的行贿行为，通过法律或法规对实施行政处罚的机关和纪检机关规定公开义务，由其负责提供给社会征信系统。社会征信系统应当通过网络技术向社会公开，同时对各类失信行为设置不同的权利限制期限，这样，各社会主体可以根据自己需要，随时、便捷地查询相关信息。

此外，根据《刑法修正案（九）》，1997 年《刑法》在总则部分第 37 条后增加了第 37 条之一，即“因利用职业便利实施犯罪，或者实施违背职业要求的特定义务的犯罪被判处刑罚的，人民法院可以根据犯罪情况和预防再犯罪的需要，禁止其自刑罚执行完毕之日或者假释之日起从事相关职业，期限为三年至五年。被禁止从事相关职业的人违反人民法院依照前款规定作出的决定的，由公安机关依法给予处罚；情节严重的，依照本法第三百一十三条的规定定罪处罚。其他法律、行政法规对其从事相关职业另有禁止或者限制性规定的，从其规定”。该条虽至目前在实践中的应用有限，但其价值绝不可忽视，在对职务犯罪的惩处中可以发挥巨大作用。同行贿行为一样，如果被法院作出了禁业决定，包括贪污贿赂罪的判决信息，同样应向社会公开，通过社会力量来加以监督。

笔者希望，通过纪检机关统筹协调，在党的统一领导下，整合刑事司法部门与行政执法部门、纪检监察机关在刑法与行政法、党内法规之间的配合、衔接，综合运用法律、经济、信用等多种手段，更加有效地一体推进不敢腐、不能腐、不想腐，使国家反腐败大业更见成效。

律师介入留置程序问题研究

刘 建 丁 雪*

[摘要] 《监察法》将过去纪检部门实施的“双规”转换为“留置”,“留置”虽属于限制监察对象人身自由的强制措施,但并不属于“刑事诉讼”程序范畴,并不适用《刑事诉讼法》的相关规定。因此,在“留置”阶段,律师无法以刑事诉讼中的辩护人身份介入案件。《监察法》《监察法实施条例》均未就律师介入留置程序问题进行规定,其主要考量可能是律师在此阶段介入,既不利于案件保密,也会增加诸多因律师介入而产生的程序性工作,整体上影响案件查处工作。律师介入留置程序确实存在此类风险,但从程序规范、制约权力、尊重和保障人权、节约法治资源与公正统一角度进行价值衡量,此问题仍有讨论空间,律师介入留置程序的机制设计具有一定的可行性。

[关键词] 律师 监察留置 程序介入 机制

一、问题的提出

以《监察法》实施为标志,我国监察体制进入了新的运行阶段,监察法治化成为监察工作的主题,其中一项重要的标志就是“留置”取代“双规”。《监察法》赋予了监察机关在调查阶段采取留置措施的权力,“留置”由过去纪检部门实施的“双规”转换而来,“双规”在法律法规层面最早见于 1990 年 12 月 9 日国务院颁发的《行政监察条例》(已失效),其中第 21 条第 5 项规定:监察机关在案件调查中有权“责令有关人员在规定的时间、地点就监察事项涉及的问题作出解释和说明”。

---

* 刘建,西南政法大学硕士生导师,高级经济师。丁雪,西南政法大学硕士研究生。

同时1994年中国共产党发布的《中国共产党纪律检查机关案件检查工作条例》第28条第3项也作出了相关规定,“要求有关人员在规定的时间、地点就案件所涉及的问题作出说明”。至此,“双规”作为一项调查措施由行政监察办案程序拓展至党的纪检办案程序。[①] 1997年5月9日,全国人大常委会通过了《行政监察法》(已失效),取代了《行政监察条例》,规定行政监察机构有权“责令有违反行政纪律嫌疑的人员在指定的时间、地点就调查事项涉及的问题作出解释和说明”。由于纪检机构与行政监察机构实行合署办公,所以党内的“双规”与行政监察机构的“双指”其实是同一种调查措施。[②] 在我国反腐活动中,“双规”被称为反腐利器,在顺利查处有关职务犯罪案件方面发挥重要作用。首先,“双规”作为一种非正式程序调查措施,时间上具有充足的保证,客观上为查办重大职务案件提供了便利,弥补了检察机关侦查力度的不足。[③] 其次,“双规”有利于收集证据、排除外界干扰。由于“双规”期间律师无权介入,涉案人员无法得知案件调查进程,办案人员可利用信息不对称对被调查人从政治上、心理上、证据上进行突破,及时查清案件事实。[④] 但与此同时,因“双规”有限制人身自由的强制性之实,但却不具备相应法律措施之形,游离在法律调整范围之外而引发一定争议。

《监察法》用“留置”取代“双规”,是监察工作法治化的重要体现。《监察法》对留置措施的启动程序、时限、人身保障及折抵刑期等相关内容均作出了较为详细的规定,然而,对于留置措施实施期间,律师是否可以介入及介入条件等问题,《监察法》与《监察法实施条例》中均未涉及。作为法律共同体的重要成员,根据《律师法》的规定,律师在维护当事人合法权益,维护法律正确实施,维护社会公平和正义方面发挥着重要作用。“留置”阶段律师可否介入案件、如何介入一直是理论与实务界高度关注的话题。认为律师不宜在“留置”阶段介入案件的理由是适用留置程序的案件具有特殊性,律师介入既不利于案件保密,也会增加诸多因律师介入而产生的程序性工作,整体上影响案件查处工作,这种观点最终为《监察法》所采纳。本文认为,当反腐成为常态后,对律师是否能介入留置程序的问题可

---

① 参见郭华:《监察委员会留置措施的立法思考与建议》,载《法治研究》2017年第6期。

② 参见陈瑞华:《论国家监察权的性质》,载《比较法研究》2019年第1期。

③ 参见李世锋:《用留置取代两规是法治反腐的转型》,载《新疆师范大学学报(哲学社会科学版)》2018年第2期。

④ 参见李世锋:《用留置取代两规是法治反腐的转型》,载《新疆师范大学学报(哲学社会科学版)》2018年第2期。

以进一步讨论。对诸如律师不宜介入留置的理由是否充分,律师在留置过程中是否有发挥其功能助力反腐法治的可行性和必要性,法治反腐框架下在机制上如何设计律师的角色定位等问题可以进一步展开研究。

二、禁止律师介入留置程序的主要考量

《律师法》第2条规定,律师根据委托或指定为当事人提供法律服务,即律师身份为法律服务者,扮演的角色具体可分为法律顾问、诉讼或非诉讼法律事务代理人、辩护人三种,主要作用在于维护当事人合法权益,维护法律正确实施以及维护社会公平和正义。《现代汉语词典》对"介入"的解释为"插进两者之间干预其事"①。综合两者对于"律师介入"可以认定为,律师参与诉讼或非诉程序,为当事人提供法律服务。针对"律师介入"讨论最多的是刑事诉讼活动中律师的介入问题,1979年制定的《刑事诉讼法》规定律师只能在法庭审理阶段作为辩护人介入,1996年修改《刑事诉讼法》时允许律师在侦查阶段以法律帮助者的身份为犯罪嫌疑人提供法律帮助,2012年再次修改《刑事诉讼法》时赋予了侦查阶段的律师辩护人身份②,即在侦查阶段,自犯罪嫌疑人被侦查机关第一次讯问或采取强制措施之日起,律师接受其委托,以辩护人的身份介入案件。而广义的刑事诉讼程序包括侦查活动,故犯罪嫌疑人被刑事拘留、批准逮捕之前也属于广义的刑事诉讼程序范畴,但这些阶段并不允许律师介入,其主要考量应是案件初步侦查时期侦查机关调查取证、固定证据的需要。

纵观《刑事诉讼法》的修改历程,刑事诉讼"律师介入"是指律师以辩护人或者帮助者的身份参加刑事诉讼活动,为犯罪嫌疑人或被告提供法律帮助。由于留置措施在限制人身自由方面与刑事诉讼强制措施有相似性,且在整个诉讼中的位置与刑事侦查相当,因此可以借鉴《刑事诉讼法》中对于律师介入的有关规定,对于监察机关留置程序中的"律师介入"可以理解为:律师以某种身份参与留置程序,为被留置人提供法律帮助。《监察法》从诞生到现在时间仅有三年,与此同时,《监察法实施条例》于2021年9月20日才正式施行,留置制度作为一项新制度,

---

① 中国社会科学院语言研究所词典编辑室编:《现代汉语词典》(第5版),商务印书馆2005年版,第702页。

② 参见《刑事诉讼法》(2012年修正)第33条规定,犯罪嫌疑人自被侦查机关第一次讯问或者采取强制措施之日起,有权委托辩护人;在侦查期间,只能委托律师作为辩护人。被告人有权随时委托辩护人。

对律师介入留置程序抱有谨慎的态度具有合理性。故笔者在此从实践阻碍角度出发就《监察法》与《监察法实施条例》中均未涉及此问题的考量因素进行梳理。

（一）职务违法犯罪案件的特殊性

禁止律师介入监察留置过程与职务违法犯罪案件自身具备的特殊性具有密切的联系。职务违法犯罪案件的特殊性主要表现为以下几个方面：首先，职务违法犯罪案件主体具有特殊性。根据最高人民检察院2018年工作报告，2017年全国检察院立案侦查职务犯罪人数高达254,419人，其中，涉嫌职务犯罪的县处级国家工作人员15,234人、厅局级2405人。[①] 一般来讲，此类主体具有较高的学历和智商，社会关系错综复杂，反侦查能力以及犯罪预谋性要强于一般的违法犯罪主体。

其次，职务违法犯罪案件手段具有隐蔽性。自监察委员会成立以来，仅2018年至2019年，全国检察机关共受理各级监委移送职务犯罪40,326人，其中2018年受理16,092人，2019年受理24,234人。从案件类型来看，贪污贿赂犯罪是主要职务犯罪类型，占比超过80%，渎职侵权类犯罪占比10%左右。[②] 就贪污贿赂犯罪案件而言，其通常是在没有第三人的情况下实施的，几乎没有传统意义上的犯罪现场，通常直接或者间接利用其职务上的便利条件，以合法的手段掩盖其非法目的。而且行贿方与受贿方事前可能就达成一致说词，供述的内容也如出一辙，行贿与受贿方式不断翻新，交易过程更加隐蔽。[③]

最后，贪污贿赂违法犯罪案件具有集体性、系统性的特点。例如，2019年11月以来，经中央纪委国家监委批准，中央纪委国家监委驻中国银保监会纪检监察组会同内蒙古自治区纪委监委查处了原内蒙古银监局系列监管腐败案。集体性和系统性是原内蒙古银监局腐败案的重要特征。[④] 在这类案件中，腐败涉案人员

---

① 参见曹建明：《最高人民检察院工作报告——2018年3月9日在第十三届全国人民代表大会第一次会议上》，载最高人民检察院官网，https://www.spp.gov.cn/spp/gzbg/201803/t20180325_372171.shtml。

② 参见《最高检：2018－2019两年共受理监委移送案件4万余件》，载央视网，http://m.news.cctv.com/2020/07/21/ARTIfzkMf61H0Pqr6Cyzv4zs200721.shtml。

③ 参见郭鑫：《职务犯罪案件特征分析及审讯策略研究》，载《中国检察官》2017年第12期。

④ 参见《严查原内蒙古银监局系列监管腐败案：铲除监管内鬼　守护金融安全》，载中央纪委国家监委网站，https://www.ccdi.gov.cn/toutiao/202105/t20210525_242499.html。

多,涉及范围广,其中有主动参与的,也有甘于被“围猎”的,集体腐败滥权。他们彼此间相互贪污行贿、滥用职权、纵容违法、互利共存,进而形成利益共同体,组成犯罪团伙,在监察机关调查时进行阻挠反对,增加调查的难度。

上述三个特点给实务中职务违法犯罪案件的调查工作带来了一定的难度。首先是问题线索的发现问题,通常情况下,职务违法犯罪问题线索来源主要有以下方面:群众信访举报、纪检机关监督执纪过程中发现的问题线索、巡视组移交的违纪问题线索、其他单位移交的问题线索,其中群众信访举报占比最大。2020 年全年,全国纪检监察机关共接收信访举报 322.9 万件次。[①] 这类问题线索往往在质量上会存在问题线索不明确等问题,因此职务违法犯罪案件可靠的问题线索主要来自上级交办和自行发现,但是由于职务违法犯罪的特殊性,监察机关发现可靠的问题线索具有一定的难度。其次是调查取证的问题,职务违法犯罪案件容易形成犯罪链条,涉案人员之间利益关系密切,往往事先串通,阻挠监察机关的调查活动。除此之外,若职务违法犯罪案件中的知情人与职务违法犯罪分子同属于一个工作单位或者是其亲属,基于种种缘由其往往会不愿意作证或者消极作证,这就为监察机关调查取证增加难度。

(二)监察立法价值取向侧重惩治和预防腐败

《监察法》立法就惩治腐败和保障人权而言,其侧重点在前者,主要表现在以下三个方面。第一,“深入开展反腐败工作”是《监察法》立法目的之一。《监察法》第 1 条规定,“为了深化国家监察体制改革……深入开展反腐败工作……根据宪法,制定本法”,即通过各级监察委员会与同级纪委合署办公的模式,根据监察法的规定对行使公权力的公职人员进行监督,调查公职人员的职务违法和职务犯罪行为,开展廉政建设和反腐败工作,形成工作合力,推进标本兼治,实现反腐败斗争的胜利。第二,严厉惩治腐败是监察工作方针之一。《监察法》第 6 条规定,“国家监察工作坚持标本兼治、综合治理,强化监督问责,严厉惩治腐败……构建不敢腐、不能腐、不想腐的长效机制”,而严厉惩治腐败主要解决的是“不敢腐”的问题。党的十八大以来,坚持反腐败无禁区、全覆盖、零容忍,坚定不移“打虎”“拍蝇”“猎狐”,而严厉惩治腐败犯罪也体现了党的十九大报告中“坚持无禁区、全覆盖、零容忍,坚持重遏制、强高压、长震慑”的要求。第三,预防和惩治腐败问题是

① 参见《中央纪委国家监委通报 2020 年全国纪检监察机关监督检查、审查调查情况》,载中央纪委国家监委网站,https://www.ccdi.gov.cn/toutiao/202101/t20210125_234753.html。

监察委员会的职责。《监察法》第11条规定了监察委员会有监督、调查和处置的职责，而监督职责实施方式之一就是对公职人员进行廉政教育，通过廉政教育加强公职人员的理想信念和不想腐的自觉，增加自律，预防腐败犯罪的发生。对于涉嫌职务违法和职务犯罪的公职人员，监察机关依法作出相应的处置决定。

（三）部分律师违背职业伦理

部分律师在执业过程中突破道德底线，违背律师职业伦理，也是监察留置期间禁止律师介入的原因之一。

律师作为法律共同体的重要成员，与警察、检察官、法官一样，在防范冤假错案和维护公平正义中都发挥着重要的作用。一位合格的律师不仅要具备良好的职业能力，而且还要遵守律师职业伦理和职业道德。但是，在现实社会中，个别律师为了使案件“顺利进行”，违背职业伦理实施种种不当行为，如向司法工作人员行贿、违规会见犯罪嫌疑人、向当事人胡乱承诺甚至于引导犯罪嫌疑人改变供述等。在2020年四川律协通报的开展律师惩戒工作典型案例中，宜宾市的一名律师因引导犯罪嫌疑人改变供述，被宜宾市律师协会给予行业纪律处分。该律师在侦查阶段担任涉嫌诈骗罪的犯罪嫌疑人陈某的辩护人。接受委托后在看守所会见了犯罪嫌疑人，在会见过程中，该律师引导犯罪嫌疑人改变供述。[①]。个别律师种种违背职业伦理的行为使公众认为律师职业如商品一般，就是拿金钱和利益交换，自己是花钱买服务，律师也会突破职业伦理底线为其利益“不顾一切”，而正如上文中所论述的，监察机关采取留置措施的案件具有特殊性，若允许律师介入监察留置程序，但是律师在为被调查人提供法律帮助的过程中实施不当行为，泄露案件信息，势必会对监察机关的调查活动产生不利的影响。

三、域外反腐案件律师参与的相关情况

反腐是各国面临的共性问题，比较不同国家反腐过程中律师的角色设定及实践运行情况，有助于全面了解律师介入反腐案件相关情况，进而为我国相应制度安排提供一定的参考。

（一）美国监察长办公室调查案件律师介入

1978年颁布的《监察长法案》正式确立了美国的监察长制度。《监察长法案》

---

① 参见《四川律协通报开展律师惩戒工作典型案例　宜宾一律师受处》，载 https://baijiahao.baidu.com/s?id=1683620736766525639&wfr=spider&for=pc。

规定,监察长办公室的主要职能包括:一是调查违反法律和部门规定的行为,以进行适当的刑事起诉、民事诉讼和行政行动;二是对部门组织、计划、合同、赠款和其他协议的财务审计进行报告和跟进;三是向司法部长和国会报告部门和部门资助运营管理中的问题和缺陷,以及在实施建议的纠正措施方面取得的进展;四是与联邦、州和地方政府机构以及非政府实体协调和合作,以提高效率和效力,并防止和发现该部门资助的计划和运营中的欺诈、浪费和滥用。① 其中,根据美国《监察长法案》的规定,监察长可以接收和调查行政机关雇员可能存在的违反法律、规则或者规章的活动,或管理不善、严重浪费资金、滥用职权或对公共卫生与安全有严重和特别威胁的行为,监察长有权对贪污问题提出、执行或完成任何审核或调查,当发现政府工作人员涉嫌犯罪的证据时,由监察长提起公诉。在监察长办公室调查案件的过程中,律师有权介入,其实施的活动主要有以下几个方面:

首先,调查与案件事实有关的证据。美国的刑事审判制度是对抗制,而对抗制意味着辩护律师在案件中有权利和义务做广泛的调查,同时美国的政治法律体制大力保护辩护律师的调查权,允许辩护律师几乎不受限制地接近当事人。② 在监察长办公室调查案件的过程中,辩护律师可以与当事人会见,寻求一切对当事人有利的证据。

其次,代为申请保释。美国法院认为《第八修正案》规定的保释条款赋予被告人有限的保释权利,对于被指控犯死刑的被告人、对可能被判处无期徒刑的被告人以及被释放之后在社区可能重新犯罪的被告人不能进行保释,但是在大多数案件中,被告人至少被给予一些获得取保候审的机会。③ 保释既可以由被告人自己申请,也可以由其辩护律师代为申请。

最后,协助当事人陈述案情。美国《第六修正案》明确了当事人享有获得律师帮助的权利,其中就包括律师帮助当事人陈述案情,使其获得正确的指控。在监察长办公室调查过程中,被调查人有权请求律师帮助陈述案情,从而保证陈述事

---

① See Justice Management Division, *Organization*, *Missionandfunctionsmanual*: *Office of the Inspectorgeneral*, https://www. justice. gov/jmd/organization – mission – and – functions – manual – office – inspector – general.

② 参见大卫 · P. 格林伯格:《美国辩护律师的审前角色:权利和义务》,中美“律师辩护职能与司法公正”研讨会会议论文,2003 年 9 月于北京。

③ 参见[美]爱伦 · 豪切斯泰勒 · 斯黛丽、[美]南希 · 弗兰克:《美国刑事法院诉讼程序》,陈卫东、徐美君译,中国人民大学出版社 2002 年版,第 339 页。

实的准确性和调查活动的公正性，从源头上保护被调查人的权利。

(二)丹麦监察专员署调查案件律师介入

在国际透明组织公布的2020年“全球腐败指数报告”中（腐败感知指数，corruption perceptions index），丹麦和新西兰以88分的成绩排名第一（如图1所示）。丹麦在反腐倡廉领域取得瞩目的成就的原因在于丹麦形成了一套严密的法律法规和制度体系，并且通过独立且有效的司法系统对政府和立法进行监督，同时对贪污腐败的零容忍成了丹麦的民主传统。

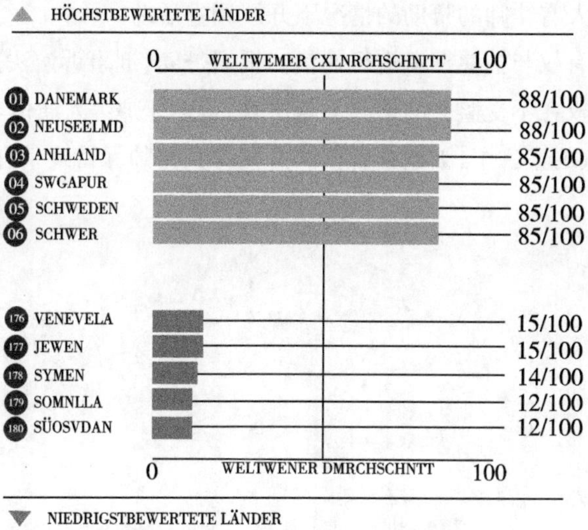

图1　2020年全球腐败指数排名①

丹麦国家廉政体系由立法、政府部门、司法、公共部门、执法机构、选举管理机构、监察官、最高审计机构、政党、媒体、社会公众和商人构成（如图2所示），其中丹麦廉政建设中最直接的制度设计就是成立由监察官组成的专职独立的反腐机构。丹麦的监察官机构创立于1953年，如今一共有86名工作人员，包括23名高级行政人员，25名调查官，20名普通行政人员和10名法律研究者。② 丹麦监察官直接对议会负责，他们的职责是监督在其管辖范围内的所有行政官员履行职务的

---

① Transparency International:《KORRUPTIONSWAHRNEHMUNGSINDEX2020》，载 https://www.transparency.de/cpi/cpi-2020/。

② 参见吕永祥：《监督权的有效性与再监督：丹麦议会监察专员制度的经验及其借鉴》，载《党政研究》2019年第5期。

行为。相比瑞典、芬兰以刑事司法实务为中心的制度,丹麦的监察专员制度侧重以行政权为核心,一方面将法院等司法机关排除在监察范围之外;另一方面取消了监察专员起诉的职能,但是根据丹麦《监察专员法》第 19 条的规定,其仍然享有调查、询问当事人的权力。在丹麦监察制度反腐过程中,律师发挥着积极的作用。

首先,律师有权参与调查活动。根据丹麦《刑事诉讼法》第 745 条之四的规定,如果侦查措施的结论可能在审判过程中作为证据使用,应当事先通知辩护律师。[①] 因此,丹麦监察专员开展监察工作时,如若掌握了公职人员违法犯罪的证据,应当在嫌疑人有律师的帮助的情况下开展调查活动。

其次,律师有权与被羁押者进行通信。根据丹麦《刑事诉讼法》第 772 条的规定,被羁押人有权在不受监督的情况下与法官、辩护律师等人通信。[②] 因此在丹麦监察专员署调查的案件中,被调查者依法有权与其律师保持通信并且不受任何监督。

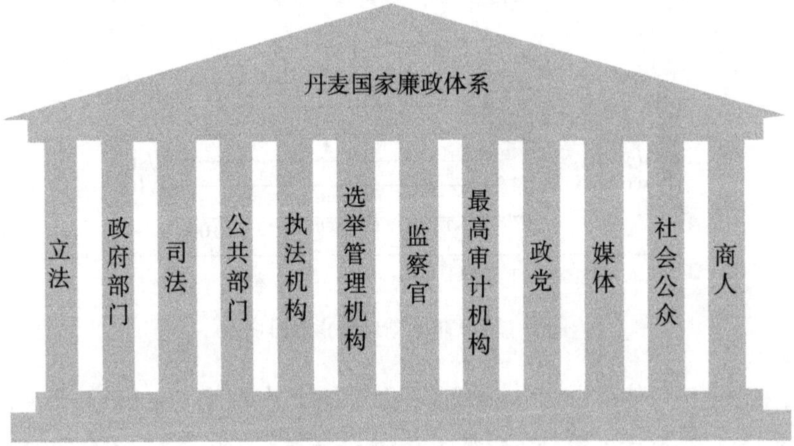

图 2　丹麦国家廉政体系[③]

上述美国、丹麦的监察制度中都规定了律师介入,监察长办公室和丹麦监察

① 参见[丹]梅兰妮·弗里斯·詹森等编:《丹麦刑事法典》,魏汉涛译,武汉大学出版社 2011 年版,第 123 页。

② 参见[丹]梅兰妮·弗里斯·詹森等编:《丹麦刑事法典》,魏汉涛译,武汉大学出版社 2011 年版,第 136 页。

③ 参见《丹麦反腐败体系、政策和行为准则对中国的启示》,北京第二外国语学院丹麦研究中心,http://danmai.bisu.edu.cn/art/2017/5/5/art_7421_139962.html。

专员署的调查活动类似于广义上刑事诉讼程序中侦查机关的调查活动，被调查人在被调查阶段都有权获得律师的帮助，同时法律赋予律师譬如申请保释、会见当事人以及帮助当事人陈述案件事实等多项权利，有助于保障被调查人的合法权益及实现程序正义。但是上述制度在实施的过程中也会存在一些问题。其中，在美国监察长办公室调查的案件中，律师可以代为申请保释，但是许多案件一旦被调查人被保释，他们就会隐藏证据，同盟者讨论合理借口或者申辩不在犯罪的现场，或者威胁潜在的证人①，对后期案件的审理工作带来不利的影响。而丹麦监察专员制度中被调查者在与其律师通信的过程中不受任何监督，这种做法虽然体现了对律师的高度信任，但是存在律师诱导被调查者的可能性。

四、律师介入监察留置之必要性与可行性探讨

留置是在一定时间内对公民的人身自由权利予以限制和剥夺，涉及公民基本权利。监察机关采取留置措施是源于国家法律授权，应受到程序正义、人权保障、权力制约等基本法律原则的约束，而律师介入监察留置程序有助于就监察机关权力运行进行外部监督，保障被调查人权利。

当前反对律师介入留置程序的观点主要有以下三点：第一，监察机关不适用刑事诉讼程序。留置措施不属于刑事诉讼强制措施，适用《监察法》而非《刑事诉讼法》。② 这种观点认为，国家监察委员会并非司法机关，留置措施是监察权所具有的措施之一，因此必须由《监察法》进行规定和设置，当被留置的监察对象尚未被确定为刑事被告人时，律师介入不具有正当性和合法性。

笔者认为，这种观点虽然具有一定的合理性，但是仍然值得商榷。目前对于监察机关采取的留置措施的性质，学界主要有以下观点：首先是侦查措施说，有学者提出虽然不能把监察调查完全等同于刑事侦查，但是监察调查过程中采取的措施如搜查、扣押、冻结、留置等具有强制性，有可能会对被调查人的合法权益造成损害，不能因为被称为调查就掩盖其侦查的实质，其中的留置会长时间地限制自由，具有羁押的性质。③ 其次是独立说，这种观点认为，监察机关具有独立性，监察

---

① 参见[美]爱伦·豪切斯泰勒·斯黛丽、[美]南希·弗兰克：《美国刑事法院诉讼程序》，陈卫东、徐美君译，中国人民大学出版社2002年版，第273页。

② 参见吴建雄：《试点地区用留置取代两规措施的实践探索》，载《新疆师范大学学报（哲学社会科学版）》2018年第2期。

③ 参见卞建林：《监察机关办案程序初探》，载《法律科学（西北政法大学学报）》2017年第6期。

权是与立法权、司法权、行政权平行的第四种权力,因此作为调查措施的留置也具有独立性。[①] 再次是复合说,其中有学者认为,监察机关的留置措施具有双重属性,在作为监察机关调查职务违法活动所采取的措施时,具有行政执法的属性,作为针对职务犯罪采取的手段时,又具有刑事侦查的特质。[②] 最后是行政措施说,被调查人员被采取留置措施时,其人身自由受到监察委员会的限制和剥夺,此项措施具有明显的行政性。[③]

对此,笔者认为,监察机关的监察调查活动具有独立性,监察调查不同于刑事侦查,但是不可否认的是监察机关采取的调查措施发挥着刑事侦查的作用,其强制性和对被调查人造成的影响不亚于侦查机关采取的刑事强制措施。原因如下:首先,《监察法》第44条第3款就留置折抵刑期作出具体规定,这一规定主要参照了《刑法》第41条、第44条、第47条规定的精神。[④] 这说明在立法者看来,监察机关采取留置措施对被调查人人身自由方面造成的影响与侦查机关采取拘留、逮捕等强制措施是相同的,强制性是相当的。其次,监察机关对于职务违法、职务犯罪的调查活动实际上代替了原来检察机关发挥的作用。《监察法》第45条规定了监察机关根据监督、调查结果,依法履行处置职责的6种方式,其中第1款第4项规定了监察机关与检察院对于职务犯罪工作的衔接。[⑤] 最后,《监察法》中对监察机关所收集的证据的法律效力,取证的要求和标准,以及非法证据排除规则的规定与刑事审判中对证据的要求相一致。因此,笔者认为,虽然监察机关的调查活动具有独立性,但是其仍然具有刑事侦查的性质,故而其实施的具体措施也应当参照《刑事诉讼法》的相关规定。

---

① 参见赵晓光:《监察留置的属性与制约体系研究》,载《中国社会科学院研究生院学报》2018年第2期。

② 参见谭世贵:《监察体制改革中的留置措施:由来、性质及完善》,载《甘肃社会科学》2018年第2期。

③ 参见王晓:《监察委员会的留置措施论要》,载《北京联合大学学报(人文社会科学版)》2017年第2期。

④ 《刑法》第41条规定:"管制的刑期,从判决执行之日起计算;判决执行以前先行羁押的,羁押一日折抵刑期二日。"第44条规定:"拘役的刑期,从判决执行之日起计算;判决执行以前先行羁押的,羁押一日折抵刑期一日。"第47条规定:"有期徒刑的刑期,从判决执行之日起计算;判决执行以前先行羁押的,羁押一日折抵刑期一日。"

⑤ 《监察法》第45条规定:"监察机关根据监督、调查结果,依法作出如下处置:……(四)对涉嫌职务犯罪的,监察机关经调查认为犯罪事实清楚,证据确实、充分的,制作起诉意见书,连同案卷材料、证据一并移送人民检察院依法审查、提起公诉;……"

第二，监察留置案件取证困难，故禁止律师介入。这一观点认为职务犯罪调查工作具有特殊性。在职务犯罪的调查取证中，最大的挑战是串供、隐藏证据，乃至销毁证据。禁止律师介入监察留置一方面是为了防止被调查人形成攻守同盟，增加案件突破难度；另一方面是因为职务犯罪案件，往往涉及一些机密、秘密，律师也不宜介入。[①] 对于这种观点，笔者认为具有一定的探讨空间，首先，行贿受贿案件物理证据获取的难易与否是案件事实调查问题，与留置程序中律师是否介入没有必然的联系。其次，因职务犯罪案件的特殊性，言词证据是监察机关的重点关注对象，但是由于留置措施具有高度的封闭性，若禁止律师介入监察留置程序，言词证据获取的合法性会存在一定的风险。最后，关于律师介入会给案件调查增加不必要的干扰以及泄密的考虑，这一表述暗含的意思其实是对律师的极度不信任，并不符合法治逻辑。[②] 总之，新监察制度在监察委员会主导下进一步展开，律师作为法律共同体的重要成员，在维护当事人合法权益，维护法律正确实施方面发挥着重要作用，即使是出于监察留置案件取证困难的考量，也不宜一般性地一律排除律师介入的可能性。

第三，监察留置案件移送司法机关后律师可以介入。这种观点认为，监察机关将案件移送给检察机关进入司法程序之后，可以允许律师介入。[③] 对于这种观点，有学者认为，既然涉嫌国家安全犯罪和恐怖活动犯罪的犯罪嫌疑人在侦查阶段有权聘请律师，那么监察机关调查的职务犯罪案件也不应成为例外。[④] 笔者认为，即便监察留置案件移送司法机关后律师可以介入，其权利不受影响，也并不能剥夺被留置者在移送审查之前阶段会见律师的权利。除此之外，根据《监察法》的规定，监察机关对被调查人采取留置措施的必要条件是掌握了一定犯罪事实和相关证据，而这就表明被调查人很有可能成为刑法的追诉对象。在留置期间监察机关采取各种调查措施的目的是进一步收集证据，为移送审查起诉和检察院提起公

① 参见台州市纪委办公室：《【走进监察法】留置程序、场所、时间等细节问题，听刘建超权威解答！》，载中共台州市纪委监委网站，http://www.tzqf.gov.cn/art/2018/3/15/art_1229059935_43631766.html。

② 参见刘艳红：《程序自然法作为规则自洽的必要条件——〈监察法〉留置权运作的法治化路径》，载《华东政法大学学报》2018 年第 3 期。

③ 参见台州市纪委办公室：《【走进监察法】留置程序、场所、时间等细节问题，听刘建超权威解答！》，载中共台州市纪委监委网站，http://www.tzqf.gov.cn/art/2018/3/15/art_1229059935_43631766.html。

④ 参见陈光中：《关于我国监察体制改革的几点看法》，载《环球法律评论》2017 年第 2 期。

诉做准备,一般而言,监察机关收集的证据就是检察院提起公诉以及法院最终定罪量刑所采信的证据,从程序正义的角度出发,不应一律禁止律师介入。

基于上述种种缘由,笔者认为,此处有必要就律师介入留置程序的必要性、可行性问题进行探讨。

(一)律师介入监察留置的必要性

1. 保障被调查人人身权利的需要

我国于2004年《宪法修正案》第24条增加"国家尊重和保障人权",因此,在我国人权不仅是一个政治概念,更是一个法律概念,是公民所享有的一项基本权利。根据《监察法》的规定,监察机关调查涉嫌严重职务违法或者职务犯罪的案件时可以对被调查人采取留置措施以限制被调查人的人身自由,但由于监察留置措施具有高度的封闭性和不透明性,因此被调查人与外界基本断绝了联系,其权利严重受限。被调查人与代表国家公权力的监察机关相比较,处于弱势地位。监察机关的调查阶段类似于侦查机关的侦查阶段,而侦查阶段是侵害犯罪嫌疑人权利的事件频发的阶段,也是犯罪嫌疑人最需要外界帮助的一个阶段。因此,被调查人在监察留置中也需要外界的帮助,其中律师介入是保障被调查人权利的有效方式,有利于实现实体正义和程序正义的统一,是落实"国家尊重和保障人权"的宪法原则的具体体现。

2. 保障监察权在法治轨道上运行的需要

律师介入监察留置有利于对监察机关形成一定的外部监督,对监察机关权力运行产生一定的制约,以保障监察权在法治轨道上运行。

监察权的运行是国家监察体制改革不可回避的基本问题,作为国家专门的监督机关,权力的集中有利于加强监督的实效,但是过度的集中容易产生膨胀的风险。正如孟德斯鸠所言,一切有权力的人都容易走向滥用权力,而且直到把权用到极限方可休止,这是亘古不变的经验。[①] 如果缺乏有效的监督,绝对的权力必然会导致绝对的腐败,而对权力进行监督无外乎两种途径,即以权力监督权力抑或以权利监督权力。目前根据《监察法》的规定,对监察委员会的监督规定在《监察法》第7章中,主要包括接受同级人大及常委会的监督,在监察委员会内部设置专门的监督机构进行监督,除此之外还包括民主监督、社会监督等方式。在这些众

① [法]孟德斯鸠:《论法的精神》,许明龙译,商务印书馆2012年版,第204页。

多的监督方式中，首先，人大的监督是事后监督，人大常委会虽然在人大闭会期间行使人大职权，但是由于人员有限且需要处理的事项比较多，也难以对监察机关的活动形成有效的监督；其次，在监察委员会内部设立专门的监督机构这种方式属于自我监督、同体监督，效果难以评估；最后，由于监察工作的特殊性，监察机关公开的信息是有限的，大多是监察立案信息或者作出处理的决定，过程性信息不为外部知晓，这就为民主监督和社会监督带来一定的困难。将律师引入监察机关留置的过程，由于其不属于国家工作人员，具有履行职责上的独立性，能够对监察机关形成一定的外部监督，保障监察权在法治轨道上运行。

3. 节约法治资源的需要

在现代法治社会中，诉讼价值呈现多元化取向，在追求诉讼公平公正的同时也追求诉讼效率。从诉讼效率角度出发，律师介入能够减少因办案出现差错导致的重复调查和程序回流，节约法治资源。

《刑事诉讼法》第170条规定[①]，人民检察院对于监察机关移送起诉的案件，经审查，认为需要补充核实的，退回监察机关补充调查，必要时可以自行补充侦查。因此在检察院审查起诉的环节中，若监察机关提供的证据不完整，导致事实认定不清，案件在移送检察机关后可能会被检察机关退回要求补充调查，从而导致程序的回流，影响监察机关的办案效率。此外，“非法证据排除”向来是刑事诉讼中的重点内容，在我国，非法证据排除规则的确立经历了从无到有、从口号到制度的发展过程。为解决“法法衔接”的问题，《监察法》第33条也对非法证据的排除作出相关规定。对于监察机关调查的职务犯罪案件，在法庭审理过程中，当事人及其辩护人若申请非法证据排除，则审前阶段的瑕疵将直接影响审判的进行，对留置阶段取证合法性的证明将影响审判进程，增加了司法成本[②]，在一定程度上导致诉讼迟延。律师介入监察留置程序可以证明讯问被调查人的过程中是否采用了非法手段，是否违反法定程序，并且可以从侧面证实监察机关收集的被调查人口供的合法性，保证审判程序的顺利进行。

---

① 《刑事诉讼法》第170条第1款规定：“人民检察院对于监察机关移送起诉的案件，依照本法和监察法的有关规定进行审查。人民检察院经审查，认为需要补充核实的，应当退回监察机关补充调查，必要时可以自行补充侦查。”

② 参见包晓彤、黄明涛：《监察委员会留置措施中律师介入问题研究》，载《特区实践与理论》2018年第4期。

(二)律师介入监察留置的可行性

1.与现行立法相契合

宪法是确立公民权利保障和国家机构权限的根本法,具有最高的法律效力,一切国家权力的运行都必须以宪法为根本活动准则,一切国家机关及其工作人员皆具有维护宪法尊严,保证宪法实施的职责,因此监察机关及其工作人员的监察调查活动或其他监察行为必须以宪法为基本准则。

《宪法》明确规定,"国家尊重和保障人权",在以宪法作为母法制定其他法律时,也必须贯彻这一基本原则。基于此,《监察法》第5条明确规定:"国家监察工作严格遵照宪法和法律……在适用法律上一律平等,保障当事人的合法权益……"但是,基于监察立法"宜粗不宜细"的思想,《监察法》并未针对"保障当事人的合法权益"作出详细的规定。在监察机关的调查活动中,监察机关对于涉嫌严重职务违法或职务犯罪的被调查人在满足《监察法》第22条规定的情况下,可以采取留置措施。学界对于留置措施的性质虽然有不同的看法,但是对留置措施产生的作用和影响的观点基本是一致的,即一方面监察留置措施有利于监察机关及时查清案件事实,在一定程度上防止案件信息的外泄,及时抓捕同案犯;但另一方面监察机关采取的留置措施长时间限制剥夺了被调查人的人身自由,具有羁押的性质①,此时相对于监察机关而言,被调查人处于弱势地位,在监察机关利用有限的反腐资源调查案件事实情况下,被调查人人权存在被侵犯的可能。律师介入监察留置程序中虽不能完全杜绝此类问题的发生,但是律师可以以保障被调查人合法权益作为出发点,为其提供相应的法律咨询和帮助,以确保其具备必要的防御能力②。因此,监察留置期间律师介入在保障被调查人的人权,防止调查过程中出现事实认定偏差方面与宪法和《监察法》立法精神相契合。

2.律师介入有成功经验可以借鉴

首先,在立法层面律师介入有成功经验可以借鉴。《刑事诉讼法》就侦查阶段律师以辩护人的身份介入案件经历了1979—2012年三十多年的发展历程。其

---

① 参见卞建林:《监察机关办案程序初探》,载《法律科学(西北政法大学学报)》2017年第6期。

② 参见《陈光中:制定〈监察法〉应贯彻人权保障原则》,载财新网,https://m.china.caixin.com/zknews/2017-08-17/101131939.html? utm_source=Zaker&utm_medium=ZakerAPP&utm_campaign=Hezuo。

间，1979 年《刑事诉讼法》第 110 条①规定，律师只有在审判阶段方能介入，且为被告人提供法律帮助。1996 年《刑事诉讼法》第 96 条②规定，犯罪嫌疑人可以在侦查阶段委托律师，但同时又规定律师会见时侦查机关可派员在场。2012 年继续对《刑事诉讼法》进行修改，最终赋予律师在侦查阶段辩护人身份③，并规定辩护律师会见犯罪嫌疑人、被告人时享有不被监听的权利 ④。从 1979 年至 2012 年《刑事诉讼法》的立法演进中，我们不难得出，我国的刑事立法不断地朝着更加民主法治的方向发展，刑事诉讼兼具惩罚犯罪和保障人权的双重目的，律师以辩护人的身份介入案件侦查阶段，一方面有利于有力地对犯罪嫌疑人的合法权利进行保障，另一方面也有利于维护诉讼结构的平衡。学者们的研究成果在一定程度上促进了《监察官法》草案结构严谨科学、内容依法合理，为《监察官法》顺利通过提供了宝贵的智慧支持。

其次，刑事诉讼司法实践中律师介入具有成功经验。刑事诉讼司法实践中律师介入的成功经验可以追溯至 2002 年我国开始侦查讯问时律师在场的试点工

---

① 《刑事诉讼法》(1979 年) 第 110 条规定："人民法院决定开庭审判后，应当进行下列工作：(一)确定合议庭的组成人员；(二)将人民检察院的起诉书副本至迟在开庭七日以前送达被告人，并且告知被告人可以委托辩护人，或者在必要时为被告人指定辩护人；(三)将开庭的时间、地点在开庭三日以前通知人民检察院；(四)传唤当事人，通知辩护人、证人、鉴定人和翻译人员，传票和通知书至迟在开庭三日以前送达；(五)公开审判的案件，先期公布案由、被告人姓名、开庭时间和地点。上述活动情形应当写入笔录，由审判人员和书记员签名。"

② 《刑事诉讼法》(1996 年修正)第 96 条规定："犯罪嫌疑人在被侦查机关第一次讯问后或者采取强制措施之日起，可以聘请律师为其提供法律咨询、代理申诉、控告。犯罪嫌疑人被逮捕的，聘请的律师可以为其申请取保候审。涉及国家秘密的案件，犯罪嫌疑人聘请律师，应当经侦查机关批准。受委托的律师有权向侦查机关了解犯罪嫌疑人涉嫌的罪名，可以会见在押的犯罪嫌疑人，向犯罪嫌疑人了解有关案件情况。律师会见在押的犯罪嫌疑人，侦查机关根据案件情况和需要可以派员在场。涉及国家秘密的案件，律师会见在押的犯罪嫌疑人，应当经侦查机关批准。"

③ 《刑事诉讼法》(2012 年修正)第 36 条规定 ："辩护律师在侦查期间可以为犯罪嫌疑人提供法律帮助；代理申诉、控告；申请变更强制措施；向侦查机关了解犯罪嫌疑人涉嫌的罪名和案件有关情况，提出意见。"

④ 《刑事诉讼法》(2012 年修正)第 37 条规定："辩护律师可以同在押的犯罪嫌疑人、被告人会见和通信。其他辩护人经人民法院、人民检察院许可，也可以同在押的犯罪嫌疑人、被告人会见和通信。辩护律师持律师执业证书、律师事务所证明和委托书或者法律援助公函要求会见在押的犯罪嫌疑人、被告人的，看守所应当及时安排会见，至迟不得超过四十八小时。危害国家安全犯罪、恐怖活动犯罪、特别重大贿赂犯罪案件，在侦查期间辩护律师会见在押的犯罪嫌疑人，应当经侦查机关许可。上述案件，侦查机关应当事先通知看守所。辩护律师会见在押的犯罪嫌疑人、被告人，可以了解案件有关情况，提供法律咨询等；自案件移送审查起诉之日起，可以向犯罪嫌疑人、被告人核实有关证据。辩护律师会见犯罪嫌疑人、被告人时不被监听。辩护律师同被监视居住的犯罪嫌疑人、被告人会见、通信，适用第一款、第三款、第四款的规定。"

作。这一试点工作主要由中国政法大学樊崇义教授主持,试点期间首先与广东省珠海市人民检察院率先展开合作,主要内容为侦查讯问过程中“律师在场、录音、录像”。随后,又在甘肃、河南、北京三地继续进行试点工作,最后根据试验结果得出相关结论。其中对于侦查讯问中讯问犯罪嫌疑人时律师在场部分,侦查人员发生了三个转变:一是在行为方面,从最初不愿向犯罪嫌疑人介绍在场的律师身份,变成主动坦然地向犯罪嫌疑人介绍在场律师的身份;二是观念方面发生的转变,在最初试验时,侦查人员担心律师在场会不利于犯罪嫌疑人供述案件事实,甚至会引起他们的翻供,但随着试验的逐步推进,侦查人员逐渐改变这一观点,且主动让律师向犯罪嫌疑人提供法律咨询;三是侦查人员与律师在讯问犯罪嫌疑人期间相处方式发生转变,从一开始刻意与律师保持距离到最后与律师友好相处。① 这三个转变在一定程度上表明实务中律师介入侦查阶段并不会必然导致律师与侦查人员之间的冲突。

从上述论述中,我们认识到无论是在刑事立法还是司法实践中,律师介入都并非一蹴而就,其诞生、发展、成熟经历了数次论证和试验。《监察法》从诞生到现在,才短短三年时间,留置制度更是一项新生的制度,对于留置中是否允许律师介入抱有谨慎的态度,无可厚非。但是基于人权保障、权力制约等基本的法律原则,律师介入监察留置程序仍有必要,上述刑事立法与司法实践中律师介入的成功经验为监察留置程序中的律师介入提供了实践经验。

五、律师介入留置程序之制度设计

综合上文中对律师介入监察委员会留置程序现存阻碍和必要性、可行性的分析,笔者认为,律师介入监察留置程序对于监察工作法治化具有一定作用,律师介入监察留置程序的设置限度的“疏”比一概拒绝的“堵”更具有操作性,现实阻碍和不利因素可以通过对律师介入时间和律师义务的具体设计加以化解,同时,还应当对律师介入留置程序时的身份以及可能享有的权利进行明确。

(一)律师介入留置程序的身份定位

律师在刑事诉讼侦查阶段通常以“辩护律师”的身份出现,为犯罪嫌疑人提供法律帮助,但鉴于监察调查不同于刑事侦查,且“辩护”一词在概念上具有特定的

① 参见中国政法大学法律实证研究中心课题组:《侦查讯问中律师在场可行性报告》,载《人民法治》2017 年第 6 期。

指向性,因此“辩护权”这一概念在监察调查的过程中不存在天然的正当性。在监察体制改革试点的过程中,有学者就提出在监察调查的过程中,律师应当以帮助者的身份介入调查活动①,陈卫东教授对于律师介入问题也采用了“律师帮助权”这一表达。② 笔者同意这一观点。我国的侦查阶段辩护律师身份的确定经历了从1979年制定《刑事诉讼法》时的无律师介入到1996年修改《刑事诉讼法》时允许律师介入为犯罪嫌疑人提供法律帮助,再到2012年再次修改《刑事诉讼法》时赋予了侦查阶段的律师辩护人身份,允许律师介入为犯罪嫌疑人提供辩护的发展过程。这一立法过程虽然看似为律师介入留置程序时的“辩护律师”身份提供了实践经验,但是考虑到我国监察体制改革的特殊性,以及当前反腐败斗争形势的严峻性、复杂性,如果将律师介入留置程序时的身份定位为辩护人,在实践中不具有可行性且阻力较大,因此笔者更加倾向于将律师介入留置程序时的身份界定为“法律帮助者”。

(二)律师介入监察留置的案件范围

学界对于律师介入监察留置程序主要有以下两种观点。第一种观点认为,对于监察机关采取留置措施的案件,无论是涉嫌严重职务违法还是职务犯罪都应当允许律师介入③,原因有以下两个方面:首先,有学者认为监察委员会对职务违法采取的留置措施与对职务犯罪采取的留置措施并无不同,被调查人的人身自由、财产权同样会因此受到侵害,因此没有理由在律师介入方面对其予以区别对待④;其次,有学者进一步提出,律师的参与和代理是基于当事人的陈述、申辩权,属于正当程序的基本要素,当监察调查措施,特别是强制措施影响被调查人基本权利时,被调查人或被处置人完全有权根据《行政诉讼法》的规定委托律师代理,律师也有权依据《律师法》依法执业。⑤

第二种观点认为,应当对律师介入监察机关采取留置措施的案件范围加以限制,即对于严重职务违法案件,律师不能介入;对于职务犯罪案件,允许律师

① 参见秦文峰:《国家监察体制改革背景下律师帮助权研究》,载《吉林大学社会科学学报》2017年第6期。

② 参见陈卫东:《职务犯罪监察调查程序若干问题研究》,载《政治与法律》2018年第1期。

③ 参见赵晓光:《监察留置的属性与制约体系研究》,载《中国社会科学院研究生院学报》2018年第2期。

④ 参见张惠芳、旷珊:《律师介入监察调查程序研究》,载《湖南警察学院学报》2019年第1期。

⑤ 参见陈越峰:《监察措施的合法性研究》,载《环球法律评论》2017年第2期。

介入。[①] 持这种观点的学者认为,对涉嫌严重职务违法行为进行调查并采取留置措施的情形,因调查行为具有行政性,最终的处置也以内部性的纪律或政务处分结束,因此根据我国行政法领域的法理和原则,调查过程一般可不接受律师介入进行帮助[②]。针对职务犯罪行为采取留置措施时,留置具有刑事羁押的性质,被调查人具有犯罪嫌疑人的身份本质,因此应当受到刑事程序法以及普遍的诉讼原则指导,为了防止沦为被追诉的客体,获得律师帮助的权利对其至关重要。[③]

对此,笔者赞同第二种观点,即需要对律师介入监察留置的案件范围作出限定。笔者认为,对于监察机关采取留置措施的案件可以进行程序分流,首先,单纯的涉嫌严重职务违法的案件无须律师介入。在监察体制改革之前的行政监察体制之下,对于政纪案件的被调查人是否可委托律师担任代理人问题,1992 年监察部作出过回复,其认为根据《律师暂行条例》(已失效)的规定,律师的业务范围主要是作为代理人或辩护人参加诉讼活动以及调解、仲裁等非诉讼活动。监察机关依法查处政纪案件是行政机关的内部行政行为,不属于法院的行政诉讼受案范围。同时,查处政纪案件也不属于调解、仲裁等非诉讼事件,因此,政纪案件的被调查人不能委托律师担任代理人。[④] 2018 年监察体制改革成立国家监察委员会之后,对于职务违法行为,监察机关根据《公职人员政务处分法》第 2 条之规定对违法的公职人员给予政务处分,且《公职人员政务处分法》就政务处分的救济程序作出了详细的规定,包括复审和复核。由此可以看出,监察机关针对职务违法行为的调查活动具有行政性,最终的处理结果具有内部性和行政性,不存在检察机关刑事追诉的问题,根据我国行政诉讼领域的法理和原则,对于此类案件,不允许律师介入留置程序具有合理性。

其次,对于监察机关采取留置措施的职务犯罪案件,笔者认为,应当确立律师可以介入留置程序的原则,但与此同时也要有所区分。第一,对于被采取留置措施的一般的职务犯罪案件,笔者认为,应当允许律师介入留置程序。监察机关对职务犯罪的调查权由检察机关原来的职务犯罪侦查权转隶而来,监察机关针对职

---

① 参见董邦俊、张扬:《监察留置措施之法治化进路研究》,载《中国人民公安大学学报(社会科学版)》2021 年第 1 期。

② 参见胡铭:《职务犯罪留置措施衔接刑事诉讼的基本逻辑》,载《北方法学》2019 年第 4 期。

③ 参见胡铭:《职务犯罪留置措施衔接刑事诉讼的基本逻辑》,载《北方法学》2019 年第 4 期。

④ 参见《监察部关于政纪案件的被调查人是否可委托律师担任代理人问题的答复》(监法复字〔1992〕7 号),载北大法宝 2021 年 7 月 15 日,https://www.pkulaw.com/chl/fa77c57335d828edbdfb.html。

务犯罪进行的监察调查的性质相当于检察机关对普通犯罪进行的刑事侦查，此时被调查人与一般刑事犯罪中侦查阶段的犯罪嫌疑人在身份上具有相似性，理应受到刑事诉讼法有关原则的指导。卞建林教授也提出，若监察机关调查的职务犯罪案件中相当于侦查的调查不适用刑事诉讼法，而其后的审查起诉和法庭审判却以刑事诉讼法为准绳来审查和评价前面的调查行为，会带来逻辑上的紊乱和理论上的悖论。[①] 第二，根据《监察法》第 11 条第 2 项以及《国家监察委员会管辖规定（试行）》第 11 条的规定，监察机关调查的职务犯罪案件包括贪污贿赂、滥用职权、玩忽职守、权力寻租、利益输送、徇私舞弊以及浪费国家资财等，笔者认为，监察机关调查的特别重大贿赂案件中，对于律师介入留置程序可以设置一定的限制条件。贿赂犯罪是典型的对向犯，行贿方和受贿方多数情况下是一对一交易，监察机关获取有力证据的难度要高于一般的刑事犯罪，此时如果对律师介入不加以限制可能会影响监察机关查清案件事实和固定证据的工作。对于这类案件可以借鉴 2012 年《刑事诉讼法》中对律师在特别重大贿赂犯罪案件中的会见权的有关规定，即对于监察机关采取留置措施的特别重大贿赂犯罪案件，可以允许律师介入为被调查人提供法律帮助，但是律师介入应当经监察机关的许可。同时，立法应当对"特别重大"作出严格解释。

（三）律师介入监察留置的时间

在大致明确了律师介入留置程序的案件范围之后，还应当明确律师介入留置程序的时间。笔者认为，自被调查人被采取留置措施之日起，应当允许律师介入职务犯罪调查程序。律师介入监察留置程序，既要考虑我国目前反腐败的复杂性和严峻性，减少对监察机关活动的不必要的干扰，又要在最大程度上保障被调查人的合法权益，而允许律师自调查活动一开始就介入，可能会对监察机关的前期调查和证据收集工作带来一定的影响，实践中可操作性较低，且监察机关的前期调查措施不一定会影响被调查人基本权利。

将律师介入监察留置程序的时间节点设置为"自被调查人被监察机关采取留置措施之日起"，一方面，参照了刑事诉讼法的相关规定，有利于实现监察程序向刑事诉讼程序的平稳过渡；另一方面，时间节点明确，便于操作，有利于降低给监察调查带来的不必要的风险，保证监察调查程序的正当性。

---

① 参见卞建林：《监察机关办案程序初探》，载《法律科学（西北政法大学学报）》2017 年第 6 期。

(四)律师介入享有的权利及义务

1.律师介入享有的权利

第一,会见权。被调查人被监察机关采取留置措施之后,留置程序是否合法、留置期间是否有侵害权益的情形都需要通过律师会见得以知晓,所以允许律师介入监察留置程序应当赋予律师会见被调查人的权利。但是,笔者认为,规定律师会见权的同时应当考虑监察留置案件的特殊性,对律师会见权的规定可以分为以下三个层次:首先,对于律师不能介入的案件,律师不享有会见权;其次,允许律师介入的案件,律师享有会见权;最后,针对特别重大贿赂犯罪案件,律师会见应当经监察机关许可。

第二,提供法律帮助的权利。留置期间律师会见被调查人可以为被调查人提供法律帮助,譬如告知被调查人所涉嫌犯罪的罪名、享有的权利,以及是否存在自首、坦白、立功等从轻或减轻处罚的量刑情节,帮助被调查人对案件事实形成全面认识,积极配合监察机关的调查活动。

第三,代理申诉、控告的权利。律师会见被调查人之后,若发现存在采取留置措施不当、刑讯逼供等侵害留置对象合法权益的行为,可以代为提出申诉、控告,及时保护当事人合法权益。

第四,申请变更留置措施的权利。监察机关采取留置措施,既无法接受羁押必要性的审查,也无法及时变更强制措施。这使留置措施即便被发现遭到滥用,也难以得到纠正和救济的机会。[①] 律师介入留置程序会见被调查人之后,认为被调查人不应当被留置或者留置期限届满的,可以向监察机关申请变更、解除留置措施。

第五,提出法律意见的权利。在监察机关调查程序终结前,律师有权针对案件发表自己的法律意见,监察机关应当记录在案,调查终结移送审查起诉时随案移送至检察机关。

2.律师介入承担的义务

律师介入留置程序之后,在享有上述权利的同时,也应当履行相应的义务。律师应当根据事实和法律,依法向被调查人提供法律帮助,不得诱使被调查人作出虚假供述,不得帮助被调查人串供或隐匿、毁灭、伪造证据,不得实施威胁证人

① 参见陈瑞华:《论国家监察权的性质》,载《比较法研究》2019 年第 1 期。

等干扰监察机关调查活动的行为，遵守监察机关有关留置场所的纪律规定，就其行使会见权所获知的与国家秘密、个人隐私等有关的案件信息承担严格的保密义务等。此外，对律师介入留置程序后应当承担的义务的设定还可以参照《律师法》第 40 条[①]中规定的律师在执业活动中不得实施的 8 项行为。

结　语

本文从人权保障、程序正义要求出发，就律师可以在留置阶段介入案件的相关问题进行了阐述，并就相关机制进行了初步设计。这种设计是否科学，还可以进一步讨论。相信随着我国监察实践的不断发展，监察工作法治化水平的不断提高，律师介入留置程序的实践障碍也会逐步消除，符合我国反腐工作全方位要求的律师介入监察案件制度也许正在路上。

---

① 《律师法》第 40 条规定："律师在执业活动中不得有下列行为：(一)私自接受委托、收取费用，接受委托人的财物或者其他利益；(二)利用提供法律服务的便利牟取当事人争议的权益；(三)接受对方当事人的财物或者其他利益，与对方当事人或者第三人恶意串通，侵害委托人的权益；(四)违反规定会见法官、检察官、仲裁员以及其他有关工作人员；(五)向法官、检察官、仲裁员以及其他有关工作人员行贿，介绍贿赂或者指使、诱导当事人行贿，或者以其他不正当方式影响法官、检察官、仲裁员以及其他有关工作人员依法办理案件；(六)故意提供虚假证据或者威胁、利诱他人提供虚假证据，妨碍对方当事人合法取得证据；(七)煽动、教唆当事人采取扰乱公共秩序、危害公共安全等非法手段解决争议；(八)扰乱法庭、仲裁庭秩序，干扰诉讼、仲裁活动的正常进行。"

监察机关职务犯罪“零口供”情状下证据调查认定的主要障碍及其疏解

——以刘某等徇私枉法案的查处为视角

黄孝武*

[摘要] 2018年监察委员会成立后,承接了原属于检察院的有关贪污贿赂、失职渎职及预防职务犯罪的职能及机构。监察委员会的调查工作是介入刑事诉讼的前置程序,虽然其调查程序仅适用《监察法》而不适用《刑事诉讼法》,但在以审判为中心的司法制度下,监察委员会在对贪污贿赂和失职渎职等职务犯罪案件进行调查过程中所形成的证据必须符合《刑事诉讼法》的要求。当前由于《监察法》在证据标准、种类等方面的规定较为粗疏,职务犯罪案件在证据衔接、司法衔接中面临各种困境。特别是在职务犯罪案件“零口供”情状下,客观上更增加了调查取证及认定的难度。要疏解当前证据认定存在的困境,一方面监察机关需根据《刑事诉讼法》及有关司法解释,构建不同标准证据体系,规范检察机关提前介入机制,做好监察证据与刑事司法证据的衔接,同时推动监察机关职务犯罪调查部门独立化、队伍建设专业化,提升职务犯罪调查工作的效率和证据质量;另一方面监察机关调查人员须摒弃“口供为证据之王”的思想观念,确立以书证审查为主线的证据审查模式,全面收集、审查其他证人证言,以间接证据关联性为依托,建立起证据推定规则,运用逻辑推理,合理推定出犯罪事实,实现对被调查人的刑事归责。

[关键词] 监察机关 职务犯罪 零口供 证据调查认定 障碍及疏解

* 黄孝武,广东省湛江市监察委员会副科长,从事刑法学、刑事诉讼法学、监察法学研究。

2018年年初，全国各地监察委员会自地方到中央依次成立，同年3月20日，全国人大通过的《监察法》明确了监察委员会职责权限、监督、管辖范围和处理程序等问题。根据《监察法》第11条第2项的规定，监察委员会依法对涉嫌贪污贿赂、滥用职权、玩忽职守、权力寻租、利益输送、徇私舞弊以及浪费国家资财等职务违法和职务犯罪进行调查。该规定将原由检察机关承担的查处贪污贿赂、失职渎职以及预防职务犯罪等相关职能整合而由监察委员会统一行使，从而搭建了我国监察管辖制度的基础规范。同时，《监察法》第33条规定，监察委员会在收集、固定、审查、运用证据时，应当与刑事审判关于证据的要求和标准相一致；《〈中华人民共和国监察法〉释义》规定，“刑事审判关于证据的要求和标准有严格、细致的规定，监察机关收集的证据材料在刑事诉讼中作为证据使用，必须要与其相衔接、相一致”①。上述规定表明，监察机关对职务犯罪具有调查处置权，但该处置权为程序性权力，并不具有终局性，其办理的职务犯罪案件必须移送检察机关审查起诉，否则无法依靠自身实现对职务犯罪的追诉。因此，监察机关办理的职务犯罪案件除以《监察法》作为依据外，还受《刑法》、《刑事诉讼法》及相关司法解释的约束。

针对监察机关在新形势下办理职务犯罪案件遇到的新情况、新问题，特别是“零口供”情状下如何进行证据认定、监察证据与司法证据如何衔接，以提高案件质量，实践中尚存不少障碍和争议。基于此，本文以实务中比较多发、常见的徇私枉法罪为切入点，对监察机关办理的职务犯罪案件，特别是“零口供”情状下，如何提高案件证据质量进行研究和探讨。

一、有关案件的办理及诉讼经过

（一）刘某徇私枉法案

2019年3月，广东省A市B县检察院副检察长刘某因涉嫌徇私枉法罪及多次收受他人贿赂被B县监察机关立案后采取留置措施。留置期间，调查组将案件的办理分为内审组和外调组，内审组工作以突破刘某口供为主，外调组以在外调查取证为主。由于行受贿双方采取较为隐蔽的“一对一”“暗箱操作”方式完成交易，刘某涉嫌受贿问题虽然有行贿方口供证实，但刘某拒不承认，内审组未能突破刘某口供，外调组的外调取证也未能形成完整证据链。留置期限届满前半个月，

① 参见中共中央纪律检查委员会法规室、中华人民共和国监察委员会法规室编写：《〈中华人民共和国监察法〉释义》，中国方正出版社2018年版。

调查组以刘某涉嫌徇私枉法罪将案件移送案件审理室。案件审理室受理该案后,发现调查组调取的证据中有很大一部分是以普通违纪违法案的证据标准获取的,证据的证明能力和证明力较弱,有的甚至不具备证据资格,与《刑事诉讼法》规定的证据标准存在较大差距。例如:讯问被调查对象时没有进行同步录音录像、把纪委的谈话笔录当作监察委询问笔录使用、没有告知证人其权利义务、复印的书证没有盖骑缝章及标明证据来源等问题。审理完毕后留置期限已临届满,补充调查已来不及,移送检察机关审查起诉证据又不充分。后经与检察机关协调,检察机关同意先将该案并同刘某移送审查起诉,而后再以退回补充调查的形式补强证据。检察机关受理该案后又陆续发现案件存在不少证据瑕疵的问题,如笔迹鉴定意见中缺乏鉴定人员签字的问题,根据《刑事诉讼法》的规定,鉴定意见缺乏鉴定人签字的不能作为证据使用。检察机关审查完毕后,将其发现的证据问题连同监察机关案件审理室发现的问题一并退回调查组调查取证,后经两次补充调查,2019 年 10 月监察机关再次将该案移送检察机关审查起诉。2020 年 1 月,刘某因犯徇私枉法罪,被一审法院判处有期徒刑 3 年。

(二)徐某徇私枉法案

2020 年 6 月,广东省 C 市监察委对该地区检察院原反贪局局长徐某涉嫌徇私枉法罪立案调查。经调查,发现徐某在 2013 年负责办理该地区粮食局贪污系列案过程中,涉嫌利用职务便利帮助涉案人减少已核实的贪污数额、违规认定涉案人投案自首及事后收受当事人贿赂等犯罪问题。徐某到案后,拒不交代有关违纪违法问题,经多次思想教育,突破工作仍未取得实际进展。2020 年 7 月,C 市监察委在外围调查取得充分证据后,依法对徐某采取留置措施,并商请检察机关提前介入指导案件的办理。同年 10 月,C 市监察委以被调查人徐某涉嫌徇私枉法罪将案件移送检察机关审查起诉(期间未有退回补充调查)。2020 年 11 月,检察机关以被告人徐某涉嫌徇私枉法罪向法院提起公诉。2021 年 1 月,法院经审理认定,检察机关指控被告人徇私枉法罪的犯罪事实清楚,证据确实充分,判决徐某犯徇私枉法罪,处有期徒刑 4 年,被告人徐某未上诉,一审判决生效。

二、被调查人“零口供”概述、成因及证据认定存在的主要障碍

(一)被调查人“零口供”概述

被调查人的供述(或称口供)是法定证据种类之一,查证属实的供述可作为证

据，直接证实被调查人作案动机、目的、手段、后果等犯罪情节。“口供作为犯罪嫌疑人、被告人的供述和辩解，对于全面分析研究案情，正确认定案件事实，公正、准确地处理案件，不枉不纵，合理配置司法资源，降低诉讼成本，缩短办案周期，具有十分重要的价值”。[①] 也正因如此，口供无论是在司法机关办理的普通刑事案件中，还是在监察机关办理的职务犯罪案件中，都极受重视。这也是上述案件的刘某、徐某到案后，监察机关力图突破刘某、徐某口供的原因所在。但实践中有不少案件如同刘某、徐某案一样，被调查人到案后拒绝做有罪供述，最终成为“零口供”的案件。

关于“零口供”的定义，理论上，有个别学者认为被告有无罪辩解的不属于“零口供”。“有无罪的辩解，没有有罪的供述，不是‘零口供’；既有有罪的供述，又有无罪的辩解，更不是‘零口供’。”[②]当前的主流观点认为，“零口供”往往是指案件办理过程中涉案人拒不承认犯罪事实或作无罪辩解。“严格来说，‘零口供’是一个没有法律根据的法律概念，说其没有法律根据，是说在我国的立法中，从没出现‘零口供’一词，说其是一个法律概念，是因为创设者确实将其作为法律概念使用，而社会公众也接受了这一‘法律概念’。”[③]法律并没有对“零口供”作出明确的规定，实务中，“零口供”一般是指被调查人在调查阶段、被告人在刑事诉讼的各个阶段，拒绝作有罪供述，或者只作罪轻或无罪的供述（实务中多为后者）。因此，笔者认同实务中关于“零口供”理解的观点，认为监察机关“零口供”案件是指监察机关立案调查后，被调查人从调查阶段直至刑事诉讼阶段均不承认犯罪事实，或不作任何有罪供述，企图逃避刑事责任的案件。“零口供”并非没有口供，而是没有被调查人或被告人的有罪供述，包括调查阶段和刑事诉讼阶段完全否认有犯罪行为的无罪供述和始终保持沉默、不作任何供述的表现。

《刑事诉讼法》第55条第1款规定：“对一切案件的判处都要重证据，重调查研究，不轻信口供。只有被告人供述，没有其他证据的，不能认定被告人有罪和处以刑罚；没有被告人供述，证据确实、充分的，可以认定被告人有罪和处以刑罚。”因此，口供虽然重要，但并非万能，没有口供（“零口供”）的情况下，只要证据确

① 万永海：《关于口供的证据价值的理性思考》，载《法学论坛》2003年第6期。

② 万永海：《关于口供的证据价值的理性思考》，载《法学论坛》2003年第6期。

③ 杨旺年：《“零口供”的科学性解评——兼论正确对待口供、运用口供》，载《西安政治学院学报》2004年第5期。

实、充分,形成完整的证据链,依然可以认定被告人有罪和处以刑罚。同时,《监察法》第40条第1款也规定:“监察机关对职务违法和职务犯罪案件,应当进行调查,收集被调查人有无违法犯罪以及情节轻重的证据,查明违法犯罪事实,形成相互印证、完整稳定的证据链。”该规定再次强调了证据完整性和证据能力等方面的重要性。

(二)被调查人“零口供”形成原因和证据调查认定存在的主要障碍

监察机关肩负起职务犯罪案件的调查后,职务犯罪案件“零口供”现象并未因机构改革而销声匿迹,反而有增加的趋势,问题的产生既有“零口供”自身形成的因素,也有监察体制改革下法规制度等未完善所导致的证据调查认定方面存在的障碍等因素。

1.“零口供”形成的原因

(1)职务犯罪行为主体身份的特殊性

职务犯罪的行为主体多为国家公职人员,不少还是一线的司法工作人员,其熟悉法律法规和司法流程,违法行为具有较强的隐蔽性,认为只要关键证人不说,自己就可以逃避责任的追究。这也是诸多被调查人赖以“高枕无忧”的定心丸。随着反腐败斗争进一步深化,职务犯罪的行为主体为规避风险,越发采取更为隐秘的作案方式,违法尺度把握适中,案件处理适法合程序,从表面上难以直接看出问题。例如,徐某案中,徐某是多年在检察机关从事贪污贿赂、职务犯罪案件侦办的司法工作人员,熟悉刑事法律法规和司法程序,对职务犯罪案件“软肋”很清楚。其2018年1月从检察院“转隶”到监察委后,又担任了案件审查调查室主任,对监察机关办案流程、方式方法等有充分了解。因此,徐某到案后,其表现得从容自信,并未有丝毫害怕或者担心。作为侦办职务犯罪的“前辈”,他认为凭借他自身的法律知识和办案经验,只要他不主动交代犯罪事实,监察委对其就无可奈何,并一度以嘲讽的口气说:“就凭你们也想在我身上办成留置案,只会浪费你们的时间而已。”正因职务犯罪案件行为主体身份具有特殊性的先天条件,注定该类案件的办理往往比普通刑事案件具有更大的挑战与困难。

(2)被侵犯法益的超个体性

职务犯罪中,刑法规范保护的法益为国家和社会的利益,存在超个体性,与普通的公民无直接利益关系。比如:徇私枉法罪,其法益侵害性常常表现为司法工作人员在案件办理中,基于徇私或徇情的渎职行为,与民众个人无直接利益冲突,往往未能引起普通民众及时关注。其相对于日常直接侵害公民人身、民主、财产等普通刑事犯罪案件,缺少积极提供有罪证据的当事人;甚至由于职务犯罪主体身份的特殊性,行为人犯罪后不乏利用职权或者职务形成的便利条件,毁灭、伪造有关证据,干扰证人作证或者串供,使调查陷入更为被动的境地。同时,徇私枉法罪的知情人往往是同案人或者具有请托事项的当事人。但是,同案人往往在案件中受被调查人指示实施了帮助对有罪的人加以包庇,或对无罪的人加以追诉等枉法行为,成为被调查人的帮凶,与被调查人形成共犯关系,俗称"一条绳上的蚂蚱"。而具有请托事项的当事人,又是司法工作人员徇私枉法的"导火索"或者"启动人",具有请托事项的当事人为在刑事犯罪案件中逃避或获得较轻刑事处罚,宴请或者贿赂司法工作人员,与其成为利益上的共同体,形成"一损俱损、一荣俱荣"的关系。因此,同案人与具有请托事项的当事人,基于畏罪等心理,不愿作有罪供述。

2. 证据调查认定存在的主要障碍

监察体制改革后,纪委与监察委虽然属于两个机构,但合署办公,一套人马,是高度合一的党政机关。从权力的来源上看,纪委的党纪监察来自宪法的授权,监察委的国家监察以《监察法》为依托。因此,从权能上看,纪检监察权包括执纪监察权、违法调查权和犯罪调查权。执纪监察权对应的行使主体是纪委,违法调查权和犯罪调查权对应的则是监察委,但是从行为人主体身份、行为危害性的高低等落脚于证据规则上,监察机关应构筑不同的证据规则,以体现差异性和协调性,这也是不同证据价值标准的要求。但在纪委与监察委合署办公体制下,常出现违纪与违法、一般违法与严重违法等问题交织的现象,致使很多本应依法追究法律责任的案件,却以党纪处分结案。《中国共产党党内监督条例》虽然规定了监督执纪运用的"四种形态",理论和实务也对"四种形态"的转化进行了探讨,但由于相互转化在运用上缺乏客观具体标准、政策界限、适用情形、程序要求等统一规定,在第四种形态严重违纪违法向第三种形态党纪处分转化时未能精准把握,可能放纵本应受到法律制裁的犯罪分子。"党纪代替国法,纪律处分取代法律制裁,损害了法律的权威和尊严。"①这主要在于当前纪委和监察委合署办公体制下,证据规则的一元化、等同化,将日常执纪、职务违法和职务犯罪在取证标准上等价视

① 李红勃:《现行纪检监察模式的困境及其法治化改革方向》,载《环球法律评论》2017年第2期。

之。特别是在监察委行使职务违法和职务犯罪调查权时,没有区分调查处置目的(一般违法调查权的行使可以在监察委内部调查处置并作出处分,而严重违法涉嫌职务犯罪的调查权行使,涉及与案件移送司法机关起诉判决的衔接问题)。有的调查部门,在办理一般违纪和职务违法案件过程中,以刑事审判的证据标准去收集、固定、审查和使用证据,出现过度取证浪费资源问题;有的调查部门,在严重违法(职务犯罪)案件中,以一般违纪和职务违法的证据标准取证,导致证据证明力弱,未能通过检察机关的审查,最后案件被退回补充调查,甚至存疑不诉的问题。例如,刘某案中,就因调查组以普通违纪违法案的证据标准调查取证,导致证据能力不足、证明力弱而两次被退回补充调查的情况。这类问题发生的根源在于监察机关内部纪法衔接和外部法法衔接,采用一元化的证据标准,未能构建起多元的证据标准体制,以做好监察证据与刑事司法证据的衔接。

3. 监察证据与司法证据衔接的不连贯性

为确保监察证据可作为刑事诉讼证据直接适用,《监察法》第33条确立了监察委通过监察调查程序收集的证据可认定为刑事诉讼证据,解决了法法衔接中证据适用难的问题,但这种未将以职务处分为限的职务违法调查和涉及刑事司法审判的职务犯罪调查加以区分,而盖然性赋予其具备刑事司法证据标准的做法,难免有些操之过切。另外,在证据种类上,《刑事诉讼法》及相关司法解释明确规定了八大类证据,并对每一类证据规定了详细的收集措施,对不符合规定的证据依法予以排除。相比之下,《监察法》关于证据审查认定的规定就显得过于粗疏,如第33条第2款规定的"监察机关在收集、固定、审查、运用证据时,应当与刑事审判关于证据的要求和标准相一致",在表述上并未进一步对如何"收集、固定、审查、运用证据"在效力层面进行限制,监察机关在收集、固定、审查和运用上缺乏明确的规定去指导操作。这导致监察证据移送司法机关审查起诉后,证据的证明力和合法性未能在法律层面实现完全的对接。又如,《监察法》第27条规定:"监察机关在调查过程中,对于案件中的专门性问题,可以指派、聘请有专门知识的人进行鉴定。鉴定人进行鉴定后,应当出具鉴定意见,并且签名。"但对鉴定后不签名的后果未进一步作出规定,《最高人民法院关于适用〈中华人民共和国刑事诉讼法〉的解释》第98条对此则作出明确规定,对于鉴定文书缺少签名、盖章的,不得作为定案的根据"。刘某案中,调查组聘请他人鉴定后,出现鉴定人未签名的情况,正是因为调查组调查取证的法律依据《监察法》未对此作出强制性要求,调查组又没有树立《刑事诉讼法》证据标准意识。再者,言词证据上,《监察法》规定了被调查人供述和辩解这一类型的证据,但是《刑事诉讼法》的言词证据中并没有规定被调查人供述这一种类,与之相类似的有犯罪嫌疑人和被告人的供述、辩解。诸如此类的问题,因《监察法》较《刑事诉讼法》在细节规定上存在缺失,致使监察证据与刑事司法证据在衔接中出现断层。

4. 商请检察机关提前介入标准的模糊性、时间的随意性和工作方式的单一性

《监察机关监督执法工作规定》第 55 条和《人民检察院提前介入监察委员会办理职务犯罪案件工作规定》第 4 条等都规定,监察机关办理的重大、疑难、复杂职务犯罪案件在进入案件审理阶段后,可以书面商请同级检察机关提前介入。相关规定的出台,为检察机关介入职务犯罪案件的调查,弥补权力属性差异,理顺监察调查权和检察起诉权的衔接提供了依据,但由于相关规定过于原则和概括,缺乏具体操作可行性,实践中在理解和使用上存在一定的出入。主要的问题表现在三个方面:一是提前介入实体筛选的标准模糊。介入针对的是"重大、疑难、复杂职务犯罪案件",但对何谓重大、疑难、复杂的案件,缺乏明确具体标准,各地监察机关运用不统一,有的地方适用频繁,有的地方较少适用,出现提前介入工作的随意性。二是提前介入工作时间的不确定性。对于监察机关商请检察机关提前介入办案的时间,各地监察机关的做法更是五花八门,虽然《监察机关监督执法工作规定》规定商请检察机关提前介入时间是在案件进入审理阶段后,也就是监察调查工作已经完成,对案件事实和证据进行审核阶段,且是在履行书面商请等正当手续后才进行介入。但是,实践中不少地方监察机关并未能遵守相关规定,常出现在调查阶段直接口头商请检察机关介入帮助审核把关的现象,有的地方甚至在案件初核未立案阶段,就口头商请检察机关帮助分析研判案情。另外,还有的地方监察机关在案件留置期限届满前才商请检察机关提前介入,导致介入时间较为仓促,影响介入效果,或者从不商请检察机关提前介入,影响案件质量的问题。例如,刘某案中,调查组在无法突破被调查对象口供及取证标准不规范情况下,也未曾商请检察机关提前介入给予指导,致使案件后期陷入被动局面。三是提前介入工作方式的单一性。当前,检察机关提前介入监察机关职务犯罪案件后主要是通过听取监察办案人员介绍、查阅卷宗文书和证据材料熟悉案情后,有针对性地提出案件事实和证据上存在的问题,并进一步提出补证的建议,从而提高证据质量、增强审查起诉的针对性和有效性。但除对案件事实证据进行审核把关外,检察机

关作为法律监督机关,对监察机关的职务犯罪调查活动具有法律监督权,提前介入过程中是否可依职权同步实现对调查活动的法律监督,以及发现监察调查存在非法取证、侵害被调查人合法权益等问题的是否有权处置或者如何处置,这些问题当前并没有得到解决。

5. 调查人员的非专业化及办案设备、技术的落后性

职务犯罪调查的专业化是社会发展的需要,这是由于当前职务犯罪活动越发复杂化、智能化和隐秘化,增加了调查取证的难度,只有专业的办案人员才能确保案件办理的效率和质量;同时,社会文明化和法治化的发展,对职务犯罪调查工作提高了要求和标准,只有专业化的队伍才能胜任这类工作。监察委成立之际,为加强对职务犯罪的查处和打击,将职务犯罪调查权限转移到监察委的同时,也将检察院的职务犯罪侦查人员“转隶”。但监察委成立后,职务犯罪调查效率和成果并未达到预期中的加强。一方面,《刑法》关于国家工作人员渎职罪中的徇私枉法罪、放纵走私罪等几十个渎职罪名与纪检监察机关原有的工作职能较为疏远,对纪检监察机关原工作人员来说也较为陌生,在思想上不重视对这些职务犯罪案件的查办,甚至不知如何去查办。上述刘某案调查阶段取证上的诸多失败,根源在于调查人员的非专业化,将职务犯罪案件当作一般违纪违法案来查办。这也是监察委成立三年多时间以来,各地监察机关查办职务犯罪案件的主力军大多为检察院原“转隶”干部的原因。另一方面,检察院的职务犯罪侦查人员“转隶”监察委后被分散编入纪检监察机关各个科室部门,查办职务犯罪案件只占其日常工作很少的一部分,大量时间从事纪检监察机关党纪政务案件的办理或其他监督执纪工作,没有发挥出查办职务犯罪案件应有的效果。再加之,新成立的监察委,在办案设备、调查技术方面并没有跟上时代发展步伐,在大数据分析、技术调查等方面一片空白,一些必要的调查技术装备由于软件系统配备不足,调查方法基本上是“专案调查+群众路线”,调查手段又仅以谈话及外调所能够取得的资料为限。比如,在调查信息收集中,调查人员收集身份、财产、通话记录等证据性信息,缺乏对信息进行综合分析和深度挖掘的意识和能力。有的虽部分配备到位,但缺乏专业技术人员,造成技术装备使用率不高等问题。在科技化、信息化日益重要的今天,监察机关在这方面的短板,常常导致其对职务犯罪案件的查办显得心有余而力不足。例如,上述徐某案,徐某到案后,监察机关依法暂扣其手机等随身物品,同时调取了其通话清单,但由于监察机关缺乏对信息进行综合分析和深度挖掘的能

力，一时对调取回来的海量信息不知从何下手，徐某也因此增强了其“零口供”的底气。

三、探索新形势下疏解职务犯罪“零口供”难题的路径

（一）规范监察证据与司法证据的衔接

1. 构建不同梯度的证据证明标准

职务犯罪的调查任务是查明事实和收集证据，而事实的查明以证据是否充分为本。换句话说，办案就是办证据，办案质量的高低取决于证据质量的高低，因此，证据裁判主义要求案件事实的认定必须以证据为依据。从证据的本质上看，无论是纪委执纪、监察委执法还是刑事司法，在认识论层面和价值论层面都具有一致性，都必须坚持实事求是，要求办理的案件做到事实清楚，证据确凿。这是构建不同证据规则的价值基础。但在规范标准层面，纪检监察的证据规范与刑事司法的证据规范又存在较大的差异，如《监察法》规定的相关证据审查认定规则相比《刑事诉讼法》显得较为粗疏。差异的原因是纪检监察和刑事司法在证据上采用不一致的价值标准。刑事司法的规范标准以打击刑事犯罪、保护人民利益为目的进行设计，解决的是敌我矛盾关系，《刑事诉讼法》要求刑事司法的证据必须达到定罪量刑的事实都有证据证明，据以定案的证据均经法定程序查证属实，综合全案证据，对所认定事实已排除合理怀疑的程度。但是纪检监察查办案件，在打击违法行为的同时，更多偏向于教育并挽救干部，从“四种形态”中第四种形态向第三种形态的转化可见一斑。因此，监察证据的价值标准根据处置目的应设立不同的证据证明标准，既不可过高也不可过低。监察证据中职务违法案件的证据标准如若定得过高，则会使本应以职务违法处理的行为因证据不足而逃避政务处理；同理，监察证据中职务犯罪案件的证据标准如若定得过低，则会使收集的证据无法达到刑事司法标准而逃避刑事责任。所以，一般违纪和职务违法的证据标准，是以解决人民内部矛盾、挽救干部为理念而制定的，对证据的规范要求自然达不到也没有必要达到刑事司法审判的要求；而职务犯罪行为，属于严重危害人民民主专政的敌我矛盾的问题，对其证据标准应以打击敌人的价值标准设计，需要慎之又慎，制定细致、严谨和科学的规范标准，以《刑事诉讼法》为标准是本质使然。因此，根据行为的危害性、不同案件性质及处罚程度差异所要达到的不同证明标准，以一般违纪、职务违法、职务犯罪进行三元划分，可构建三个梯度的证据证明

标准。第一梯度是一般违纪的证据标准,第二梯度是职务违法的证据标准,第三梯度是职务犯罪的证据标准,三个梯度相互衔接、层层递进,从而设立起体系完备的证据审查认定规则。

2. 完善检察机关介入制度以提升监察证据的证明力和合法性

商请检察机关提前介入职务犯罪案件,是加强互相配合、互相制约,提高职务犯罪案件的质量和效率的重要机制。但由于当前介入工作中存在介入案件类型和范围的模糊性、介入时间的不确定性及介入工作方式的单一性等问题,需进一步规范和细化介入制度。针对介入工作存在的问题,对监察机关商请检察机关提前介入的案件可以从以下几个方面来把握:

一是明确限定可提前介入的案件范围。综合考量职务犯罪案件的特点和检察机关资源配置情况,以案件达到一定的标准作为介入的前提,而不是所有的案件都需介入。根据商请介入案件需达到“案情重大、疑难、复杂”的要求,进一步细化,制定可操作性强的介入标准,列举可提前介入案件的范围,以利于法律统一适用。比如,就案情的“重大”而言,可从案件涉及的金额、涉案人员的身份级别、涉案人员适用的刑罚类型、涉案行为造成的后果及对社会造成的影响等方面去把握。对于“疑难、复杂”,可从涉案人员数量、地域跨度、时间跨度,以及证据收集固定难易程度、定罪定性、涉罪金额确定等方面存在的分歧和争议去把握。

二是规范提前介入的时间节点。2020 年 12 月,《关于加强和完善监察执法与刑事司法衔接机制的意见(试行)》中规定了监察机关商请人民检察院提前介入时间一般为案件进入正式审理阶段、拟移送人民检察院审查起诉 15 日以前。该意见的出台,为规范提前介入的时间节点,防止随意介入案件的发生提供了保证,但由于监察调查在时限上相比以往的刑事侦查更为严格,案件至移送审理阶段时,调查已初步结束即将移送审查起诉,待检察机关介入后发现问题建议补证时,时间已较为仓促,特别是在那些罪与非罪、疑难复杂案件或者社会舆论高度关注的案件中,问题更为突出。因此,在特殊案件中,监察机关需要更早与检察机关沟通,留给检察机关充分的弹性时间,商请检察机关介入应根据具体案件具体分析,不宜作统一的规定。例如,根据案件复杂程度,可在案件调查和审理阶段申请介入。调查阶段的介入可规定在案件立案后商请进行,以引导监察机关调查取证、辨别罪与非罪的问题;审理阶段的介入可规定在案件调查终结移送审理后商请进行,以强调程序的正当性、证据链的完整性等方面的工作。

三是倡导介入审查工作方式的多样化。《监察机关监督执法工作规定》第55条和《人民检察院提前介入监察委员会办理职务犯罪案件工作规定》第4条规定，监察机关办理的重大、疑难、复杂职务犯罪案件在进入案件审理阶段后，可以书面商请同级检察机关提前介入。但在介入模式、介入程度和协作深度等方面没有明确的规定和统一的操作规范，目前监察机关商请检察机关提前介入重大、疑难、复杂案件还是以引导调查取证为主，对于检察机关作为法律监督机关，对在介入工作中发现的涉嫌非法证据是否具有审查权和排除权、对调查人员利用职务便利侵害被调查人合法权益等不当行为是否具有监督权和处置权等，并无明文规定。完善介入工作机制，可从两个方面着手：一方面是细化检察机关介入工作的方式方法，介入工作侧重“引导”的同时兼顾“监督”的工作职能定位。在引导调查取证优先的基础上，兼顾对调查工作的监督，如对调查主体身份、非法证据排除、留置救济（被留置对象向检察机关申诉权）等方面进行监督，并由检察机关将有关情况向监察机关提出书面反馈意见。另一方面是监察机关论证并落实反馈意见。对检察机关介入后提出的反馈意见，监察机关需建立内部论证机制，除充分考虑检察机关关于案件事实认定、案件定性、法律适用等的反馈意见外，还应对反馈的关于非法证据排除、程序不当等问题及其他调查人员涉嫌违纪违法线索（如刑讯逼供），根据监察机关内部审核机制交有关部门处理。当前监察机关自上而下设立了纪检监察干部监督室，负责对纪检监察干部执纪执法等方面进行监督，同时也设立了案件审理室，对案件在调查完毕移送检察机关审查起诉前进行案件质量的审核把关。因此，对于检察机关提前介入工作中发现的调查人员涉嫌违纪违法线索问题可由纪检监察干部监督室负责处理，对调查人员非法取证和非法证据排除程序等案件质量方面问题可由案件审理室负责。

（二）推动职务犯罪调查部门职业化和队伍建设专业化

监察体制改革后，从中央到地方的纪检监察机关在内设机构上进行了调整，以地方地级市监察机关为例，内设机构成立了办公室、组织部、宣传部、政策法规研究室、信访室、案件监督管理室、党风政风监督室、纪检监察干部监督室、案件审理室、第一至第四监督检查室、第五和第十审查调查室等部门，目前全国监察机关已完成这一层次的专业化改革。与职务违法和职务犯罪案件调查工作有关的部门主要是审查调查室和案件审理室，审查调查室是监察机关的主要调查部门，负责对违纪、职务违法、职务犯罪案件线索的审核、立案和调查取证等工作，案件审理室负责审查调查工作完成后的案件审理，决定案件最后的处理(违纪违法的处分、涉嫌职务犯罪的移送检察机关起诉)。这种将职务犯罪案件交由审查调查室负责的方式，体现了监察机关犯罪调查工作专业化的发展趋势，纪检监察人员从原来的“通才”向“专才”进行转化。但同时也要看到这仅是监察机关专业化分工的开端，将一般违纪违法案与职务犯罪案统一交由审查调查室负责，并没有解决好职务犯罪案件调查职能化专业化的问题。从当前地方监察机关的立案数来看，职务犯罪案件的立案数一般仅占十分之三左右，其余均是普通违纪违法案，对该类案件的查办，占据调查人员大量办案时间，职务犯罪案件的查办难以实现专业化、精细化。因此，建议将职务犯罪调查职权从监察机关的一般违纪违法审查调查职权中分离出来，成立相对独立部门负责，以实现对职务犯罪调查工作的集中统一领导。当前广东有些地方监察机关办理的职务犯罪案件，开始采取由统一领导负责，抽调监察机关各审查调查室及县区监察机关办案骨干组成联合调查组的模式，集中力量办理大案要案，提升了办案的效率和质量，取得较好的政治效果和法律效果，也为进一步深化监察体制改革，设立职务犯罪调查部门提供了借鉴。

此外，职务犯罪调查的专业化，除了职能部门的专业化外，更重要的是调查人员的专业化。实现新时代职务犯罪案件调查工作的高质量发展，关键是要建设高质量专业化的监察干部队伍。首先，要坚持德才兼备原则，设定监察干部入职、选用门槛，加大干部培养管理和选拔任用工作力度，优化领导班子和干部队伍结构，注重引进党建、法律、财政、审计等各方面人才，完善纪检监察干部考核评价体系，为推进高素质专业化监察队伍建设，推进监察工作规范化和法治化提供保障。其次，要让干部到调查一线工作中去磨炼，推动以案代训、强化实战练兵，让干部在实践锻炼和专业训练中成长成才，不断提高纪检监察干部的政治素养和依法调查的本领，促进调查人员在办案技能、专业素养、价值观念等方面的提升。

(三)确立以书证为主线的证据审查模式

“客观性证据因其自身稳定性强，成为证明案件事实最有力的证据。优先收集和审查客观性证据，是刑事司法证据运用的基本遵循。”[①]书证，是以文字、符号、图形等所记载内容或表达的思想证明案件事实的证据。书证自身的证据力具有

---

① 高键:《如何审查客观性证据——以物证书证审查为主线》，载《山东审判》2015年第6期。

双重性,即形式证据力和实质证据力。“书证是记载人的思想的诉讼证据资料,判断其证据力必须经过两个阶段,即首先判断文书所表达的思想是否为某人的思想,即该书证是否被伪造。这一过程所判断的书证证据力称为形式上的证据力,也叫文书成立真实。在肯定没有被伪造的情况下,才能认定该书证在何种程度上证明争议的案件事实,即对文书内容的证明力价值进行判断,称为实质上的证据力。”①通过对书证的形式判断和实质判断,便于辨明犯罪事实的真伪。正因如此,在证据体系中,书证作为最具有客观性的证据,既能客观反映刑事案件中的犯罪事实,也由于与其他证据联系密切,从而起到验证其他证据真实性的作用。正如美国学者所言,其“仅是一项规定原始文字材料作为证据有优先权的简单原则”。② 此看法指出最佳证据是“原始文字材料”构成的书证,即认为书证是刑事案件中的最佳证据。比如,调查组查办徐某案过程中,就确立了以书证为主线的证据审查模式,通过对调取的书证的审查,发现徐某口供与书证记录的客观事实相矛盾的问题,对推断、证实徐某的违法主观目的起到重要作用,并进一步挖掘出徐某诱导其他证人作伪证等违法问题。需要注意的是,书证虽具有很强的证据能力,但要使书证成为适格证据,取证上还要看书证的取得是否符合法律规定,即书证的合法性。实践中,应注重书证收集程序的合法性,或来源正当性。如果不能证明书证的来源,就无法排除伪造证据的可能性,进而无法确保书证自身具有的客观性和关联性。因此,收集书证的程序是否合法,反映到案卷中就是收集程序所要求的相应法律手续是否齐备;对调查人员来说,就是收集书证的过程中,调查人员必须办理相关法律手续,依程序进行。同时,应注重证人对书证的辨认及辨认的规范性。实践中存在证人明确表示见过或记录、签写过有关书证,却未组织辨认,或辨认过程不规范,将对书证的辨认夹杂在询问中进行,没有制作独立的辨认笔录等问题。

(四)注重言词证据的把握与收集

1. 双向审查被调查人的供述与辩解

“零口供”案件中,被调查人一般闭口不言,或者重复辩解其行为不具刑事违法性,拒不认罪。被调查人的辩解有时真假难分,真实性与虚假性并存,具有一定

---

① 洪冬英:《论书证复制件的证据效力》,载《政治与法律》2011 年第 6 期。

② [美]乔恩·R. 华尔兹:《刑事证据大全》,何家弘等译,中国人民公安大学出版社 1993 年版,第 335 页。

程度的复杂性,为防止被调查人意图以辩解逃避责任追究,应对被调查人的辩解进行审查,可通过双向审查的方法进行。“所谓双向审查就是,一方面,正向审查犯罪嫌疑人的辩解,以辩解中的案件信息为线索进行调查取证;另一方面,通过对现有证据的分析判断,反向审查辩解中的不实之处,从而实现对辩解的‘否定之否定’。”①双向审查法的基本策略主要是巧妙运用被调查人的辩解,是以调查的资料和一定的技巧去证实或证伪其辩解的一种审查方法。

双向审查应注意的是,一方面,多方调取有关书证、视听资料(如同步录音录像资料)、其他证人证言等证据,逐一反驳被调查人的辩解事由,“堵死”其辩解的退路。证据的客观性决定了证据是辨别被调查人辩解真实与否的重要途径,职务犯罪“零口供”的,应注重调查取证方向的改变。同时,注重对被调查人心理动向的研究,抓住被调查人矛盾的心理,寻找案件突破口。另一方面,对被调查人口供取证的过程中,应注重言词证据取证的合法性。证据的合法性,不管是在《监察法》还是在《刑事诉讼法》的规定中都是极其重要的问题。关于何谓证据的合法性,理论界尚未达成共识,有学者认为,“证据的合法性,指的是证据的法律符合性与价值符合性的统一。前者是指证据的取得与使用要符合法律的规定,后者是指证据的取得与使用要符合诉讼活动的价值要求”②。证据的合法性是案件能否移送起诉和判决是否有罪的重要根据,审查与运用证据查明案件事实,贯穿整个刑事诉讼活动。根据《刑事诉讼法》第6条确立的司法机关进行刑事诉讼活动必须“以事实为根据,以法律为准绳”原则,以及第56条的“非法证据排除规则”,要在职务犯罪案件调查中确立非法证据排除规则,严禁以威胁、引诱、欺骗及其他非法方法收集证据,严禁侮辱、打骂、虐待、体罚或变相体罚被调查人,以违法方法收集的证据应当依法予以排除,不得作为案件处置的依据。党的十八届四中全会决定要求推进以审判为中心的诉讼制度改革,同时明确提出“全面贯彻证据裁判规则”。因此,“监察委调查处置职务犯罪案件,同样应当落实四中全会精神,贯彻证据裁判原则”③,坚持以事实为依据、以法律为准绳,依法收集证据、鉴别证据,注重形成合法稳定的言词证据。这是为加强人权保障、防范冤假错案所要求的必须贯

① 刘建中、蒋和平:《审判中心视野下“零口供案件”侦查取证问题研究》,载《中国刑警学院学报》2017年第1期。

② 刘昂:《〈监察法〉实施中的证据合法性问题研究》,载《证据科学》2018年第4期。

③ 卞建林:《监察机关办案程序初探》,载《法律科学(西北政法大学学报)》2017年第6期。

彻的证据裁判原则。日常调查审讯中，在采取灵活多变的讯问技巧以突破被调查对象思想防线的同时，还要注重讯问方式的合法性，避免出现威胁、引诱、欺骗等非法取证的行为。这要求监察机关对被调查人讯问时应做好录音录像，对言词证据取证的合法性和真实性负责，提升被调查人言词证据的证明力。

2. 重视对其他证人证言的取证

“鉴于职务犯罪案件的特殊性和监察机关的政治属性，言词证据尤其是证人证言、被调查人供述和辩解是绝大部分职务犯罪案件的主要证据，乃至关键证据。”①在“零口供”案件中，突破关键证人，获取证人证言，对整个案件调查的成败至关重要。案件中，证人的拒证动力来源于其心理，打消证人的拒证心理，扫清其心理障碍，是取得证人证言的关键。比如，徇私枉法案中，证人证言主要包括两个方面：一是被徇私或徇情关联人的直接证言，二是指导或协助徇私枉法相关工作人员的证言。这两类证人往往都是案件的关键证人。关于“徇私”“徇情”，刑法中有“徇私枉法”“徇情枉法”的立法用语，但对于徇私的含义并没有法定解释，理论上，徇私有目的说、动机说、行为说、客观方面表现说，目前主流的观点是动机说。“从《刑法》第399条第1款的规定来看，其中的徇私主要是指行为人的一种主观动机，并不要求这种犯罪动机必须客观外化为一种徇私行为。”②因此，从“徇私”的动机说出发，获取关键证人的证言是证实被调查人在司法业务中存在利用职务便利枉法的关键。

关键证人的直接证言，不仅可以直接反驳被调查人、作为直接判定案件的依据，也可以作为收集其他各种线索最直接和最有效的来源。调查组可以通过关键证人的供述，了解请托事由、时间、地点、受益、权钱交易、案件违法点等信息，并进一步调取案卷文书和通信、银行账目记录等资料。核实关键证人证言的同时，强化证据证明力。例如，上述徐某案中，在徐某拒不交代犯罪事实的情况下，调查组找到关键证人方某，方某一开始由于存在畏罪心理，害怕如实供述会“连累”自己而拒不交代。调查组针对方某的心理，做好其思想工作后，其逐渐交代了对徐某的请托事由和徐某利用职务便利给予其受益的情况，以及宴请、贿赂的时间、地点等细节。随后，调查组据此调取了相关通信和银行转账记录，以及宴请吃饭和购

① 兰跃军：《论监察证据在刑事诉讼中使用》，载《证据科学》2018年第6期。

② 张红艳：《徇私枉法罪的司法认定——以一起案例的实证分析为视角》，载《行政与法》2009年第7期。

买礼品的票据,验证方某证言的同时,也给予徐某有力的回击。

因此,在对证人取证时,必须要了解和把握证人的拒证心理,从而对症下药。例如,对于普遍存在畏罪心理的证人,其畏罪主要源于证与不证的矛盾,既怕作证致使自身涉案行为受到处罚,又怕不作证因态度不好而受到更为严厉的处罚。对该类证人,谈话时要围绕"罪"字开展工作,利用其心里矛盾而因势利导,促使其作证。具体实践中,首先,要对其施加罪责压力,证人怕什么,调查人员就要运用什么,让其明白自己行为已经触犯国法,没有讨价还价的余地,说假话、作伪证也要承担法律责任,即使其不配合作证,依然可对其进行惩处,使其明白除了如实交代问题,没有其他出路可走。其次,对证人施加压力后,要给其留条后路,让其感觉到其在案件中只是个证人,主要针对的对象并不是他,其只要主动配合调查作证,就可获得从轻或免予处理,打消其畏罪心理,促使其如实交代问题。最后,调查人员可适当站在证人的角度去思考问题,表明其一定程度上也是案件的受害者,策略性地表示同情与理解,让其感觉到调查人员通情达理,关心自己,只要肯配合调查作证就可能不会受到处罚,从而打消其畏罪的心理顾虑,促使其如实作证。

(五)构建起以间接证据为支撑的职务犯罪推定规则

推定是根据案件中已查明的基础事实,基于一种盖然性,所作的事实"假定",伴随着证明责任转移和证明标准降低。[①]《刑事诉讼法》第56条的非法证据排除规则及《监察法》第40条的规定表明,单纯的口供不足以认定被调查人有罪,但如果其他证据能够排除合理怀疑,形成完整的证据链,即使没有被调查人的口供,也可以认定被调查人有罪。除言词证据外,实践中,常常通过调取的书证和其他间接证据,运用逻辑推理、证据规则,合理推定出犯罪事实,实现对被调查人的刑事归责。推定规则的创设是将本应由控告一方承担的证明责任转移到被告一方,是常规证明机制的例外。推定规则的设立需综合考量控方举证的困难性、反证的难易程度、查清的事实与推定事实之间是否具有合理逻辑关系等。相比直接举证,推定规则在监察机关举证证明极为困难的前提下方可使用,建立在监察机关在前期调查工作中针对推定事实做了大量基础调查工作的基础上,所调查的工作与推定的事实具有逻辑上的合理关系,相对被告方表现为排除各种合理怀疑的优势证据。实践中,这种基于大量基础工作的优势证据常表现为某些间接证据。相比直

① 参见龙宗智:《薄熙来案审判中的若干证据法问题》,载《法学》2013年第10期。

接证据而言,间接证据的搜集数量往往较多,是证据中最常见的形态,间接证据由于其数量上的可得性和逻辑上的可推论性成为必须予以重视的对象。"实际上,与直接证据相比,间接证据才是证据最常见的形态。"①要实现对徇私枉法事实的认定,就必须要注重对隐蔽散落、看似逻辑杂乱的间接证据的收集,这些看似不重要的间接证据往往是认定案件事实的关键证据,尤其是在被调查人"零口供"的情状下,需要凭借间接证据的数量和关联性,在间接证据相互印证、环环相扣情况下,形成完整、严密和闭合的证据链,对事实作出准确认定。

"印证,是指两个以上的证据在所包含的事实信息方面发生了完全重合或者部分交叉,使一个证据的真实性得到了其他证据的验证。与一般意义上的'证明'不同,印证不是指一个证据对案件事实或信息的简单揭示,而是描述了两个以上证据相互之间的验证关系。"②为确保证据的真实性和证明的准确性,法律与司法解释都强调证据间的相互印证,相互印证的标准为达到没有无法排除的矛盾和无法解释的疑问。实践中,证据间能够相互印证的,将被赋予非常强的证明力,相反,如果不能找到有关证据与之相印证,该证据则很有可能被弃之不用。间接证据的联系性或相关性主要考察的是单个证据与待证事实之间的关联性、间接证据间的关联性,以及关联间接证据与最终待证事实的关联性。通过间接证据的推定结果定案除考虑证据间的印证和关联性外,还要运用一定的归纳推理或演绎推理等方法。"实际上,间接证据定案,最重要的是推理和推论的适用。"③因此,以间接证据为支撑的证据推定规则也是以证据的相互印证和关联性为基础,在符合逻辑和经验的判断下,经过推定得出待证事实成立的结论。

结　语

监察机关对职务犯罪的调查程序虽有异于司法机关的刑事诉讼程序(前者执行的是《监察法》,后者执行的是《刑事诉讼法》),但监察机关调查终结的职务犯罪案件,最终也要移送司法机关接受其审查和审判。《监察法》第 33 条的规定也已表明,监察机关对职务犯罪案件的调查取证,在取证规范、证据规则和证明标准上与刑事诉讼并无区别,证据的标准和要求以《刑事诉讼法》及其配套司法解释的

---

① 郭天武、严林雅:《间接证据质证问题研究》,载《政法学刊》2017 年第 4 期。
② 陈瑞华:《论证据相互印证规则》,载《法商研究》2012 年第 1 期。
③ 郭天武、严林雅:《间接证据质证问题研究》,载《政法学刊》2017 年第 4 期。

规定为依据。针对职务犯罪案件的调查,特别是在职务犯罪“零口供”情状下,监察机关通过构建不同梯度的证据证明标准、完善检察机关提前介入制度、提高调查人员专业化水平、确立以书证为主线的证据审查模式等途径,以破解监察调查证据认定中监察证据与司法证据衔接不畅等问题,是当前监察体制改革自我完善的需要。在这个过程中还会面临其他的难题和困境,这些难题和困境的解决,既需要实践的反复打磨,也需要理论的深入研究。

监检衔接语境下提前介入制度的完善

孙　君*

[摘要]　监察体制改革后,检察机关提前介入职务犯罪案件经过三年多的实践探索,已经取得了一定的成效,但是也面临一些亟待解决的问题。从法理层面分析,检察机关提前介入监委办理的职务犯罪案件既具有诉权保障、协助调查的价值又具有法律监督的价值,同时也具有相应的法律支持。检察机关提前介入监委案件具有一定的随意性,为此应当对提前介入的范围进行限制,同时检察机关应当对监委申请检察机关提前介入进行审查。此外,对提前介入的时机、方式、名义等具体的程序均应当有所规范。只有明确现阶段提前介入存在的问题,理解其背后的法理,完善其制度,才能充分发挥检察机关提前介入监委办理的职务犯罪案件的价值。

[关键词]　提前介入　职务犯罪案件　监察委员会　监检衔接

一、问题的提出

2018年3月,《宪法修正案》和《监察法》在全国人大正式通过,这意味着我国监察体制改革正式完成,职务犯罪的追诉格局正式改变,由职务犯罪的侦查与审查起诉都由检察机关统一办理变更为监察机关调查与检察机关审查起诉的新局面。全新的职务犯罪追诉格局集中更多资源打击腐败,更好地衔接监察机关各项调查程序,减少了调查的重复和拖延,确实有一定的积极作用,但是也存在一些问题。比如,留置措施与刑事强制措施的适用标准有一定的区别,监察机关调查的

---

* 孙君,江苏宿迁人,宿迁市人民检察院五级检察官助理。

内容与检察机关审查起诉的标准不统一。为了更好地解决这些问题,检察机关的提前介入被运用到监委办理的职务犯罪案件当中。研究与检察机关提前介入监委办理的职务犯罪案件相关的内容和问题,一方面可以更好地规范和完善监检衔接工作,另一方面也落实了"以审判为中心"的刑事诉讼制度改革的要求。

经历了三年多的实践摸索,最高人民检察院、省人民检察院、市人民检察院、县(区)人民检察院这四级检察机关都对职务犯罪案件的办理有了不同程度、不同方法的摸索与尝试。通过与监察机关的不断磨合、协调,检察机关的提前介入逐渐具有规范性。比如,北京市朝阳区检察院对监委办理的职务犯罪案提前介入比率高达87.5%,而且在监委调查阶段、审理阶段均有提前介入,且每个阶段提前介入的目标不同,在调查阶段进行提前介入倾向于区分罪与非罪、引导取证,在审理阶段进行提前介入倾向于协助监察机关完善所收集的证据以及审查程序是否符合规范。[①] 上海市检察院成立了20多个职务犯罪检察官办公室,对接监委办理的职务犯罪案件,保障检察机关与监察机关的顺利衔接。但是,在具体实践过程中,提前介入仍然存在很多问题,如提前介入案件具有一定的随意性、介入的主体不一致、介入的时机不确定、介入的方式不明晰、留置措施不完善等,这些问题都需要进行系统的探讨。

二、检察机关提前介入监委办理的职务犯罪案件的法理剖析

检察机关提前介入公安办理的侦查案件可以追溯至20世纪80年代初,至今已经历了三十余年的实践探索,尤其是对近期涉疫情的社会焦点案件,检察机关第一时间派员介入,有利于案件的侦破和证据的固定。比如,江苏省沭阳县检察院第一时间提前介入一起利用电信网络实施的涉及9省50万元的特大防疫口罩诈骗案,为公安机关证据收集、案件定性、法律适用提供了建议和意见,有助于案件的迅速侦破。检察机关提前介入机制能保持如此持久的生命力,得到侦查机关和大众的认可,一方面是宪法法律明确规定检察机关是国家法律监督机关,检察机关通过提前介入重要的刑事案件,实现了对侦查机关动态、主动、同步的监督。[②] 另一方面是其能够为侦查机关就证据标准、事实认定、案件定性及法律适用等方

---

① 参见马迪、李晓娟:《监察体制改革背景下检察机关开展职务犯罪检察工作的实证研究——以北京市朝阳区人民检察院职务犯罪检察工作为研究对象》,载《中国检察官》2018年第17期。

② 参见朱全宝:《论检察机关的提前介入:法理、限度与程序》,载《法学杂志》2019年第9期。

面提供具体意见和建议，侦查机关可以借此提高侦查质量，避免侦查结果在后续的审查起诉阶段被否定性评价。①

然而，监察机关的监察调查措施毕竟与侦查机关的刑事侦查措施不一致，虽然《监察法》规定的监察机关的12项监察调查措施与《刑事诉讼法》规定的部分刑事侦查措施具有一定的相似之处，但是他们仍存在本质区别，由此决定对检察机关提前介入监委办理的职务犯罪案件的定位、法律依据和意义需要进行特别的分析。

（一）检察机关提前介入监委办理的职务犯罪案件的定位

对于检察机关提前介入监委办理的职务犯罪案件的定位，理论界和实务界有不一样的看法，主要有三种观点，即"公诉准备说""协助调查说""法律监督说"。"公诉准备说"认为提前介入是公诉职能的拓展，检察机关通过提前介入监委办理的职务犯罪案件，对已经收集的证据进行审查，对案件调查的合法性和客观性进行审查，研究该案件是否符合审查起诉的条件，完善职务犯罪案件的证据体系，提高司法效率，方便检察官行使控诉职能。② "协助调查说"认为提前介入是检察机关协助监察机关进行案件调查，为监察机关在收集证据材料、认定案件事实、准确定性案件、正确适用法律等方面提供意见和建议，这样可以规范监察机关的取证工作。"法律监督说"认为检察机关提前介入是宪法法律明确规定的，检察院是国家的法律监督机关，检察机关通过提前介入实现对监察调查权的监督。③ 若检察机关在提前介入职务犯罪案件的过程中坚持"公诉准备"和"法律监督"会导致监委引入检察机关提前介入的动力不足，因为监委引入提前介入是为了获得检察机关的协助，而不是为了监督。若检察机关在提前介入职务犯罪案件的过程中坚持"协助调查"将会出现检察机关对于提前介入不积极情况。而且，如果检察机关完全以协助者的身份介入调查，可能会导致检察机关以提前介入意见代替审查起诉意见，检察机关对于自己协助调查的证据和事实，不具有推翻和审查的能力。④

所以，为了确保检察机关和监察机关对于提前介入制度适用的积极性，应当

① 参见吕晓刚：《监察调查提前介入实践完善研究》，载《法学杂志》2020年第1期。

② 参见陈兴良：《诉讼结构的重塑与司法体制的改革》，载《人民检察》1999年第1期。

③ 参见但伟、姜涛：《侦查监督制度研究——兼论检察引导侦查的基本理论问题》，载《中国法学》2003年第2期。

④ 参见吕晓刚：《监察调查提前介入实践完善研究》，载《法学杂志》2020年第1期。

均衡“公诉准备说”“协助调查说”“法律监督说”。检察机关应当协调好公诉职能和提前介入的关系,不能以提前介入代替审查起诉,也不能因为后续审查起诉的环节,而强制要求监察机关采纳其提前介入的意见,监察机关应当在调查过程中拥有绝对的主导权,检察机关只能在监察机关邀请提前介入的范围内进行提前介入,而不能随意介入,并且检察机关只应当提供建议和意见。

(二)检察机关提前介入监委办理的职务犯罪案件的法律依据

检察机关提前介入监委办理的职务犯罪案件是有一定的法律支撑的。首先,《宪法》明确了检察机关作为法律监督机关的职能定位。[①] 检察机关提前介入监委办理的职务犯罪案件,符合《宪法》对其法律监督机关的定性。检察机关提前介入监委办理的职务犯罪案件有助于其更好地履行法律监督职责。其次,《监察法》《人民检察院刑事诉讼规则》等法律、法规、司法解释等也有相关的原则性规定。《监察法》第4条表明检察机关提前介入监委办理的职务犯罪案件,既应当与监察机关、审判机关相互配合也应当与其相互制约。[②]《人民检察院刑事诉讼规则》第256条明确了检察机关可以提前介入监委办理的职务犯罪的案件。[③] 此外,《国家监察委员会与最高人民检察院办理职务犯罪案件工作衔接办法》《监察机关监督执法工作规定》等规定也为检察机关提前介入监委办理的职务犯罪案件奠定了法律基础和法律精神。

(三)检察机关提前介入监委办理的职务犯罪案件的意义

一是有利于检察机关发挥法律监督职能。监察体制改革正式完成后,监察机关就拥有了纪律审查、行政监察、刑事调查的权力,职能相较之前有了较大的扩张。但是,对监察机关的制约却仍然较少,特别是职务犯罪案件的调查活动不适用于刑事诉讼法,其调查收集的证据却可以直接在刑事诉讼中作为证据使用。这决定了应该加强对监察机关的调查活动的司法审查,如果不提前对证据进行有效审查,让证据“带病”进入诉讼程序,将导致诉讼程序无法顺利地进行流转,甚至有可能出现冤假错案。检察机关作为国家的法律监督机关,亟须加强对监委办理的

---

① 参见《宪法》第134条规定:“中华人民共和国人民检察院是国家的法律监督机关。”

② 《监察法》第4条第2款规定:“监察机关办理职务违法和职务犯罪案件,应当与审判机关、检察机关、执法部门互相配合,互相制约。”

③ 《人民检察院刑事诉讼规则》第256条第2款规定:“经监察机关商请,人民检察院可以派员介入监察机关办理的职务犯罪案件。”

职务犯罪案件的监督，而通过提前介入可以有效地对职务犯罪案件的证据收集等进行提前的审查。

二是有利于保障监察权力规范有序地运转。权力都应该受到监督和制约，没有监督和制约的权力必然会导致专横与腐败。[①] 至于监委的权力，其权力的行使与社会的公平正义息息相关，需要接受更多方面的监督。《监察法》第53、54条明确规定监察机关受到人大、社会、舆论的监督，但是缺少外部的直接监督，存在滥用监察权力的可能性。

三是顺应了“以审判为中心”的诉讼制度改革的要求。党的十八届三中全会明确要求公安的侦查过程、监委的调查过程、检察机关的审查起诉过程都应符合审判的要求，最重要的就是证据应当符合审判的要求。[②] 如果没有把好证据的质量关，导致瑕疵证据、违法证据进入审判程序，则需要通过事后的补充侦查、调查程序，对检察机关承担证明责任形成压力。为了防止这样的情况出现，检察机关可以依照审判所需要的证据条件、证明标准，提前介入监委办理的职务犯罪案件，引导监委取证。

三、检察机关提前介入监察机关办理的职务犯罪案件的路径选择

（一）提前介入范围的限定

由于监察机关成立不久，而且监察机关的人员与检察机关的人员具有天然的亲密性，因此在实践中检察机关提前介入的适用率极高，有的地方甚至存在每件职务犯罪案件都邀请检察机关提前介入的现象。如果这种现象长期存在，会导致检察机关与监察机关职能混同，检察机关成为监察调查阶段实质上的办案主体，不仅破坏了监察机关办案的独立性，同时检察机关也不愿意否定自己参与调查的证据与事实，导致检监察机关的监督、制约功能被架空。而且，这种情况也会导致检察资源的浪费，检察机关本就案多人少，如果将办案力量大量地投入提前介入，一定会影响检察机关审查起诉的主责主业。中央纪委国家监委法规室主任邹开红明确表示，“对于重大、疑难、复杂案件，商请检察机关提前介入监委办理的职务犯罪案件当中来，能够有效提高工作效率，避免一些问题到审查起诉阶段才发现。

---

① 参见孙谦：《新时代检察机关法律监督的理念、原则与职能（上）》，载《检察日报》2018年11月3日，第3版。

② 参见龙宗智：《“以审判为中心”的改革及其限度》，载《中外法学》2015年第4期。

同时,此举对监察机关规范取证工作、完善证据体系、准确适用法律等都有积极意义,有利于保障职务犯罪案件的调查质量”。检察机关提前介入一些重大、疑难、复杂的职务犯罪案件是为了解决监察机关在办理案件过程中遇到的一些问题,从而有利于提高办案效率,但并非每一个案件都必须提前介入。

最高人民检察院明确规定提前介入的案件,应当“重大、疑难、复杂”,并且在《人民检察院提前介入监察委员会办理职务犯罪案件工作规定》中也进一步明确规定了检察机关提前介入适用的三类案件①,即有重大影响的,疑难、复杂的,其他需要提前介入的。究竟哪些案件是“其他需要提前介入的”? 这里监察机关仍然有相当大的解释空间和选择空间。对此,学界和实务界也存在一定的争议。不同地方对“其他需要提前介入的案件”的认知和解读并不相同,导致监察机关商请检察机关提前介入的案件类型也不一致。② 笔者认为,就检察机关提前介入监委办理的职务犯罪案件而言,案件范围不能过宽过深,不能干预监察机关独立调查案件;也不能过窄过浅,不能让检察机关的提前介入流于形式,浮于表面。同时,检察机关只能就证据的证明力、是否需要补充等方面提出建议或意见,而不能就是否审查起诉等进行承诺。因此,在介入范围的限定上,既要平衡检察机关与监察机关在权力行使上可能产生的冲突,又要考虑检察官与监察人员办案水平的差异。有鉴于此,笔者建议,由最高人民检察院和中央纪委国家监委就提前介入的案件类型作出进一步细化的规定。

除了进一步统一提前介入的类型外,检察机关也应当建立相应的审查机制。在监察机关书面商请提前介入的时候,检察机关应当针对不同的案件有区分地作出决定,不能出现只要监察机关书面商请,检察机关就一律提前介入的情况。检察机关应当审查该案件是否符合提前介入案件的范围,对于一些不属于证据标准、案件定性及法律适用的问题且自身无法提出建议的,应当向监委说明不介入

① 参见《人民检察院提前介入监察委员会办理职务犯罪案件工作规定》第4条规定:“人民检察院可以提前介入监察委员会办理的以下职务犯罪案件:(一)在当地有重大影响的案件;(二)在事实认定、证据采信、案件定性以及法律适用等方面可能存在分歧的疑难、复杂案件;(三)其他需要提前介入的案件。”

② 参见《江苏省检察机关提前介入监察机关办理职务犯罪案件工作规定》第3条规定:“下列案件可以提前介入:(一)贪污贿赂大要案、渎职侵权案件及新类型案件;(二)对关键证据采信、主要事实认定和法律适用有较大争议的案件;(三)被调查人零口供等证据薄弱的案件;(四)有重大社会影响、人民群众或媒体较为关注的案件;(五)适用缺席判决程序、违法所得没收程序的案件;(六)上级机关交办、督办案件;(七)其他有必要提前介入的案件。”由此显示不同地方对“其他需要提前介入”的理解不同。

的理由。对于属于提前介入案件类型的，经检察长批准，然后再由检察官或检察官组成的办案组提前介入，减少提前介入的随意性。

（二）完善检察机关提前介入监委办理的职务犯罪案件的法律规定

1. 检察机关提前介入监委办理的职务犯罪案件的时机应当具有一定的灵活性

由于职务犯罪案件的调查具有保密性和时效性，过早地提前介入会影响监察机关的调查，过晚地提前介入，各种证据都已收集固定，检察机关的提前介入就无法发挥它原有的作用，所以选择好提前介入的时间对提前介入工作的完成也至关重要。根据《国家监察委员会与最高人民检察院办理职务犯罪案件工作衔接办法》和《监察机关监督执法工作规定》的规定，检察机关只有在案件审理阶段才可以进行提前介入，虽然这样可以避免提前介入得过早，但是这样固定的提前介入时间使检察机关对于证据的收集等程序都无法及时地提供建议和意见。有鉴于此，笔者认为，可以增加监察立案阶段和监察调查阶段的提前介入。根据《监察法》的规定，对于涉嫌职务违法犯罪，按照规定应追究法律责任的，监察机关要依据明确规定的权限和程序来办理立案手续。这意味着只要是涉嫌职务违法即会予以立案，而且"（刑事）立案最为突出的意义，是为强制侦查（调查）提供法律根据"①，但是监察法并没有设置独立的刑事立案程序，而是以违法立案代替刑事犯罪立案。这样做使监察调查措施的启动更加容易，呈现出便宜性，不该立案而立案的错误立案情形难以避免，但是一旦立案，监察机关可以采取多达12种调查措施收集证据。所以应当严格区分职务违法犯罪行为与违纪行为，探索一般职务违法案件立案监督制度，增加监察立案阶段的提前介入。对于一些对时效性要求很高的调查活动，如果不在调查阶段就提出证据补充和完善意见，有可能会导致证据的灭失和污染，因此应当增加监察调查阶段的提前介入。监察机关在调查阶段，认为在证据标准、法律适用方面需要检察机关提供建议的，可以与案件审理部门协商，先让案件审理部门进行案件的审查，如果认为确实需要检察机关提前介入的，经监察审理部门的负责人批准，方可书面商请检察机关提前介入。

2. 提前介入应当以检察官或检察官办案组的名义反馈

经过实践调研，各地对提前介入的反馈方式做法不一，有的地方是以检察院

① 龙宗智：《完善监察法中职务犯罪调查制度的八项建议》，载《政治与法律》2018年第1期。

的名义,有的地方是以检察官办案小组的名义,还有的地方是以检察官的名义。反馈的方式有一定的区别,这将直接对提前介入工作的正规性与效果产生一定的影响,因此亟须统一反馈的方式。笔者建议,提前介入应当以检察官或检察官办案组的名义反馈。提前介入的检察官应当详细记录案件情况、工作情况、案件事实、定性意见,形成一份书面的意见,以检察官或检察官办案组的名义反馈。一方面,以检察官或检察官办案组的名义具有一定的灵活性;另一方面,提前介入的意见仅仅具有参考性,是否采纳由监委自行决定。

3. 进一步明确提前介入的工作方式

《人民检察院提前介入监察委员会办理职务犯罪案件工作规定》中明确了监察机关提前介入监委办理的职务犯罪案件的方式。[①] 其中"其他必要的工作方式"这一条则具有一些模糊性,对于检察机关要采取什么样的手段才属于"其他必要的工作方式",在司法实务中,检察机关和监察机关有各自不同的看法。不合理的介入方式,可能会使提前介入无法发挥它应有的效果。检察机关提前介入监委办理的职务犯罪案件大多数情况是检察官听取监察机关的办案人员介绍案件的基本情况,同时通过阅卷进一步了解案情,并且根据了解的情况,有针对性地提出建议和意见。这种提前介入的方式简单易行,可操作性强,但是职务犯罪案件的证据大多为言词证据,而言词证据具有主观性和不稳定性,检察官仅仅依靠听取监察机关介绍案情和查阅卷宗,显然是不够的。检察官需要对调查的过程有一个全方位的了解,才能发挥提前介入的效果。所以,笔者建议,可以将检察机关列席重大案件的讨论作为提前介入的一种方式。一方面有利于检察机关和监察机关及时交换意见,另一方面也有助于检察官更加全面地了解案件调查过程。

4. 提前介入的检察官不应与后续负责该案的检察官一致

《国家监察委员会与最高人民检察院办理职务犯罪案件工作衔接办法》明确规定,检察机关指派检察官组成提前介入工作小组,但是对应邀提前介入的检察官与后续负责审查起诉的检察官是否一致,法律法规没有较为明确的规定,各个地方根据自己的办案实际,做法也具有差异性。有的地方认为,提前介入的检察

① 参见《人民检察院提前介入监察委员会办理职务犯罪案件工作规定》第7条规定:"人民检察院提前介入监察委员会办理的职务犯罪案件,可以采取以下工作方式:(一)听取监察委员会关于案件事实和证据情况介绍;(二)查阅案件监察文书和证据材料;(三)需要对证据合法性进行审查分析的,可以向监察委员会提请调看讯问被调查人、询问证人同步录音录像;(四)其他必要的工作方式。"

官与后续负责该案的检察官应当一致,这样有利于提高效率,避免重复审查导致司法资源的浪费。也有的地方认为,提前介入的检察官不应与后续负责该案的检察官是同一人。这样可以有利于避免提前介入成为变相的审查起诉,契合审查起诉的独立性原则,从而可以促使检察官严肃办理案件,保证案件质量。由此可见,对于提前介入的检察官与后续负责该案的检察官是否一致应当有明文规定。笔者认为,不应由负责提前介入的检察官在后续工作中继续负责该案件,应当由案管部根据随机分案的原则进行分案。这样,案件承办人不存在对案件有提前的了解,更符合审查起诉的独立性原则,比起节约司法资源,实现审查起诉的过滤作用更重要。

（三）建立留置必要性审查措施

《监察法》明确规定了一系列监察调查措施的具体内容,其中争议最大的就是留置措施。本质上,留置措施其实就是把“两规”“两指”进行归并,将之前备受争议的剥夺人身自由的措施以法律的方式确定下来,使其具备一定的法律基础。但是留置措施仍然存在一些问题:首先,留置措施的适用条件较为宽泛。根据《监察法》第22条的明确规定,监察留置措施既针对职务犯罪,也针对职务违法,将没有构成犯罪的职务违法行为纳入留置措施的适用范畴一定程度上不符合法律适用的比例原则。同时,《监察法》规定的留置措施的适用情形过于笼统、抽象,如“涉及案情重大、复杂”中的“重大”“复杂”该如何定义,是根据涉案人员的职位的高低,还是根据社会大众的关注程度。这些具有较大弹性的定义会导致留置措施的滥用或者留置措施适用范围的不当扩张。其次,被留置人对留置措施没有合适的救济渠道。《监察法》第60条规定了留置人及其近亲属有权针对留置超期向监察机关进行申诉,但是没有规定被留置人是否有针对错误留置进行申诉、救济的渠道或途径。

笔者认为,留置措施与逮捕具有一定的相似性,实质上也属于羁押措施。《监察法》没有规定对所有被调查人必须都适用留置措施,也没有规定对被采取留置措施的被调查人在审查起诉前不可以解除留置措施。所以,有必要对留置措施设置一定的审查程序(综合必要性原则、比例原则以及一般性的审查超期羁押的基本原则)①,并且要规定监察机关进行留置必要性审查时应当把检察机关提前介入

① 参见王敏远等:《刑事诉讼法修改后的司法解释研究》,中国法制出版社2016年版,第340页。

列为前置程序,监察机关在启动留置必要性审查的时候,应当邀请检察机关进行提前介入,对该留置案件的事实方面、证据方面、人身危险性方面进行审查,从而有针对性地提出留置必要性建议。同时,检察机关对于采取留置措施明显不合适的案件,有权提出检察建议,提醒监察机关启动留置必要性审查程序,保障被留置人的合法权益。

监察权与检察权程序衔接问题研究*

张素敏**

[摘要] 监察权与检察权的程序衔接问题是新时代司法改革中的重要议题之一。《刑事诉讼法》明确规定,监察权和检察权是互相配合、互相制约的关系。因而在具体程序的衔接问题上,可明确监察调查行为的侦查权属性、调查案件的特殊性;可在审查起诉阶段充分保障辩护人权利,将《刑事诉讼法》中的非法证据排除规则援引至调查程序中,从而使其符合证据搜集规范的要求;在退回补充调查时,严格遵循刑事诉讼法关于强制措施的规定,无须变更为调查程序中的留置措施,也可打破程序适用先后顺序,赋予检察机关径行补充侦查的权力;检察权是法律监督权,可赋予检察机关对监察机关违法调查行为的法律监督权。

[关键词] 监察权 检察权 程序衔接 刑事诉讼法

一、案例导入及问题的提出

监察体制改革作为国家政治体制改革的重要组成部分意义非凡。① 它不仅对

---

* 本文系重庆市新型犯罪研究中心课题:新时代背景下腐败犯罪治理现代化研究(项目编号:22XXFZ26);教育部哲学社会科学研究重大课题攻关项目“全面依法治国视域下司法行政职能定位及作用发挥问题研究”(项目编号:20JZD021)阶段性成果。

** 张素敏,西南政法大学 2019 级刑法学博士研究生,三级法官,主要研究方向:中国刑法理论与实践。

① 根据中南财经政法大学姚莉教授的观点,国家监察体制改革至少具有以下四个方面的重要意义:第一,有利于推进党和国家治理体系和治理能力现代化;第二,有利于有效实现对所有行使公权力的公职人员监察全覆盖,保证党纪国法得到一体遵循;第三,是对中国特色社会主义监督理论和实践的重大创新;第四,有利于加强党对反腐败工作的集中统一领导,构建集中统一、权威高效的国家监察体系。参见姚莉:《监察案件的立案转化与“法法衔接”》,载《法商研究》2019 年第 1 期。

国家权力结构、权力配置及权力运行产生重大影响,也引发理论界和实务界对其相关问题的思考。2018 年 3 月全国人大通过了《宪法修正案》和《监察法》,实现了该制度改革中顶层设计与司法实践的有机结合。① 鉴于监察机关集刑事调查、纪检检查和行政监察于一体及其"政治机关"的权力属性,在行使调查权过程中适用《监察法》而非《刑事诉讼法》,但在其职权运行中却终将并入司法程序的轨道,必然需要检察机关行使检察权,且《监察法》与《刑事诉讼法》都属于同一位阶的基本法②,因而对其横向的程序衔接与完善颇具研究的必要性和紧迫性。

某区监察机关对该区某事业单位公职人员 A(非中共党员)涉嫌贪污犯罪行为立案调查并采取留置措施。经调查,某区监委认为 A 涉嫌贪污犯罪事实清楚,证据确实、充分,对其作出开除的政务处分决定后,决定将该案移送人民检察院依法审查、提起公诉。某区监委制作了《起诉意见书》,连同全部案卷材料、证据,一并移送该区人民检察院。《起诉意见书》写明了 A 的基本情况,该案来源及立案、留置时间,依法查明的贪污犯罪事实和证据清单等内容。该区人民检察院依照刑事诉讼法对 A 采取逮捕措施,对该案依法审查,向人民法院提起公诉。一审人民法院对 A 以贪污罪判处有期徒刑 15 年,并处罚金 200 万元。

诚如上述案例所述,尽管 2018 年《刑事诉讼法》实施后,初步实现了监察法和刑事诉讼法的程序衔接,《监察法》第 45 条第 1 款第 4 项规定了移送检察机关审查起诉的处置方式,但对于职务犯罪调查案件的证据与刑事审判的要求和标准是否一致,检察权与监察权程序如何衔接问题,监察法和刑事诉讼法规定的内容过于粗略。因此,笔者认为,对于检察权与监察权程序如何衔接问题、司法实务中办案人员具体如何操作问题等微观方面问题仍需理论界和实务界进一步深入探讨。

二、监察权与检察权程序衔接问题研究现状

国家监察体制改革是事关全局的重大政治体制改革。监察体制改革是党和国家面对严峻反腐形势的战略部署,为配合监察体制改革工作在全国范围的有效推广,2018 年 3 月全国人大通过了《宪法修正案》和《监察法》,实现了该制度改革

---

① 参见彭新林:《国家监察体制改革:动因、要义与方略》,载《学术界》2018 年第 10 期。
② 参见龙宗智:《监察与司法协调衔接的法规范分析》,载《政治与法律》2018 年第 1 期。

中顶层设计与司法实践的有机结合。[①] 2018 年 10 月 26 日，全国人民代表大会常务委员会通过了《关于修改〈中华人民共和国刑事诉讼法〉的决定》，其旨在实现与 2018 年 3 月通过的《监察法》的横向立法衔接，也是为我国监察体制的改革提供立法支撑。面对国家机构职权职能的重构和洗牌，配套的法律必然应与之相适应[②]，与之相关的研究也进一步做了深入探讨。由此可见，在当前司法改革的大背景下，理论研究学者围绕监察体制改革议题发表了不同的看法。

（一）监察基础理论方面

魏琼教授结合古代制度的演变与现代制度设立，分析了监察法改革的意义、必要性及可行性，详尽论证了监察机关的职能定位、运作机制及程序衔接问题[③]；陈瑞华教授指出，公诉权是检察机关享有的一项重要职权，转隶后的检察机关所行使的公诉权属于典型的提起刑事诉讼的权力，属于程序性权力，不具有惩罚性，不属于刑事处罚措施，所以检察机关行使的是检察监督权而不是法律监督权。[④]

有学者认为，职务犯罪侦查权转隶后，检察机关的基本职能是公诉，公诉权也就成了检察权最主要的内容之一，这样既有利于检察机关专注于审查起诉的相关工作，也有利于以公诉职能为核心和主导的审判前程序的建立与完善[⑤]；姚莉教授认为，鉴于监察委员会权力来源的多元性以及集“党纪处分、行政监察与刑事调查”于一体的反腐工作模式，既不能以统一的监察立案时间作为适用刑事诉讼法的时间起点，也不能以监察委员会移送案件时间作为与刑事诉讼法衔接的时间标志，而应当考虑在监察委员会内部设置党纪政纪调查部与刑事调查部，在监察委员会调查程序中区分职务违法与职务犯罪，分别设置监察立案与刑事立案两套立案程序[⑥]。

概言之，上述观点和见解既有合理的地方，也有不足之处。不可否认的是，国家监察体制改革对检察权性质的认定具有重要影响。因此，监察权与检察权在行使过程中不仅要互相配合、互相制约，还要做好程序衔接与协调，包括案件管辖的程序衔接、监察调查权的衔接、移送审查阶段的程序衔接、与检察机关法律监督权

---

① 参见彭新林：《国家监察体制改革：动因、要义与方略》，载《学术界》2018 年第 10 期。

② 参见童之伟：《将监察体制改革全程纳入法治轨道之方略》，载《法学》2016 年第 12 期。

③ 参见魏琼：《我国监察机关的法理解读》，载《山东社会科学》2018 年第 7 期。

④ 参见陈瑞华：《论检察机关的法律职能》，载《政法论坛》2018 年第 1 期。

⑤ 参见陈卫东：《职务犯罪监察调查程序若干问题研究》，载《政治与法律》2018 年第 1 期。

⑥ 参见姚莉：《监察案件的立案转化与“法法衔接”》，载《法商研究》2019 年第 1 期。

的衔接等。

(二)法律制度衔接方面

有的学者认为监察委员会与司法机关不应是凌驾于一方之上的关系,在案件办理中应当是"互相配合"和"互相制约"的关系。[①] 有的学者则从与司法权衔接的角度提出当前的监察改革与"审判中心制度"改革应当并驾齐驱,不能顾此失彼,应将监察体制改革纳入审判中心主义改革的快车道上。[②] 有的学者认为,《监察法》颁布以后,理论界对留置措施性质的争议主要有以下几种观点,即行政属性说、刑事属性说、独立属性说、行刑双性说。[③]

有的学者提出,监察证据应当以准用性规则进入刑事诉讼等活动中。[④] 笔者认为,监察证据资格认定时,仍需人民法院进一步审查才能作为定案的依据;监察取证时,除适用《监察法》外,还要参照《刑事诉讼法》及相关司法解释规定;非法监察证据排除时,因《监察法》和《刑事诉讼法》规定相互交叉,并有所差异,在适用两法时应互相借鉴,取长补短。[⑤]

概言之,理论界学者们发表的不同真知灼见,可谓是"仁者见仁,智者见智"。在某种程度上来说,他们的观点均有一定的道理。然而,他们的研究依然有失全面,缺少对宏观监察权方面的探讨。

(三)程序运行衔接方面

在案件管辖的程序衔接方面,有学者建议对《监察法》第 34 条第 2 款中的"一般"进行明确解释,准确划出范围,明确具体职责。同时建议,修改 2012 年最高人民法院、最高人民检察院、公安部、国家安全部、司法部、全国人大常委会法制工作委员会发布的《关于实施刑事诉讼法若干问题的规定》相应规定,以便与监察法的适用相协调。[⑥] 有的学者认为,既然涉嫌职务犯罪的监察案件仍然应以刑事立案

---

① 参见秦前红:《我国监察机关的宪法定位以国家机关相互间的关系为中心》,载《中外法学》2018 年第 3 期。

② 参见陈邦达:《推进监察体制改革应当坚持以审判为中心》,载《法律科学(西北政法大学学报)》2018 年第 6 期。

③ 参见姚建龙、张丹:《监察委员会留置措施适用疑难问题辨析》,载《法治社会》2018 年第 5 期。

④ 参见谢登科:《监察证据在刑事诉讼中的使用——兼论〈监察法〉第 33 条的理解与适用》,载《中共中央党校学报》2018 年第 5 期。

⑤ 参见张素敏:《〈监察法〉与〈刑事诉讼法〉衔接问题研究——以监察证据为视角展开》,载《河南警察学院学报》2020 年第 4 期。

⑥ 参见景爽:《新时代监察制度改革研究》,郑州大学 2019 年硕士学位论文。

程序作为适用刑事诉讼法的前提,那么只有立案转化模式才是更为符合法理并能够有效解决“法法衔接”诸多矛盾的理想方案。①

在监察调查权的衔接方面,有学者指出,根据有关规定,侦查权由侦查机关行使,监察调查权由监察机关行使,虽然称谓不同,但是却有着诸多的关联以及相同的功能。监察调查的案件性质具有特殊性、复杂性,案件对象具有特殊性,可借鉴或者适用刑事诉讼法的规定, 赋予监察调查相对人以充分的辩护权和律师介入权。②

在与检察机关法律监督权的衔接方面,有学者认为,二者的主要区别在于,监察权主要是主体层面的监督,检察权主要是事务层面的监督,为了避免监察权陷入“监察中心主义”的旋涡,鉴于监察调查权的行使过程相当于刑事诉讼程序中的立案与侦查阶段的行为,在此情形下,应当借鉴刑事诉讼法关于检察机关对侦查阶段侦查人员的违法侦查行为进行监督的有关规定,参照适用于监察调查活动之中。③ 但北京大学陈瑞华教授认为,职务犯罪侦查权仅是法律监督权的组成部分,并非其权力核心,若以此就认定为监督权地位受到撼动,犹如管中窥豹。④

综上所述,上述学者们的研究成果多集中在监察制度基础理论、与司法机关的关系及相关制度衔接方面,鲜有学者从两权有效衔接的角度进行探讨。尽管也有学者立足于“调查—公诉”的新模式提出了“监察中心主义”的隐忧和检察监督的制度设想,但也未从宏观检察权入手展开全面讨论。⑤ 概言之,尽管我国在理论研究方面围绕监察制度已经出现了“花开满地”的局面,但从“监检”两权衔接的角度展开论证的仍是少之又少,尤其两权衔接的研究成果更是寥廖无几,故目前需要补足在监察法程序问题研究方面的空白。

三、监察体制改革下监察权与检察权的关系探讨

作为一种新型权力的监察权与作为法律监督权的检察权,二者既有区别又有

---

① 参见姚莉:《监察案件的立案转化与“法法衔接”》,载《法商研究》2019 年第 1 期。

② 参见韩兵昶:《监察权与检察权的属性、关系及其程序衔接》,载《濮阳职业技术学院学报》2021 年第 2 期。

③ 参见宋阳、宋春波:《新刑诉法背景下监察权与检察权的程序衔接》,载《河南科技大学学报(社会科学版)》2019 年第 3 期。

④ 参见陈瑞华:《司法体制改革导论》,法律出版社 2018 年版,第 74 页。

⑤ 参见李奋飞:《“调查—公诉”模式研究》,载《法学杂志》2018 年第 6 期。

联系。监察权不是司法权与行政权,也不是侦查权与审判权,而是一种相对独立的、复合性的、新型的国家权力,而检察权的性质仍然应是法律监督权,维护宪法和法律的正确适用是行使检察权的最终目的。[①] 但两权衔接的问题已被推向了理论研讨的前沿阵地,因此,处理好两权衔接问题不仅是程序正义的基本要求,亦事关制度的平稳有效运行、凸显人权保障的诉讼价值等。探究两权衔接的基础和前提就是要明确监察权与检察权的内涵与关系。

(一)监察权属性问题

监察权是在国家反腐败高压态势下的新生权,伴随着监察体制的改革应运而生。监察权是集反贪反渎权、行政违法预防权和行政监察权于一体的权力结合体,是实现腐败监察全覆盖的权力体现,是优化和提升国家治理体系的根本遵循。[②] 监察权集三权于一体,其在权力运行中体现为三大特点:一是监察委积极主动行使权利,主动发现并查处各种贪腐等违法行为,体现了权力的主动性;二是监察委在行使职权过程中也体现了显著的程序性,监察委在行使其调查、留置和监督等权力时,必须严格遵照《监察法》的法定程序进行;三是监察权在权力运行方面与检察权和审判权并无二致,均具有较强的独立性,不受任何行政机关和个人的干涉。

(二)检察权归属问题

在监察制度及司法改革下受冲击较大的是检察机关的检察权。关于检察权的归属,学者们长久以来对该问题各抒己见、仁者见仁,至今尚未形成统一的意见。大体有行政权属性、司法权属性、行政司法双重属性及法律监督属性几种观点。[③] 当前大多数学者赞同法律监督属性这一观点,推本溯源:从其权力来源看,检察权与行政权、司法权并驾齐驱,均由全国人大产生并对其负责;从检察权产生的目的来看,其旨在保障宪法及相关部门法平稳有效运行和正确实施;从检察权内容来看,以"检察建议"和"抗诉"为主的监督方式及权力表现形式,使法律监督权成为其"权力之王",属于核心性的权力内容。概言之,检察权的本质应系法律监督权,审查起诉、决定不起诉、自行补充侦查乃检察权独立行使之范畴。

---

① 参见韩兵昶:《监察权与检察权的属性、关系及其程序衔接》,载《濮阳职业技术学院学报》2021年第2期。

② 参见陈光中:《关于我国监察体制改革的几点看法》,载《环球法律评论》2017年第2期。

③ 参见谢佑平、燕星宇:《我国检察权性质的复合式解读》,载《人民检察》2012年第9期。

（三）监察权与检察权关系问题

监察权是一种新型权力，与行政权、审判权、检察权并驾齐驱、同向发力，共同构成了我国国家机构的核心权力。我国《宪法》和《监察法》均明确规定了监察权与检察权应当是相互配合、相互制约的关系①，比如：检察机关可以对监察委移送案件的嫌疑人采取刑事强制措施，也有权对监察委移送的案件作出起诉或不起诉的决定等。这一关系界定成为讨论两权衔接的核心性要素，但立足当前司法实践，监察权的实然权力已远远凌驾于检察权和审判权之上，故应讨论两权的衔接机制，使监察权回归实质意义上"互相配合"和"审判中心主义"的道路，避免检察权流于形式，深陷"监察中心主义"的泥沼。②

四、监察权与检察权程序衔接实现路径

从长远来看，监察委办理的职务犯罪案件终将会纳入刑事诉讼程序中，实现与检察权和审判权的有效衔接，而《监察法》仅 69 条的原则性规定难以全面涵盖相关程序衔接问题，且监察权与检察权的衔接问题是监察委办理案件进入刑事诉讼程序的第一步，故有必要对其进行深入讨论，以期为司法实践提供理论支撑。如前文所述，针对两权衔接问题，不少学者专家已提出远见卓识。笔者下文将着重从案件管辖、监察调查、审查起诉及法律监督四个角度展开论证。

（一）案件管辖中的程序衔接

根据现行法律规定，案件管辖是法律针对不同性质、层级以及地域的办案机关在办理案件时的职能分工和办案职权范围界分。监察权与检察权在案件管辖中的衔接主要涉及职能管辖、地域管辖和级别管辖的协调衔接，其中最重要的是职能管辖的程序衔接。例如，一犯罪嫌疑人既实施了故意杀人等重大刑事犯罪，又实施了普通的贪污犯罪，如果以监察为主，一方面与监察机关职能不符，另一方面，在主导侦查方面也存在较大困难，因为查办故意杀人案件是公安机关的职能和长项，但对监察委来说，是其短板、软肋。此时，针对上述情况，笔者也非常赞成对现行《监察法》第 34 条第 2 款中的"一般"进行明确解释，准确划出范围，明确具

---

① 参见《宪法》第 127 条规定："监察机关办理职务违法和职务犯罪案件，应当与审判机关、检察机关、执法部门互相配合，互相制约。"

② 参见黄鑫：《国家监察体制改革法治化构建之维——兼论"社会中心主义"与反腐"理性构建"》，载《时代法学》2018 年第 5 期。

体职责。并同时建议,修改2012年最高人民法院、最高人民检察院、公安部、国家安全部、司法部、全国人大常委会法制工作委员会发布的《关于实施刑事诉讼法若干问题的规定》相应规定,以便与监察法的适用相协调。①

此外,监察委员会独立行使监察权,不得阻碍人民检察院独立行使检察权、人民法院独立行使审判权原则的实现。监察程序与司法程序之间将存在一个显著程序作为衔接转换标志,该标志一旦发生,案件立即转入司法程序。② 衔接转换标志乃人民检察院"采取刑事强制措施",而非监察委"移送司法机关"。司法程序不受监察之影响,无论人民检察院采取何种强制措施,甚至不采取强制措施,既然案件已移送司法机关,除非人民检察院"退回补充调查或决定不起诉",否则案件均处于司法程序。概言之,只要在司法程序期间,案件就与监察委员会无直接关联。

(二)监察调查中的程序衔接

鉴于监察委员会办理案件时主要行使其调查权,从称谓上而言,有别于刑事侦查权,笔者拟从调查权的属性界定和具体调查行为的程序衔接两方面入手,来探讨监察调查中的程序衔接和程序优化问题。

1.调查权的属性界定

自国家探索监察体制改革之初,监察委对职务犯罪的"调查权"的属性就备受诟病。监察实践人员与理论学者的观点不尽相同:前者认为由于监察委与公安机关、检察机关办理刑事案件的差异性,故调查权应当严格区别于侦查权;而后者普遍认为,无论案件性质是否存在差异性,溯流穷源,调查权的本质仍为侦查权。③ 笔者认为,探究调查权的属性不能仅对"调查"和"侦查"做文义解释,而应侧重于解决法律问题功能方面的解释。④

第一,"侦查"与"调查"的区别仍未清晰界定。在监察制度改革中,检察机关的职务犯罪侦查权转隶归监察委员会所有,权力的名称由"侦查"变为"调查",但其权力本质并无变化。例如,在《刑事诉讼法》中,对被采取刑事强制措施人的权

① 参见景爽:《新时代监察制度改革研究》,郑州大学2019年硕士学位论文。

② 参见秦前红、石泽华:《论监察权的独立行使及其外部衔接》,载《法治现代化研究》2017年第6期。

③ 参见王一超:《论〈监察法〉与〈刑事诉讼法〉适用中的程序衔接》,载《法治研究》2018年第6期。

④ 参见[德]茨威格特、[德]克茨:《比较法总论》(上),潘汉典等译,中国法制出版社2017年版,第58页。

利保障有着较完善的规定,而《监察法》将留置措施的适用程序独立出来,对被留置人的权利保障存在风险,尤其是在监察留置措施的适用对象、适用条件上仍存在欠缺。因此,对"调查"和"侦查"权仍要进一步界定和厘清。

第二,监察委办理案件的特殊性无法成为否认其侦查权属性的理由。每个事物均不是一成不变的,都有其存在的特殊性,立法中亦是如此。比如,《刑事诉讼法》中针对外逃的贪污贿赂犯罪嫌疑人专门设置了缺席审判程序、对律师会见通信权的例外规定、规定可以指定居所监视居住的情形等,均是对一般刑事案件的特殊规定,但均不影响侦查权的本质属性。监察委办理案件虽有别于一般刑事案件,但在调查手段上却与传统侦查手段并无二致。①

第三,在程序延续上"调查"与"侦查"权具有相似属性。从程序延续性上看,根据《监察法》和《刑事诉讼法》之规定,调查行为是后续刑事诉讼程序的必要前提,而审查起诉和审判是调查行为的延伸和继续。② 在一般刑事案件诉讼程序中,侦查是后续诉讼程序的必经之路,而调查在程序延续上与侦查有异曲同工之处,故其具有侦查权的属性。但关于检察机关是自行进行补充侦查还是退回监察机关进行补充调查,既要考虑先后顺位,也要细化确有必要的标准。③

2. 具体调查行为的程序衔接

上文充分论证了调查行为的侦查权属性,其仅是在法律适用上选择了作为特别法的《监察法》,但《监察法》仅有 69 个条文,可操作性不强,故在必要的时候可以选择适用《刑事诉讼法》的规定。

第一,关于当事人辩护权衔接的问题。《监察法》中并未提及辩护权的问题,在改革中并未做好权力和权利的同步发力。④ 理论学者对此举褒贬不一,但赞成辩护权依旧是主流的声音。鉴于《监察法》和《刑事诉讼法》系特别法与一般法的关系,故在《监察法》立法缺位时,可援引《刑事诉讼法》的规定。如前文所述,监察调查行为有侦查权属性的影子,可探索辩护权在调查程序中的介入,但囿于监

---

① 参见王一超:《论〈监察法〉与〈刑事诉讼法〉适用中的程序衔接》,载《法治研究》2018 年第 6 期。

② 参见《监察法》第 45 条第 1 款第 4 项规定:"对涉嫌职务犯罪的,监察机关经调查认为犯罪事实清楚,证据确实、充分的,制作起诉意见书,连同案卷材料、证据一并移送人民检察院依法审查、提起公诉。"

③ 参见中共中央纪律检查委员会法规室、中华人民共和国国家监察委员会法规室编写:《〈中华人民共和国监察法〉释义》,中国方正出版社 2018 年版,第 8 页。

④ 参见熊秋红:《监察体制改革中职务犯罪侦查权比较研究》,载《环球法律评论》2017 年第 2 期。

察委办理案件的复杂性和办理案件对象的特殊性,加之当前办理案件的技术手段的限制,即便允许辩护权在监察调查中提前介入,也难以在调查活动中充分保障辩护权的有效实现,故应考虑在调查终结移送审查起诉时,充分给予相对人辩护权,允许律师介入程序中并可以对监察证据进行核实。

第二,关于证据收集规范层面的衔接问题。《监察法》从宏观的角度作了原则性规定,极不具有可操作性,在司法实践的制度运行层面造成了阻碍。① 为解决这一问题,笔者认为,可以参照《刑事诉讼法》的规定,如上文所述两法系特别法与一般法的关系,对刑讯逼供、暴力取证等使用了肉刑或变相肉刑获取的证据均需纳入非法证据排除范畴。同时,鉴于监察委系检察机关权力部分转隶整合而成,故可参照《刑事诉讼法》(2013 年)关于检察机关办理职务犯罪案件的规定,对讯问过程同步录音录像,以保障相对人的诉讼权利和取证程序的正当性。

第三,关于非法证据排除方面的衔接问题。《监察法》第 33 条是一个有机统一的整体:首先肯定了监察证据在刑事诉讼中的证据资格;其次从正面对监察机关收集、固定、审查、运用证据提出了要求,即应当与刑事审判关于证据的要求和标准相一致②;最后从反面对非法方法收集证据设置了程序性制裁,要求对该证据依法予以排除,不得作为案件处置的依据。然而,享有了证据资格的监察证据要想通过司法机关的审查判断成为指控或定案的根据,条件之一即具备合法性,监察机关要依法取证,否则获取的证据有可能面临被排除的风险。鉴于上述情况,司法机关就需要在刑事诉讼过程中严格贯彻刑事法治理念,在个案中保障法官的中立地位,实现证据审查的实质化。③ 同时,这也是确保"以审判为中心"的诉讼制度改革落到实处的应有之义。在此又涉及两个方面问题。

一方面,关于录音录像留存备查的问题。《监察法》第 41 条对此进行了明确规定:调查人员开展讯问、搜查、查封或扣押等取证时,需全程录音录像,同时做好储存以便后期核查。在一些人看来,"储存以便后期核查"这项规定导致辩方基本失去了查核的可能,而且还会导致检察院、法院调取时存在一定困难。④ 但《〈中

① 参见《监察法》第 40 条第 2 款规定:"严禁以威胁、引诱、欺骗及其他非法方式收集证据,严禁侮辱、打骂、虐待、体罚或者变相体罚被调查人和涉案人员。"

② 参见李奋飞:《"调查—公诉"模式研究》,载《法学杂志》2018 年第 6 期。

③ 参见程衍:《中国特色独立监察程序下非法证据排除规则的制度建构》,载《南京大学学报(哲学·人文科学·社会科学)》2019 年第 2 期。

④ 参见龙宗智:《监察与司法协调衔接的法规范分析》,载《政治与法律》2018 年第 1 期。

华人民共和国监察法〉释义》中明确了视频、音频不会随案件发生转移，而且指出“如果检察院认为有必要调取与案件有关的视频、音频，或需要对视频、音频是否合法进行审查时，可与监察机关进行协商，然后才能调取”[①]。如果法庭认为有必要借助音频或视频判定证据的合法性，从原则上来讲，监察机关应该协助和配合，否则需对由此造成的不利后果担责。[②]

另一方面，关于调查人员出庭作证的问题。监察法中没有此方面的规定。刑事诉讼法中有明确规定，法庭调查期间，为了确认证据收集是否合法，可以通过侦查人员或其他人员出庭说明这种方式予以证明。因此有学者认为，该规定中的“其他人员”是包含调查人员在内的，如果人民法院确实认为存在必要，可要求调查人员出庭阐明实际情况，从而证明取证是否合法。[③] 但通常对“其他人员”的理解应指那些知晓证据收集的证人、录制音频视频的人员以及看守所民警等。[④] 因此，监察法和刑事诉讼法的相关解释或规定应对该问题予以明确，设置调查人员出庭作证制度，进一步促进调查人员依法取证。

综上，现行《监察法》作为一部综合性的法律，兼具组织法和行为法的内容，其本身不宜也无法对证据的收集和使用作过多规定，故应将其交由作为程序法的刑事诉讼法来调整和规制，通过设置准用性规范[⑤]，对调查活动中相关措施的具体程序可以准用刑事诉讼法的相关规定，从而更好地实现监察程序和刑事诉讼程序的有效衔接。

（三）监察委移送审查起诉阶段的程序衔接

监察委对案件的监察调查工作仅是迈向诉讼程序的第一步，调查终结后，案件终将被移送至人民检察院，将其纳入刑事诉讼程序，在该环节中涉及补充调查与留置措施和强制措施的衔接问题。

---

① 中共中央纪律检查委员会法规室、中华人民共和国国家监察委员会法规室编写：《〈中华人民共和国监察法〉释义》，中国方正出版社 2018 年版，第 194 页。

② 参见陈卫东、聂友伦：《职务犯罪监察证据若干问题研究——以〈监察法〉第 33 条为中心》，载《中国人民大学学报》2018 年第 4 期。

③ 参见陈卫东、聂友伦：《职务犯罪监察证据若干问题研究——以〈监察法〉第 33 条为中心》，载《中国人民大学学报》2018 年第 4 期。

④ 参见陈光中主编：《〈中华人民共和国刑事诉讼法〉修改条文释义与点评》，人民法院出版社 2012 年版，第 81 页。

⑤ 参见谢登科：《监察证据在刑事诉讼中的使用——兼论〈监察法〉第 33 条的理解与适用》，载《中共中央党校学报》2018 年第 5 期。

第一,根据《刑事诉讼法》的规定,对监察机关移送起诉的案件,检察机关应当作出退回补充调查的决定,亦可自行补充侦查;同时也规定了对监察委留置的嫌疑人应当先行拘留。① 据此,监察委行使调查权时,有权适用留置的措施,且留置措施是在特定的办案场所,有别于看守所。毋庸置疑,拘留系刑事诉讼强制措施,在适用程序和执行场所上均有严格限制。根据《刑事诉讼法》的规定,检察机关在审查起诉中具有程序上的选择权,但对选择退回监察机关补充调查时,强制措施是否需要随之变更为留置措施却只字未提。这一立法上的断层不仅会导致实践中"同案不同办"的局面,也会导致两部门推诿,有损公权机关的公信力。

第二,现行立法中也严格限制了适用的先后顺序:原则上应当退回监察机关补充调查,仅在"确有必要"时,才能由检察机关补充侦查。毋庸赘述,随着《监察法》的出台和监察委的设立,对职务违法行为的查处和监督范围也随之扩大,监察机关查处违法行为的线索和案源数量激增,而监察机关的设立具有急迫性,故多地监察机关在组成人员上出现了"案多人少"的现状。检察机关的退回补充调查权固然是进行法律制约和法律监督的体现,但基于当前现状,退回补充调查难免会遇冷。

第三,在程序衔接上完全可以打破程序适用先后顺序的障碍,检察机关可以径行补充侦查。对此,笔者从以下两个方面来展开论述。

一方面,从刑事诉讼阶段来看。当调查终结移送至检察院后,案件已然进入审查起诉阶段,退回补充调查并非与不起诉决定画上了等号,其本质上仍希望能重新补足证据作出起诉决定,案件仍处于检察机关审查起诉阶段,应当严格按照《刑事诉讼法》规定进行,故应当由检察机关对人身自由强制措施进行决定和选择等,割裂地认为应变更为留置措施在程序上有不妥之处。

另一方面,从补充侦查阶段来看。检察机关的补充侦查权和监察机关的补充调查权应当是并行不悖的,检察机关有权力、有能力进行补充侦查。根据《刑事诉

① 参见《刑事诉讼法》第170条规定:"人民检察院对于监察机关移送起诉的案件,依照本法和监察法的有关规定进行审查。人民检察院经审查,认为需要补充核实的,应当退回监察机关补充调查,必要时可以自行补充侦查。对于监察机关移送起诉的已采取留置措施的案件,人民检察院应当对犯罪嫌疑人先行拘留,留置措施自动解除。人民检察院应当在拘留后的十日以内作出是否逮捕、取保候审或者监视居住的决定。在特殊情况下,决定的时间可以延长一日至四日。人民检察院决定采取强制措施的期间不计入审查起诉期限。"

讼法》的规定，检察机关仍是享有立案侦查权的侦查机关之一，而无论是退回补充调查还是补充侦查，在本质上均属于侦查，且刑事诉讼法严格规定了具体侦查程序。在监察体制改革浪潮下，检察机关完成了对权力运行的重新配置，尽管检察机关将职务犯罪侦查权转隶至监察机关，但对该类案件的补充侦查仍能驾轻就熟，有丰富的办案经验。

（四）与检察机关法律监督的程序衔接

如前文所述，检察权的核心和第一要义在于其法律监督的属性，检察机关是宪法规定的法律监督机关。随着监察体制改革，检察机关权力运行遭到冲击和整合，有学者认为监察机关的出现撼动了检察机关法律监督的权力地位。① 有的学者认为，职务犯罪侦查权仅是法律监督权的组成部分，并非其权力核心，若以此认定为监督权地位受到撼动，犹如管中窥豹。② 法律监督权在新的司法改革背景下，亦应当被赋予新的内涵，可适度扩大法律监督权的适用阶段。

第一，监察权和检察权都具有法律监督的属性特征，但两者的本质却有天壤之别。根据《人民检察院组织法》第 21 条的规定，检察权对于刑事侦查机关或者监察调查机关的违法行为主要是通过发出纠正意见书的形式来进行监督；对于人民法院的违法裁判行为，主要是通过抗诉的形式来进行监督；对于行政机关的违法行为，主要是通过发出检察建议的形式来进行监督③。因此，前者是针对“主体”的监督，而后者是针对具体违法的事务层面的监督；前者在办理职务违法案件的过程中应当受到后者的监督，而后者的工作人员也要受到前者的规制。

第二，在监察机关办理的案件中，被调查对象往往具有高学历和强大的心理支撑，法学素养和反调查能力也不同于一般刑事案件的嫌疑人，案件与一般刑事案件相比也具有隐蔽性，实物证据的取得较为困难，证据种类多集中于言词证据。基于此，受制于办案时间的压力，在司法实践中被调查人人身权被办案人员侵犯的概率也远高于一般刑事案件的嫌疑人，存在有悖于程序正义理论的风险。

第三，鉴于监察调查权具有天然的权力优势，实务中受到的甘言厚币诱惑无处不在，监察人员若无极高的职业道德约束，难以做到抱朴寡欲。长此以往，难免

① 参见秦前红、叶海波等：《国家监察制度改革研究》，法律出版社 2018 年版，第 226 页。

② 参见陈瑞华：《司法体制改革导论》，法律出版社 2018 年版，第 74 页。

③ 参见李天奇：《国家监察制度研究》，沈阳师范大学 2019 年硕士学位论文。

会有人禁不住诱惑,以此作为"权钱交易"的筹码。因为监察委员会、人民检察院、人民法院和公安机关办理职务犯罪案件时的"分工负责"、"互相配合"和"互相制约"三者是相融共生、有机统一的整体性机制,单独强调研究三者之中任何一项都很难诠释该机制之全貌。①

第四,司法改革的浪潮中,检察机关的权力配置发生了新的变化,检察机关也在积极寻求新的职权职能以期扩大法律监督权。譬如,各地检察机关纷纷探索实践民事、行政公益诉讼,对违反社会公益的行为和怠于行使权利的行政机关进行法律监督,其法律监督权已经有了新的时代内涵。前文已述,监察调查权带有浓厚的侦查权色彩,从诉讼程序上看,监察调查行为实质上属于诉讼程序的立案和侦查阶段。刑事诉讼法明确了检察机关在侦查阶段有权对侦查人员的违法侦查行为进行法律监督。据此,可将刑事诉讼法中关于侦查监督之规定,参照适用于监察调查行为中,避免监察调查陷入"监察中心主义"的旋涡。

结 语

从当前的立法现状、司法实践来看,均亟须完善对监察权与检察权衔接的制度规定,而立足理论研究现状,也亟须补足对监察权与检察权衔接方面研究的不足,因此对其研究具有紧迫性和现实性。全面推进监察体制改革是党的十九大的战略部署,是重拳出击打击腐败的必然选择。为配合改革的有效推进,2018 年全国人大及其常委会先后通过了《监察法》和《刑事诉讼法》,初步实现了立法的横向衔接。监察权和检察权应当是互相配合、互相制约的关系,但鉴于立法时间紧、任务重,诸多问题难以覆盖,尤其在监察权和检察权衔接方面仍应当在明晰监察调查的侦查属性的前提下,实现辩护权和证据收集规范层面的衔接,移送审查起诉后,实现补充调查与留置措施和强制措施的衔接,以及适度扩张检察监督权至监察调查中的衔接问题。通过对两权衔接的探讨,以期实现程序正义和实体正义的同向发力,为社会主义法治建设助力加油。

① 参见秦前红、石泽华:《论监察权的独立行使及其外部衔接》,载《法治现代化研究》2017 年第 6 期。

论职务违法与职务犯罪案件的证据适用规则

——证据标准、证明标准的双重视角分析

樊华中　王心源*

[摘要]　在宪法和法律解释统一论的背景下,对职务违法与职务犯罪在证据适用规则上做适当区分不仅在理论上成立,在实践上更是有迫切需求。监察证据适用规则包括证据标准规则和证明标准规则。证据标准统一论有利于提升监察机关的执法规范性,但在操作层面应兼顾监察实务做出适当区别。职务违法与职务犯罪的证明标准,无论是在理论层面还是在规范层面均非统一论,职务犯罪应当采取刑事证明责任标准,职务违法可以借鉴高度盖然性论。

[关键词]　监察法　监察委员会　证据适用　证据标准　证明标准

在现代法律体系中,违法与犯罪拥有不同的含义、不同的执法主体、不同的执法流程、不同的执法标准。在我国的法律体系中,总体而言,违法一般称为行政违法,犯罪一般称为刑事犯罪。行政违法由行政机关依法处置,刑事犯罪由刑事司法机关予以处理。但是也有例外,有些机关、机构同时拥有行政执法与刑事司法两种权力。比如,公安机关既拥有行政治安处罚权,也有刑事司法侦查权;检察机关既拥有针对一般违法行为的调查核实权,同时也有针对刑事犯罪的补充侦查权(亦称为机动侦查权)。以此来观察我国的各级监察委员会,根据我国《监察法》第3条规定,我国各级监察委员会"对所有行使公权力的公职人员(以下称公职人员)进行监察,调查职务违法和职务犯罪",由此可以看出,各级监察委员会虽然不

---

* 樊华中,上海市奉贤区人民检察院,四级高级检察官,法学博士。王心源,上海市奉贤区纪委监委案件审理室审理员。

是行政机关,但其也同时拥有违法与犯罪的双重调查权。① 由于违法分子与犯罪分子最终承担的责任形式不一样,即被法律所剥夺的利益不一样,根据公权力行使的比例原则,对于违法分子与犯罪分子在权力调查过程中,鉴于执法资源的有限性,在证实违法行为与犯罪行为的标准上理应采取差异原则。不过,《监察法》第33条要求"监察机关在收集、固定、审查、运用证据时,应当与刑事审判关于证据的要求和标准相一致",这导致理论与实践均存在争议。因为对于调查职务违法与职务犯罪采取相同的标准将会使有限的监察资源难以应对庞大的案件量。因此,有必要对《监察法》第33条作出更体系的解释。从字面意义上看,"监察机关在收集、固定、审查、运用证据时,应当与刑事审判关于证据的要求和标准相一致",体现了贯彻十八届四中全会所提出的"推进以审判为中心的诉讼制度改革,确保侦查、审查起诉的案件事实经得起法律的检验"要求,向监察机关传达出职务违法和职务犯罪调查权行使过程中的权力标准。但是,在实践意义或操作意义上,将可能因为监察资源以及监察操作过程中的特殊因素而使政策精神不能实现,进而有降低法治意义之嫌。所幸的是,2021年9月20日发布并施行的《监察法实施条例》第62条、第63条对职务违法案件采取了证据确凿的证明标准,对职务犯罪案件采取了证据确实、充分的证明标准。本文认为,这样的区分标准,符合了实践要求,放在更深的法律上,仍然需要解释。本文对此从证据规格、证明标准等理论与实务中有所提及,但内涵尚不是十分明确的角度入手,做一个阐释尝试。

一、固定证据的权力行使过程应当与权力目的相一致

权力是一种关系性的概念,权力主体拥有对权力客体的强制性。正因如此,权力的强制性要求权力必须受到监督。监督体现在多个方面,现有研究有多种解释。② 不过从权力的来源授权性分析,权力监督可以分为以下几个监督。第一层,

① 我国各级监察委同时还依据《中国共产党纪律处分条例》对党员实施违纪调查。违纪调查属于党内调查,但根据世界各国政党内支配关系,政党内部管理关系通常被认为是行政隶属关系,因此政党内部的违纪调查也可以归入行政调查中。又由于政党一般都有自己的组织纲领、管理规定,各国政党依据自己的组织纲领和管理规定,对政党成员进行的调查也可以称为行政违法调查。结合我国实际,中国共产党是获得了政权统治地位的社会组织,亦有自己的党内法规,因此,对党员依据其党内法规的违纪调查也可以称为违法调查。故,本文无特殊说明之处,所称的职务违法包括行政违法以及针对党员的职务违纪。

② 比如,党内监督、党外监督、人大监督、执法监督、司法监督、社会监督、舆论监督等。

来自授权性立法的监督。比如,在立法上,最高权力授予下位权力何种程度的强制力、希望下位权力实现何种目的？超出权力行使目的的,应为越权。第二层,行权性的监督。比如,最高权力认为下位权力在实现其权力目的时,应当遵循何种规范性约束、遵循现代法治的何种基本要求。因此,最高权力会通过相应的立法要求下位权力在实现最高权力所希望的授予目的时,必须遵守一些程序性规范,不得滥用权力侵犯公民基本权利。第三层,来自他权力的制约。比如,最高权力授权诸多下位权力,其中,要求某一项下位权力在实现权力目的的时候,必须接受其他下位权力的制约,接受其他下位权力的审查,防止某一下位权力过大而侵犯公民基本权利。马克思主义权力观认为,权力是统治阶级维护阶级利益的国家强制力量。结合我国实际,我国国家机关的权力来自人民,需要受到人民的监督。国家权力行使的过程中,要以维护人民根本利益为宗旨,接受人民的监督。各级监察委员会的权利来自全国和各级人大的授权,需要接受人民的监督。在宪法与法律的视野中,职务违法人员以及职务犯罪人员,同样属于人民。对于职务违法人员、职务犯罪人员,各级监察委员会在行使权力过程中仍然要接受监督,接受审查。

根据上述监督层次性理解,各级监察委员会在行使职务违法与职务犯罪调查权时,在固定职务违法和职务犯罪证据的过程中,首先,不得超越最高权力机关,即全国人民代表大会所授予其的权力种类与范围,在固定职务违法和职务犯罪证据的过程中,不得超越《监察法》所赋予的手段与措施。其次,各级监察委员会在行使职务违法和职务犯罪调查权的过程中,必须遵守证据法的基本规则,不得出现证据法规定之外的其他证据种类,也不得以超出《监察法》所赋予的手段与措施的其他方式固定证据。最后,也是最重要的,各级监察委员会在行使职务违法和职务犯罪调查权过程中所固定的证据,应当经过与其目的相适应的、相对应的其他机关的审查。基于此,根据现行的法律体系,职务违法由监察委员会自行审查,职务犯罪则是由各级监察委员会在证据固定之后,交由相应的检察机关、人民法院予以审查。

综上,根据权力行使必须与其权力目的相适应的基本原则,对《监察法》第 33 条可以作出如下解释:对于以办理职务犯罪为目的的监委调查权行使过程中所固定的证据,必须以审判为中心,接受后续的司法审查;对于以调查职务(违纪)违法为目的的监委调查权行使过程中所固定的证据,无须以审判为中心,无须接受后续的司法审查。这也意味着,各级监察委员会对于职务违法行为、职务犯罪行为调查在证据固定方面,在证据标准、证明标准上应当存在差异。

二、《监察法》证据标准、证明标准的层次性解释

(一)证据标准、证明标准关联含义

我国在立法上并未对证据标准与证明标准作出严格的区分①,但这两个概念实际上有着不同的内涵。

通过考察证据标准与证明标准这两个概念的历史渊源,可以发现证据标准与证明标准的概念在我国经历了从混同到分野的过程。20 世纪 80 年代,证据标准与证明标准几乎被混作一谈,两者都被认为是司法人员审查判断证据证明力的依据或准则。② 直到进入 21 世纪,学者才开始关注两个概念之间的区别与联系。尤其是随着大数据、人工智能在办案规范中的辅助性应用,对证据标准与证明标准进行区分的共识越来越明显。如 2016 年 9 月,中央政法委原书记孟建柱在贵州调研时指出:"要把科技创新与司法体制改革融合起来……通过强化大数据深度应用,把统一的证据标准镶嵌到数据化的程序之中,减少司法任意性。"③最高人民法院在《2018 年人民法院工作要点》中提出,"充分运用现代信息技术手段,总结推广上海、贵州在刑事案件基本证据标准指引和智能辅助办案方面的经验,构建适应时代需要的刑事司法新模式"。对于证据标准与证明标准的关系,上海"刑事案件智能辅助办案系统"(206 系统)研发业务组负责人、上海高院副院长黄祥青认为:"'证据标准',是指针对不同类型的案件,按照构建完整证据链条的要求所必须收集的证据。它与法律所要求的事实清楚、证据确实、充分的'证明标准'有所不同,前者侧重于说明应当收集哪些证据,后者侧重于表述所收集证据的证明程度。"④在成果应用上,上海市高级人民法院印发的《盗窃案件基本证据标准(试行)》第 1 条规定:"盗窃案件的证据标准是指在办理盗窃案件过程中应当收集哪些证据以及如何收集证据的规范,是'犯罪事实清楚,证据确实、充分'法定证明标

① 以证据标准和证明标准为关键词在中国知网检索相关的重要性文章可以发现,将证明标准与证据标准混合使用是一种常见现象。

② 参见王国枢、袁红兵:《论证明标准与证据制度》,载《政法论坛》1988 年第 5 期。

③ 《孟建柱:不断提升政法综治工作智能化水平》,载《人民日报》2016 年 9 月 23 日,第 4 版。

④ 严剑漪:《揭秘"206":法院未来的人工智能图景——上海刑事案件智能辅助办案系统 154 天研发实录》,载《人民法院报》2017 年 7 月 10 日,第 1 版。

准的具体化与规范化。"此证据标准,系对2012年至2016年的36,779起盗窃案件进行总结,对证据标准进行模式化、智能化的归纳总结的成果。

其中,证据标准的研究对象为证据本身,此概念用于对证据本身的审查判断,主要涉及对证据能力、证据性质、证据数量及完成形态的判断,主要功能在于对收集、获取证据进行指导与规制,以及对进入审判阶段的证据进行审查过滤。① 也有检察实务人员提出,直接以证据"三性"标准作为其内容,即证据的真实性、合法性、关联性。② 证明标准研究的对象为事实(可笼统地称为法律事实、客观事实等),此概念用于表达证据对事实能形成的说服程度,即我们通常所理解的在诉讼活动中承担证明责任的一方对案件事实的证明必须达到的程度或要求,是针对案件事实的综合评价。证据标准是实现证明标准客观化的有效路径。证明标准是认定事实的主观化内核。在二者关系上,要限制证据标准的逻辑判断功能,坚守证据标准的指引定位,充分发挥证据标准防范错案的功能。但是,在理论与实务方面,证据标准均无法替代证明标准。③ 由此可见,证据标准与证明标准虽只有一字之差,但在具体内容、审查评价方式、功能及法律效果等方面都存在实质性区别。因此,在探讨职务违法与职务犯罪案件的证据规则时,必须对此作出区分。同时,二者之间具有一定的联系。我国刑事证明标准一般被认为是"证据确实、充分",其中"确实"是指证据查证属实,主要讲证据本身,"充分"是指证据具有证明力足以证明待证事实。④

本文在后续探讨职务违法与职务犯罪案件的证据规则时,将证据规则区分为证据标准与证明标准,以得出两类案件在证据标准与证明标准上的不同规则。

(二)《监察法》第33条证据标准层次解释

1. 证据形式与种类的效力性解释

通过解释我国《监察法》第33条,可以发现本条有丰富的含义。本条第1款规定,"监察机关依照本法规定收集的物证、书证、证人证言、被调查人供述和辩解、视听资料、电子数据等证据材料,在刑事诉讼中可以作为证据使用"。该规定

---

① 参见熊晓彪:《刑事证据标准与证明标准之异同》,载《法学研究》2019年第4期。

② 参见李小平、张礼萍:《刑事诉讼中应当确立"证据标准"概念》,载《河南社会科学》2009年第2期。

③ 参见秦宗文:《证据标准的双维分析:基准与动力》,载《中国刑事法杂志》2021年第3期。

④ 参见龙宗智:《我国刑事诉讼的证明标准》,载《法学研究》1996年第6期。

是指监察机关依照监察法所收集的各种类型的证据,如果后续进入刑事诉讼,则直接可以使用,无须再由其他机关重新就上述证据种类所固定同一事实进行再次收集。类比性地可以解释为,同一事实不再由不同机关重复收集证据。这一款的规定来源于《监察法》出台之前,职务违法行为与职务犯罪行为由不同机关负责处理所带来的证据效力必须转化问题。在以往的职务(违法)违纪与犯罪的处理过程中,纪委所取得的书证、物证、证人证言、被调查人陈述等需要由检察机关再重新收集一次。原因在于,以往法律法规体系中,对于具有党员身份的公职人员所做的违纪调查本身是以违纪为导向进行证据固定的,在其过程中,可能存在不符合后续《刑事诉讼法》所要求的形式的证据。[①] 因此,2018 年《监察法》通过这一条款的规定解决了证据转化问题,赋予了监察委员会调查固定的证据与犯罪侦查机关固定的证据同样的效力,可以直接使用。有批评者从应然立法角度认为,“从立法原理上讲,监察机关收集的证据材料是否可以在刑事诉讼中作为证据使用理应由刑事诉讼法予以规定,监察法的这一做法有越俎代庖侵入刑事诉讼法领地之嫌”[②]。但是本文认为,从实在法角度而言,“法律必须被遵守,否则形同虚设”。可以认为,《监察法》第 33 条第 1 款赋予了监察机关收集的证据进入刑事诉讼的资格。

2. 证据固定等程序化对标犯罪查办标准

《监察法》第 33 条第 2 款规定:“监察机关在收集、固定、审查、运用证据时,应当与刑事审判关于证据的要求和标准相一致。”此款要求监察机关收集、固定证据的标准应当与刑事审判相一致。结合《监察法》第 3 条规定,我国各级监察委员会同时拥有违法与犯罪的双重调查权,似乎在针对职务违法和职务犯罪的调查权行使过程中,均要以刑事司法的证据标准来约束自身权力行使过程和结果。因此,在现代整个法律体系中,实现违法与犯罪两分的情况下,监察法却以特殊法的形式,对于违法与犯罪实行统一立法、统一标准,提高了违法的证据标准,可谓“高标准、严要求”。

3. 证据排非在违法与犯罪中的双重申明

《监察法》第 33 条第 3 款规定:“以非法方法收集的证据应当依法予以排除,

---

① 参见陈卫东、聂友伦:《职务犯罪监察证据若干问题研究——以〈监察法〉第 33 条为中心》,载《中国人民大学学报》2018 年第 4 期。

② 张中:《论监察案件的证据标准——以刑事诉讼证据为参照》,载《比较法研究》2019 年第 1 期。

不得作为案件处置的依据。”该款规定了监察机关排除非法证据的义务。所谓“非法方法收集的证据”主要集中在《监察法》第40条、第41条。在更广的法律体系中，除了受到《监察法》第40条、第41条的规定约束之外，由于针对职务犯罪的调查权所固定的证据，还要受到后续刑事司法审查的约束，因此，“非法方法”的判断法源本身是超过监察法的。由于职务犯罪案件后续需要移送刑事司法程序，因此，对于职务犯罪案件中以非法方法收集的证据不得作为认定犯罪的证据，应无争议。从“不得作为案件处置的依据”中“处置”一词来看，考虑到各级监察委员会行使职务违法和职务犯罪的双重调查权力，因此，职务违法调查中以非法方法收集的证据，也不得作为认定职务违法的证据。

三、职务违法与职务犯罪案件采用统一的证据标准论及其负面影响

(一)证据标准统一论

监察机关的调查活动包括了职务违法与职务犯罪，其中，职务违法是“针对违反党纪和行政法规的一般调查”，职务犯罪是“针对刑事犯罪的特殊调查”[①]。据此，虽然违法与犯罪两类案件在性质上有所区分，但是在证据标准上，二者应予以统一。对此，中央纪委研究室也曾明确，监察机关应依照法定程序，参照刑事诉讼法对证据形式要件和实质要件的要求，全面、客观地收集被调查人有无违法犯罪以及情节轻重的证据。[②] 对于监察证据的形式要件与实质要件，本文分析如下：

1. 监察证据的形式要件

监察证据的形式要件主要体现在证据种类和证据规格上，两者都是为了确保证据的合法性，即收集、获取证据的主体、程序、手段等均符合法律的规定。从证据种类来说，《监察法》第33条规定的证据种类有“物证、书证、证人证言、被调查人供述和辩解、视听资料、电子数据等证据材料”，与《刑事诉讼法》第50条规定的8种证据种类[③]相比较，缺少了“被害人陈述”“鉴定意见”“勘验、检查、辨认、侦查

---

① 陈光中:《关于我国监察体制改革的几点看法》,载《环球法律评论》2017年第2期。

② 参见中央纪委研究室:《怎样确保监察机关调查取得的证据符合刑事诉讼证据标准?》,载https://www.sohu.com/a/218611141_692123。

③ 《刑事诉讼法》第50条规定:“可以用于证明案件事实的材料,都是证据。证据包括:(一)物证;(二)书证;(三)证人证言;(四)被害人陈述;(五)犯罪嫌疑人、被告人供述和辩解;(六)鉴定意见;(七)勘验、检查、辨认、侦查实验等笔录;(八)视听资料、电子数据。证据必须经过查证属实,才能作为定案的根据。”

实验等笔录”。对此,《监察法》第26条、第27条分别对勘验检查、鉴定意见作出过相关规定①,又由于监察机关办理的案件中不存在侦查实验笔录,且职务犯罪案件中并无被害人②,因此相较于《刑事诉讼法》,《监察法》真正未规定的证据种类仅有“辨认笔录”。但《监察法》对于证据种类采取的是“不完全列举”的表述方式,即在列举的证据种类之外加入“等”字表示列举未完,赋予了该条款解释空间。因此,笔者认为《监察法》在证据种类上与刑事诉讼法的规定无异。

监察证据除了要符合《刑事诉讼法》规定的证据种类外,其自身还必须满足刑事诉讼证据的规格,即收集、运用证据的主体合法,证据的来源和程序合法。对此,《刑事诉讼法》第5章及《最高人民法院关于适用〈中华人民共和国刑事诉讼法〉的解释》第4章均作出了具体规定。以言词证据为例,需审查笔录的制作是否符合法律规定、是否注明起止时间、是否告知了权利义务、是否经核对确认,工作人员主体身份、人数、讯问或询问方式是否合法合规,讯问或询问对象的认知能力有无异常等。总之,监察证据也必须符合刑事诉讼法规定的证据规格,如果存在瑕疵,需经补证或者作出合理解释,如系非法证据需予以排除。在排非的标准方面,依据“自白任意性规则”,对于以刑讯逼供、威胁、非法拘禁等方法获取的言词证据应当“强制性排除”,对以欺骗、引诱方法获取的言词证据以及重复性供述应当予以“裁量性排除”。③

2. 监察证据的实质要件

监察证据的实质要件主要是指监察证据需符合真实性与关联性。《刑事诉讼法》第50条第3款规定,“证据必须经过查证属实,才能作为定案的根据”。这就是对证据真实性的要求,即证据必须客观存在,且反映客观事实。在此基础之上,证据还必须是“可以用于证明案件事实的材料”,即证据与案件事实之间存在本质

---

① 《监察法》第26条规定,监察机关在调查过程中,可以直接或者指派、聘请具有专门知识、资格的人员在调查人员主持下进行勘验检查。勘验检查情况应当制作笔录,由参加勘验检查的人员和见证人签名或者盖章。第27条规定,监察机关在调查过程中,对于案件中的专门性问题,可以指派、聘请有专门知识的人进行鉴定。鉴定人进行鉴定后,应当出具鉴定意见,并且签名。

② 参见张中:《论监察案件的证据标准——以刑事诉讼证据为参照》,载《比较法研究》2019年第1期。

③ 参见刘艳红:《职务犯罪案件非法证据的审查与排除——以〈监察法〉与〈刑事诉讼法〉之衔接为背景》,载《法学评论》2019年第1期。

的、内在的联系。[①] 这就要求将证据与职务违法或者职务犯罪案件的事实结合起来分析,探究每一份证据可以用来证明事实的哪一部分,使证据和事实之间形成一一对应的关系,最终使作为待证事实的证明对象全部得以说明。

(二)证据标准统一论可能的负面效应及对策

监察机关调查职务案件从轻到重依次分为职务违纪案件、职务违法案件和职务犯罪案件。相比于职务犯罪案件,职务违纪案件和职务违法案件一般是通过行政处分等方式予以追责,并不会进入刑事诉讼程序,自然也不会接受检察院、法院的司法审查。依据《监察法》的规定,不区分上述三类案件,一概要求监察证据按照审判证据的标准进行收集等,在实践意义上,可能会受到非议。

因为,社会生活中的任何行为都讲究成本。作为公共权力机关其权力行使的过程虽受到国家财政保障(如国家可以扩大投入),但是权力行使人员素质、精力本身也是一种约束。各级监察委员会的监察办案人员、审理人员的精力、素质投入等本身也是一种成本。在机会成本的意义上,对于原本不需要投入太多成本的事项投入了过高的成本,就会导致本身需要投入高成本的事项将无法实现高投入。因此,虽然《监察法》第33条从形式意义上看,要求监察机关对于证据的要求与标准应当与刑事审判相一致,但在实践中可能存在降低证明标准的情形。

对此,应当坚持在宪法和法律体系统一论的解释下,对违法和犯罪进行区分,在党内法规与党外法规相衔接的基础之上,对职务违法、职务犯罪案件进行区分,进而对不同类型的案件在证据标准上也做适当区分。详言之,针对职务违纪行为证据标准无须遵守监察法所要求的"与刑事审判关于证据的要求和标准相一致";针对职务违法行为,可以参照适用"与刑事审判关于证据的要求和标准相一致";针对职务犯罪行为,"应当与刑事审判关于证据的要求和标准相一致"。

四、职务违纪、职务违法与职务犯罪案件应采用分层的证明标准

职务违法与职务犯罪的证明标准,相关规定存在于纪检监察证据标准的公开规范中,主要来自《监察法》、《中国共产党纪律检查机关监督执纪工作规则》(以下简称《执纪工作规则》),以及中共中央纪律检查委员会发布的《关于查处党员违纪案件中收集、鉴别、使用证据的具体规定》。《监察法》第45条规定,对涉嫌职

① 参见陈光中主编:《中华人民共和国刑事证据法专家拟制稿(条文、释义与论证)》,中国法制出版社2004年版,第138页。

务犯罪的案件,经调查认为“事实清楚,证据确实、充分”的,移送检察机关审查起诉。可见职务犯罪案件在证明标准上采用的是与刑事诉讼法相同的表述,即“证据确实、充分”。

分析《监察法》第45条的规定①,对于涉嫌职务犯罪的案件,如果达到“事实清楚,证据确实、充分”的标准,则移送检察机关审查起诉,对于“没有证据证明被调查人存在违法犯罪行为的”,则撤销案件。由此推之,当案件出现有证据证明被调查人“存在违法犯罪行为”,但证据材料又无法达到“事实清楚,证据确实、充分”程度的情况时,监察机关既不允许将案件移送司法机关,也不允许作撤案处理,那么,这类案件最终就可能会通过行政责任来结束。② 应该说这种法解释学有一定的道理。不过在实践操作中,即使经过调查,没能达到证据确实的程度,被调查人在其后续政治生涯中也会受到很大影响。

从历史渊源上看,职务违法、违纪案件在证明标准上是有过区分的。如《执纪工作规则》第53条规定,作出纪律处理或处分的标准是“事实清楚、证据确凿、定性准确、处理恰当、手续完备、程序合规”。从形式上看,其与“证据确实、充分”在表述上存在区别。有学者指出:“(违纪的证明标准)虽然宏观上与证据确实、充分一致,但并不意味着违纪案件可以套用刑事审判关于职务犯罪的证据要求……由于违纪事实的认定是以党员对党忠诚的纪律要求为基础的,违纪构成要件的标准要低于职务违法犯罪。”而且,如果从从严治党的要求来看,违纪处分的认定标准要低于刑事诉讼的证明标准。③ 2021年9月20日发布并施行的《监察法实施条例》承继了这一区分标准,即对职务违法案件采取了证据确凿的证明标准,职务犯罪案件采取了证据确实、充分的证明标准。

---

① 《监察法》第45条规定:“监察机关根据监督、调查结果,依法作出如下处置:(一)对有职务违法行为但情节较轻的公职人员,按照管理权限,直接或者委托有关机关、人员,进行谈话提醒、批评教育、责令检查,或者予以诫勉;(二)对违法的公职人员依照法定程序作出警告、记过、记大过、降级、撤职、开除等政务处分决定;(三)对不履行或者不正确履行职责负有责任的领导人员,按照管理权限对其直接作出问责决定,或者向有权作出问责决定的机关提出问责建议;(四)对涉嫌职务犯罪的,监察机关经调查认为犯罪事实清楚,证据确实、充分的,制作起诉意见书,连同案卷材料、证据一并移送人民检察院依法审查、提起公诉;(五)对监察对象所在单位廉政建设和履行职责存在的问题等提出监察建议。监察机关经调查,对没有证据证明被调查人存在违法犯罪行为的,应当撤销案件,并通知被调查人所在单位。”

② 参见高通:《论监察机关收集和运用证据的要求与标准——基于〈监察法〉第三十三条第二款的分析》,载《政法学刊》2019年第1期。

③ 参见荚恒武:《如何把握违纪案件的证据标准》,载《中国纪检监察报》2020年1月8日,第8版。

(一)职务犯罪案件应以"证据确实、充分"为证明标准

职务犯罪案件最终的处置需进入司法程序并对被调查人定罪量刑,这可以说是一种最为严厉的处罚,自然应该慎之又慎。中国刑事诉讼历来以"案件事实清楚、证据确实充分"作为定罪之证明标准。[①]《监察法》第45条也明确规定,只有在事实清楚,证据确实、充分的情况下,案件才可以移送检察机关审查起诉。

国家工作人员沈某在2016年6月至2018年10月利用职务便利,一方面虚构单位退休人员名单骗取福利费共计20余万元,另一方面拖延、暂缓单位死亡员工丧葬费发放,将钱款用于个人投资与消费,共计100余万元。由于在调查过程中,无法查清其挪用的钱款中有多少是用于投资的营利行为的,而其挪用的时间又没有超过3个月,即无法排除其用于营利活动的钱款并未达到"数额较大"的"合理怀疑"。故在该案移送审理后,审理部门以挪用公款的事实不清,证据材料并未达到确实、充分的证明标准为由,并未认定其构成挪用公款罪,最终以沈某涉嫌贪污犯罪将该案移送检察机关。

在"证据确实、充分"的实质解释方面,《监察法实施条例》第63条对其条件进行了阐明,即:"……证据确实、充分,应当符合下列条件:(一)定罪量刑的事实都有证据证明;(二)据以定案的证据均经法定程序查证属实;(三)综合全案证据,对所认定事实已排除合理怀疑……"此条承继了《刑事诉讼法》第55条的规定,在相关内容上完全一样。据此,可以认为,监察机关查证职务犯罪的证明标准与刑事诉讼中对犯罪事实的证明标准要求一样。鉴于相关的著述对犯罪事实的证明标准有较多论述,本文不再展开。

(二)职务违法案件"确凿"的证明标准

结合《执纪工作规则》中规定的"事实清楚、证据确凿",可以看出职务违法的证明标准是低于职务犯罪的证明标准的。事实上,由于职务违法案件与职务犯罪案件性质上的差异,造成的社会效果和对被调查人的处理结果都有实质上的区分。职务违法案件轻至"红脸出汗",以谈话提醒、批评教育等方式处理,重至"政务重处分",进行重大职务调整,但最终处理结果都不会进入司法程序,更不会涉及被调查人的人身自由。因此,在证明标准上,采取与职务犯罪案件相区别的"分

---

① 参见《刑事诉讼法》第200条第1项关于有罪判决证明标准的规定,以及第162条、第171条关于侦查终结、提起公诉的证明标准的规定。

层标准”,这不但有利于执行监察工作“宽严相济、惩教结合”的原则,也更加符合监察机关的办案实践。

据此,《监察法实施条例》第 62 条规定,“监察机关调查终结的职务违法案件,应当事实清楚、证据确凿。证据确凿,应当符合下列条件:(一)定性处置的事实都有证据证实;(二)定案证据真实、合法;(三)据以定案的证据之间不存在无法排除的矛盾;(四)综合全案证据,所认定事实清晰且令人信服”。由此可以看出,《监察法实施条例》用“清晰且令人信服”来对“确凿”进行解释。但,“清晰且令人信服”是何种证明程度?实务研讨中,有观点认为“清晰且令人信服”的证明标准介于刑事案件中“排除一切合理怀疑”标准和民事案件“优势证据”标准之间的标准。不过,《刑事诉讼法》仅以“排除合理怀疑”作为刑事案件证明标准,从未要求“排除一切合理怀疑”。有观点认为,“清晰且令人信服”的标准就是“排除合理怀疑”的标准,在《监察法实施条例》规定之前,刑事案件指控中,通常就是以“事实清楚、证据确凿”作为对指控证明程度的总结。

笔者认为,作为法律认证的事实,法律事实与客观事实之间永远存在一定差距。无论是刑事诉讼证明标准,民事诉讼的证明标准,还是行政违法、违纪的事实证明标准,都是通过法律程序固定证据对客观事实进行还原所能达到的程度。如果说刑事诉讼中,“排除一切合理怀疑”是对客观事实 100% 还原的话,“排除合理怀疑”就是接近于 100% 的还原。民事诉讼中“高度盖然性”的证明标准,学者认为系法官对事实“极有可能”是如此的内心确认。① 但是,从双方当事人所拥有的证据对事实的还原度而言,应当是一方对事实超过 50% 的还原。据此,对特殊群体(国家公职人员)违法事实的证明来说,因为违法关系到被调查人后续政治生涯、也关系到国家干部培养,以及干部在任职过程中形成的行政、党政决策命令带

---

① 最高人民法院 2002 年发布的《最高人民法院关于民事诉讼证据的若干规定》第 73 条第 1 款规定,“双方当事人对同一事实分别举出相反的证据,但都没有足够的依据否定对方证据的,人民法院应当结合案件情况,判断一方提供证据的证明力是否明显大于另一方提供证据的证明力,并对证明力较大的证据予以确认”。依照最高人民法院时任大法官的解释此规定确立的民事证明标准系“高度盖然性的证明标准”。不过,据学者考察,实践司法判决文书中,以“可能性更高”“可信度更高”,或者一方证据“具有优势”、“证明力大于”另一方的证据。用概率的形式表达,第 73 条第 1 款要求的概率应在 70% 以上或者更高,而上述司法判决的表述都只要求 50% 以上的概率。这表明,作出这些判决的法官并没有准确理解“高度盖然性”的内涵,尤其没有理解这一证明标准与“优势证据”的区别。既然法官对“高度盖然性”的理解不同,也就很难认为这一证明标准在我国法院得到了统一的适用。参见吴泽勇:《中国法上的民事诉讼证明标准》,载《清华法学》2013 年第 1 期。

来的社会、经济影响度，违法性事实虽然达不到近100%的还原，也要明显高于民事诉讼中的50%还原。从中央纪委国家监委法规室的相关解释上，也可以印证此一点，即《监察法实施条例》这样规定的主要考虑是，职务违法……根据这些证据认定的事实虽不需达到排除合理怀疑的程度，但也需要达到非常高的确定性，不能随意降低证据标准。[①] 至于是达到量化的多少？笔者认为，概率应在70%以上或者更高。

从实务操作层面，对于职务违法案件，如果被调查人的供述与调查机关收集的证据可以互相印证，那么案件审理部门可以对相关事实予以确认。但如果被调查人的辩解与调查部门现有的证据存在矛盾，那么案件审理部门首先应该与调查部门沟通补充调查证据，着力排除案件疑点。如果穷尽补证可能后依然无法排除所有矛盾，那么就应当结合案件现有的证据情况，判断调查部门所取得证据的证明力是否“明显大于”被调查人的辩解，如果已经达到了“明显大于”的证明程度，那么可予以确认。但如果证据材料仅处于“优势”或者“有一定可能性”，则认为案件证据材料未达到“清晰且令人信服”之证明标准而不予认定。

比如，《中国共产党纪律处分条例》中规定的党员干部利用职权或者职务上的影响为他人谋取利益，收受可能影响公正执行公务的礼品、礼金、消费卡和有价证券、股权、其他金融产品等财物的违纪行为，虽然在性质上可以类似于职务犯罪中的受贿，但由于数量、情节差异，其处理只能是违法，而不可能是职务犯罪。从成本角度考虑，监察委员会的每个办案人员在行使调查权力的时候心里都有个预判，预测构成犯罪的时候，就投入更多时间、精力，不构成犯罪的时候，就投入相对较少的时间、精力。

结　语

《监察法》是监察机关职能的来源，监察机关调查取证工作必须立足于本法之规定。《监察法》第33条明确监察证据标准应与刑事审判关于证据的要求与标准相一致，因此无论是职务违法案件还是职务犯罪案件，调查部门在取证的过程中均应力求在监察证据形式要件与实质要件上对标刑事诉讼法的规定。不过，在宪法和法律体系统一论的解释下，可对职务违法和职务犯罪进行区分；在党内法规

① 参见姚科铸：《树牢证据意识确保案件质量》，载《中国纪检监察》2021年第19期。

与国家法律相衔接的基础之上,亦可对职务违法、职务犯罪案件进行区分,进而对不同类型的案件在证据标准、证明标准上也可做适当区分。针对职务违法行为,证据标准无须遵守监察法所要求的"与刑事审判关于证据的要求和标准相一致",但可以参照适用"与刑事审判关于证据的要求和标准相一致";针对职务犯罪行为"应当与刑事审判关于证据的要求和标准相一致"。在证明标准上,《监察法》第45条明确了职务犯罪案件需达到"证据确实、充分"之标准,《监察法实施条例》第62条、第63条对其进行了补充。从《监察法》第45条规定的撤案标准,即"没有证据证明被调查人存在违法犯罪行为"来看,在"没有证据"与"证据确实、充分"之间的情况,既不允许撤案,也不允许移送司法,那么这一类案件就可以作为职务违法案件予以处置。在证明标准上,也可以参考民事诉讼中"高度盖然性"之证明标准、参考刑事诉讼中的"排除合理怀疑",将"清晰且令人信服"界定为高于"高度盖然性"但低于"排除合理怀疑"之程度,综合案件情况予以认定。

以案说法（纪）

党员公职人员违规收受礼品礼金案

周紫藤*

【关键词】

收受礼品礼金　廉洁纪律　受贿行为

【执纪执法要点】

赠送和收取礼品礼金是社会生活中最为常见的人情往来，但在公职人员之间以及公职人员与其管理和服务对象之间，却是可能违反廉洁纪律、滋生腐败从而需要重点监督的行为。自国家监察体制改革以来，各级纪委监委所查处的违规违法收受礼品礼金案件不计其数，由此也产生了一些在纪法条款适用方面的争议问题。具体来说，《中国共产党纪律处分条例》第 88 条、第 89 条规定了对党员在收受和赠送礼品礼金方面违反廉洁纪律的相应处分，但同时收受礼品礼金也可能被认定为受贿行为从而适用第 28 条、第 29 条的相关规定，因而就会产生适用何种条款的争议问题。掌握对于党员公职人员收受礼品礼金行为进行定性的标准是准确适用相关纪法条款的重要前提，因此分析该行为的定性标准是十分重要的。从正常接受馈赠到违反廉洁纪律，从违反廉洁纪律到涉嫌受贿甚至构成受贿罪，不能简单地根据收受数额多少来认定，而是应当找出条款中的区分要件并深入理解其内涵，从而准确定性并适用相应条款。

【基本案情及处理结果】

2020 年 12 月 29 日，中央纪委国家监委公开通报 6 起违反中央八项规定精神典型问题，其中涉及违规收受礼品礼金的有 4 起，具体如下：

1. 陕西省汉中市西乡县委常委、原副县长黄维违规收受礼金问题。2013 年至

---

* 周紫藤，西南政法大学监察法学院监察法学专业硕士研究生。

2019 年,黄维连续 7 年在春节期间,违规收受某公司以拜年名义赠送的礼金共计 5 万元;2017 年 9 月,黄维借其子结婚之机违规收受该公司所送礼金 5 万元。黄维受到党内严重警告、政务降级处分,违纪所得予以收缴。

2. 新疆生产建设兵团第四师可克达拉市南岗投资有限责任公司党委委员、原纪委书记左勇军接受可能影响公正执行公务的宴请、违规收受礼品礼金问题。2019 年 4 月至 2020 年 4 月,左勇军先后在元旦、春节等重要节点和项目招投标期间,违规接受有业务关联的企业安排的宴请 29 次;多次违规收受相关企业所送的现金、香烟和白酒等礼品礼金,折合人民币共计 11,656 元。左勇军受到党内严重警告处分,并被免去纪委书记职务,违纪所得予以收缴。

3. 上海虹桥商务区管委会开发建设处处长徐明生接受可能影响公正执行公务的旅游活动安排及宴请、违规收受礼品等问题。2018 年 8 月,徐明生及开发建设处相关人员 6 人赴山西、内蒙古旅游,相关费用共计 43,430 元,均由管理和服务对象承担;2018 年 4 月至 2019 年 6 月,先后多次接受可能影响公正执行公务的宴请、礼品。徐明生受到党内严重警告处分,违纪所得予以收缴。其他相关责任人分别受到相应处理。

4. 华电蒙能金通煤业有限公司原党委书记、执行董事杨宝智借操办其子婚宴敛财等问题。2020 年元旦前,杨宝智在为其子操办婚宴过程中,违规收受 42 名管理和服务对象礼金共计 4.65 万元;2020 年 3 月,经杨宝智同意,该公司设立"小金库",涉及金额 50 万元,用于支付其违规吃喝等费用。杨宝智还存在其他违纪问题。杨宝智受到撤销党内职务、撤职处分,违规收受的礼金予以退还。其他相关责任人分别受到相应处理。违纪所得予以收缴。

【问题分析】

从正常接受馈赠到违纪,再到涉嫌违法犯罪,是严重程度递增的几种形态,因此可以分阶段讨论相应的区分问题。

(一)区分正常接受馈赠与违纪收受礼品礼金

应当以"是否可能影响公正执行公务或明显超出正常礼尚往来"作为区分正常接受馈赠与违纪收受礼品礼金的标准。

根据《中国共产党纪律处分条例》第 88 条的规定,党员收受可能影响公正执行公务或者明显超出正常礼尚往来的礼品礼金,要受到相应的党纪处分。这里的"可能影响公正执行公务"以及"明显超出正常礼尚往来"就成为判定党员收受礼品礼金是否违反廉洁纪律的重要标准。“可能影响公正执行公务”是指作为公职人员的党员收受其管理和服务对象以及其他具有制约、隶属关系人员的礼品礼金，达到可能会侵犯其职务行为廉洁性的程度，包括“明显超出正常礼尚往来”的情形。对于“明显超出正常礼尚往来”，2015 年中央纪委法规室解释为：“一是指在礼节上讲究有来有往，换句话说就是你对我怎么样，我也对你怎么样，不能只来不往；二是指明显超出了当地正常经济水平、风俗习惯、个人经济能力的礼品、礼金价值。”因此，亲朋好友之间合理范围内的礼品礼金收赠，应视为正常的礼尚往来。

例如，上述公开通报案例中，黄维连续 7 年在春节期间收受某公司以拜年名义赠送的礼金共计 5 万元，后又借其子结婚之机收受该公司所送礼金 5 万元。首先，某公司与黄维并非亲属或好友关系，春节拜年送礼和结婚随礼已然不属于正常人情往来。其次，该公司是黄维的管理和服务对象，即使对黄维并未有请托事项，其大数额的送礼行为也可能会使黄维在执行关系到该公司利益的公务时难以保持应有的公正性。因此，该种情况下的收受礼品礼金不能视为正常的接受馈赠，而应当定性为违反廉洁纪律的行为，适用《中国共产党纪律处分条例》的相关规定对该党员作出相应的纪律处分。同时，监察机关应当按照《公职人员政务处分法》第 34 条的规定对其作出相匹配的政务处分。

（二）区分违反廉洁纪律与涉嫌刑事受贿

应当以“是否为他人谋取利益”作为区分违反廉洁纪律与涉嫌刑事受贿的标准。

受贿的行为方式有索贿、收受贿赂以及收受回扣、手续费和斡旋受贿。本文所讨论的案例是党员公职人员收受礼品礼金的行为，因此重点关注“收受贿赂”的受贿行为方式。根据《刑法》的相关规定，收受贿赂是指行为人非法收受他人财物，并为他人谋取利益。其中谋取的利益可以是不正当利益，也可以是正当利益。根据《最高人民法院、最高人民检察院关于办理贪污贿赂刑事案件适用法律若干问题的解释》第 13 条的规定，“为他人谋取利益”是指实际或者承诺为他人谋取利益、明知他人有具体请托事项或者履职时未被请托，但事后基于该履职事由收受他人财物。此外，国家工作人员索取、收受具有上下级关系的下属或者具有行政管理关系的被管理人员的财物价值 3 万元以上，可能影响职权行使的，视为承诺为他人谋取利益。因此，党员公职人员收受“可能影响公正执行公务”的礼品礼金达到3万元以上的,也符合受贿行为的构成要件。综上所述,对于党员公职人员收受礼品礼金的行为,若其为送礼人谋取利益,则符合受贿行为的构成要件,涉嫌刑事违法犯罪,应适用《中国共产党纪律处分条例》第28条、第29条之规定;若为收受可能影响公正执行公务的赠礼,且不超过3万元的,则仅违反廉洁纪律,应适用《中国共产党纪律处分条例》第88条之规定。此外,监察机关均应按照《公职人员政务处分法》第34条的规定对其作出相匹配的政务处分。

(三)区分非犯罪受贿行为与受贿罪

应当以"是否达到3万元的刑事立案标准"作为区分非犯罪受贿行为与受贿罪的标准。

当党员公职人员收受礼品礼金的行为符合"为他人谋取利益"的情形之一而被定性为受贿行为后,又会产生对《中国共产党纪律处分条例》第28条和第29条的适用问题。第28条规定了党组织对于党员的非犯罪违纪违法行为要给予相应的党纪处分,即党员的违纪违法行为符合刑法规定的犯罪行为构成要件但并不构成犯罪的,应当视具体情节给予警告直至开除党籍处分。而第29条规定了对党员严重违纪涉嫌违法犯罪行为的处理,即党员的违纪行为不仅符合刑法规定的构成要件,还达到了刑事立案的标准,依法应当追究刑事责任的,原则上先作出党纪处分决定,并按照规定给予政务处分后,再移送有关国家机关依法处理。对于党员公职人员来说,若其"为他人谋取利益"而收取礼品礼金未达到3万元的受贿罪立案标准,则其行为应被认定为非犯罪受贿行为,适用《中国共产党纪律处分条例》第28条之规定;若其"为他人谋取利益"而收取礼品礼金达到3万元以上,则其受贿行为构成受贿罪,纪检监察机关应在依次给予其党纪处分和政务处分后,将案件移送至检察机关依法审查起诉。

【相关条款】

《中国共产党纪律处分条例》(2018年8月18日)

第二十八条 党组织在纪律审查中发现党员有刑法规定的行为,虽不构成犯罪但须追究党纪责任的,或者有其他违法行为,损害党、国家和人民利益的,应当视具体情节给予警告直至开除党籍处分。

第二十九条 党组织在纪律审查中发现党员严重违纪涉嫌违法犯罪的,原则上先作出党纪处分决定,并按照规定给予政务处分后,再移送有关国家机关依法处理。

第八十八条 收受可能影响公正执行公务的礼品、礼金、消费卡和有价证券、股权、其他金融产品等财物,情节较轻的,给予警告或者严重警告处分;情节较重的,给予撤销党内职务或者留党察看处分;情节严重的,给予开除党籍处分。

收受其他明显超出正常礼尚往来的财物的,依照前款规定处理。

第八十九条 向从事公务的人员及其配偶、子女及其配偶等亲属和其他特定关系人赠送明显超出正常礼尚往来的礼品、礼金、消费卡和有价证券、股权、其他金融产品等财物,情节较重的,给予警告或者严重警告处分;情节严重的,给予撤销党内职务或者留党察看处分。

《公职人员政务处分法》(2020 年 6 月 20 日)

第三十四条 收受可能影响公正行使公权力的礼品、礼金、有价证券等财物的,予以警告、记过或者记大过;情节较重的,予以降级或者撤职;情节严重的,予以开除。

向公职人员及其特定关系人赠送可能影响公正行使公权力的礼品、礼金、有价证券等财物,或者接受、提供可能影响公正行使公权力的宴请、旅游、健身、娱乐等活动安排,情节较重的,予以警告、记过或者记大过;情节严重的,予以降级或者撤职。

《刑法》(2020 年 12 月 26 日)

第三百八十三条第一款 【贪污罪的处罚规定】对犯贪污罪的,根据情节轻重,分别依照下列规定处罚:

(一)贪污数额较大或者有其他较重情节的,处三年以下有期徒刑或者拘役,并处罚金。

(二)贪污数额巨大或者有其他严重情节的,处三年以上十年以下有期徒刑,并处罚金或者没收财产。

(三)贪污数额特别巨大或者有其他特别严重情节的,处十年以上有期徒刑或者无期徒刑,并处罚金或者没收财产;数额特别巨大,并使国家和人民利益遭受特别重大损失的,处无期徒刑或者死刑,并处没收财产。

第三百八十五条 【受贿罪】国家工作人员利用职务上的便利,索取他人财物的,或者非法收受他人财物,为他人谋取利益的,是受贿罪。

国家工作人员在经济往来中,违反国家规定,收受各种名义的回扣、手续费,归个人所有的,以受贿论处。

第三百八十六条 【受贿罪的处罚规定】对犯受贿罪的,根据受贿所得数额及情节,依照本法第三百八十三条的规定处罚。索贿的从重处罚。

《最高人民法院、最高人民检察院关于办理贪污贿赂刑事案件适用法律若干问题的解释》(2016年4月18日)

第一条 贪污或者受贿数额在三万元以上不满二十万元的,应当认定为刑法第三百八十三条第一款规定的"数额较大",依法判处三年以下有期徒刑或者拘役,并处罚金。

贪污数额在一万元以上不满三万元,具有下列情形之一的,应当认定为刑法第三百八十三条第一款规定的"其他较重情节",依法判处三年以下有期徒刑或者拘役,并处罚金:

(一)贪污救灾、抢险、防汛、优抚、扶贫、移民、救济、防疫、社会捐助等特定款物的;

(二)曾因贪污、受贿、挪用公款受过党纪、行政处分的;

(三)曾因故意犯罪受过刑事追究的;

(四)赃款赃物用于非法活动的;

(五)拒不交待赃款赃物去向或者拒不配合追缴工作,致使无法追缴的;

(六)造成恶劣影响或者其他严重后果的。

受贿数额在一万元以上不满三万元,具有前款第二项至第六项规定的情形之一,或者具有下列情形之一的,应当认定为刑法第三百八十三条第一款规定的"其他较重情节",依法判处三年以下有期徒刑或者拘役,并处罚金:

(一)多次索贿的;

(二)为他人谋取不正当利益,致使公共财产、国家和人民利益遭受损失的;

(三)为他人谋取职务提拔、调整的。

第十三条 具有下列情形之一的,应当认定为"为他人谋取利益",构成犯罪的,应当依照刑法关于受贿犯罪的规定定罪处罚:

(一)实际或者承诺为他人谋取利益的;

(二)明知他人有具体请托事项的;

(三)履职时未被请托,但事后基于该履职事由收受他人财物的。

国家工作人员索取、收受具有上下级关系的下属或者具有行政管理关系的被管理人员的财物价值三万元以上,可能影响职权行使的,视为承诺为他人谋取利益。

落马周某因漏罪"二进宫"案

宁莹晖*

【关键词】

"二进宫"案件　漏罪　主体身份认定　认罪认罚认定标准

【执纪执法要点】

"二进宫"案，即指刑满释放后第二次被立案调查并判刑入狱的案件，多发生于再犯或漏罪的情形。2017 年全国监察体制改革以雷霆万钧之势打响了全方位、全过程反腐的"枪声"，看到反腐清世巨大成效的同时，也需要清醒地认识到政治生态中仍然埋着许多"陈旧"的导火线。尽管《监察法》和《监察法实施条例》中没有明确倒查追责的要求，但《监察官法》第 54 条明确规定监察官终身追责制，同时依据实际政策与建议，我们不难看出历史遗留问题逐步得到正视及严肃处理。2020 年 12 月，"倒查 20 年"成为 2020 年度十大反腐热词之一；2021 年 3 月 5 日，习近平总书记参加内蒙古代表团审议时强调："当共产党的官，当人民的公仆，拿着国家资源去搞行贿受贿、去搞权钱交易，这个账总是要算的。"各级纪检监察机关要提高对漏罪、漏案的检查监督、调查处理能力，正确理解被调查对象的身份归属与管辖原则，坚决对腐败"零容忍""严查办"；创新把握对被监察对象的调查方式与罪罚认定，正确定位"零口供"案件的证据标准，正确对标认罪认罚标准，与违法违纪分子算清政治账、算对经济账、算尽思想账。

【基本案情及处理结果】

周某，中共党员，某市城乡规划委员会常务副主任兼办公室主任。2014 年 2 月，周某被立案审查，2016 年 6 月被判处有期徒刑 3 年，并于 2017 年 8 月 14 日刑

---

* 宁莹晖，西南政法大学监察法学院监察法学专业硕士研究生。

满释放。后经调查周某还在2009年至2014年,利用职务之便或职权、地位形成的便利条件,为他人在承揽工程等方面提供帮助并收取巨额财物。2019年3月20日,周某被某市监委立案调查,后移送检察机关依法审查起诉。最后,周某被判处有期徒刑5年,并处罚金人民币40万元,同时追缴周某犯罪所得人民币104.0644万元,港币10万元。

【问题分析】

(一)主体身份认定与监察管辖问题

第一,2016年周某已被“双开”,不再具有公职人员身份,其能否成为某市监察委员会的监察对象?从《监察法》第3条及第15条中抽象概念涵盖与具体类型举例相结合的方式来看,法条规定了国家监察对象的认定标准,其一是行使“公权力”,其二是具有“公职人员”身份,一般可以认定为国家监察对象的只需要具备上述两大要素中的一个即可。但是《监察法》对这个标准的时间要求并未作出规定,也就是对监察对象具备的“公职人员”身份是曾经具有的还是现在具有的,监察对象行使的“公权力”是已经行使过的还是正在行使的并没有作出明确规定。实践中多存在对退休和离职人员违法违纪行为的监察问题以及已经被处刑“双开”后发现漏罪的疑难问题,在上述问题中对被监察对象是以现有身份还是以违法行为发生时的身份来界定能否予以监察立案成为关注焦点。根据主流观点,多数赞同以违法行为发生时的身份来界定能否监察立案,我们也支持以违法行为发生时的身份来确定监察立案管辖的问题。首先,根据监察目的,即加强对所有行使公权力的公职人员的监督,实现国家监察全覆盖,监察全覆盖包括对象全覆盖及过程全覆盖,这个过程便是具备公职人员身份或行使公权力的全过程,公职人员应对其工作过程中的行为负全责,包括不具备这个身份以后仍需要对之前行使公权力的行为负责;其次,根据文义解释,《监察官法》第54条规定了监察官责任追究制度,并对滥用职权、失职失责造成严重后果的作出终身追责的规定。法条中“追究”一词很值得考究,这个追究应作扩大解释,不仅包括对在职期间职务违法犯罪行为的追究,还应包括离职、开除等无职位后对任职期间职务违法犯罪行为的追究。因此本案中监察委员会在初步核实后,有权对周某进行二次立案调查。

第二,周某“二进宫”案是由其主管机关所在市监委立案审查的,监察委员会管辖原则如何确定?根据《监察法》第16条的规定,监察委员会的管辖原则是级别管辖和属地管辖相结合，级别管辖即各级监委根据干部管理权限，确定监察对象的范围，属地管辖即管辖本辖区内职务违法犯罪行为，而对“本辖区内”的范围并未作具体解释。我们认为，由于监察调查的外部特征更偏向刑事侦查，因此管辖方式可以参考刑事诉讼犯罪地的范围确定，“本辖区”即监察对象涉及的职务违法犯罪行为所在地，包括违法犯罪行为预备地、发生地和结果地。根据《监察法》第 16 条、《监察法实施条例》第 49 条，监察机关按照管理权限管辖本区域内监察事宜，可见级别管辖是优于地域管辖的，秉持着“谁主管，谁负责”原则。周某“二进宫”案中，周某的主要漏罪事实发生在其任某市城乡规划委员会常务副主任时，因此周某“二进宫”案应被指给该市监察委员会管辖。

（二）漏罪证据线索与监察程序问题

第一，周某“二进宫”案中，某市监委需要在立案调查过程中补充调查证据，为了全面调查、便于取证，周某第一次受贿案件涉及的全部案卷材料是否需要移交该市监委？我们认为，第一次受贿案的证据材料可以移交给该市监委，《监察法》第 5 章“监察程序”中对问题线索处置作出相关规定，但并未对案件办结后问题线索等证据的移交手续作出规定，可以参照《纪检监察机关案件档案管理办法》。程序上经过集体决定、上级批准，由监察委员会档案部门办理证据线索移交手续，本案中可由第一次办理受贿案的监察委员会经过相应程序将周某受贿案中的证据线索移交给该市监察委员会。

第二，经过第一次的监察程序，周某已经对调查手段有一定的心理预设，调查线索更难发现。周某作为“过来人”，具有极强的侥幸心理、畏罪心理和优势心理，在调查前期不回答办案人员的任何问题，于是相关办案人员便将该案作为“零口供”案件进行全面收集证据。此种“零口供”现象不仅出现在类似本文的“二进宫”案件中，也在初次监察调查过程中出现过，例如，衡阳县原副县级干部王某意案。面对此种“零口供”情形，我们可以借鉴刑事诉讼领域较为成熟的做法。由于职务违法犯罪案件的证据通常具有隐蔽性，大多数监察调查倚重被调查对象的口供。以口供为案件突破口，口供固然有利于全面分析案情并缩短办案周期，但无法避免被监察对象不配合的情形发生且过于倚重口供难免会产生刑讯逼供的危险，因此建立一套客观完整的监察证据收集、运用与排除规则有利于实现监察监督的实质公平与形式公平相结合以及从“权力本位”向“权利本位”的转变。监察委员会在调查此类“零口供”案件时可以从证人证言、物证、电子数据等其他证据类型入手,采取细节对比、反向印证、综合分析等方法,通过调查银行账单、通话记录等方式掌握被调查人与证人之间的联系,通过查询被监察对象的个人账户、利益相关人的账户等方式让被监察对象以外的人或事"开口说话"。

(三)漏罪判决决定与监察建议问题

第一,关于周某"滥用职权"的事实,早在2014年2月28日,周某首次接受调查时,便已如实交代。但在第一次判决时,这一犯罪事实并未在指控之列。根据当时查实的证据,没有足够证据证实其滥用职权罪成立,仅有被告人供述不能定罪,最后对该问题仅作为违纪问题进行处理。在2019年周某"二进宫"案件中,第一次判决时周某关于"滥用职权"的供述能否构成自首呢?我们认为可以构成自首,根据《刑法》第67条的规定,被告人如实供述司法机关还未掌握的本人其他罪行的属于自首情节;《监察法实施条例》第214条规定,在谈话、函询中如实交代监察机关未掌握的涉嫌职务犯罪问题的属于"自动投案,真诚悔罪悔过"。在上述法条中均未要求如实供述时间或谈话、函询的时间。所以,首次判决时由于证据问题未予定罪的情形不影响第二次调查时采信此前监察对象如实供述的罪行内容,但监察对象在第二次接受调查时否认之前自首的情形除外。从目的解释来看,自首的社会意义便在于规劝犯罪人、节约司法资源,实现刑罚的一般预防与特别预防。因此,如果监察对象没有改变或推翻之前供述内容,则在被调查之前如实供述其他罪行的行为可以被认定为自首。

第二,周某未"全部供述自己的罪行"是否影响漏罪中认罪认罚从宽建议的适用?产生这个争议的主要原因在于认罪认罚认定的标准确定。根据《刑事诉讼法》第15条和《最高人民法院、最高人民检察院、公安部、国家安全部、司法部关于适用认罪认罚从宽制度的指导意见》的规定,要适用认罪认罚从宽制度必须有"认罪"和"认罚"两个方面的态度和行为,且"认罪"的标准是积极主动地如实供述全部罪行,犯罪嫌疑人、被告人犯数罪,仅如实供述其中一罪或部分罪名事实的,全案不作"认罪"的认定,不适用认罪认罚从宽制度。我们认为,根据《监察法》第31条的表述,能提出从宽处理的监察建议要求被调查人主动认罪认罚加上符合《监察法》第31条规定的四种情形之一,与刑事案件认罪认罚制度相比更为严格,且根据《监察法实施条例》第214条的规定,被调查人需如实交代自己的主要犯罪事实。因此,根据举重以明轻的解释方法,《监察法》第31条中的"认罪认罚"标准应该参考刑事诉讼法,被调查对象犯数罪,仅供述部分罪名事实的不作"认罪"认定。

但如果被调查人有自首、立功、退赃等行为的，可以作为减轻、从轻处罚的依据。例如，本案中监察对象周某向监察委员会积极退缴赃款及违法所得1900万元，符合积极退赃、减少损失的情形，人民法院在审判时考虑到周某对滥用职权具有自首、坦白的情节且向监察委员会退缴赃款及违法所得，对其作出了从轻处罚的判决。

【相关条款】

《监察官法》(2021年8月20日)

第五十四条 实行监察官责任追究制度，对滥用职权、失职失责造成严重后果的，终身追究责任或者进行问责。

监察官涉嫌严重职务违法、职务犯罪或者对案件处置出现重大失误的，应当追究负有责任的领导人员和直接责任人员的责任。

《监察法》(2018年3月20日)

第十六条第一款 各级监察机关按照管理权限管辖本辖区内本法第十五条规定的人员所涉监察事项。

第三十一条 涉嫌职务犯罪的被调查人主动认罪认罚，有下列情形之一的，监察机关经领导人员集体研究，并报上一级监察机关批准，可以在移送人民检察院时提出从宽处罚的建议：

（一）自动投案，真诚悔罪悔过的；

（二）积极配合调查工作，如实供述监察机关还未掌握的违法犯罪行为的；

（三）积极退赃，减少损失的；

（四）具有重大立功表现或者案件涉及国家重大利益等情形的。

《监察法实施条例》(2021年9月20日)

第四十九条 工作单位在地方、管理权限在主管部门的公职人员涉嫌职务违法和职务犯罪，一般由驻在主管部门、有管辖权的监察机构、监察专员管辖；……

第二百一十四条 涉嫌职务犯罪的被调查人有下列情形之一，如实交代自己主要犯罪事实的，可以认定为监察法第三十一条第一项规定的自动投案，真诚悔罪悔过：

……

（二）在监察机关谈话、函询过程中，如实交代监察机关未掌握的涉嫌职务犯罪问题的；

……

《刑事诉讼法》(2018 年 10 月 26 日)

第十五条 犯罪嫌疑人、被告人自愿如实供述自己的罪行,承认指控的犯罪事实,愿意接受处罚的,可以依法从宽处理。

党员公职人员酒驾后党纪处分与政务处分匹配适用问题案

韦雅婷*

【关键词】

从严治党　党纪处分　政务处分

【执纪执法要点】

2020 年 6 月,《公职人员政务处分法》经全国人大常委会会议通过并予以颁布。该法的颁布,细化了《监察法》当中有关政务处分的内容,并规范了监察委员会开展的政务处分工作,明确了政务处分的程序以及方式等。监察委员会作为国家机关,行使公权力,必然要符合法治化的要求。

此外,《政务处分法》让纪法分开、纪法衔接得到进一步的实现。所谓纪法分开,即党纪要严于国法,对党员的要求要严于公民,不能仅以对公民的法律最低要求来要求党员,防止党员在生活中丧失信念,缺乏自我约束。习近平总书记自十八大以来多次指出要把对党员的纪律要求放到法律前头,加强对党员违纪行为的处理,从而维护党与国家的良好形象。纪法衔接,既要让党纪处分有明确的依据,也要做好党纪处分和政务处分之间的衔接工作,确定好两者之间的匹配和适用方法。在用党规、国法处理公职人员的过程中,对于具有党员身份同时又受《公职人员政务处分法》调整的主体在违法时,如何按照《中国共产党纪律处分条例》以及《公职人员政务处分法》进行相应的处理,需要明确的指导,从而更好地实现党纪与国法的衔接,落实纪严于法的原则,也保障好党员应有的权利。

---

* 韦雅婷,西南政法大学监察法学院监察法学专业硕士研究生。

【基本案情及处理结果】

1. 浙江省龙港市某社区党委委员缪某酒驾问题。2020 年 11 月,其在酒后驾驶机动车,被民警当场查获。经鉴定,缪某属于酒后驾驶。2020 年 11 月,缪某受到罚款人民币 2000 元,暂扣机动车驾驶证 6 个月的行政处罚。2021 年 4 月,缪某受到党内警告处分。

2. 黔东南州黎平县某乡人民政府原副乡级干部杨某某醉酒驾驶且拒不配合检测。2020 年 6 月 24 日晚,杨某某饮酒后驾驶机动车沿黎平县五开南路向黎平一中方向行驶时,被黎平县公安局交通大队查获,杨某某拒不配合执勤民警对其进行的呼气酒精检测,后被强制带往黎平县人民医院进行抽血检验,经血样检验鉴定,其血液中乙醇含量为 111.94mg/100ml。事后杨某某主动认罪,鉴于未发生交通事故,犯罪情节轻微,黎平县人民检察院决定对杨某某不起诉。2021 年 1 月,杨某某受到撤销党内职务、政务撤职处分,降为二级科员。

3. 安顺市黄果树旅游区某管理中心原工作人员邹某多次醉酒驾驶问题。2018 年 12 月 28 日,邹某因醉酒驾驶被吊销机动车驾驶证,受到降低岗位等级处分。2019 年 12 月 23 日晚,邹某在被吊销驾驶证期间,再次醉酒驾驶机动车,并指使他人为其顶包,被执勤民警查获,经血样检验鉴定,其血液中乙醇含量为 162.12mg/100ml。2020 年 12 月,邹某因危险驾驶罪被判处拘役 5 个月,并处罚金 3000 元。2021 年 5 月,邹某受到开除公职处分。

【问题分析】

(一)对党员公职人员进行党纪处分和政务处分的匹配适用问题

以上三个案例均为公职人员因酒驾受到行政、刑事处罚后,纪检监察机关依据《中国共产党纪律处分条例》和《公职人员政务处分法》对其进行相应的处理。以上三位当事人的身份同为公职人员,区别在于案例 1 当中的缪某仅受到了党内的纪律处分,案例 2 中的杨某某同时受到党纪与政务处分,邹某不具有党员身份,因此只受到了政务处分。由此产生了针对案例 1 处理结果的争议。

第一种意见:缪某具有党员身份,对于对其进行党纪处分的处理结果并无异议,但其同为公职人员,同样应该对其进行相应的政务处分,否则对直接受到政务处分的公职人员来说不公平。且同时适用体现了对党员更严格的要求,符合党纪严于国法的要求。

第二种意见:缪某虽同具有公职人员身份,但违法行为较轻微,在已经依据

《中国共产党纪律处分条例》对其进行处理的情况下，对其的警示效果已经达到，缪某也承担了相应的后果，无须再适用政务处分。

经分析，我们同意第二种意见。关于党纪处分与政务处分如何匹配衔接，中央纪委国家监委在2018年发布的《公职人员政务处分暂行规定》第8条中指出，中共党员担任公职的，监察机关对其进行政务处分时，一般应与党纪处分的轻重程度相匹配，由此确立了“轻轻，重重”的匹配适用原则。第8条同时明确，如果担任公职的党员受到撤销党内职务、留党察看处分，应依法给予其撤职等政务处分。关于轻处分与重处分的划分，其标准是处分作出的批准权限以及造成的后果等。对于党纪处分，2017年起试行的《纪检监察机关监督执纪“四种形态”统计指标体系（试行）》，将党内警告、严重警告归为第二种形态，属于轻处分，撤销党内职务、留党察看以及开除党籍为第三种形态，是重处分的类型。政务处分中轻处分与重处分的划分，则参照党纪处分的指标体系，将警告、记过、记大过、降级划为轻处分级别，撤职、开除公职则为重处分。[①] 从案例2来看杨某某受到了撤销党内职务与政务撤职处分，这符合《公职人员政务处分暂行规定》的规定。但是对于缪某，其受到党内警告处分后，是否还需受政务处分。我们认为，首先从《公职人员政务处分暂行规定》的条文来看，其仅指出在公职人员中的党员受到党纪重处分时，才应匹配相应等级的政务处分，但并没有规定党纪轻处分必须搭配政务轻处分。因此，在轻处分当中应如何搭配，还需具体情况具体分析。案例1中，缪某的违法情节较轻微，相较于其他两例当事人受到重处分的案件，其受到的相应处罚也是最轻的。监察机关根据案件的性质和带来的影响，仅对缪某做出党纪处分并无问题。

（二）关于对党员的要求是否严于公职人员的问题

对于案例1，有人提出，缪某具备公务员、党员双重身份，其只受到党纪处分相比于其他直接受到政务处分的非党员公务员来说，不具有公平性。后者在受政务处分后，其工资、级别直接受到影响，而前者以党员身份为“盾牌”，避免了政务处分带来的影响。这种看法事实上是对党纪处分的误解。实务中，仅受党纪处分而不受政务处分并不意味着当事人在职务上所受的影响小于政务处分，甚至其将受到党内、政务双重影响，这体现了党纪严于国法的要求。

---

① 参见中央纪委案件监督管理室：《纪检监察机关监督执纪“四种形态”统计指标体系解读》，中国方正出版社2017年版。

公职人员受政务处分所面临的影响,在《公职人员政务处分法》第 19 条的规定中有所体现。公务员以及参公人员处于政务处分期的,不能在原有的档次上获得晋升。而若被撤职,还要对其职务、职级等进行降低,同时还要降低其工资和待遇。同时,在年度考评中,受警告的公职人员在处分当年不得被评为优秀,其余的处分类型则导致其在该年的考核中无法参与等次评定,只能有评语。对于党员受到党纪处分的,依据《中国共产党纪律处分条例》第 9 条、第 10 条、第 11 条、第 12 条、第 42 条的规定以及《中共中央纪律检查委员会　中共中央组织部　人事部关于受党纪处分的党政机关工作人员年度考核有关问题的意见》等规范性文件,党员受到警告处分一年内、严重警告处分一年半内,不得提升其在党内的职务或向党外组织推荐其担任高于原任职务的党外职务。因此,在公务员职级的晋升上,处分期间的党员是没有晋什资格的。上文中也提到,受到党纪重处分的,同时应给予撤职、开除等政务处分。在留党察看期间,党员还丧失了其表决权、选举与被选举权,在恢复党员权利后的两年内,其不能在党内或党外组织获得晋升。同样,在考核方面,因职务行为受到严重警告处分的,当年被确定为不称职,并按照规定将其降低一个层次任职。如果党纪处分中还搭配了政务处分,党员受到的职级、考评影响将会在党纪处分和政务处分中选择影响最重的结果来适用。通过与单纯的政务处分所带来的结果进行对比可以发现,一些人所提出的具有党员身份的公职人员仅受党纪处分而不受政务处分是不公平的处理方式的主张并不成立。其所受的处分虽只有一个,但是所承担的后果的辐射范围已超出了党内事务,其在党外任职方面和年度考评方面也会受到影响,不仅如此,受到撤销党内职务以上的处分的,在考核时还会被确定为不称职。这就比单纯的政务处分中仅不确定等次的后果还要严重。因此不难看出,具备党员身份的公职人员仅受党纪处分时所面临的责任更重。这也体现出对党员更高标准的要求,符合纪在法前、纪严于法的原则。

(三)关于党员的人权保障问题

党纪严于国法,有学者在研究中提到,党员在加入中国共产党这一组织时,通过宣誓,将自己的部分权利交给组织。对此,党员有着明确的认识,这也是其加入组织所作出的个人"牺牲"。这就意味着,其要与党的意志相统一,为维护党的共同意志,必要时需要限制个人的权利,以达到最终的目标。这也就是所谓的"权利克减",是一种社团内部规则,党作为一个有着特定政治理念与目标的政团,同样应适用该规则。同时,党作为先锋队,是人民的依靠,是社会主义事业的核心,这也意味着,其手握的权力大于其他组织。权力越大,约束也需越大,从而保持党内良好的政治纪律,加强党的领导,塑造权威形象。因此,在一些事情上,可以对党员提出更高的要求。党员为保持自己在组织当中的身份,放弃部分个人权利是其在自由意志下的选择。不过,对党员权利的限制,仍要保留一定的界限,不能过度侵犯其权利而使党员丧失其作为人所应该享有的基本权利,从而失去尊严。因此,在非必要的时刻,党员也应享有与普通群众相同的法律原则的保护,这是作为法治化国家的要求。党纪处分应与政务处分同时做出,因为在处分做出后,党员的相关权利要受到一定时间段的影响,而党纪处分和政务处分的匹配适用是要求同一时段,对同一行为做出两个类型的处罚,不具有前后之分。党员在党纪处分上受影响程度本身就比政务处分要重,且在影响时间上,相对应级别的处罚影响时间也基本一致,此时,如果不在同一时间做出处分,则会超出预期设定的期限,加重了党员的责任负担,显失公正,也难以保障被处分人的基本发展需求。基于此,为确保处理结果的公正性以及权威性,保障被处分人的权利,应该注意处理时间上的基本一致。

【相关条款】

《公职人员政务处分暂行规定》(2018 年 4 月 16 日)

第八条 监察机关对公职人员中的中共党员给予政务处分,一般应当与党纪处分的轻重程度相匹配。其中,受到撤销党内职务、留党察看处分的,如果担任公职,应当依法给予其撤职等政务处分。严重违犯党纪、严重触犯刑律的公职人员必须依法开除公职。

《中国共产党纪律处分条例》(2018 年 8 月 18 日)

第十条 党员受到警告处分一年内、受到严重警告处分一年半内,不得在党内提升职务和向党外组织推荐担任高于其原任职务的党外职务。

第十一条 撤销党内职务处分,是指撤销受处分党员由党内选举或者组织任命的党内职务。对于在党内担任两个以上职务的,党组织在作处分决定时,应当明确是撤销其一切职务还是一个或者几个职务。如果决定撤销其一个职务,必须撤销其担任的最高职务。如果决定撤销其两个以上职务,则必须从其担任的最高职务开始依次撤销。对于在党外组织担任职务的,应当建议党外组织依照规定作出相应处理。

对于应当受到撤销党内职务处分,但是本人没有担任党内职务的,应当给予其严重警告处分。同时,在党外组织担任职务的,应当建议党外组织撤销其党外职务。

党员受到撤销党内职务处分,或者依照前款规定受到严重警告处分的,二年内不得在党内担任和向党外组织推荐担任与其原任职务相当或者高于其原任职务的职务。

第十二条 留党察看处分,分为留党察看一年、留党察看二年。对于受到留党察看处分一年的党员,期满后仍不符合恢复党员权利条件的,应当延长一年留党察看期限。留党察看期限最长不得超过二年。

党员受留党察看处分期间,没有表决权、选举权和被选举权。留党察看期间,确有悔改表现的,期满后恢复其党员权利;坚持不改或者又发现其他应当受到党纪处分的违纪行为的,应当开除党籍。

党员受到留党察看处分,其党内职务自然撤销。对于担任党外职务的,应当建议党外组织撤销其党外职务。受到留党察看处分的党员,恢复党员权利后二年内,不得在党内担任和向党外组织推荐担任与其原任职务相当或者高于其原任职务的职务。

第十三条 党员受到开除党籍处分,五年内不得重新入党,也不得推荐担任与其原任职务相当或者高于其原任职务的党外职务。另有规定不准重新入党的,依照规定。

《公职人员政务处分法》(2020年6月20日)

第十九条 公务员以及参照《中华人民共和国公务员法》管理的人员在政务处分期内,不得晋升职务、职级、衔级和级别;其中,被记过、记大过、降级、撤职的,不得晋升工资档次。被撤职的,按照规定降低职务、职级、衔级和级别,同时降低工资和待遇。

第二十条 法律、法规授权或者受国家机关依法委托管理公共事务的组织中从事公务的人员,以及公办的教育、科研、文化、医疗卫生、体育等单位中从事管理的人员,在政务处分期内,不得晋升职务、岗位和职员等级、职称;其中,被记过、记大过、降级、撤职的,不得晋升薪酬待遇等级。被撤职的,降低职务、岗位或者职员等级,同时降低薪酬待遇。

第二十一条 国有企业管理人员在政务处分期内,不得晋升职务、岗位等级和职称;其中,被记过、记大过、降级、撤职的,不得晋升薪酬待遇等级。被撤职的,降低职务或者岗位等级,同时降低薪酬待遇。

《纪检监察机关监督执纪“四种形态”统计指标体系(试行)》

二、指标内容

(二)第二种形态指标

共21项。包括:党内警告、党内严重警告等2项党纪轻处分,行政警告、行政记过、行政记大过、行政降级等4项政纪轻处分,以及取消荣誉称号、撤销政协委员资格、终止(罢免、撤销、责令辞去)人大代表资格、取消预备党员资格、取消(罢免)当选资格、终止党代表资格、停职(停职检查)、调整(调离)职务(岗位)、免职、引咎辞职、责令辞职、改任非领导职务、安排提前退休、降低退休待遇、其他组织调整类措施等15项组织措施。

(三)第三种形态指标

共12项。包括:撤销党内职务、留党察看、开除党籍等3项党纪重处分,行政撤职、行政开除等2项政纪重处分,降职、取消退休待遇、解聘、解除劳动合同、辞退、组织除名(劝退)、其他重大职务调整类措施等7项组织措施。

钟某添、戴某辉微信群抢管理服务对象红包案

罗　轩*

【关键词】

违反中央八项规定精神　微信群抢红包　可能影响公正执行公务

【执纪执法要点】

近年来，随着网上支付的兴起，在带来方便之余，也给党风廉政建设工作带来了新情况、新挑战。逢年过节，发个微信红包祝福一下，为了活跃气氛，在微信群里发个红包给大家抢一下，这些看似稀松平常的操作，一旦和职务挂钩，就会成为腐败滋生的土壤。在持续高压的反腐败态势下，明目张胆的登门送礼已经基本看不到了，可是隐蔽的"微信红包"却成为行贿受贿的新渠道。严格来说，微信红包是礼金的一种表现形式，与平常所说的红包礼金本质上并无不同，党员领导干部和公职人员收受微信红包和在微信群里抢红包理应受到党纪国法的约束。心怀叵测之人紧盯着党员领导干部和公职人员手中的权力，用微信红包打开缺口，如同温水煮青蛙般逐步攻破其拒腐防线，最终达成违规获利的目的。微信红包非法获利，犹如糖衣炮弹，既腐蚀干部，又败坏干群关系，不可掉以轻心、不以为然，小小的微信红包，极有可能演变成大腐败。党员领导干部和公职人员不仅要在大是大非面前立得稳，还要在生活小节上严自律。执纪部门应当加强对党员领导干部和公职人员的监督管理，建立反腐败长效机制，对违规收发微信红包和违规在微信群抢红包的党员领导干部和公职人员发现一个查处一个，打消其侥幸心理，从而形成"不敢腐、不能腐、不想腐"的良好政治生态。

---

* 罗轩，西南政法大学监察法学院监察法学专业硕士研究生。

【基本案情及处理结果】

钟某添，福建龙岩公安局110大数据情报指挥中心指挥调度室主任。戴某辉，福建龙岩公安局新罗分局副局长。蔡某，福建龙岩长汀商会副会长。2015年11月至2018年1月，钟某添先后在蔡某建立的微信群中抢得红包10,430元；2016年10月至2017年年底，戴某辉在该微信群中抢得红包10,765元。2018年1月，龙岩市纪委驻公安局纪检组对钟某添、戴某辉分别进行诫勉谈话；钟某添被调整岗位，戴某辉被免去领导职务；同时追缴两人违纪所得。

【问题分析】

本案的争议焦点在于对钟某添、戴某辉在蔡某建立的微信群中抢红包的行为如何定性。对此有两种不同的意见：

第一种意见认为，蔡某在微信群中所发红包并非专门为钟某添和戴某辉所发，而是发给群里所有人，钟某添和戴某辉能否成功抢到红包、能抢到多少红包都具有不确定性，并且在微信群里发红包只是为了活跃气氛，并无请托事项。因此，钟某添和戴某辉的行为不构成违纪违法。

第二种意见认为，钟某添和戴某辉明知蔡某系辖区内商会副会长，属于管理服务对象，在蔡某于微信群里发红包之际仍积极参与抢红包，累计分别抢得10,430元、10,765元，其行为违反了中央八项规定精神，收受可能影响公正执行公务的礼金，属于违反廉洁纪律的行为，应根据《中国共产党纪律处分条例》和《公职人员政务处分法》的规定，给予钟某添和戴某辉相应处理，并收缴其违纪所得。

我们同意第二种意见。对于钟某添和戴某辉的行为是否构成违纪违法，应当结合其身份与是否可能影响公正执行公务等因素来综合分析。

（一）蔡某系龙岩长汀商会副会长，钟某添、戴某辉系龙岩公安局的领导，蔡某属于钟某添、戴某辉的管理服务对象

所谓管理服务对象，一般是指与公职人员行使职权有关系的单位或者个人，既包括直接行使职权涉及的服务对象，也包括职权影响范围内的服务对象。管理服务对象这个概念是相对于公职人员而言的，不同公职人员具备的管理和服务权限不同，其行使公权力的范围和边界也不同，因而相对应的管理服务对象也有所不同。对于是不是管理服务对象的认定，应根据其所从事的业务是否可能或已经受到该公职人员职权的影响或制约来判断，只要具备影响或制约的可能性，除非存在正当理由的反证，否则就可以推定为“管理服务对象”。蔡某作为龙岩长汀商

会副会长,表面上看其与身为龙岩公安局领导的钟某添、戴某辉没有直接联系,但实际上由于我国公安机关的职权范围极大,与当地企业经营的方方面面都会发生交集,因此钟、戴二人的职权行使必然会对蔡某的企业经营产生影响和制约,存在管理服务关系,所以蔡某属于钟、戴二人的管理服务对象。

(二)蔡某邀请钟某添、戴某辉等公安局领导入群并频繁发红包的行为,具有拉拢关系的目的

蔡某建立微信群,并将身为公安局领导的钟某添和戴某辉拉入群里。微信群成立后,蔡某以活跃气氛,搞好关系为由,频繁在群里发红包。从蔡某的主观想法和客观行为来看,其建立微信群并且频发红包的目的显然不仅仅只是工作交流,其深层次的目的是拉拢联络钟、戴二位公安局领导,通过一次次发放微信红包来积累钟、戴二人的好感,以便为日后自己办事带来方便。

(三)钟某添、戴某辉明知蔡某系管理服务对象而积极参与抢夺微信红包,可能影响公正执行公务

钟某添、戴某辉对该微信群群主蔡某的商会副会长身份很清楚,被邀请进群后对蔡某成立微信群并频发红包的目的心知肚明。在此情况下,钟某添和戴某辉自认为蔡某发红包并无明确的目的,无非是活跃群内气氛,同时本着微信红包每次最大不过200元,大家都抢,数额不大,自己抢也没有什么问题的想法,积极参与抢红包,在几年的时间内抢得红包数额过万元。这过万元的红包数额足以给钟某添和戴某辉在情感和心理上带来一定触动,二人与蔡某的关系必然会得到一定程度的加深。这些因素使钟某添和戴某辉今后在对涉及蔡某的企业进行管理时,存在利用职务便利或者职权影响为蔡某谋取利益的可能性,对公正执行公务带来潜在的影响。

(四)微信红包本质上就是礼金,可能影响公正执行公务

当今社会,网上支付已然普及,但微信红包本质上仍属于礼金范畴。蔡某在微信群里发放红包,虽然其对象是群内所有人,但就其目的而言,仍是以礼金的方式谋求特定人的好感,属于感情投资,这一点从最终案发时,钟、戴二人所抢红包数额均已过万元就能够看出。看似巧合,实则必然,群内总人数不多,在蔡某不断发放红包的情况下,钟、戴二人只要参与,终会获利。如同温水煮青蛙,在不知不觉中已经被糖衣炮弹所腐蚀。蔡某的行为是一种伪装得很好的向党员领导干部和公职人员赠送礼金的行为,属于时代发展的产物,具有很强的迷惑性和隐蔽性,

需要提高警惕。

（五）面值小次数多，累积起来明显超出礼尚往来的限度

中国人讲究礼尚往来，在传统佳节，通过收发微信红包烘托节日气氛、增进亲友感情本无可厚非，遇红白喜事，通过微信红包聊表心意，也不为过。党纪国法允许正常的礼尚往来。但是党员领导干部和公职人员在抢微信红包时，需要注意不能明显超出礼尚往来的限度，影响公正执行公务。在微信群里发红包最大面值只有200元，很多人一起抢，一个人一次能够抢到的数额可能只有几十元，数额很小，看似不会有什么问题，于是党员领导干部和公职人员很容易就放松警惕，祸端就此埋下。俗话说积少成多、聚沙成塔，当抢微信红包的次数多了，就会不知不觉间违纪、违法甚至构成犯罪。本案中，钟某添于2015年11月至2018年1月先后在蔡某建立的微信群中抢得红包10,430元，戴某辉于2016年10月至2017年年底在该微信群中抢得红包10,765元。由于蔡某是在微信群里发的红包，钟某添、戴某辉当然不会像蔡某一样把抢到的这些红包又都发回去，因而失掉了礼尚往来的意思，成为只来不往。再加上过万元的数额，已经超过了当地正常的经济水平和风俗习惯，明显超出了礼尚往来的限度，构成违纪、违法。

此外，值得一提的是，如果案发时间再晚一些，钟、戴二人抢的微信红包数额积累得再多一些，达到3万元以上，那么就不仅仅是构成违纪违法，就有可能构成受贿罪。根据《最高人民法院、最高人民检察院关于办理贪污贿赂刑事案件适用法律若干问题的解释》的规定，国家工作人员索取、收受具有上下级关系的下属或者具有行政管理关系的被管理人员的财物价值3万元以上，可能影响职权行使的，视为承诺为他人谋取利益。也就是说，党员领导干部和公职人员如果收受下属或者管理服务对象财物，数额达到3万元的，即使未发生利用职务便利为他人谋利情节，只要可能影响公正行使职权，就可能构成受贿罪。

综上所述，钟某添、戴某辉身为党员领导干部、国家工作人员，违反中央八项规定精神，收受可能影响公正执行公务的礼金，其行为已构成违反廉洁纪律行为，应根据《中国共产党纪律处分条例》和《公职人员政务处分法》的规定，给予钟某添和戴某辉相应处理，并收缴其违纪所得。

【相关条款】

《中国共产党纪律处分条例》（2018年8月18日）

第四十条第一款 对于违纪行为所获得的经济利益，应当收缴或者责令

退赔。

第八十八条 收受可能影响公正执行公务的礼品、礼金、消费卡和有价证券、股权、其他金融产品等财物,情节较轻的,给予警告或者严重警告处分;情节较重的,给予撤销党内职务或者留党察看处分;情节严重的,给予开除党籍处分。

收受其他明显超出正常礼尚往来的财物的,依照前款规定处理。

《公职人员政务处分法》(2020 年 6 月 20 日)

第二十五条第一款 公职人员违法取得的财物和用于违法行为的本人财物,除依法应当由其他机关没收、追缴或者责令退赔的,由监察机关没收、追缴或者责令退赔;应当退还原所有人或者原持有人的,依法予以退还;属于国家财产或者不应当退还以及无法退还的,上缴国库。

第三十四条 收受可能影响公正行使公权力的礼品、礼金、有价证券等财物的,予以警告、记过或者记大过;情节较重的,予以降级或者撤职;情节严重的,予以开除。

向公职人员及其特定关系人赠送可能影响公正行使公权力的礼品、礼金、有价证券等财物,或者接受、提供可能影响公正行使公权力的宴请、旅游、健身、娱乐等活动安排,情节较重的,予以警告、记过或者记大过;情节严重的,予以降级或者撤职。

《刑法》(2020 年 12 月 26 日)

第三百八十三条 【贪污罪的处罚规定】对犯贪污罪的,根据情节轻重,分别依照下列规定处罚:

(一)贪污数额较大或者有其他较重情节的,处三年以下有期徒刑或者拘役,并处罚金。

(二)贪污数额巨大或者有其他严重情节的,处三年以上十年以下有期徒刑,并处罚金或者没收财产。

(三)贪污数额特别巨大或者有其他特别严重情节的,处十年以上有期徒刑或者无期徒刑,并处罚金或者没收财产;数额特别巨大,并使国家和人民利益遭受特别重大损失的,处无期徒刑或者死刑,并处没收财产。

对多次贪污未经处理的,按照累计贪污数额处罚。

犯第一款罪,在提起公诉前如实供述自己罪行、真诚悔罪、积极退赃,避免、减少损害结果的发生,有第一项规定情形的,可以从轻、减轻或者免除处罚;有第二项、第三项规定情形的，可以从轻处罚。

犯第一款罪，有第三项规定情形被判处死刑缓期执行的，人民法院根据犯罪情节等情况可以同时决定在其死刑缓期执行二年期满依法减为无期徒刑后，终身监禁，不得减刑、假释。

第三百八十六条 【受贿罪的处罚规定】对犯受贿罪的，根据受贿所得数额及情节，依照本法第三百八十三条的规定处罚。索贿的从重处罚。

《最高人民法院、最高人民检察院关于办理贪污贿赂刑事案件适用法律若干问题的解释》(2016 年 4 月 18 日)

第十三条 具有下列情形之一的，应当认定为“为他人谋取利益”，构成犯罪的，应当依照刑法关于受贿犯罪的规定定罪处罚：

(一)实际或者承诺为他人谋取利益的；

(二)明知他人有具体请托事项的；

(三)履职时未被请托，但事后基于该履职事由收受他人财物的。

国家工作人员索取、收受具有上下级关系的下属或者具有行政管理关系的被管理人员的财物价值三万元以上，可能影响职权行使的，视为承诺为他人谋取利益。

附录一

深化国家监察体制改革

——2020 年我国监察法理论研究综述

傅世杰　朱　璇　徐君豪　邓正鸿*

前言

2020 年,我国监察体制改革继续深入,收获颇丰。在纪检监察工作方面,中国共产党第十九届中央纪律检查委员会第四次全体会议对 2020 年纪检监察工作作出全面部署,习近平总书记在会上发表重要讲话,强调一以贯之全面从严治党,强化对权力运行的制约和监督,为决胜全面建成小康社会、决战脱贫攻坚提供坚强保障;国家监察委员会首次向全国人民代表大会常务委员会做专项工作报告①。在纪检监察工作稳步推进的同时,立法领域取得重大进展,《监察官法》纳入《全国人大常委会 2020 年度立法工作计划》初次审议的法律案,《公职人员政务处分法》正式颁布,其他规范性法律文件也陆续发布。一系列举措共同推进国家监察体制改革与国家治理体系协调衔接,促进国家治理体系和治理能力现代化。

国家监察体制改革的深入极大地促进我国监察法理论研究的进步。基于国家监察体制改革重要背景,结合纪检监察工作实践,理论、实务两界学者在 2020 年度主要围绕监察制度史研究、国家监察体制改革原理研究、监察法监察权监察委原理研究、监察范围与管辖研究、监察权限研究、监察程序研究、其他章节内容

---

* 傅世杰,西南政法大学监察法学院硕士研究生。朱璇,西南政法大学监察法学院硕士研究生。徐君豪,西南政法大学监察法学院硕士研究生。邓正鸿,西南政法大学监察法学院硕士研究生。

① 2020 年 8 月 10 日,第十三届全国人大常委会第二十一次会议听取了国家监察委员会关于开展反腐败国际追逃追赃工作情况的报告。这是全国人大常委会首次听取国家监委专项工作报告。

研究、重点领域监察制度完善研究等八大板块进行深入探讨，取得丰硕成果。（见表 1）

表 1　2020 年监察法理论研究论文数量

单位：篇

主题分类	文献数量	主要研究方向
监察制度史研究	24	中华人民共和国成立以前监察制度研究（17）；中华人民共和国成立以后监察制度研究（7）
国家监察体制改革原理研究	49	顶层设计层面（30）；具体内容层面（17）；学科建设（2）
监察法监察权监察委原理研究	28	监察法原理研究（10）；监察权原理研究（8）；监察委员会原理研究（10）
监察范围与管辖研究	4	监察范围（2）；监察管辖（2）
监察权限研究	49	监察法规、监察规范性文件制度权研究（6）；监察监督研究（2）；监察调查研究（19）；监察处置研究（22）
监察程序研究	28	证据制度（8）；认罪认罪制度（5）；程序衔接（15）
其他章节内容研究	19	反腐败国际合作（2）；对监察机关和监察人员的监督（15）；法律责任（2）
重点领域监察制度完善研究	18	基层监督（6）；涉黑案件（2）；高校（7）；企业（1）；重大突发事件（2）

一、监察制度史研究

德国学者萨维尼讲道："法律是民族精神的产物。"职是之故，监察制度作为独具中国特色的法律制度，应当成为中国法学研究的重点研究领域。

（一）中华人民共和国成立以前监察制度发展研究

社会存在决定社会意识。监察制度作为一种社会制度，是社会发展到一定历史阶段的产物，对于该制度的研究，必须要深入探究其发展历史。只有将监察制度放置于中国古代法制文明的历史长河中，才能更加科学地揭示其发展规律。故而深刻总结运用我国古代和近代监察制度发展的宝贵经验,破译中国古代和近代监察制度独特治理密码,为新时代下监察制度的发展和完善提供借鉴思路。目前学界对于监察制度的研究主要侧重于将某一朝代特定的监察制度作为研究对象,对其内涵和外延、特征、意义、优势、不足等方面展开研究。

1. 秦汉时期是奠基时期,御史制度得到沿革,制度劣势不容忽视

秦代一元化的权力结构为中国古代监察制度的发展与完善奠定了基础,秦代的监察制度建立之后,历代监察机构多有延续。[①] 有学者认为秦代的御史监察制度存在一定局限性,尤其是监察权对行政权的干扰,造成监察权成为政治斗争的工具,危及国家和社会秩序安宁。明辉指出,对于监察制度暴露出来的局限性应当从静态和动态两个视角予以看待,从静态视角来看,人的主观因素和制度因素应当成为不可忽视的重要部分;从动态视角来看,如何在对御史形成有效监督、制约的基础之上,确保监察权的独立性成为一个重要难题。[②]

2. 隋唐时期是稳定时期,监察系统予以独立并趋于完善

唐代明确君权、监察权、行政权三者之间的关系,首先监察权与行政权相互分离,防止监察权成为政治斗争的工具,其次将君权置于最高地位,使监察系统独立出来,在此基础之上形成严密的监察网络体系。[③] 在该监察体系之下,巡视监察是监察制度中最为重要的常规监察方式,采用定期监察与不定期监察相结合的模式,有效解决属地管辖弊端,打破监察者与被监察者之间的利益输送,异体监察模式得以形成,实现中央对地方的全面管辖。[④] 唐代监察责任体系坚持对上与对下的辩证性,强调权责利相对等性,采用多种方法来确保巡视方法的科学性、实效性,建立高效监督体系。[⑤]

3. 两宋时期是发展时期,构建严密监察体系网,形成特色监察制度

宋代监察体系的构建以监察集权为原则,通过设置监司实现"中央—地方"串联,实现"中央—中层监察权—地方"三者一体贯通,在强化中央集权式监察基础

---

① 参见赵晓耕、刘盈辛:《中国传统御史监察制度的反思》,载《武汉大学学报(哲学社会科学版)》2020年第6期。

② 参见明辉:《"御史监察"的历史构造与运转实效》,载《法学研究》2020年第4期。

③ 参见李志刚:《唐代监察权运行中蕴含的制衡理念》,载《东岳论丛》2020年第7期。

④ 参见毛健:《监督与制衡:唐代巡察制度的特征、运作及成效》,载《求索》2020年第5期。

⑤ 参见于学强、于学勇:《中国古代巡视制度设计的弊端及警示》,载《广西社会科学》2020年第9期。

之上，实现对地方的集中管控，实现地方政治、经济、法制三者有机融合与发展。[①] 除此之外，宋代首次规定了监司互监法，实现对监察权的再监督，这一理念对腐败预防产生了重要的促进作用。

4. 元明时期是改革时期，强化专制主义中央集权，监察权不断扩容

修晓波指出，江南行台设置的首要目的在于巩固新征服地区的稳定，其核心在于强化中央集权，其作用的发挥已大于监察机关本身。[②] 明朝的谏官制度也在中国监察历史上留下浓墨重彩的一笔。张金奎指出，锦衣监察与科道监察具有大体一致的功能，且互相制约，共同组成大明帝国的监察网络。锦衣卫和东厂的监察对象分工在明中叶和明末时期存在较大不同之处。[③] 明代在重视监察权的同时，为有效打击腐败，构建了以立法为基础、以监察为保障的惩贪体系，充分发挥廉政教育与激励机制的浸润与督促作用。

5. 清朝是消亡时期，监察制度成为工具性制度，逐渐退出历史舞台

刘社建指出，清代监察御史的选拔有着明确的程序性要求，对监察官员的严格选拔与任用，使清代监察制度较好发挥应有作用。[④] 程俊霖、石路认为，清代的监察制度在中国古代官僚文化影响下，呈现出监察泛化倾向，因此具有依附君主专制而存在的显著特征。[⑤] 清朝末期，由于封建君主专制被打破，监察制度最终退出历史舞台。与此同时，清朝也开始借鉴西方的监督制度体系，不断进行转型，此时监督制度的发展呈现出中西方交融、监督与行政双重诉求等方面的特点。

6. 南京国民政府时期呈现出中西方碰撞的特点

刘增合指出，该时期监督制度的发展受到西方三权分立监督思想和中国传统监督思想的影响，从集权与分权、行政与立法、事前与事后等多方面提出监督制度模式构建的思想和主张，强调中央对地方监督制度体系的系统性。[⑥] 张卫东认为，南京国民政府时期设立监察院，这使监察监督制成为监察制度改革的重要方向，

---

① 参见胡云、任锋：《监察集权：从宋代监司政治透视强郡县国家的治理逻辑》，载《学海》2020 年第 4 期。

② 参见修晓波：《江南行台的设置与元初政治》，载《山东社会科学》2020 年第 11 期。

③ 参见张金奎：《锦衣卫监察职能略论》，载《史学集刊》2020 年第 5 期。

④ 参见刘社建：《清代监察御史选拔制度探析》，载《社会科学》2020 年第 3 期。

⑤ 参见程俊霖、石路：《依附与失灵：清代监察制度的历史省察》，载《青海社会科学》2020 年第 6 期。

⑥ 参见刘增合：《中央权威与地方特性：国民政府时期央地监督制度疏论》，载《江汉论坛》2020 年第 8 期。

但是对于“扩权”与“限权”存在不同认识。①

综上,中国古代和近代监察制度以维护封建君主专制为核心,充分发挥中央与地方监察的积极性,采用定期与不定期相结合的监察模式,妥善处理君权、行政权、监察权三者之间的关系。由于监察制度对封建君主专制的依附性,其产生、变更、消灭都取决于君主的意愿,取决于君主专制发展的程度。目前理论研究仅从横向上将某一朝代具体监察制度作为研究对象,这种研究方式未能从纵向和整体角度思考中国古代和近代监察体系发展完善问题,故而可能存在顾此失彼的情形,无法从根源上总结中国古代和近代监察权下沉等监察理论问题。因此,对中国古代和近代监察史的研究应坚持从法制上全面阐释监察制度建设的基本原理,推进监察史研究中监察权研究的横向和纵向相结合的研究模式,形塑起监察史研究的基本范式。总结经验,为新时代监察制度的完善提供宝贵经验。

(二)中华人民共和国成立以后监察制度发展研究

1949 年中华人民共和国成立以后,监察制度的发展进入了一个新的历史发展时期,呈现出新的特征,对于该时期,学者紧密结合具体的国情和形势进行实证研究。段妍指出,在中华人民共和国成立初期,中国共产党在总结新民主主义革命时期经验基础之上,对党内监督不断探索,提出了民主监督与组织监督相结合、专职监督机构、保障监督机制等实践路径,构建了清晰明确、组织系统的监督体系。②江满情以“三反”运动为着眼点,总结其在解决贪污、浪费及官僚主义问题的经验基础上,如何推动党内民主制度的发展。③ 吴建雄提出,中国共产党的反腐败斗争主要分为三个历史时期、四个发展阶段,主要为:中华人民共和国成立初期法制创立阶段、改革开放时期法制再建阶段、依法治国新阶段、全面依法治国新时代。四个发展阶段存在不同的反腐败特征,监察权的发展也呈现出不同的特征。④ 颜德如、栾超指出,监察制度变迁的动因呈现出多维度、复杂化的特征,这些特征是在环境与观念变迁、制度稳定与变革、独立合作与权威等相关因素的驱动之下所形

① 参见张卫东:《“扩权”与“限权”:国民政府时期监察权配置之不同方案》,载《江汉论坛》2020 年第 8 期。

② 参见段妍:《新中国成立初期加强党内监督的实践探索及现实启示》,载《思想理论教育导刊》2020 年第 7 期。

③ 参见江满情:《“三反”运动与新中国成立初期的制度建设》,载《当代中国史研究》2020 年第 3 期。

④ 吴建雄:《新中国反腐的历史轨迹和实践经验》,载《国家检察官学院学报》2020 年第 2 期。

成的。①中华人民共和国成立以后监察制度历史发展的研究以实证主义研究为主线，以我国具体国情形势的不断发展与变化为出发点，对中华人民共和国成立后监察权的发展历程进行梳理，将党的理论、党的制度建设与监察制度建设紧密联系起来，关注独具中国特色的反腐倡廉之路。

（三）监察领导体制演变与经验研究

监察领导体制的构建是监察制度从制度效能转化为治理效能的核心环节。形塑起党对监察制度的全面领导是中国共产党执政的经验，坚持和加强党的领导是监察制度领导体制改革的根本政治原则，是推进纪检监察领导体制改革的根本保证。

监察制度根植于中国五千年文明的文化底蕴之上，监察制度是中国历史，乃至今天国家治理体系的重要环节。对于这一问题的认识涵养了监察制度发展史研究视角的产生，也为今天监察制度的建立、发展和完善进行证成，对于预防腐败，打造风清气正的政治生态具有重要的作用。要从中国监察制度的发展历程入手，寻求监察制度发展的历史规律，梳理监察制度长期发展过程中积累的经验启示，为解决新时代背景下监察制度建设的现实和未来问题提供具有前瞻性、科学性的历史经验，深刻揭示构建新型监察制度为什么能、为什么行等关键问题的“监察”密码。要系统梳理监察制度的发展历程，既从宏观层面把控监察制度历史发展的宏观特征，又注重对特定朝代、特定时期的监察制度的研究。要总结监察制度历史发展的经验，汲取中国古代监察制度发展的有益经验，坚持取其精华，去其糟粕，为新时代监察制度的发展和完善提供智慧和方案。要传承和发展监察制度发展历程的历史经验，新时代监察制度的发展和完善应当彰显中国优秀传统法律文化的智慧，从中国特色社会主义新时代的新任务和新要求出发，加强对中国监察制度的经验的融贯性传承和应用。

二、国家监察体制改革原理研究

探寻国家监察体制改革原理，有利于推动国家监察体制改革在正确的道路上继续前进。弄清楚为什么改、改什么、如何改等问题十分重要。学者们围绕改革动因、目标、逻辑以及深化路径等方面研究国家监察体制改革顶层设计，围绕纪法

① 参见颜德如、栾超：《当代中国监察制度变迁的动力分析》，载《社会科学》2020年第8期。

贯通、纪委监委合署办公、纪检监察派驻机构、监察官等方面研究国家监察体制改革具体内容。此外,个别学者还对新时代监察学科构建提出见解。

(一)国家监察体制改革顶层设计研究

1. 国家监察体制改革动因

重大决策不是凭空想出来的,其背后有充分的理由。学者们主要从反腐败、历史经验、权力制约和监督等方面探讨国家监察体制改革背后的原因,得出以下结论:首先,打击腐败是国家监察体制改革的直接原因。进行国家监察体制改革,实行监察全覆盖,构建“三不腐”机制,能够有效打击腐败,事实证明,国家监察体制改革是正确而有效的,成功取得了反腐败压倒性胜利。其次,中国古代政治得失的历史经验教训是国家监察体制改革的重要原因。最后,加强党的全面领导,促进国家治理体系和治理能力现代化是国家监察体制改革的深层原因。王建国、谷耿耿指出,国家监察体制改革有浓厚的历史因素与现实考量,深化国家监察体制改革是完善传统权力监督机制、实现现代法治价值追求、促进国家治理体系和治理能力现代化的必然之举。①

2. 国家监察体制改革目标

从“夺取反腐败压倒性胜利”到“巩固反腐败压倒性胜利”,国家监察体制改革的直接目标就是反腐败,反腐败既是动因也是目标。在反腐败以外,国家监察体制改革还有着更高的目标追求。朱茜指出,国家纪检监察体制改革的重要目标就是加强党的全面领导。② 朱茜还指出,在发挥权力制约与监督作用的同时,深化国家监察体制改革还要发挥保证中央政策落地,推动政府工作部门妥善治理,留出治理创新的试错空间等方面的作用。③ 通过观察国家监察体制改革内容,阅读监察法律规范,可以明显感受到,国家监察体制改革目标明确,其不仅是为了反腐败,还包括加强党的领导,提升国家治理水平等目标。也正因如此,学界对此的研究较少。

① 参见王建国、谷耿耿:《新时代监察改革深化的法治逻辑》,载《河南师范大学学报(哲学社会科学版)》2020 年第 2 期。

② 参见朱茜:《加强党对国家监察体制改革的领导》,载《人民论坛》2020 年第 24 期。

③ 参见朱茜:《历史与治理实践视角下党的全面领导与监察体制改革探索》,载《领导科学》2020 年第 14 期。

3. 国家监察体制改革逻辑

国家监察体制改革是我国的重大政治体制变革，蕴含了丰富的法治逻辑，体现了宪法权威，因此学者们在努力探究这项复杂工程的设计图时，更多的是从宪法角度出发，对宪法保障路径、合宪性审查等方面提出见解。其一，宪法保障国家监察体制改革。此前，部分学者对国家监察体制改革试点的合宪性提出质疑，但夏引业指出，国家监察体制改革实践过程中的宪法保障方式可以概括提炼为“宪法解释→宪法修改→合宪性审查”模式，呈现出立体式、多样化的动态发展特征，构建了改革与宪法良性互动机制模型。① 其二，“纪检立规”模式先行。叶海波指出，过往以党内法规或者党政联合发文对监察事项进行规定的“纪检立规”模式在一定程度上推动了国家监察体制改革的深化，保障了纪检监察工作的法治化。②其三，发挥监察机关专责监督作用。崔英楠、王柱国认为，改革后的监察委员会能够保证监察效能充分实现，捍卫宪法和法律的权威。③

4. 国家监察体制改革深化路径

针对如何深化国家监察体制改革，学者们审视当前国家监察体制改革带来的变化以及不足，从多方面提出深化国家监察体制改革的建议，其中不乏创新之处。其一，深化纪检监察体制改革。刘畅通过考察国家监察体系结构的变化，对纪委与监委、上级监察机关与下级监察机关、监察机关内部组织这三对关系提出优化建议：增进纪委与监察机关在业务等方面的交流，提升协作水平；强化上级监察机关对下级监察机关的领导与监督；优化内部结构，强化自我监督。④ 其二，厘清监察机关与权力机关、检察机关、执法部门等其他机关的关系。刘畅提出，深化国家监察体制改革应完善人大及其常委会对监察机关的监督，加强监察机关与公安机关、审计部门等在具体工作中的衔接协作，建立健全相应衔接协作机制。⑤ 其三，发挥监察机关专责监督职能，同时促进监察监督与巡视巡察监督、审计监督等监

① 参见夏引业：《监察体制改革宪法保障的实现路径及其理论意义》，载《兰州学刊》2021年第2期。

② 参见叶海波：《从“纪检立规”到“监察立法”：深化国家监察体制改革法治路径的优化》，载《政治与法律》2020年第8期。

③ 参见崔英楠、王柱国：《法律思维、监察传统与国家监察的实效性》，载《北京联合大学学报（人文社会科学版）》2020年第3期。

④ 参见刘畅：《国家监察体系结构调适与功能优化分析》，载《学习与探索》2020年第11期。

⑤ 参见刘畅：《权力结构视域下的国家监察体制改革与优化》，载《行政论坛》2020年第5期。

督方式贯通融合。张梁指出,深化国家监察体制改革应发挥监察权行使的特点,保障监察权在法治轨道上有序运行;同时,要坚持促进党内监督与国家监督、监察监督与其他国家监督、国家制度与法律制度协调互补,形成监督合力,强化法治约束和内外监督。[①] 其四,从"纪检立规"转向"监察立法"。叶海波指出,过往"纪检立规"的改革方式在法治化等方面存在诸多不足,深化国家监察体制改革应当从"纪检立规"模式转向"监察立法"模式:明确各级监察机关的规范制定权限,根据监察事项的性质选择单独立法或者联合立法模式,完善党规国法备案审查衔接联动机制,强化对联合性纪检监察规范的合宪性审查,保障宪法和法律权威,从而加强国家监察体制改革与国家法律体系的衔接协调。[②] 其五,坚持社会主义核心价值观的指引。杨万顺强调,深化国家监察体制改革要以社会主义核心价值观为价值基础和价值指引,为强化对权力运行的制约和监督提供价值引导力和精神推动力。[③] 深化国家监察体制改革不仅要管住权力,还要督促行使公权力的人员用好公权力。当前对深化路径的探讨暂时局限在监察全覆盖层面,可以继续深入,对具体路径的构建进一步探讨。

(二)国家监察体制改革具体内容研究

在纪法贯通方面,学者们主要从原理与路径两个板块进行探讨。在原理板块,蒋凌申指出,纪法协同是党政协同治理向腐败治理领域的延伸,以实现监察职能效能化为目标,坚持纪法协同有效性与法治化有序平衡的基本要求。[④] 夏伟指出,法的空缺性表明法治反腐不能仅依靠国法;而法的开放结构,为国法接纳党纪,达成纪法贯通,进而为形成反腐合力提供可能性。[⑤] 在路径板块,蒋凌申指出,加强纪法协同,应当把握好纪法关系,明确领导主体与执行主体;充分发挥法律规范在纪法协同中的指引作用;加强纪法协同的成果转换,及时将行之有效的党纪

---

① 参见张梁:《新时代国家监察监督制度之建构理据、运行价值、效能增进》,载《西北民族大学学报(哲学社会科学版)》2020年第5期。

② 参见叶海波:《从"纪检立规"到"监察立法":深化国家监察体制改革法治路径的优化》,载《政治与法律》2020年第8期。

③ 参见杨万顺:《国家监察制度建设的社会主义核心价值观基础》,载《中国矿业大学学报(社会科学版)》2020年第3期。

④ 参见蒋凌申:《论监察体制改革中的纪法协同》,载《南京大学学报(哲学·人文科学·社会科学)》2020年第3期。

⑤ 参见夏伟:《监察体制改革"纪法衔接"的法理阐释及实现路径》,载《南京师范大学学报(社会科学版)》2020年第1期。

规范上升为国家法律。[①] 冀明武指出，党规国法监督制度衔接推进应当在理念层面坚持党的领导地位，围绕反腐败工作核心展开；在制度层面加强立法沟通、协同审查、整合解释。[②]

在纪委监委合署办公方面，罗星比较分析两次合署办公的实践，总结出：合署办公基本原则是坚持党的全面领导，合署办公重要功能是优化党政关系，合署办公主要目标是构建中国特色权力监督体系，合署办公重要保障是强化自我监督和制约。[③] 周伟提出，合署办公体制的纪检监察机关受纪委常委会统一领导，充分发挥党内监督、国家监督作用，形成监督合力，做好政治监督，形成优良党风政风。[④] 蒙慧、胥壮壮指出，健全和完善纪检监察合署办公体制应当优化纪委监委组织机构的职责配备，建立健全纪委执纪与监委执法衔接机制，完善以《监察法》为中心的配套制度体系。[⑤] 同时，二人建议完善党内法规制定依据，健全党内法规内容体系，强化对党内法规执行成效的监督，健全党内法规转化机制，从而充分发挥党内法规对纪委监委合署办公的保障功能。[⑥]

在纪检监察派驻机构方面，姜胜辉对这种"嵌入式监督"进行立体分析，明确定义、动因和特性，指出：当前部分地区的嵌入式监督模式是以"党的领导、权力制约、过程监督、信息沟通和制度规范"为特征的。[⑦] 周伟观察线性监察机关派驻监督制度，指出当前派驻监督模式以横向派驻监督为主，难以实现有效监督，为实现监察全覆盖，应构建适合现实的纵向派驻监督制度。[⑧]

建设高素质纪检监察队伍，是深化国家监察体制改革的重要内容。中华人民

---

① 参见蒋凌申：《论监察体制改革中的纪法协同》，载《南京大学学报（哲学·人文科学·社会科学）》2020年第3期。

② 参见冀明武：《论党内监督法规与国家法律制度的衔接——以〈中国共产党党内监督条例〉与〈监察法〉为视点》，载《江汉学术》2020年第2期。

③ 参见罗星：《新中国成立以来纪检监察机关两次合署办公比较研究》，载《学习论坛》2020年第8期。

④ 参见周伟：《试论新时代纪检监察机关的职责》，载《中国延安干部学院学报》2020年第3期。

⑤ 参见蒙慧、胥壮壮：《监察体制改革背景下纪委监委合署办公体制的构建》，载《中州学刊》2020年第7期。

⑥ 参见蒙慧、胥壮壮：《功能·问题·优化：党内法规保障纪委监委合署办公研究》，载《广西社会科学》2020年第6期。

⑦ 参见姜胜辉：《嵌入式监督：探索权力监督有效实现新模式》，载《天津行政学院学报》2020年第3期。

⑧ 参见周伟：《监察机关派驻监督体制机制的完善》，载《现代法学》2020年第6期。

共和国第十三届全国人民代表大会常务委员会第三十次会议于2021年8月20日通过《监察官法》,并予公布。在《监察官法》制定过程中,学者们从专业角度建言献策。陈伟提出,《监察官法》的制定必须遵循坚持党的领导的政治原则,与监察工作相适合,符合宪法要求,与现行法律相协调,同时应当考虑继承传统监察文化与制度创新;《监察官法》的制定需要注意考虑监察队伍建设、监察机构设置、监察职权运行等内容,保障《监察官法》内容体系的科学合理,助推国家监察体制继续深化。[①] 褚宸舸、王阳审视《监察官法》(草案初稿)中"全员式进入监察官序列的设计思路",认为监察官范围小于监察人员,也不同于监察机关工作人员,尽管可以适当放宽监察官任职的身份限制,但可以将法律职业资格作为选拔或提拔时的特殊考量因素。[②] 针对高素质纪检监察队伍建设,丁方旭、任进指出,建设高素质、专业化监察官队伍,应该强调政治要求,明确监察官范围,严格选用条件,强化监督制约。[③] 陈光斌探究监察官职业伦理,认为监察官应当坚持党的领导、坚持以人民为中心、坚持依法治国与依规治党、坚持主动监督,同时应努力保持忠诚、独立、清廉、保密、坚韧、有礼。[④] 学者们的研究成果在一定程度上促进了《监察官法》草案结构严谨科学、内容依法合理,为《监察官法》顺利通过提供了宝贵的智慧支持。

从对国家监察体制改革顶层设计的探究到对具体改革内容的考察,学者们关于国家监察体制改革原理的研究获得一定成果,为我们展现一幅宏伟图景:沿着法治轨道,以宪法为保障,坚持党的全面领导,国家监察体制改革稳步推进,在巩固反腐败压倒性胜利的基础上,多措并举,不断深化。

(三)学科理论研究

自国家监察体制改革以来,众多高校设立了相应学科对国家监察体制改革的内容进行教学研究。围绕这门新兴学科的讨论也未曾停止。学者们在学科独立性上达成一致,认为这门新兴监察学科具备特殊的研究对象、研究方法,是一门独立学科。但学者们对这门监察学科的命名不同,最终也呈现出学科定位、理论体系方面的不同。

---

① 参见陈伟:《监察官法制订的现实必要、原则构建及实践问题》,载《学术界》2020年第1期。

② 参见褚宸舸、王阳:《我国监察官制度的立法构建——对监察官范围和任职条件的建议》,载《浙江工商大学学报》2020年第4期。

③ 参见丁方旭、任进:《国家监察体制改革视域下中国特色监察官制度的构建》,载《行政管理改革》2021年第1期。

④ 参见陈光斌:《监察官职业伦理:概念、渊源和内容》,载《法学评论》2020年第5期。

有学者将其命名为监察法学。例如,封利强认为,监察法学为独立的法学二级学科,监察法学学科建设应当秉持法治反腐、标本兼治两大理念,遵守重典治权、集中统一、权威高效、监察法治四项原则,沿着监察法律关系这条主线,从主体论、权责论、程序论和制裁论四个主要部分构建监察法学理论体系。①

有学者将其命名为国家监察学。例如,李晓明认为,国家监察学是以法学、侦查学和管理学为基础,并运用多种学科的理论与研究方法,调查、揭露、惩治、预防职务违法犯罪的综合性交叉学科;国家监察学是一门针对职务违法犯罪的调查学科,更是一门具有中国特色的治理腐败的监督学科;国家监察学科具备权力与腐败的关系及其制约与制衡、物质信息不灭定律及其证据的提取、惩处中预防的双重功效及防控规制三大基本原理。②

三、监察法、监察权监察委原理研究

(一)监察法原理研究

监察法有特定的法律属性,邱霈恩、李天昊指出,监察法特定的法律属性就是监察法本身,其不同于现有各种法律门类。③ 监察法规范体系也有特定的法律属性,朱福惠、聂辛东指出,以宪法为核心,以《监察法》为主干,以全国人大常委会制定的有关监察工作的专门法律为基础,以国家监察委员会制定的监察法规和规范性文件为具体执行性规范,以涉及监察权运行的其他法律法规为补充的内在协调一致的监察法规范体系已经形成。④

在承认监察法特殊性、独立性的基础上,部分学者进一步探究监察法与其他法律的关系。比较监察法与刑法、刑事诉讼法的位阶关系,曹胜军、常保国认为,尽管监察法是基本法,但监察法的位阶在实质上低于刑法和刑事诉讼法。⑤ 在促进监察法和刑法的衔接方面,李阳阳建议,通过修改刑法,如增设"妨害监察罪"或者将监

① 参见封利强:《监察法学的学科定位与理论体系》,载《法治研究》2020 年第 6 期。
② 参见李晓明:《从行政监察到国家监察及其学科原理的建构》,载《法治研究》2021 年第 1 期。
③ 参见邱霈恩、李天昊:《监察法的法律属性及相关法理论析》,载《法治研究》2021 年第 1 期。
④ 参见朱福惠、聂辛东:《论监察法体系及其宪制基础》,载《江苏行政学院学报》2020 年第 5 期。
⑤ 参见曹胜军、常保国:《监察法与刑法、刑事诉讼法的衔接问题研究》,载《社会科学辑刊》2020 年第 4 期。

察人员、监察对象、监察机关等纳入刑法之中,以有效保障监察工作顺利进行。①

(二)监察权原理研究

监察权性质等相关问题一直是学界关注的热点话题,监察权是监督权,具备独立性,这一论断已经成为学界的共识。学者们以此为基础进行更为细致的研究,并取得了一定成果。张梁从党与国家双重维度考察监察权的本质,其认为监察权是一种用于制约执行权继而服务于决策权的监督权,所以这一监督权既不是一般监督权,也不是法律监督权,而是介于两者之间的权力监督之权。② 程衍从宏观监督与微观监督两个层面进行分析并提出,监察权是国家的独立监督权。就宏观监督层面而言,其依托于人大监督,目的在于将发现的滥权行为提交行权主体或者人大机关,从而纠正滥用权力的行为;就微观监督层面而言,其是"监察的再监察、监督的再监督"。③ 王建国、谷耿耿二人在剖析监察权独立行使的法治逻辑时指出,监察权具备独立性,但这并不意味着监察权可以不受监督和制约;监察委员会行使职权要坚持依法履职、独立行使、制约配合、分工监督的基本原则和制度遵循;监察权的独立性要体现和坚持党的领导,坚持人民代表大会制度,遵循国家根本政治制度,接受人民代表大会的领导,对人民代表大会负责。④

此外,研究者们尝试不同的方法与视角对监察权相关内容进行探究。彭超对国家监察权进行法教义学阐释,指出:监察权具有非地方性、非社会性、独立性;在基本构造上,监察权集监督、调查与处置三项职权于一体,既融合了执纪执法,又包含有教育惩戒;在权力基本属性上,监察权体现了政治性与法律性相统一、惩戒性与预防性相统一、创制性与执行性相统一;在作用范围覆盖上,监察权致力于实现监察全覆盖;在作用方式上,监察权依法独立运行,遵循民主集中制的原则,坚持权责统一。⑤ 伊士国从宪法学角度思考并提出,监察权是一种复合性权力,其同时具备行政机关行政权、检察机关司法权、党纪部门党纪监督权三者的属性,具有

① 参见李阳阳:《妨害监察行为刑法规制的困境及其疏解——基于〈监察法〉与〈刑法〉衔接的视角》,载《学术交流》2020年第10期。

② 参见张梁:《中国特色"二维"监察权:属性、使命与功能》,载《广西社会科学》2020年第2期。

③ 参见程衍:《论监察权监督属性与行权逻辑》,载《南京大学学报(哲学·人文科学·社会科学)》2020年第3期。

④ 参见王建国、谷耿耿:《新时代监察改革深化的法治逻辑》,载《河南师范大学学报(哲学社会科学版)》2020年第2期。

⑤ 参见彭超:《国家监察权的法教义学阐释》,载《中州学刊》2020年第5期。

独特的权力属性；监察权是一种完整的权力，由监察委员会统一行使，但监察委员会的职能却是分开的，分为三种，即党纪监督、行政监督与法律监督。①

（三）监察委员会原理研究

1. 监察委员会具有多重属性

将监察机关定性为政治机关，肯定了监察机关强烈的政治属性，学界对此基本达成共识。但是以政治机关作为区分监察机关与其他国家机关的标准，确实忽略了其他国家机关的政治属性以及监察机关自身其他属性。吴园林、刘昱成肯定了监察机关的政治属性，但也指出，所有国家机关都是政治机关，不能简单以政治机关来区分监察机关与其他国家机关。② 伊士国指出，监察委员会是一种新型国家机关或者第五种国家机关，不能将其简单定性为政治机关；政治机关难以准确、全面地概括监察委员会的自身属性，难以准确、全面地概括监察委员会的主要职能，难以区分监察机关与其他国家机关。③ 在肯定监察机关自身强烈政治属性的同时，学者们又对监察机关的其他属性展开探讨。彭超指出，根据我国《宪法》《监察法》的有关规定，监察委员会是国家机构，是行使国家监察职能的专责机关，其组织形式是党政合设。④

2. 监察机关与其他机关的关系

《宪法》（2018年修正）第127条第2款规定："监察机关办理职务违法和职务犯罪案件，应当与审判机关、检察机关、执法部门互相配合，互相制约。"据此，学者们围绕"监察机关与其他机关关系问题"展开研究，并不断细化深入。董茂云认为，在监察委员会与"一府两院"的配合和制约关系中，"一府"对监察委员会应该是配合在先、监督在后，"两院"对监察委员会应该是监督在先、配合在后。⑤ 在监检关系方面，龙浩认为，监察机关制约检察机关应当遵守依法独立行使检察权原则、"递进制约"原则、证据裁判原则，保持必要的制约限度。⑥ 吕泽华指出，在职务犯罪调查中，应该以以审判为中心的诉讼制度改革思想、分权制衡的法治原理、

① 参见伊士国：《国家监察体制改革的宪法学思考》，载《甘肃社会科学》2020年第6期。
② 参见吴园林、刘昱成：《监察权性质新论》，载《河北法学》2021年第2期。
③ 参见伊士国：《国家监察体制改革的宪法学思考》，载《甘肃社会科学》2020年第6期。
④ 参见彭超：《国家监察权的法教义学阐释》，载《中州学刊》2020年第5期。
⑤ 参见董茂云：《监察委员会独立性地位的三个认识维度》，载《东方法学》2020年第3期。
⑥ 参见龙浩：《论监察机关对检察机关的制约及其必要限度》，载《新疆社会科学》2020年第5期。

诉权保障目的论作为监检关系合理构建的法理根基。[①]

为全面探讨监察机关与其他机关的关系,研究者们开始关注监察机关与人大、公、检、法以外其他监督机关的关系。在检务督察部门与监察机关的关系上,赵祖斌提出,应该厘清检务督察部门与监察委员会在组织机构、对象范围、督察(监察)职能上的关系,以此形成监督合力。[②] 在行政检察监督与监察委员会监督的关系上,赵卿指出,行政检察监督与监察委员会监督二者之间存在诸多差异,但这两类监督之间也存在一定的契合性,应当厘清二者之间的异同,帮助形成监督合力。[③] 此外,还有研究者提出加强审计机关和国家机关的沟通运作,形成监督合力。

四、监察范围与管辖研究

我国监察体制改革目标之一是构建集中统一、权威高效的权力监督体系。在该体系中,监察机关统一行使监察权,对行使公权力的公职人员实行监察全覆盖。围绕监察范围与管辖,部分学者进行了深入探讨。

(一)监察范围方面

目前学者对监察范围的讨论主要针对的是职务违法的界限问题。曹鎏指出职务违法,是指行使公权力的公职人员,在具体履行决策、执行或者监督职责过程中,作出的违反法律法规的基本要求、尚未构成犯罪、依法应予惩处的违法行为。当前职务违法规制存在理论供给不足,职务违法界限不明确,职务违法与违纪的关系不清晰等问题;边界不清易引发"洗责"难题,违法与犯罪界限不明晰,则监察机关可能通过政务处分消化职务犯罪的问题。故在认定职务违法时,应紧紧围绕主体特定性、职务相关性以及行为法定性三个方面展开。[④] 针对如何界分职务犯罪和职务违法问题,曹鎏提出了如下要点:(1)行为在定罪量刑上不符合刑法要求时,或被认定为职务违法;(2)职务犯罪超过追诉时效时,可转为认定职务违法;

---

① 参见吕泽华:《我国职务犯罪监察调查工作中的监检关系问题研究》,载《安徽大学学报(哲学社会科学版)》2020 年第 4 期。

② 参见赵祖斌:《检务督察与监委会监察权力关系勘定及协调》,载《北京理工大学学报(社会科学版)》2021 年第 3 期。

③ 参见赵卿:《双重改革视域下行政检察监督与监察委监督的关系辨析》,载《江西社会科学》2020 年第 7 期。

④ 参见曹鎏:《论职务违法认定的体系化构成》,载《中国行政管理》2020 年第 6 期。

(3)行为不满足犯罪构成要件时,可能认定为职务违法;(4)证据上未达到刑事诉讼法要求时,或可满足认定职务违法的要求。针对职务违法的认定,可参考刑法构成要件理论来构建职务违法构成理论,该构成包括主体要件、行为要件和主观要件。主体要件要求采用双重维度说来认定违法行为人;行为要件是违法构成的核心,其包括违法行为属于履职行为、履职行为违法两个方面;主观要件则是从客观标准考量行为人的过错。①

陈伟则是就监察全覆盖原则进行讨论,从"国家""监察""全覆盖"三个语词进行拆分阐释,从而明确这一原则的内涵。"国家"指的是空间定位,即监察体制聚合于国家层面,并不限于党员或行政机关人员;"监察"指的是职责定位,也是监察权的重心与监察机关的核心职责;"全覆盖"指的是功能定位,是对监察对象层面的要求,也带来了纪检监察合署办公的必然要求。②

(二)监察管辖方面

根据《监察法》的规定,监察机关监察范围包括职务违法和职务犯罪。当前监察机关监察范围的设置造成横向层面与其他国家机关的交互,纵向层面垂直管辖行使的变化。管辖范围为监察机关权力行使划定了边界,因而有必要将监察机关的管辖范围加以厘清。阳平从多个角度讨论了监察机关的管辖规则,即职能管辖,标准是"人 + 事"的双重标准,进而提出了对职能管辖制度的完善建议。③ 对于监察关联案件,阳平明确了监察为主的内涵,提出了体系构建的建议;针对监察机关内部的管辖规则,分别对一般和特殊管辖的规则进行了明晰;还对监察管辖和审判管辖的衔接问题区分一般原则和指定管辖的情形进行规则构建。④ 钱小平指出,在实践中监察管辖出现了职能管辖虚置(如非公职人员和单位职务犯罪情形)、管辖范围泛化、管辖能力不足、指定管辖任意、管辖衔接错位等问题,反映出在监察体制改革过程中形成的监察优先主义存在一定的法治隐忧。同时要注意防止监察优先主义转向监察中心主义,导致国家权力的失衡。⑤ 吴建雄则就互涉案件问题指出,应该确立司法人员相关职务犯罪检察管辖优先原则。在互涉案件

---

① 参见曹鎏:《论职务违法认定的体系化构成》,载《中国行政管理》2020 年第 6 期。

② 参见陈伟:《国家监察全覆盖的内涵、原则及重点》,载《学术论坛》2020 年第 2 期。

③ 参见阳平:《我国监察管辖制度体系的构成及完善》,载《法治研究》2020 年第 6 期。

④ 参见阳平:《我国监察管辖制度体系的构成及完善》,载《法治研究》2020 年第 6 期。

⑤ 参见钱小平:《监察管辖制度的适用问题及完善对策》,载《南京师范大学学报(社会科学版)》2020 年第 1 期。

中,将查处14种案件时牵涉出来的贪污受贿等职务违法和职务犯罪线索,及时通报监察机关,如不存在不宜由检察机关继续侦查的情形,一般应由检察机关并案侦查。①

骆成明从垂直管辖角度分析监察机关的管辖问题,发现当前垂直管理单位公职人员职务犯罪问题管辖规则由监察法的"本辖区内"管辖变为"直管单位管辖",由此排除了地方监察机关的监察管辖。然而,直管单位对地方公职人员的监督容易出现管辖盲区和管辖断档等问题,使直管单位难以实现对所属管理对象的监督。针对上述问题,骆成明认为应采取三项措施解决:制定监察法规,分类规范管辖规则;推进纪检监察机构改革;降低职务犯罪案件办理成本。②

五、监察权限研究

(一)监察法规、监察规范性文件制定权研究

2019年全国人大常委会明确规定国家监察委员会制定监察法规的权限。监察法规的制定权对于监察机关实现监察职能具有重要意义。近年来,学者们主要围绕其价值内涵、法治化路径、权力配置等方面进行探讨。

在监察法规制定权的价值内涵方面,秦前红等认为监察法规的制定意在两大价值:效率与公正兼顾、强化监察权独立性与监察工作系统性。③ 王春业提出监察法规制定权是构建监察法律体系的必然需要,是监察工作顺利开展的重要保障,是对被监察人人权保障的充分体现。④

在监察法规制定权的法治化路径方面,秦前红等提出四个方面的建议:从主体来看,需明确国家监察委员会是监察法规的唯一制定主体;就内容而言,要厘清监察立法的保留事项;从立法程序来看,要明确解释监察法规的主体,完善监察法规的制定程序;在监督机制方面,可以考虑从审查程序的启动、过程和意见处理三个方面构建相对完善的机制。⑤

---

① 参见吴建雄:《司法人员职务犯罪双重管辖制度的多维思考》,载《中国法学》2020年第6期。

② 参见骆成明:《垂直管理单位公职人员职务犯罪问题管辖困境及破解举措》,载《领导科学》2020年第7期。

③ 参见秦前红、石泽华:《监察法规的性质、地位及其法治化》,载《法学论坛》2020年第6期。

④ 参见王春业:《论赋予监察机关立法权——兼评全国人大常委会的〈决定〉》,载《浙江工商大学学报》2020年第4期。

⑤ 参见秦前红、石泽华:《监察法规的性质、地位及其法治化》,载《法学论坛》2020年第6期。

在监察法规制定权的内容方面,聂辛东运用“三维考察+三层掘进”的阐释模型,对监察法规制定权限进行了具体阐述。他提出,监察机关以行政法规制定实践为底层逻辑进行执行性立法;以行政法规和军事法规制定实践为底层逻辑进行创制性立法;依照“管理性职权”原理可以从无到有设定活动规则,从而进行授权性立法。①

在监察法规制定权权力配置方面,学者从纵向与横向两个维度展开讨论。在立法权纵向配置层面,王建学指出在实务中大量纵向层级上的监察机关都已在从事立法活动,这种现象出现的深层原因在于监察体制改革的步伐过快。王建学就此提出了立法权纵向配置的规则:第一,立法权纵向配置应遵循法律保留的原则;第二,国家监察委员会应在监察法规制定权的基础上,构建集监察实体法、监察程序法、监察主体法于一体的监察法规体系;第三,监察法规、监察规章和其他规范性文件应当具有一定的规范密度区分。② 曾哲、丁俊文则论证了地方监察立法的正当性,认为在国家监察委员会监察法规制定权的基础上,要兼顾地方的适应性、自主性,有限度地承认地方的监察规章、监察规范性文件制定权。③ 在横向立法权配置方面,马方、张升魁提出,对于监察法规制定权运行的逻辑,应明确宪法、法律为权源,以内容、对象界定范围,以位阶、层次确定效力。对于如何监督监察立法,应该从党的全面领导、权力机关监督、检法监督建议和社会公众参与四个维度构建。④

(二)监察监督研究

监察机关的监督职责是国家监督体系的重要组成部分,监察机关在职责履行过程中对权力进行制约与监督,对推进国家治理能力和治理体系现代化、推进监察体制改革具有重要作用。学者们多从监察监督权的属性、运行逻辑、职能发挥等角度进行探讨。

从监察监督权的属性来看,程衍认为,尽管现阶段学界对于国家监察权属性

---

① 参见聂辛东:《国家监察委员会的监察法规制定权限:三步确界与修法方略》,载《政治与法律》2020 年第 1 期。

② 参见王建学:《监察机关立法权纵向配置研究——基于地方试点的视角》,载《四川师范大学学报(社会科学版)》2020 年第 5 期。

③ 参见曾哲、丁俊文:《问题展开与路径阐释:依法监察理论与地方监察立法之证成》,载《河北法学》2020 年第 10 期。

④ 参见马方、张升魁:《监察立法权运行逻辑及规范体系构建》,载《学习论坛》2020 年第 6 期。

尚未定论，但在宏观层面，监察权不属于现有传统权力体系，而是属于一项独立的新型权力。监督权作为国家监察权的重要组成部分，其独立性价值不容忽视。[①] 在监督权运行逻辑方面，程衍提出从宏观和微观两个方面构建监察监督体系。从宏观方面来看，监察委员会监督时不直接进行处置，而是发挥着发现问题、提出问题的职能；从微观层面来看，要强化对监督者的再监督。[②] 张梁提出，监察权行使过程中应当注重与其他国家监督之间的协调，应当遵循国家法律与国家制度共治的路径。从监察监督权职能作用角度分析，有学者提出监督职责的行使具有廉政教育作用，有利于公职人员不敢腐、不能腐、不想腐的长效机制的构建。吕永祥、王立峰分别从设置依据、实施主体等角度对此职能作用加以分析。从设置依据来看，《监察法》在设置廉政教育职能时，既吸收了世界范围内反腐败治理的有益经验，也基于我国反腐败实践作出完善；从实施主体来看，监察委员会内部主要由宣传部、审查调查室和派驻纪检监察组具体实施廉政教育职能。具体而言，宣传部从正面、反面和正反面结合的角度开展廉政教育活动，审查调查室常以召开警示教育大会等方式进行，派驻纪检监察组则常与驻在部门党组联合开展廉政教育活动，起到将廉政教育活动扎根各部门的效果。[③] 上述两位学者还就如何精细化廉政教育模式进行了深入研究。吕永祥、王立峰结合公职人员的生涯发展期分析了不同的心理特点：生涯建立期的享乐心理、生涯发展期的投机心理、生涯维系期的补偿心理、生涯退出期的“有权不用、过期作废”心理。基于上述不同时期下的不同特点，从而精细化构建廉政教育模式。[④]

（三）监察调查研究

监察调查是监察机关三大职责之一，是监察监督的延续，也是监察处置的依据。从《监察法》诞生之日起，监察调查就吸引了众多学者的关注，围绕监察调查性质、程序规范、调查措施等方面的讨论也一直持续至今。2020 年监察调查研究

① 参见程衍：《论监察权监督属性与行权逻辑》，载《南京大学学报（哲学·人文科学·社会科学）》2020 年第 3 期。

② 参见程衍：《论监察权监督属性与行权逻辑》，载《南京大学学报（哲学·人文科学·社会科学）》2020 年第 3 期。

③ 参见吕永祥、王立峰：《监察委员会廉政教育职能研究：设置依据、实施主体与防腐作用》，载《河南社会科学》2020 年第 3 期。

④ 参见吕永祥、王立峰：《监察委员会的精细化廉政教育模式研究——以公职人员的职业生涯发展阶段为分析视角》，载《东北大学学报（社会科学版）》2020 年第 1 期。

方面的文章也主要集中在以上方面，但研究热度各有不同。

1. 监察调查性质研究

依据监察法规定，监察机关针对所有行使公权力人员的职务违法行为和职务犯罪行为展开监察调查。学理上，监察调查可以划分为职务违法调查和职务犯罪调查。部分学者针对职务犯罪调查展开讨论。例如，井晓龙认为，监察机关职务犯罪调查权在本质上应确定为"刑事侦查权"，监察机关职务犯罪调查应服务于刑事追诉程序，以便监察工作与司法工作有序衔接①；刘计划认为，就职权配置而言，职务犯罪的监察调查即刑事诉讼程序中的侦查，因此监察机关理应依据刑事诉讼法等法律规范中关于侦查机关职权的规定从事职务犯罪调查活动，而非置身于一个特殊的角色定位，此时可将监察机关性质界定为侦查机关、国家机关。② 此外，部分学者从整体上分析监察调查性质。例如，张俊认为，监察调查同时具有行政执法和刑事司法双重属性，其行政执法属性体现在职务违法调查过程中，其刑事司法属性体现在职务犯罪调查过程中③；李海滢、王延峰认为，监察调查权具有复合性，集党纪调查权、刑事调查权和政务调查权于一体。④ 监察调查、监察调查权具有多重属性，其中行政属性、司法属性已经获得众多学者的认可，而其他属性还有待进一步探究。

2. 监察调查法治化研究

国家监察体制改革将职务犯罪调查权划归监察机关统一行使，监察调查形式上不在刑事诉讼程序范围内，这引发学者对监察调查或者职务犯罪调查在法理层面的担忧。针对学界对监察法可能导致司法"疏离"的担忧，王雷、梁迎修指出，监察制度的运行与司法理念并未"疏离"，职务犯罪调查权的设置并没有脱离司法精神，也未曾突破底线正义，而是综合考虑价值追求、社会伦理等多重因素做出的选择。⑤

同时，当前已发布的包括《监察法》在内的监察法律规范对于监察调查具体工

---

① 参见井晓龙：《监察调查权与检察侦查权衔接研究》，载《法学杂志》2020年第12期。

② 参见刘计划：《监察委员会职务犯罪调查的性质及其法治化》，载《比较法研究》2020年第3期。

③ 参见张俊：《论我国监察调查权程序性控制模式之完善》，载《湖湘论坛》2020年第3期。

④ 参见李海滢、王延峰：《监察委员会调查权两分构造之提倡与实现》，载《长白学刊》2020年第5期。

⑤ 参见王雷、梁迎修：《空间与理念：职务犯罪调查权的司法间距——兼评新〈刑事诉讼法〉第一百七十条》，载《学术论坛》2020年第4期。

作的规定较为笼统,也引发学者对程序正义、人权保障等方面的担忧。为此,学者们从多角度提出完善建议,促进监察工作法治化。在调查规则方面,曹鎏建议,监察调查措施体系构建应当符合比例原则,区分职务违法与职务犯罪,明确监察调查措施边界,避免对人权保障等价值追求的不必要损害;监察调查应当符合正当程序原则,完善公开制度与期限制度;发挥执法部门、检察机关对监察机关的监督制约作用,同时完善国家赔偿责任的倒逼机制,从而加强对监察调查活动的监督。① 在证据规则方面,曹鎏认为,职务违法调查在实物证据方面应该保持与职务犯罪调查相同的取证规则,但是在言词证据方面应该分类讨论;在证明标准上,也应该分类讨论。② 谢小剑、李鹏云认为,职务犯罪案件调查行为应坚持"以审判为中心"的原则,适应诉讼制度改革,强调应当加深监察调查与刑诉追诉程序之间的配合关系,发挥检察机关、审判机关对监察案件的监督作用。③ 耿华昌认为,在监察调查权的运行模式上应该选择"调查权运行模式"。④ 在调查工作信息公开方面,赵祖斌认为应摒弃以往监察调查工作中完全公开或是完全不公开的极端化思路,另辟折中化道路,即选择适度公开职务犯罪调查信息,在明确哪些信息可以公开的前提下,明确监察信息公开的对象,进而依据信息的特点选择公开时间与公开方式。⑤ 此外,部分学者建议利用信息技术手段规范监察工作,这样既能提高监察工作质量,也能保障监察工作在法治轨道上正常运行。⑥

3. 调查措施研究

2020 年关于监察调查措施研究方面的文章较少,仅涉及谈话与留置两方面。在谈话制度方面,金成波、张航认为,谈话制度广泛运用于党内监督和国家监督两大领域,集监督功能、调查功能和处置功能于一体。⑦ 在监察留置方面,魏昌东认为将留置定位为取证手段存在偏差,由此带来的结果是强制手段缺乏,被留置人

---

① 参见曹鎏:《论职务违法调查的理论逻辑、规制路径及证据规则》,载《法学评论》2020 年第 5 期。

② 参见曹鎏:《论职务违法调查的理论逻辑、规制路径及证据规则》,载《法学评论》2020 年第 5 期。

③ 参见谢小剑、李鹏云:《以审判为中心改革中监察案件的办理》,载《江西社会科学》2020 年第 12 期。

④ 参见耿华昌:《试论监察委员会调查权的运行模式》,载《江苏大学学报(社会科学版)》2020 年第 5 期。

⑤ 参见赵祖斌:《论适度公开原则在职务犯罪调查程序中的展开》,载《西北民族大学学报(哲学社会科学版)》2020 年第 3 期。

⑥ 参见丰叶:《职务犯罪大数据证据研究》,载《科技与法律》2020 年第 1 期。

⑦ 参见金成波、张航:《国家监察视阈下谈话制度的运用与完善》,载《长白学刊》2020 年第 2 期。

权利难以保障,应该将刑事诉讼法的强制措施体系引入监察法,并特殊化设计监察法的相关具体规则的内容。[①] 孔祥承认为就留置的规范内容而言,须对现行规范进行整合,一方面可以将留置进行类型划分,区分为普通留置与重罪留置;另一方面可以将留置要件区分为作为基础要件的证据要件、作为否定要件的罪责要件,以及作为核心要件的社会危险性要件。[②]

(四)监察处置研究

1. 谈话制度

谈话是监察机关行使监察处置职权的重要形式之一。金成波、张航在分析作为监察调查措施的谈话之余,还指出在后续的案件处置阶段,谈话提醒、批评教育、责令检查和诫勉谈话四种谈话处置措施既可以作为党纪处置对处置对象独立适用,也可以配合其他处置措施附加适用。[③]

2. 监察建议

监察建议是监察机关可以灵活采用的一种处置方式,其接受对象是监察对象所在的单位。[④] 谭家超认为,就监察建议的实质而言,其体现了监察机关由原本的对人监察扩展到对事监督。[⑤] 陈伟指出在监察全覆盖原则下,监察对象和监察事项的非特定性决定了监察建议的形式及其实质内容具有相当的灵活性。就如何规范其运行而言,陈伟提出主体应限定为监察委员会,而排斥派驻或派出机构、专员;内容上注意具体与抽象的协调;应构建生态化运行的闭环体系;完善背后的救济机制。[⑥] 谭家超采取对监察建议进行类型化设置的思路,并提出了两条可行的路径:第一条路径是承前启后的承继进路;第二条路径是自上而下的政治进路。在具体适用《监察法》时,监察建议应当被定位为末端治理过程中的一种前端治理手段,并兼具合法性与合理性标准。[⑦]

---

① 参见魏昌东:《〈监察法〉监察强制措施体系的结构性缺失与重构》,载《南京师范大学学报(社会科学版)》2020年第1期。

② 参见孔祥承:《监察留置要件规范化研究》,载《学术交流》2020年第10期。

③ 参见金成波、张航:《国家监察视阈下谈话制度的运用与完善》,载《长白学刊》2020年第2期。

④ 参见秦前红主编:《监察法学教程》,法律出版社2019年版,第363页。

⑤ 参见谭家超:《监察建议职权的内在机理与外在标准》,载《天津行政学院学报》2020年第2期。

⑥ 参见陈伟:《监察建议在监察全覆盖中的表现形态与规范运行》,载《南京师范大学学报(社会科学版)》2020年第6期。

⑦ 参见谭家超:《监察建议职权的内在机理与外在标准》,载《天津行政学院学报》2020年第2期。

3. 政务处分

政务处分是监察机关对职务违法的公职人员作出处置的主要方式之一。学界对于政务处分的讨论，主要集中在政务处分的性质及运用上。秦毅将政务处分定性为一种内部惩戒措施，提出对政务处分的类型应当进行体系化设计，具体可以从优化政务处分的档次划分、体系设置、内容安排及程序衔接四个方面入手。① 刘艳红、刘浩指出，制定《公职人员政务处分法》是为了确保政务处分走上法治轨道从而推动政务处分制度的规范化建设，以政务处分取代以往的政纪处分，织密公职人员职务违法行为惩戒网络，在扩大处分主体与对象的同时又保证了明确性。② 王希鹏认为支撑《公职人员政务处分法》的核心理念在于纪严于法、法严于刑，分清适用和功能的先后关系，关键在于准确界分违纪、职务违法、职务犯罪三类行为。③ 王军仁提出政务处分与党纪处分相互匹配，政务处分措施从附属走向独立。④ 于兆波提出补充：《公职人员政务处分法》不仅是监察机关对公职人员给予政务处分的遵照，也是保护公职人员合法权益的依据，对公职人员给予政务处分要遵循政治原则、法治原则、教育原则三项基本原则；《公职人员政务处分法》保护公职人员合法权益，体现在处罚事由、处罚程序都有明确规定，给予处分时还要体现人文关怀等方面。⑤ 郭文涛将研究重点放在政务处分与处分的关系上，并提出针对公职人员的同一职务违法行为，《公职人员政务处分法》建立了既可以由监察机关给予政务处分，又可以由公职人员任免机关、单位给予处分的双轨惩戒制度。⑥

有学者从检察官惩戒制度的角度出发，讨论了检察官的惩戒制度与国家监察体制之间的关系，学者们普遍认为两种惩戒之间是双轨制。邱守慈、戴建华认为两种惩戒产生了冲突，对于检察官违反检察职责的行为，应该先由检察官惩戒委

---

① 参见秦毅：《论〈政务处分法〉立法的基本立场》，载《社会科学家》2020 年第 4 期。

② 参见刘艳红、刘浩：《政务处分法对监察体制改革的法治化推进》，载《南京师范大学学报(社会科学版)》2020 年第 1 期。

③ 参见王希鹏：《〈公职人员政务处分法〉的开创意义与核心要义》，载《人民论坛》2020 年第 19 期。

④ 参见王军仁：《论政务处分制度对传统政纪处分制度的扬弃与超越》，载《安徽师范大学学报(人文社会科学版)》2020 年第 6 期。

⑤ 参见于兆波：《对公职人员既要加强监督也要保障其权益》，载《中国党政干部论坛》2020 年第 8 期。

⑥ 参见郭文涛：《〈政务处分法〉双轨惩戒制度之间的衔接协调》，载《法学》2020 年第 12 期。

员会进行审议，而后才能由监察机关作出政务处分，对于案件的具体情况，应当实行监察机关和检察机关都有权调查的“双轨制”。[①] 袁士杰、汪太贤基于对双轨制的认识，进一步认为国家监察委员会处分制度与既有的检察官惩戒制度构成对检察权运行的多制度交叉。对一个对象的双重监督，形式上符合双轨制的特点，但实质上却是以国家监察委员会为核心进行一元化运作。[②] 李蓉、瞿目同样认为，针对检察官违反职责的行为，由监察机关经过调查给予政务处分与检察官惩戒制度在案件管辖范围、被调查行为的判断标准和处置权行使方面存在冲突。[③]

学者们在对双轨制可能存在的问题展开分析的同时，也给出了相关的完善建议。郭文涛认为可以根据国家机关的不同性质赋予其对所属公职人员的惩戒权，保证人大、法院、检察院对其选举或任命的公职人员的惩戒权能够得到有效行使，畅通监察机关和公职人员任免机关、单位的信息共享渠道，并加强社会各方对惩戒权行使的监督。[④] 邱守慈、戴建华认为，对于检察官违反检察职责的行为，要依据干部管理权限和违反职责行为的性质在处理权限上合理分工，界定好检察官惩戒与纪检监察职能的权力行使边界。[⑤] 袁士杰、汪太贤认为监察机关政务处分权与既有的检察官惩戒权之间存在一定的吸收与被吸收的关系，应该处理好这一种吸收与被吸收的关系，进行恰当的界分。[⑥] 李蓉、瞿目立基于国家监察体制改革分析检察官惩戒，认为监察机关对检察官违反职责行为的处置与检察官惩戒制度之所以存在冲突，实质在于国家权力统一管理下的检察职业化管理，完善两种处理机制间的衔接要注重检察官惩戒制度的功能与意义，一方面利用监察体制改革倒逼检察官惩戒制度的完善，另一方面厘清二者的管辖范围。[⑦] 王玄玮认为对检察

---

① 参见邱守慈、戴建华：《检察官惩戒制度的现实困境与对策研究》，载《理论月刊》2020 年第 10 期。

② 参见袁士杰、汪太贤：《检察官惩戒制度的“去全”与“回归”》，载《辽宁大学学报(哲学社会科学版)》2020 年第 5 期。

③ 参见李蓉、瞿目：《论监察体制改革背景下的检察官惩戒制度》，载《中南大学学报(社会科学版)》2020 年第 3 期。

④ 参见郭文涛：《〈政务处分法〉双轨惩戒制度之间的衔接协调》，载《法学》2020 年第 12 期。

⑤ 参见邱守慈、戴建华：《检察官惩戒制度的现实困境与对策研究》，载《理论月刊》2020 年第 10 期。

⑥ 参见袁士杰、汪太贤：《检察官惩戒制度的“去全”与“回归”》，载《辽宁大学学报(哲学社会科学版)》2020 年第 5 期。

⑦ 参见李蓉、瞿目：《论监察体制改革背景下的检察官惩戒制度》，载《中南大学学报(社会科学版)》2020 年第 3 期。

官违反检察职责办错案件的司法责任追究,应当由任免检察院作为调查主体负责查清案件具体情况,而后由检察院内设的检察官惩戒委员会审议案件,最终处理决定也应当由检察院作出。[①]

4. 监察问责

问责制度源于中国共产党的党内问责制[②],因而监察问责与党内问责有着密切的联系。厘清二者之间的关系,探究监察问责的运作机制成为监察问责研究的重点。曹鎏指出,《监察法》将监察问责作为一项处置职权赋予监察机关,意味着问责在法律层面正式得以确立。监察问责与党内问责共同构筑起中国特色问责制度体系,后者已经实现了法治化进程,因此需要完善监察问责相关机制,推动其步入法治轨道。[③] 此外,王尘子根据监察体制改革以来的问责实例,总结出监察问责存在问责主体单一、问责客体缺位错位、问责情形模糊和问责方式简单化等偏离精准问责的问题。要引导监察问责重新走上正轨,首先,需要强化社会各方的问责力量,建立社会问责机制,并实现社会问责与内部问责之间的沟通;其次,要完善监察问责法律保障,明确问责情形、方式、程序,并配置有效的救济途径;再次,聚焦决策问责,保证问责决定的作出程序合法;最后,建立容错免责机制,既充分追究法律责任,又推动公职人员良好履职。[④]

六、监察程序研究

(一)证据制度

证据是诉讼之王,同时也是监察机关作出处置的重要依据,如何在监察活动中合法取证,是学者们研究的重点。赵冠男的讨论范围及于整个监察证据制度:在证据范围方面,应该严格把握监察证据产出的尺度,保证监察机关在职务犯罪监察调查过程中收集的证据材料符合刑事诉讼程序的标准和要求;在证据收集方面,应拔高监察机关证据收集活动水平,提高监察机关调查取证的程序要求;在非

---

① 参见王玄玮:《检察官司法责任追究制度的若干问题》,载《云南大学学报(社会科学版)》2020年第6期。

② 参见秦前红主编:《监察法学教程》,法律出版社2019年版,第280页。

③ 参见曹鎏:《论监察问责的基本法律问题概念澄清与构成要件解析》,载《中外法学》2020年第4期。

④ 参见王尘子:《公职人员精准问责:分析框架、实践偏差与优化策略》,载《中共天津市委党校学报》2020年第6期。

法证据排除方面，应借此监察体制改革机会，以完善我国监察程序的非法证据排除规则为目的，在非法实物证据排除规则方面推动制度建立，在非法言词证据排除规则方面推动机制进步。[①] 赵冠男的研究不仅涵盖从监察证据的范围到监察机关的证据收集活动的整个监察证据制度，还就监察制度中的非法证据排除规则提出了完善建议。

刑事诉讼中的非法证据排除规则在监察法中得到了引入，就其价值内涵和运行逻辑，学者从不同角度给出论述。李海峰指出了排非制度应用于监察法的价值：监察法为监察证据设定了法定形式，为监察程序中非法证据排除规则的引入提供了现实基础；监察机关调查取证的标准设定要求将非法证据排除规则纳入监察制度；非法证据排除规则的适用有赖于调查取证的禁止性规范的反向呈现。[②] 龚举文认为监察调查中排除非法证据的现实意义在于契合了我国国民对秩序和安全的倾向性价值选择，体现了刑事诉讼实务中的问题导向。[③] 非法证据排除规则在刑事追诉活动中发挥的作用不言而喻，监察法将非法证据排除规则引入，有利于倒逼监察机关提高取证水平，促使职务犯罪的调查工作更加法治化、规范化。

但也有学者认为目前的监察排非制度设计仍有一定的缺漏和不契合性。例如，张硕认为，在法理层面，对标刑事证据体系创设监察法律体系中的监察非法证据排除规则的做法既有违监察规律，存在违反程序分离原则的隐患，并且在政策上也不符合“以审判为中心”的司法改革政策布局。[④] 由此可见，监察法中规定的非法证据排除规则存在一定的“水土不服”，直接引入的做法使其在监察程序中或难以完全契合于我国的监察制度，有必要对监察调查中的非法证据排除规则进行一定的适配性调整。张硕指出，针对有违监察规律的问题，应该使监察调查中对非法证据进行认定的活动遵循监察机关进行的证据收集活动的规律，监察机关应当合理进行认定以及排除；针对有违“以审判为中心”的刑事制度改革问题，考虑到刑事诉讼程序是监察机关调查职务犯罪案件的下游程序和终端阶段，应该强调

---

① 参见赵冠男：《论职务犯罪监察调查程序中刑事证据规则的构建》，载《湘潭大学学报（哲学社会科学版）》2020 年第 5 期。

② 参见李海峰：《非法证据排除规则在监察程序中的价值预期与合理运用》，载《法治研究》2020 年第 6 期。

③ 参见龚举文：《论监察调查中的非法证据排除》，载《法学评论》2020 年第 1 期。

④ 参见张硕：《监察案件非法证据排除制度体系：法理解构与实践路径》，载《政法论坛》2020 年第 6 期。

以审判为中心的证据制度的引导作用,监察机关的证据收集和非法证据排除工作应当以审判机关的思维为导向;针对违反程序分离原则的隐患,应当强调监察机关遵循程序分离,对职务违法和职务犯罪案件性质在从事调查活动时明确加以区分。龚举文则对监察机关从事调查活动时适用非法证据排除规则的内容进行具体化明确,包括对非法供述、非法证言、非法实物的适用情形、标准和规则进行明晰。① 简言之,监察机关在调查程序中如何适用非法证据排除规则,如何构建非法证据排除规则的相关法律规范,是监察排非制度的一个重要问题,其对促进我国监察机关工作法治化水平的提升、提高被调查人的人权保障水平、减少职务犯罪案件冤假错案的发生概率具有重大意义。

王怡然针对监察实务中存在的证据补查问题进行讨论:监察案件办理实践中,受制于职务犯罪监察调查案件的政治特殊性保密要求,检察机关进行退回或自行补充侦查的机制在实践中的运行成本过于高昂,为缓解监察机关办案压力,检察机关和监察机关形成了"边审查边补查"的做法,并形成了实务惯性。对此种实务惯性进行的反思与评价,需摒弃固化封闭的思维模式,不能一味批判,而应该以开放的态度观察其实践逻辑,肯定并接纳实践的现实需要,分析其中存在的可采之处。面对监察体制改革中职务犯罪案件办理过程中累积并形成的有益司法实践经验和做法,要先理顺其逻辑基础,肯定有益的行为模式,继而站在规范与实践的双坐标中,以同时具备封闭性与开放性的灵活法治思维加以理解,并构建相关规则。② 根据王怡然的总结,证据补查问题有其特殊性,检察机关和监察机关在实务操作中受到现实情况的制约,根据实务经验形成了一定的做法,对此不能以极端化的思维加以评判,而应该以开放态度对合理做法加以吸收。

林劲松从监察机关人证笔录的证据能力视角切入,依立案时间、文件的制作机关名义区分人证笔录的类型,从而对人证笔录的证据能力进行定性:从制作主体来看,若人证笔录是以纪律检查委员会的名义进行制作的,则应以纪委不具有国家机关性质为由,认为该种人证笔录文件在刑事诉讼程序中不具有证据能力;从制作时间来看,人证核查笔录是制作于立案之前的,故应以其制作时间不在立案之后为由,而认定其不具有证据能力,立案后制作的人证调查笔录在时间上被

① 参见龚举文:《论监察调查中的非法证据排除》,载《法学评论》2020 年第 1 期。

② 参见王怡然:《监察调查案件证据补查的理论模式及法理反思》,载《甘肃社会科学》2020 年第 3 期。

纳为监察程序中的文件，应具有证据能力；从调查性质来看，区别于职务犯罪案件中形成的人证调查笔录，职务违法案件中的人证调查笔录因其证人不属于刑事诉讼程序中的诉讼参与人，亦应认为其不具有证据能力。从纪检监察机关的实践经验可以得知，审查调查中难以准确区分职务违法和职务犯罪案件的人证调查笔录，对此的合理做法是在立案时，监察机关须尽量准确界定案件性质，尽早区分案件性质属于职务违法还是职务犯罪，从而明确人证调查笔录的证据能力。[①] 人证调查笔录在查处职务犯罪案件中是重要的证据类型，为实现我国刑事诉讼程序的法治化水平提升，该种文件的证据能力应该得到明确的区分和认定，对此应该从制作主体、制作时间和案件性质等入手，只有确实具有证据能力的人证调查笔录才能够在刑事诉讼中作为案件事实认定的依据。

刘用军针对我国司法传统中所采用的印证证明模式加以研究。印证证明是指“将若干证据所分别证明的若干事实结合起来进行验证，以考察它们之间是否一致的方法”。过去错案频发的一部分原因在于对印证证明制度的不当理解和错误运用。在排除合理怀疑的刑事证明标准于《刑事诉讼法》第 55 条中被确立后，法学界对印证证明的质疑声势渐大。对此刘用军认为，印证证明制度的选择来源于我国的传统文化和实事求是的认识路线等，根源于深刻的社会渊源。印证证明在未来的发展中应该在坚持的基础上建立起完善的证据资格审查机制，并与心证结合，赋予其新时代的内涵。[②] 印证证明模式是我国司法传统中的一种证据验证方法，其产生和适用与我国一直以来的办案传统密切相关，而近年来受到了学界的一定质疑，刘用军将传统的印证证明与新时代的职务犯罪案件惩治相结合，提出了新的理解和运用方式。

李海峰从庭审实质化改革主题切入，进行了深入的研究。庭审实质化旨在防范庭审陷入虚化或者形式化怪圈，意图实现案件事实认定及定罪量刑均通过庭审质证认证来完成。监察规则与庭审实质化之间的不相宜之处，主要在于固化的监察取证方式限制了庭审质证认证效果，取证过程的封闭性天然地阻塞了权利的可救济性和庭审的有效辩护，证据转化程序缺失阻碍了非法证据排除规则在职务犯罪案件证据活动中的有效运转，以及证明标准的单一性削弱了庭审证据裁判过

① 参见林劲松：《监察机关人证笔录的证据能力辨析》，载《法治研究》2020 年第 3 期。

② 参见刘用军：《印证证明：传统、问题与未来——以〈监察法〉印证证明为切入》，载《学习论坛》2020 年第 5 期。

程。对此,应当平衡权力,强化配合与制约并重原则的侧面制约;坚持正当程序原则,强化证据合法性调查规则;坚持直接言词原则,活化取证方式;强化人权保障,使被调查人的合法权益得到切实维护。[①] 庭审实质化改革作为我国重大司法改革任务之一,在加强职务犯罪案件办理的权威性和合法性工作中有着重要地位,监察体制改革需要顺应庭审实质化改革的趋势和浪潮,而不能逆势而行。

学者们对监察证据制度的讨论覆盖范围广泛,其中主要集中于对非法证据排除规则进行深入研究,同时也有学者从证据补查、人证笔录的证据能力、印证证明模式等角度切入,从侧面探讨监察证据制度的完善方向,提出了许多具有建设性的建议。

(二)认罪认罚从宽制度

认罪认罚从宽制度在我国刑事诉讼中对于维护程序正当具有重大意义,其也因监察机关的职务犯罪调查职能而与监察制度相联系。就认罪认罚从宽制度适用于监察制度的正当性而言,桂梦美认为监察法中关于认罪认罚从宽价值所在、本体认识,以及其制度反腐政治正当性、治病救人、惩前毖后、人权思想和实体从宽等理论逻辑的表述,在将中国特色监察体系制度优势转化为反腐败治理效能中发挥了重要的导向作用。[②]

在职务犯罪案件中认罪认罚从宽制度的适用还存在许多问题。桂梦美指出,从宽建议的对象包括监察对象和职务犯罪的共犯,其中自然纳入了非公职人员,程序比起刑诉中的更为严格,此外,从宽建议的效力也不能与监察建议相同,两者各自有其独特性。[③] 孔令勇认为监察体制改革中认罪认罚从宽制度的引入存在以下错位问题:认罪认罚从宽制度适用于监察活动,但后者性质并不能归属于刑事司法制度;认罪认罚从宽制度可被适用于职务违法人员,但该类人员的行为未达犯罪范畴;启动条件设置混乱、门槛标准过高且内容具有不完整性;实施程序安排

① 参见李海峰:《庭审实质化背景下监察调查取证规则的检视与完善》,载《社会科学》2020 年第 5 期。

② 参见桂梦美:《职务犯罪调查阶段认罪认罚从宽的制度逻辑与展开》,载《苏州大学学报(哲学社会科学版)》2020 年第 5 期。

③ 参见桂梦美:《职务犯罪调查阶段认罪认罚从宽的制度逻辑与展开》,载《苏州大学学报(哲学社会科学版)》2020 年第 5 期。

难以真实保障被调查人认罪认罚的自愿性，等等。[①] 孙国祥将监察法与刑事诉讼法中的认罪认罚从宽制度规定和法律效果加以联系，认为刑事实体法和司法解释对职务犯罪量刑情节的规范较之监察法律规范规定得更为精细，与认罪认罚从宽制度的完善运作更为相容，更具有参照的可取性。监察机关在职务犯罪案件的调查活动中，即便管辖的案件有特殊性，但在刑法适用上的稳定性预期与职务犯罪案件惩戒的政策灵活性考量关系上不能顾此失彼。[②] 汪海燕指出监察法规定的职务犯罪在监察调查阶段的认罪认罚从宽制度在制度取向、适用条件和具体适用程序等方面与刑事诉讼法所规定的认罪认罚从宽制度存有较大差异，相比之下呈现出更为浓厚的职权主义色彩。[③] 考虑到监察程序与刑诉程序的程序衔接关系，林艺芳、张云霄指出刑诉中和监察制度中的认罪认罚从宽制度在适用前提方面存在迥异性，由此导致了程序衔接的不畅。一方面，刑事诉讼与监察制度两种程序中对"认罪认罚"一词的内涵界定未能达成同步；另一方面，监察程序中的认罪认罚从宽制度若要适用于被调查人，还应具备《监察法》第 31 条规定的其他四种情形之一。有鉴于此，认罪认罚从宽制度在监察和刑诉程序之间进行衔接和转化就会出现难以协调的情况，存在程序上的断裂性。[④] 由此可见，无论是在价值取向上还是在具体程序规则上，尤其是结合其与刑诉程序的上下游关系，监察程序中的认罪认罚从宽制度设置仍存在尚待完善之处，其衔接上的不对应主要出现在启动条件、适用对象和程序，甚至认罪认罚的内涵界定。

学者们提出如下建议：桂梦美认为，为实现职务犯罪调查阶段与刑事诉讼阶段在衔接时的平滑过渡，必须深入探讨其进入诉讼阶段的制度属性、配合制约及量刑建议等具体问题。[⑤] 孔令勇认为，应该妥当解释监察程序中认罪认罚从宽制度适用范围，从而在此制度层面妥善衔接监察程序和刑事诉讼程序；合理划分监察程序中认罪认罚从宽的适用对象，对职务违法的被调查人制度适用的导出结果

---

① 参见孔令勇：《新监察制度与认罪认罚从宽制度的错位及衔接》，载《安徽大学学报（哲学社会科学版）》2020 年第 4 期。

② 参见孙国祥：《监察法从宽处罚的规定与刑法衔接研究》，载《法学论坛》2020 年第 3 期。

③ 参见汪海燕：《职务犯罪案件认罪认罚从宽制度研究》，载《环球法律评论》2020 年第 2 期。

④ 参见林艺芳、张云霄：《监察法与刑事诉讼法衔接视角下认罪认罚从宽的制度整合》，载《甘肃社会科学》2020 年第 2 期。

⑤ 参见桂梦美：《职务犯罪调查阶段认罪认罚从宽的制度逻辑与展开》，载《苏州大学学报（哲学社会科学版）》2020 年第 5 期。

应为从宽处理;对启动条件进行重置,降低标准,重回认罪认罚从宽制度的原初构建理念与价值;多方面完善制度,保障被调查人的自愿性,如允许法律援助值班律师提供帮助、切实履行告知义务、同步录音录像,从而确保自愿性和真实性;通过法律解释拓展从宽处罚的类型,从而促使认罪认罚从宽制度在制度设计和实际运行时实现监察程序与刑事诉讼程序的平稳衔接。① 孙国祥认为,监察机关办理职务犯罪时,若涉及被调查人认罪认罚、自首、立功、坦白等从宽量刑情节的实体认定,对于这些被调查人的从宽行为的认定,应当更多肯认刑事法律规范的准确性,并据以进行专业和恰当把握。② 汪海燕认为,为充分发挥该制度的功能,在实体标准层面,认罪认罚从宽的启用条件应实现在刑诉法程序和监察法程序中的同步,不应多设或少设条件;在证据层面,需要在坚守法定证明标准的前提下,完善口供补强原则,落实疑罪从无原则,并在法律层面上设立污点证人作证制度等,从而拓宽证据来源渠道;在程序层面,调查阶段应当构建保障被追诉人知悉权规则,通过采取值班律师制度加以援助,提高监察机关进行调查活动时规范制作和使用相关文书的水平和要求,以及根据被调查人实际情况多层次实行限制人身自由的强制性措施等,来规范化监察程序,提高人权保障水平。③ 林艺芳、张云霄主张重新整合认罪认罚从宽制度,以刑诉法对认罪认罚从宽制度的规定为参照,准确界定监察法中认罪认罚的制度内涵,构建监察诉讼证据审查机制,强化法检对监察证据进行审查的机制,提高对监察机关活动的制约水平;加强被调查人权利保障机制,如确保被调查人被告知相关权利,使其明确其可获得的救济等;规范监察诉讼认罪认罚从宽的程序衔接机制,由检察院对适用认罪认罚的职务犯罪案件进行形式审查并提出量刑建议,由此合理衔接至刑事诉讼程序中。④ 即便认罪认罚从宽制度在监察制度中的构建和实际运用存在一些不协调之处,但其制度价值仍然是值得肯定的,也因此更有必要集思广益,深入研究认罪认罚制度在监察法中如何恰如其分地融入监察制度当中,消解其中在启动条件、适用对象等方面的不同之处。这不但有赖于规范制定主体的努力,还离不开监察机关和检察机关在实务中的积

---

① 参见孔令勇:《新监察制度与认罪认罚从宽制度的错位及衔接》,载《安徽大学学报(哲学社会科学版)》2020 年第 4 期。

② 参见孙国祥:《监察法从宽处罚的规定与刑法衔接研究》,载《法学论坛》2020 年第 3 期。

③ 参见汪海燕:《职务犯罪案件认罪认罚从宽制度研究》,载《环球法律评论》2020 年第 2 期。

④ 参见林艺芳、张云霄:《监察法与刑事诉讼法衔接视角下认罪认罚从宽的制度整合》,载《甘肃社会科学》2020 年第 2 期。

极探索。

认罪认罚从宽制度体现了我国刑事政策宽严相济的价值取向，同样也契合了我国监察法惩戒与教育相结合、宽严相济的价值要求，在我国监察制度中同时于实体和程序上扮演重要角色。但不得不承认，其与我国监察程序仍存有一定的不协调性，如程序性质的不对应、适用条件的不相符，在后续的监察法律体系建设过程中，此类问题需要得到相当的重视，以求妥善解决。

（三）程序衔接

程序衔接研究，主要围绕应当如何就职务犯罪案件完善监察机关与检察机关的程序衔接展开，探讨内容主要涉及检察介入监察调查，检察机关面对监察机关移送案件证据不足以提起公诉时对退回补充调查与自行补充侦查的选择，对于监察机关移送案件检察机关是否应当予以刑事立案及其立案决定的性质，检察机关对监察机关移送案件的合法性审查活动的性质，司法人员职务犯罪侦查制度的机制构建，以及刑事撤案与监察撤案的制度构建。

何静认为，完善检察介入监察调查机制，可以从介入限度、介入方式、介入手段上考虑。就检察介入的限度而言，要控制在引导监察机关收集证据方面；在介入方式上，既可以因监察机关的商请而被动介入，也可以在监察调查失范时主动介入。介入时间要以监察立案之后、移送审查起诉之前的时间段为宜，并将介入调查的范围限定在被调查人不认罪认罚的重大、疑难、复杂的案件中。检察介入的主体应当为检察机关检察部门中负责该案件审查逮捕、支持公诉的检察人员以外的检察官，而检察介入的行使则应当选用柔性指导的方式指导监察机关收集证据。① 吕晓刚认为，应当完善遴选程序，细化检察机关提前介入的标准，避免滥用介入机制；优化介入流程和介入主体，确认介入主体为具体个案的后续移送对象；切实构建被调查人的救济途径和渠道，赋予其异议权。具体而言，针对如何遴选，应当明确并非所有案件都适合采用检察机关提前介入，对此应当设立必要的门槛，如在证据标准、案件定性方面监察机关存在难以确定的情形时方可适用；针对流程优化，应当确定在调查实施阶段即可介入，以充分发挥提前介入制度设计的效能；针对如何保障被调查人救济权利，应当允许被调查人针对提前介入程序，就监察机关和检察机关违反提前介入制度的相关行为提出异议，用权利来制约权

① 参见何静：《检察介入监察调查：依据探寻与壁垒消解》，载《安徽师范大学学报（人文社会科学版）》2020 年第 6 期。

力,避免检察机关的提前介入行为妨害人权保障。[①] 封利强认为,完善检察介入监察调查的衔接,应当转换思路,选用替代性方案。首先,要增设刑事诉讼特别立案程序,即监察机关将职务犯罪案件移送到检察机关后,检察机关应该对监察机关调查活动形成的案件材料依法进行审查,判断是否达到审查起诉的标准,作出是否立案的决定。其次,既要充分保障检察机关对是否立案的决定权,又要赋予监察机关针对检察机关立案决定的必要救济机制,监察机关对检察机关不立案的决定不服的可以向作出决定的上一级检察机关申请复议。最后,要实现监察留置手段与刑事强制措施的无缝衔接,检察机关在审查材料后,根据犯罪嫌疑人的人身危险性等实际情况独立决定是否采取以及采取何种强制措施,并在作出立案决定之后要求监察机关解除强制措施,但要排除"先行拘留"制度的适用。还应当完善监察机关内部各部门之间的提前介入机制,在监察委员会内部,由案件审理部门提前介入调查部门的监察调查工作。此外,应当允许律师适当介入监察调查工作。[②] 检察机关提前介入的制度设置有益于监察程序与刑事追诉程序的平滑过渡,但因为案件办理的阶段和程序不同,考虑到对具体案件的认识和了解是在调查中不断发展变化的,不同程序之间的性质和所涉及的国家权力类型不同等原因,需要警惕检察机关提前介入会带来的影响,也因此应该对介入时的程序、做法和检察机关介入范围加以明确,从而避免对监察机关工作的不当影响,同时也有利于保护被调查人的合法权益。

陈小炜对检察机关退回补充调查与自行补充侦查的适用情形进行了详细区分,并认为退回补充调查是一种万不得已的制度设计,应当少用、慎用。为了推动补查的衔接,可考虑将退回补充调查的有关指标纳入检察机关考核体系,定期和不定期进行抽查检查,促使检察人员更加重视和规范适用退回补充调查。对于退回补充调查的案件,被调查人已经被适用逮捕的,监察机关应当继续沿用逮捕措施,监察机关需要讯问的应当在看守所中进行,被调查人符合取保候审、监视居住条件的可以改用相应的强制措施,并且在退回补充调查阶段应当允许律师介入案件,以保护被调查人的合法权益。此外,可将监察委员会职务犯罪调查也纳入广义的法律实施范畴和检察机关法律监督的对象范围之中,并保障检察机关对监察

---

① 参见吕晓刚:《监察调查提前介入实践完善研究》,载《法学杂志》2020 年第 1 期。

② 参见封利强:《检察机关提前介入监察调查之检讨——兼论完善监检衔接机制的另一种思路》,载《浙江社会科学》2020 年第 9 期。

机关所移送的不符合起诉条件的案件敢于做出不起诉的决定,切实行使检察职能。[①] 检察机关退回补充调查与自行补充侦查是面对监察机关案件移送后,因其证据材料等条件所限,不足以达到提起公诉要求的后续措施。对这一措施的适用,应当小心把握,协调好职务犯罪案件中监察机关和检察机关的角色定位,同时应该关注被调查人和犯罪嫌疑人的权益维护问题。

楼丽认为,出于统一诉讼理论与法律实施的需要、启动刑事诉讼程序的功能需要、把好刑事诉讼关口的过滤需要三大目的,检察机关应当先进行刑事立案,而后才能进入刑事诉讼模式。刑事立案对刑事追溯影响甚大,因此,可以将监察机关的立案时间作为职务犯罪案件成立追诉时效延长的时间点,这样既符合调查追溯要义和监察权对职务犯罪的追溯功能,又利于职务犯罪案件刑事立案与刑事追诉启动实质相分离,还可以避免同案不同处理。[②]

朱福惠认为,检察院应从案件材料的完整性、监察证据与案件事实的真实性、非法证据排除三个方面对案件进行合法性审查,以此实现协调监察调查与刑事诉讼制度的内在价值。检察机关合法性审查是进行于刑事诉讼审查起诉阶段的职能行为,这一职能行为不应被定性为检察机关实施法律监督的行为,而是检察机关对监察调查采取的外部制约行为,检察机关所从事的实际上是刑事追诉活动。所以,检察机关并不判断监察活动合法与否,而是只审查监察机关移送起诉案件的材料内容。基于上述原因,如果检察机关审查后认为应适用非法证据排除规则或者认为证据真实性存疑,则只能采取将案件退回补充调查或者要求监察机关补充证据和说明情况的方式,而非检察建议和纠正违法行为等法律监督手段。检察机关作为职务犯罪案件中,案件办理流程的下游机关,对于监察机关的案件查办工作具有把关作用,因此其合法性审查在一定程度上发挥着制约监察机关,倒逼监察机关以高标准、高要求从事监察调查活动的作用,因此应当明确检察机关合法性审查工作的性质,规范其审查行为。

吴建雄、马少猛认为,若要完善司法人员的职务犯罪侦查机制,主要可从以下四个方面入手:第一,确立检察机关相关职务犯罪侦查工作新理念,即确立“监督与侦查并重”“违法与犯罪同治”“初查与侦查一体”理念。第二,对检察机关相关职务犯罪侦查权行使的主体与管辖进行正确把握,如在检察院内部设立专门机构

---

① 参见陈小炜:《监检关系视野下退回补充调查与自行补充侦查》,载《北方法学》2020 年第 6 期。
② 参见楼丽:《监察机关移送案件刑事立案相关问题研究》,载《法治研究》2020 年第 6 期。

行使侦查权,并明确基层对于发现的线索是否立案报设区的市一级决定,最高人民检察院、省人民检察院可自行决定立案侦查,也可交对应下一级立案侦查。第三,健全完善检察机关行使相关职务犯罪侦查权的基本程序,主要涉及线索受理、初步调查、立案侦查、交互案件移交等程序。第四,健全完善检察机关相关职务犯罪侦查权运行的机制保障,如探索建立线索搜集激励机制和责任制度、探索建立检察与监察协调联席会议机制、建立健全侦查一体化运行机制、建立健全信息技术保障机制以及建立侦查人才培养机制。① 完善司法人员的职务犯罪侦查机制是一个全面的工程,需要多线程考量、多元化作业,从而构建行之有效的侦查机制。

韩晗提出了监察机关撤案应采取无犯罪事实撤案以及免除法律责任撤案两类标准。在撤案方式中应当引入撤案核准模式,检察机关认为应当撤案的,经上一级检察机关批准后方可撤案。在检察机关提前介入的情况下,可以就是否撤案提出建议,若监察机关最终认为需要撤案的,应当向检察机关正式提出撤案申请,履行核准程序。对于监察调查过程中检察机关认为应当撤案而不撤案的情况,检察机关应当及时通知撤案,尤其是检察机关提前介入建议撤案而监察机关拒不撤案的,检察机关应当及时发挥诉讼监督的职能,监察机关认为检察机关撤案通知决定有错误的,可以向其上一级检察机关提请复议。② 检察机关作为我国的司法机关之一,在职务犯罪案件中具有刑事立案的决定权,对监察机关的职务犯罪案件调查活动要起到严密把关的作用,应当保障其决定权的独立行使,但也要赋予监察机关相应的复议机制,形成对国家权力的制约和监督。

韩旭采用了实证分析的方法,基于对768份裁判文书的汇总分析,提出了相关建议:对于职务犯罪调查,应当保障辩护律师介入的权利;提高监察留置措施的适用条件和标准,抬高门槛;庭审中应当贯彻直接言词原则,加强庭审中的证据审核,建立完善证人等诉讼参与人的出庭作证机制;明确职务犯罪案件中认罪认罚从宽制度适用标准,保障被调查人认罪认罚的自愿性和明确同步录音录像资料的调取、出示程序。③ 职务犯罪调查行为对于被调查人的权利有着直接且深刻的影

---

① 参见吴建雄、马少猛:《司法人员职务犯罪侦查制度的基本理论与机制构建》,载《中国刑事法杂志》2020年第5期。

② 参见韩晗:《检察权能新拓:撤案核准的内涵阐释与模式展望——兼论刑事撤案与监察撤案的制度建构》,载《法律科学(西北政法大学学报)》2020年第2期。

③ 参见韩旭:《监察委员会办理职务犯罪案件程序问题研究——以768份裁判文书为例》,载《浙江工商大学学报》2020年第4期。

响，不但影响被调查人自身，更是会影响后续的司法程序，而司法程序更是在职务犯罪案件查办中起到一锤定音的作用，需要从实务出发，发掘实务中所存在的问题，并再回到实务中，指导所涉国家机关的行为和活动，实现对职务犯罪的高质量、高水平治理。

监察程序并非在所有情况下都能够包含案件的始终，在被调查人涉嫌职务犯罪时，刑事诉讼程序衔接于监察程序之后，此时就涉及在此类案件中检察机关如何与监察机关协调工作和履行职责。考虑到职务犯罪案件的特殊性，监察机关与检察机关如何有机衔接，对于实现我国监察法严厉惩治腐败、有效制约和监督权力的立法要求具有重要意义。

七、其他章节内容的研究

我国《监察法》作为反腐败重要立法，体系相对完善，章节分布合理。本部分拟对涉及《监察法》条文中的反腐败国际合作、对监察机关和监察人员的监督、法律责任这三大章节的文献进行梳理。

（一）反腐败国际合作

当今世界正经历百年未有之大变局，全球治理体系正朝着越来越公正合理的方向发展，经济全球化进程也加速演进。随着经济全球化的发展和国家间的密切交往，腐败犯罪日益呈现跨国、跨地区的特点。反腐败国际合作成为各国追求的目标。现阶段，部分学者从反腐败国际追逃追赃的现实经验、实践困境以及完善建议等角度提出见解。

有学者提出我国目前反腐败国际追逃追赃经验主要在于工作机制的创新。张磊指出，在反腐败国际追逃追赃工作中，我国坚持运用法治思维和法治方式，通过发布外逃人员线索的公告，在全球形成威慑；同时也注重保障犯罪嫌疑人的合法权益，充分贯彻宽严相济的刑事政策。①

在实践困境方面，刘霜从法律适用层面提出三大困境：国家之间引渡配合度较低、引渡替代措施不完备以及国内防逃机制不完善。② 也有学者提出，反腐败国

① 参见张磊：《从“百名红通人员”归案看我国境外追逃的最新发展——写在“百名红通人员”名单公布五周年之际》，载《法律适用》2020 年第 10 期。

② 参见刘霜：《反腐败国际追逃的法律适用困境及其有效应对》，载《河南大学学报（社会科学版）》2020 年第 4 期。

际追逃追赃工作中的问题可以归结为三个方面:引渡与劝返的法治方式沟通不畅、现行国际追赃的法律制度尚不健全、追逃工作法治队伍素养仍待提升。

在反腐败国际追逃追赃长效机制的构建上,有学者提出完善建议,认为应从法律制度内容体系完善、执法人员综合能力提升和法治队伍打造三个方面入手。刘霜认为,应在坚持国家主权原则的基础上,运用法治思维和法治方式,依法依约开展国际追逃,建立完善的引渡或者引渡替代措施。①

党的十八大以来,我国向世界人民彰显了反腐决心。持续推进反腐败国际合作,是对腐败零容忍的深刻体现。在新的历史条件下,深化监察体制改革的一项重要举措就是推进反腐败国际合作。近年来,学界热烈关注反腐败国际局势,深刻剖析了现阶段复杂的外部环境。同时,对于国内反腐败的开展也关注较多,从反腐败国际追逃追赃的工作经验、制度构建、现实困境等方面开展讨论。但随着国际局势的不断变化,如何将反腐败国际合作深入推进,如何确保国际追逃追赃工作沿着法治化路径开展,这些问题仍待解决。

(二)对监察机关和监察人员的监督

"打铁还需自身硬。"在强化监察机关的职责过程中,对监察机关以及监察人员的监督同样必不可少。本部分拟从人大监督、自我监督、其他监督以及权利救济四个角度梳理2020年来的相关文献。

1. 人大监督

习近平总书记强调,要把权力关进制度的笼子里。各级监察委员会作为履行国家监察职能的专责机关,其权力运行要置于阳光下,强化人大及其常委会对监察机关以及监察人员的监督,对于权力运行具有重要意义。学者主要从人大监督的意义、工作方式以及存在的问题三个角度提出自己的见解。

周佑勇认为,在"一府一委两院"宪制架构的基础上,监察委员会对同级人大负责的宪法规定,是人大监督监察委员会权力运行的依据,有助于解决对监督者再监督的问题,保障监察委员会职能的有效实现。② 秦前红从人大监督机制方面,指出人大监督监察委员会的工作形式,具体包括听取和审议工作报告、执法检查、

---

① 参见刘霜:《反腐败国际追逃的法律适用困境及其有效应对》,载《河南大学学报(社会科学版)》2020年第4期。

② 参见周佑勇:《对监督权的再监督:地方人大监督地方监察委员会的法治路径》,载《中外法学》2020年第2期。

询问和质询、合宪性审查和备案审查等。[①] 但人大监督也存在一些局限性，李云霖、银鹰、岳天明认为，虽然人大及其常委会对监察委员会进行监督这一机制是对公职人员监督全覆盖的有力保障，但也存在现行监督方式不够明确、人大监督权与监察委员会监察权衔接不够紧密、人大代表的能力有待提升等问题。[②]

2. 自我监督

强化监察委员会内部的自我监督，对于监察委员会监察权正确行使、监察职能有效发挥具有重要作用。有学者从监察委员会自我监督的改善方面提出建议。陈宏彩谈到，监察机关的内部权力监督发展不平衡，应对监察职权作出更具体的规定，以制度限制权力，严格控制自由裁量权。[③]

3. 其他监督

要营造健全、多维的监察权权力监督体系，对监察权的民主监督、社会监督、舆论监督必不可少。一些学者从监察信息公开、人民监督员的设置以及监察体制绩效评估角度提出见解。

从监察信息公开的角度出发，王可利、刘旺洪认为，监督信息除依照法律法规不能公开的事项外，都应该依法、及时、准确地向社会公开，使民主监督能够贯穿监察权行使的全过程。[④] 也有一些学者分析了现阶段人民监督员的设置。李钢认为，在人民监督方面，人民监督员具有不可替代的价值。人民监督员应具有实施监督的实体性权利和程序性权利，这样才能更好行使监督职责。[⑤] 孙伯阳、李钢认为，虽然人民监督员制度保障了公民监督权利的行使，有利于司法民主的实现，但目前仍存在法律法规不够完善具体、人民监督员选任机制存在弊端、理论与司法实践存在差异等问题。[⑥] 也有学者从国家监察体制绩效评估角度来探讨对监察机

---

① 参见秦前红：《人大监督监察委员会的主要方式与途径——以国家监督体系现代化为视角》，载《法律科学（西北政法大学学报）》2020 年第 2 期。

② 参见李云霖、银鹰、岳天明：《人大及其常委会监督监察委员会的逻辑与作为》，载《湖南科技大学学报（社会科学版）》2020 年第 4 期。

③ 参见陈宏彩：《强化监察机关内部监督的理论逻辑与制度建构》，载《河南社会科学》2020 年第 11 期。

④ 参见王可利、刘旺洪：《监察信息公开范围初探》，载《江苏社会科学》2020 年第 2 期。

⑤ 参见李钢：《〈监察法〉实施后人民监督员制度的功能重塑与立法完善》，载《甘肃行政学院学报》2020 年第 2 期。

⑥ 参见孙伯阳、李钢：《监察体制改革背景下人民监督员制度的缺憾及完善》，载《广西社会科学》2020 年第 4 期。

关的监督。陈宏彩认为,国家监察体制改革应当进行全面、科学的绩效评估,以此来检验工作完成度,及时总结成功经验,及时发现问题,强化责任落实。①

4. 权利救济

随着监察体制改革的不断推进,监察权的行使也更加规范。国家监察权的合法行使离不开对监察对象的权利保障。王昭华、江国华认为,现阶段针对监察权的权力监督机制和针对涉嫌职务犯罪监察对象的权利保护机制已经初步建立,但针对职务违法监察对象的司法救济制度则尚未完成。我国现阶段应当借鉴成功经验,推动监察对象权利保障制度的完善。②

在反腐败治理进程中,既要注重制约和监督公权力行使,同时对于监督者再监督的问题也不能忽视。通过构建体系完备的国家监督体系,提升新时代国家监察监督治理效能,将制度优势转化为治理优势,从而为深化国家监察体制改革奠定基础。现阶段,学界主要从主体角度对监督者再监督的问题进行讨论,但在具体研究中呈现出宽泛不具体、与实践联系不紧密等特点。如何让监督权行使更加规范化,如何构建高效的、具有中国特色的国家监督体系是亟待解决的现实困境。

(三)法律责任——监察国家赔偿

现阶段,一些学者从监察国家赔偿角度对监察法律责任进行了阐述。王春业提出监察权行使过程中造成侵害的应当承担赔偿责任,在监察赔偿制度中,必须明确监察赔偿主体、赔偿范围、赔偿程序。在监察赔偿法律制度适用中要与国家赔偿法相衔接。③ 巢永乐也提出构建完善的监察赔偿制度有利于形成对监察机关行使监察权的常态化监督。④ 但在具体实践过程中,彭思远、李照彬认为现行监察国家赔偿案例并未出现,应对该制度实施中的客观条件进行审查,使监察赔偿法治化、规范化。⑤

---

① 参见陈宏彩:《国家监察体制改革绩效评估问题探析》,载《中州学刊》2020 年第 1 期。

② 参见王昭华、江国华:《法理与逻辑:职务违法监察对象权利救济的司法路径》,载《学术论坛》2020 年第 2 期。

③ 参见王春业:《论我国监察损害赔偿法律制度的构建》,载《中共天津市委党校学报》2020 年第 3 期。

④ 参见巢永乐:《论监察机关国家赔偿责任的承担——以〈监察法〉第 67 条为视角》,载《贵州省党校学报》2020 年第 6 期。

⑤ 参见彭思远、李照彬:《监察国家赔偿案件受理机制研究》,载《四川师范大学学报(社会科学版)》2020 年第 6 期。

八、重点领域监察制度完善研究

党的十九大以来,纪检监察工作围绕高质量发展这一主线,坚持全面深化监察体制改革,在一些重点领域取得显著效果。本部分拟对基层监督、涉黑案件、高校监督、政商关系、重大突发事件、国有企业这六大重点领域的监督制度进行梳理。

(一)基层监督

加强基层工作建设特别是在纪检监察职能作用的发挥上,对于深化监察体制改革具有重要意义。近年来,监察职能在基层工作中发挥的效果显著。其中,最主要的体现是在组织形式以及工作机制上。也有学者分别从农村和县级两个维度阐述了基层监督的重要性。秦永超指出,农村基层公权力监督机制是监察职能向农村延伸的"最后一公里"。[①] 李元珍、吕德文指出,县级纪检监察机构是县域治理的重要保障。[②] 陈胜强认为,虽然现阶段纪检监察监督职能在基层工作中发挥着重要作用,但在配套制度完善、合法化行政等方面仍存在完善空间。[③]

(二)涉黑案件

坚决查处涉黑腐败案件、严肃处理充当"保护伞"的官员是监察制度改革进程中的工作重心。把查处贪污腐败与扫黑除恶结合起来,更有利于发挥监察监督职能。一些学者认为,扫黑除恶工作与纪检监察工作相互结合、配合、制约,是现阶段纪检监察工作不断完善的必然选择。但在具体工作实践中,也存在提升的空间。陈辉、周东升认为,现阶段《监察法》部分条款过于宽泛,程序衔接条款不够齐全等导致监察治理面临制度供给不足的问题。对此,陈辉、周东升提出建议,认为应当坚持扫黑与反腐并重治理的监察政策,制定修改相关的法规制度,健全涉黑职务犯罪治理的组织机构。[④]

(三)高校监督

高校纪检监察工作的建设是全面深化监察体制改革的重要组成部分。近年

---

① 参见秦永超:《监察体制改革背景下农村基层公权力监督机制优化之策》,载《领导科学》2020年第20期。

② 参见李元珍、吕德文:《县域治理中的纪检监察监督:过程、机制与功能——基于A县的经验研究》,载《探索》2020年第4期。

③ 参见陈胜强:《监察职能向基层延伸的成效、问题与优化路径》,载《中州学刊》2020年第11期。

④ 参见陈辉、周东升:《〈监察法〉实施背景下涉黑职务犯罪的治理模式及完善》,载《广西社会科学》2020年第12期。

来,学者主要从高校纪检监察工作的意义、工作职能、实践问题以及完善建议几个方面进行论证。

在高校纪检监察工作的意义层面,伍海泉认为,推进大学公权力治理与国家监察工作相衔接,有利于高校回归学术本位。① 在高校纪检监察工作职能方面,秦前红、石泽华认为,高校监察机构主要负责校内行政监察工作,有利于实现高校内部政纪自查,在维持学术自律方面也发挥着一定作用。② 在实践困境方面,宋乐静认为高校纪委存在监督机制不健全、监督职能不清晰、监督队伍人员缺失等问题。③

部分学者对高校纪检监察工作提出了不同的完善建议。宋乐静提出,应围绕立德树人根本任务建设廉洁校园。④ 李雷认为,应完善现行党内法规与国家法律体系,使高校纪检监察工作能够得到规范依据。⑤ 黄紫红认为,深化党的领导,加强队伍建设、组织建设,加强制度约束是构建高校纪检监察工作体制的关键措施。⑥

(四)政商关系

党的十九大报告明确指出:"构建亲清新型政商关系,促进非公有制经济健康发展和非公有制经济人士健康成长。"⑦"亲""清"二字是习近平总书记对新时代政商关系的准确概括。在构建亲清新型政商关系过程中,纪检监察机关提供了纪律保障。近年来,反腐败法治化尤其是政商关系法治化取得显著成果。田飞龙认为,现阶段由党内纪律处分、国家行政处分以及刑事处罚共同组成的监察法治体系的建构全面覆盖了所有公职人员以及所有公权力行使阶段。监察法治体系为构建亲清新型政商关系提供了制度保障。⑧

---

① 参见伍海泉:《大学公权力:概念、溯源与治理——基于国家监察治理的视角》,载《教育研究》2020年第10期。

② 参见秦前红、石泽华:《我国高校监察制度的性质、功能与改革愿景》,载《武汉大学学报(哲学社会科学版)》2020年第4期。

③ 参见宋乐静:《中管高校纪检监察体制改革探究》,载《学校党建与思想教育》2020年第14期。

④ 参见宋乐静:《中管高校纪检监察体制改革探究》,载《学校党建与思想教育》2020年第14期。

⑤ 参见李雷:《向高校派驻纪检监察机构的必要性及规范完善路径——以深化国家监察体制改革为背景》,载《社会科学家》2020年第3期。

⑥ 参见黄紫红:《新时代高校纪检监察组织与队伍建设探研》,载《思想理论教育》2020年第1期。

⑦ 习近平:《决胜全面建成小康社会 夺取新时代中国特色社会主义伟大胜利》,载《人民日报》2017年10月28日,第1版。

⑧ 参见田飞龙:《中国模式视角下新型政商关系的法治建构》,载《学术界》2020年第1期。

（五）重大突发事件

对重大突发事件的应对体现了我国公权力运行体系的完善与效率。国家监察机关应对重大突发事件时，应立足于职责主动开展工作，加强重点领域监督。蒋来用提出可以通过调整监督机构的考核方式、加强监督信息公开、有效发挥舆论监督的积极作用、完善法律法规执行的监督评估体系等途径使监督体系更加完善。①

（六）国有企业

随着经济高速发展，国有企业在获得良好的经济效益的同时也产生了不良风气。党的十八大以来，国有企业监督制度不断完善，为国有企业的改革发展提供强大支撑。有学者提出了对国有企业纪检监察工作的完善建议。朱珊珊认为，完善具有中国特色的国有企业监督制度，首先应健全国有企业监督机制，构建完善的内部监督结构，提升内部监督的独立性、权威性、有效性。② 也有学者提出了对国有企业纪检监察队伍建设的思考。

监察制度重点领域近年来取得突出成就。各级纪检监察机关紧抓专项整治，学界对实践问题进行深刻研究，促进形成高效健全的纪检监察制度。在新的历史时期，更要推进反腐败斗争，加快实现不敢腐、不能腐、不想腐的目标。现阶段，尽管学界对一些关键领域，如高校反腐的关注较多，但对于政法领域、金融领域的反腐斗争，无论是实践还是学界都有所欠缺。如何系统防范金融领域风险，如何提高司法的公信力，对于下一阶段的监察制度完善具有重要意义。不仅应从问题角度出发，就现实困境提出论证思路，还应该深入探讨如何在事前构建预防机制，提升重点领域专项治理的工作水平。

九、展望

通过对2020年国家监察体制改革相关文章的梳理，可以发现，2020年我国监察法理论研究总体上呈现出多数量、多方向、多角度的特点：2020年国家监察体制改革直接相关文章多达200余篇，研究方向涉及国家监察体制改革各方面，众多学者尝试从不同角度出发，为监察法理论研究提供更多宝贵参考素材；但也表现

① 参见蒋来用：《监督体系在应对重大突发事件中的缺陷与修补》，载《中共中央党校（国家行政学院）学报》2020年第6期。

② 参见朱珊珊：《国有企业监督制度的困局与策略》，载《经济体制改革》2020年第1期。

出分散化、不均等的特点:多方向必然意味着分散化,研究群体的分散容易导致对某些问题的讨论不够深入,但在某些热点问题上也会出现一定程度的热烈讨论,如监察法规、政务处分等问题的研究热度明显高于其他研究问题。学者们的智力成果,为推动我国监察法理论研究继续深化,保障纪检监察工作高质量发展,深化国家监察体制改革提供强大的智慧支撑。回顾过往,展望未来,我国监察法理论研究还有巨大的进步空间,国家监察体制改革作为研究"富矿",等待学者们继续挖掘。

其一,加强对监察制度发展的历史规律、有益经验的总结与转化。监察制度是根植于中华文化沃土之上的,要对监察制度历史规律、有益经验进行系统总结,必须要坚持对中国监察制度发展史在横向和纵向上做整体性研究,从而获得监察制度发展的完整结构和发展趋势。这是开展监察制度研究的源头。同时应该指出,我国监察制度史研究仍然停留在反思阶段。学者们主要采取集中研究某一朝代或者某一制度的方式进行研究,随后提取经验。诚然,学者们对古代监察制度的研究为当前国家监察体制改革提供许多宝贵参考经验与资料,但是缺乏对相关经验的效能化的考证,即对于某项制度是否值得我们借鉴、能否借鉴、如何借鉴的问题,多数学者并未进行回答。

其二,加强对国家监察体制改革的法治阐述。推进监察制度的完善和发展,促进反腐败工作高质量发展,首先要回答好监察制度结构和实践运行为什么好、好在哪里的问题。在推动监察制度向更高台阶迈进之时,尤其是要回答好制度逻辑如何展开、制度体系如何建好的问题。习近平新时代中国特色社会主义思想的提出为监察制度体系建设提供了指导思想,但目前对理论来源、逻辑框架、运作机制和机理、精神实质和文化内涵的研究都尚缺。

其三,加强对监察法、监察权、监察委员会的法理探讨。监察法、监察权、监察委员会三者密不可分,在探讨三者之一时,必然会提及余下二者。当前对监察法、监察权、监察委员会的相关讨论容易陷入三者的纠缠之中,从而迷失主题。加强对监察法、监察权、监察委员会的法理探讨,能够产生以点带面的意想不到的效果,并帮助厘清监察法与其他法律规范、监察权与其他权力、监察委员会与其他机关的关系。

其四,加强对监察法律规范的阐释。尽管监察法律规范文本内容一直是监察法理论研究的重点和热点,但在总体上也存在不均等的现象。首先,留置等监察调查相关事项一直是学者们研究的主要方向。伴随《公职人员政务处分法》的颁布，政务处分与处分的关系也逐渐被学者们重视，但总体来说，当前监察机关的监察监督职责与监察处置职责的研究价值未能够获得足够重视。其次，证据、认罪认罚等监察程序相关事项也一直是学者们积极讨论的问题。学者们往往以法法衔接的视角探讨监察法与刑法的衔接或者监察机关与司法机关的衔接，却忽视了对监察调查自身的学理研究。此外，反腐败国际合作、加强自我监督等监察法律规范内容也暂时没能引起学者们的注意，目前相关的研究比较缺乏。

其五，加强学科合作，做好重点领域监察制度研究。加强重点领域监督是完善党和国家监督体系的重要任务，监察机关在其中发挥着举足轻重的作用。应当鼓励监察法理论研究学者们加强与其他学科领域学者的合作，丰富对国企、高校、基层等重点领域的监察制度构建讨论，助力实现监察全覆盖。

附录二

监察体制改革及纪检监察界大事记

整理者：傅世杰*

1. 2019年10月28日至31日，中国共产党第十九届中央委员会第四次全体会议在北京举行。全会提出，“坚持和完善党和国家监督体系，强化对权力运行的制约和监督”。

2. 2019年11月29日，中共中央政治局召开会议，审议《中国共产党党和国家机关基层组织工作条例》和《中国共产党国有企业基层组织工作条例（试行）》。会议强调，要加强对基层党组织的监督。

3. 2019年12月6日，中共中央政治局召开会议，听取中央纪律检查委员会工作汇报，研究部署2020年党风廉政建设和反腐败工作。会议强调，坚持和完善党和国家监督体系，强化对权力运行的制约和监督，一体推进不敢腐、不能腐、不想腐，建设高素质专业化纪检监察干部队伍。

4. 2019年12月16日，第十三届全国人民代表大会常务委员会第四十四次委员长会议通过《法规、司法解释备案审查工作办法》，对监察法规、监察规范性文件的备案审查工作进一步进行规范。

5. 2020年1月2日，中共中央政治局常委会会议审议批准《纪检监察机关处理检举控告工作规则》，“规范纪检监察机关处理检举控告工作，保障党员、群众行使监督权利，维护党员、干部合法权益”。

6. 2020年1月13日至15日，中国共产党第十九届中央纪律检查委员会第四

* 傅世杰，西南政法大学监察法学院硕士研究生。

次全体会议在北京举行。

7. 2020年1月13日，习近平总书记在第十九届中央纪委第四次全会上发表重要讲话，强调一以贯之全面从严治党，强化对权力运行的制约和监督，为决胜全面建成小康社会、决战脱贫攻坚提供坚强保障。

8. 2020年1月13日，中央纪委、国家监委印发《中央纪委国家监委开展特别重大生产安全责任事故追责问责审查调查工作规定（试行）》，“明确了中央纪委国家监委开展责任事故追责问责审查调查的职责定位，规范了工作程序，确立了协作配合机制，提出了纪律要求”。

9. 2020年1月18日，国家监委与最高人民法院、最高人民检察院、公安部联合印发了《关于加强和完善监察执法与刑事司法衔接机制的意见（试行）》，“推动监察执法与刑事司法衔接工作的规范化、法治化”。

10. 2020年1月21日，中央军委主席习近平签署命令，发布《军队监察工作条例（试行）》。

11. 2020年6月1日，第十三届全国人民代表大会常务委员会第五十八次委员长会议修改《全国人大常委会2020年度立法工作计划》，将《监察官法》纳入初次审议的法律案。该工作计划要求“确保法律、行政法规、监察法规、地方性法规、司法解释等规范性文件与宪法规定、宪法原则和宪法精神相符合，保证国家法制统一”。

12. 2020年6月20日，第十三届全国人民代表大会常务委员会第十九次会议通过《公职人员政务处分法》。

13. 2020年8月10日，第十三届全国人民代表大会常务委员会第二十一次会议听取了国家监察委员会关于开展反腐败国际追逃追赃工作情况的报告。这是全国人大常委会首次听取国家监委专项工作报告。

14. 2020年12月11日，中共中央政治局召开会议，分析研究2021年经济工作；听取中央纪委国家监委工作汇报，研究部署2021年党风廉政建设和反腐败工作。会议强调，坚持和完善党和国家监督体系，忠实履行党章和宪法赋予的职责，有力推动党中央决策部署有效落实，紧扣党和国家工作大局发挥监督保障执行、促进完善发展作用，一体推进不敢腐、不能腐、不想腐，深化纪检监察体制改革，扎实推进规范化法治化建设，切实加强干部队伍建设，为开启全面建设社会主义现代化国家新征程提供坚强保证。

15. 2020 年 12 月,中共中央办公厅印发了《关于加强巡视巡察上下联动的意见》,对巡视巡察上下联动的总体要求、目标任务、组织领导、工作机制、保障措施等作出明确要求。

16. 2020 年 12 月 26 日,第十三届全国人民代表大会常务委员会第二十四次会议通过《关于加强国有资产管理情况监督的决定》,要求"建立人大国有资产监督与国家监察监督相衔接的有效机制,加强相关信息共享和工作联系,推动整改问责"。

17. 2020 年 12 月 28 日,中央纪委国家监委新闻传播中心联合国家语言资源监测与研究中心,推出"2020 年度十大反腐热词"。

18. 2021 年 8 月,中央纪委国家监委发布第一批执纪执法指导性案例。

19. 2021 年 1 月 22 日至 24 日,中国共产党第十九届中央纪律检查委员会第五次全体会议在北京举行。

20. 2021 年 1 月 22 日,习近平总书记在中国共产党第十九届中央纪律检查委员会第五次全体会议上发表重要讲话,强调充分发挥全面从严治党引领保障作用,确保"十四五"时期目标任务落到实处。

21. 2021 年 1 月,中共中央纪委机关、中共中央组织部、国家监察委员会联合印发《关于严肃换届纪律加强换届风气监督的通知》,"贯彻落实党中央关于严肃换届纪律的要求,保证换届工作顺利开展,营造风清气正的换届环境"。

22. 2021 年 2 月 28 日,《最高人民检察院检察理论研究领导小组关于申报 2021 年度最高人民检察院检察理论研究课题的公告》将"法治监督体系中监察机关与检察机关关系研究"作为重点课题之一。

23. 2021 年 3 月 11 日,第十三届全国人民代表大会第四次会议批准《中华人民共和国国民经济和社会发展第十四个五年规划和 2035 年远景目标纲要》,对"完善党和国家监督体系"进行部署。

24. 2021 年 3 月 11 日,第十三届全国人民代表大会第四次会议批准《关于 2020 年中央和地方预算执行情况与 2021 年中央和地方预算草案的报告》,要求"加强审计监督与人大监督、纪检监察监督等的贯通协调,形成监督合力"。

25. 2021 年 4 月 16 日,第十三届全国人民代表大会常务委员会第九十一次委员长会议修改《全国人大常委会 2021 年度立法工作计划》,强调"提高备案审查工作整体成效。全面贯彻实施法规、司法解释备案审查工作办法。加大对行政法规、监察法规、地方性法规、自治条例和单行条例、经济特区法规、司法解释的主动审查力度”。

26. 2021年4月16日，最高人民检察院发布《“十四五”时期检察工作发展规划》，要求“健全与派驻纪检监察组全面从严治党专题会商制度”。

27. 2021年4月28日，中共中央、国务院联合发布《关于加强基层治理体系和治理能力现代化建设的意见》，要求“强化基层纪检监察组织与村(居)务监督委员会的沟通协作、有效衔接，形成监督合力”。

28. 2021年4月29日，第十三届全国人民代表大会常务委员会第二十八次会议修订《关于加强中央预算审查监督的决定》，要求“健全人大预算审查监督与纪检监察监督、审计监督的贯通协调机制，加强信息共享，形成监督合力”。

29. 2021年6月1日，《中共中央关于加强对“一把手”和领导班子监督的意见》公布。这是党针对“一把手”和领导班子监督制定的首个专门文件，意义重大。

30. 2021年6月8日，中央纪委国家监委印发《关于在国家乡村振兴重点帮扶县开展专项监督促进巩固拓展脱贫攻坚成果同乡村振兴有效衔接的指导意见》，“对纪检监察机关开展专项监督作出部署，强调各级纪委监委要切实加强政治监督，充分发挥监督保障执行、促进完善发展职能作用，推动党中央乡村振兴重点帮扶县新部署新要求落到实处”。

31. 2021年7月22日，中宣部、中央文明办、中央纪委机关等联合印发《关于进一步加强家庭家教家风建设的实施意见》，要求“把家风建设作为党员和领导干部作风建设重要内容，引导党员和领导干部筑牢反腐倡廉的家庭防线，以纯正家风涵养清朗党风政风社风”。

32. 2021年8月20日，第十三届全国人民代表大会常务委员会第三十次会议通过《监察官法》。

33. 2021年8月31日，中共中央政治局会议审议了《关于十九届中央第七轮巡视情况的综合报告》，强调要深入推进高校全面从严治党，认真落实党委主体责任、书记第一责任人责任和纪委监督责任，层层传导压力，强化严的氛围，加强权力运行监督制约，严肃查处腐败问题，形成有力震慑，切实防范廉洁风险，一体推进不敢腐、不能腐、不想腐。

34. 2021年9月，中央纪委国家监委会同有关单位联合印发《关于进一步推进受贿行贿一起查的意见》，对“进一步推进受贿行贿一起查”作出部署。

35. 2021年9月20日,国家监察委员会公布《中华人民共和国监察法实施条例》。这是国家监察委员会根据《全国人民代表大会常务委员会关于国家监察委员会制定监察法规的决定》制定的第一部监察法规。

附录三

监察法专著

整理者：王利月　邓正鸿*

1. 高春平：《明代监察制度与案例研究》，商务印书馆2020年版。

［简介］本书共分为七章，分别是"明代监察体制的创建""明前期中央和地方双轨监察机制""明中期反腐法制建设和官员监督考核制度""明中期社会矛盾的加剧与官员反腐斗争""明代盐法开中制的演变与盐政监管""明代教育监察制度之得失""明后期结构性腐败对监察机制的侵蚀和对官员的迫害"，真实呈现出了明代监察制度的执行面貌。

［目录］

---

* 王利月、邓正鸿，西南政法大学监察法学院硕士研究生。

2. 徐式圭:《中国监察史略》,中国书籍出版社 2020 年版。

[**简介**]本书介绍中国在监察出现前的官吏状态,监察的由来、全盛、没落及复兴等。主要内容有未有监察以前的官吏状态,监察名称的沿革,监察的雏形时代,监察成长的初期,魏晋监察的仅存,十六国监察的拾零,南北朝监察的互议,有隋监察的转捩,监察的全盛时期,五代监察的没落,监察的复兴时代,辽金监察的仿制,元代监察的异制,都察院的监察时代,共和政治的监察,谏议大夫,司隶校尉,封驳诏书等。

[**目录**]

3. 薛小建编著:《中国国家监察体制的历史与变革》,人民日报出版社 2020 年版。

[简介]本书通过回顾中国国家监察体制的历史发展、宪制基础和比较经验,深入探讨国家监察体制的变革路向和技术细节,提供关于国家监察体制改革的系统研究和前瞻思路。本书系 2017 年北京市社会科学重大项目"全面从严治党战略下的国家监察体制改革研究"(17ZDA02)的最终成果。

[目录]

4. 郝建臻:《法治监察研究》,法律出版社 2020 年版。

[**简介**]本书从监察权入手,对我国古代到近代、其他国家及地区的监察制度

进行比较，对我国党和国家监察体制的演变做了梳理，分析我国监察体制和制度问题所在,对监察委员会设立的法制准备，监察委员会的组织和领导体制、职权行使,以及对监察委员会的监督制约等进行全面研究和分析,特别是对我国监察体制如何与建设法治国家的要求全面对接进行独立思考并提出了完善建议。

[目录]

第一节　西方国家的监察体制

一、议会主导型的监察体制

二、行政主导型的监察体制

第二节　苏联的监察体制

一、苏联监察体制的发展演变

二、对苏联监察体制的评析

第三节　我国香港、澳门特别行政区的监察体制

一、我国香港特别行政区的监察体制

二、我国澳门特别行政区的监察体制

三、关于香港、澳门特别行政区监察体制的评析

第四节　世界各国(地区)监察体制的总体分类及其特点

第四章　当代中国监察体制的演变

第一节　新中国成立前根据地时期的监察体制

一、国民革命时期

二、中央苏区时期

三、延安陕甘宁边区时期

四、解放战争时期

第二节　新中国成立后我国监察体制的发展

一、党的监察体制的发展

二、行政监察体制的发展

三、党政监察机构的相互关系

四、国家预防腐败局的成立

五、检察监督体制的发展

六、巡视监察制度

第三节　对我国原监察体制的评价

一、我国原监察体制在一定历史时期存在的必然性和合理性

二、我国原监察体制的优势

三、我国原监察体制存在的问题

四、我国监察体制改革的原则和方向

第五章　我国设立监察委员会的探索

5. 秦前红:《监察改革中的法治工程》,译林出版社 2020 年版。

[**简介**]本书从理论和实践两个层面，全方位呈现了我国的监察制度，深度论述了监察改革的历史路径，并以独到的视角展望了制度改革的未来图景。在理论层面，全书着眼于中国语境，系统梳理了监察概念的起源、流变和演进历史，总结了监

察法学的理论基点、研究对象、基本范畴，以期实现监察法学理论体系的科学建构。

[目录]

6. 张云霄:《监察法学新论》,中国政法大学出版社 2020 年版。

[简介]本书共分为三大编十六章，其中，第一编为“监察法学概说”，这一编

中，作者主要探讨了监察法学的诞生背景、学科地位、学科体系和学科特点四方面主要内容；第二编为"监察法学总论"，这一编中，作者重点围绕监察法的基本概念、立法目的、法律渊源、法律关系、基本原则、基本任务六个方面展开论述；第三编为"监察法学分论"，这一编中，作者将其具体内容概括为八个方面：监察组织论、监察职权论、监察程序论、监察措施论、监察证据论、监察救济论、监察监督论和监察合作论。

[目录]

7. 马方、任惠华主编:《监察调查程序与方法》,中国方正出版社 2020 年版。

[简介]监察调查程序与调查措施是监察法规范的重点,是监察委员会监察工作中的重点、难点工作,也是监察法实施的核心内容,本书在综合国家监察法、刑法、刑事诉讼法等法律法规基础上,紧密结合监察委员会监督、调查、处置职责,聚焦职务犯罪调查策略、措施与技术手段,监察案件调查工作程序等。本书具有较强的实操性,对监察调查程序、策略、措施、手段具体运行与实施进行详解,能够作为监察调查实务培训的基础教程。

[目录]

一、贪污案件的特点
二、贪污案件线索的初步核实
三、贪污案件的调查方法
第二节　贿赂案件的调查
一、贿赂案件的特点
二、贿赂案件线索的初步核实
三、贿赂案件的调查方法
第三节　挪用公款案件的调查
一、挪用公款案件的特点
二、挪用公款案件线索的初步核实
三、挪用公款案件的调查方法
第四节　巨额财产来源不明案件的调查
一、巨额财产来源不明案件的特点
二、巨额财产来源不明案件线索的初步核实
三、巨额财产来源不明案件的调查方法
第五节　滥用职权案件的调查
一、滥用职权案件的特点
二、滥用职权案件调查的证据范围与类型
三、滥用职权案件的调查方法
第六节　玩忽职守案件的调查
一、玩忽职守案件的特点
二、玩忽职守案件线索的初步核实
三、玩忽职守案件的调查方法
第七节　徇私舞弊案件的调查
一、徇私舞弊案件的特点
二、徇私舞弊案件线索的初步核实
三、徇私舞弊案件的调查方法
第八节　报复陷害案件的调查
一、报复陷害案件的特点
二、报复陷害案件线索的初步核实

8. 吴建雄、廖永安主编:《监察法学》,中国人民大学出版社 2020 年版。

[**简介**]本书作为监察法的教学用书,肩负着科学定位《监察法》、全面阐释《监察法》、完整理解《监察法》、综合研究《监察法》的责任,通过向正在接受法学教育和从事法学研究的广大师生提供一个良好的学习范本,实现促进学科成熟、推动监察制度研究、推进监察制度完善的目的。本书除附录外,共有十三章,包括监察制度的起源与发展、监察原则、监察体制、监察职责、监察程序、监察法律责任等内容。

[**目录**]

9. 谭宗泽、张震、褚宸舸主编:《监察法学》,高等教育出版社 2020 年版。

[**简介**]本教材分为上、下两篇,共十二章。其中,上篇主要讲述监察法原理,内容涉及监察法学概论、监察制度的历史沿革与发展、国家权力体系中的监察权、监察权与相关权力之比较、监察权的功能、监察权的规范等;下篇主要讲述监察法实务,内容涉及监察法概述与渊源、监察法的效力、监察机关和管辖、监察权限、监察程序、监察法律责任与救济等。本教材还通过二维码技术链接典型案(事)例。

[目录]

第四节　证据体系与法律规制

一、证据种类

二、证据法律规则

三、具体执行中的注意事项

第五节　处置形式

一、谈话提醒、批评教育、责令检查、予以诫勉

二、政务处分

三、问责决定与问责建议

四、移送人民检察院

五、监察建议与撤销程序

六、涉案财物的处置与没收违法所得程序

第六节　移送司法机关

一、人民检察院依法对被调查人采取强制措施

二、人民检察院对监察机关移送的案件作出审查起诉

三、人民检察院对监察机关移送的案件作出审查不起诉

四、退回补充侦查与自行补充侦查

第七节　从宽处罚的建议

一、对被调查人的从宽处罚建议

二、对涉案人员的从宽处罚建议

第十二章　监察法律责任与救济

第一节　监察法律责任

一、监察法律责任的意义与影响

二、监察法律责任的概念与分类

三、监察失职的问责及其法律责任

四、拒不执行处理决定、拒不采纳监察建议的法律责任

五、阻碍、干扰监察工作的法律责任

六、报复陷害、诬告陷害的法律责任

七、监察机关及其工作人员违法违纪的法律责任

八、刑事责任

第二节　监察救济

10. 江国华:《国家监察权力运行及其监督机制研究》,中国政法大学出版社 2020 年版。

[简介] 本书是监察法学领域又一重要理论著作,全书以《监察法》为依据,紧扣立法的宗旨和目的,研究了监察权运行的基本理论和规则,最后探讨了监察监督机制。

[目录]

11. 伊士国、尚海龙等:《国家监察体制改革研究》,知识产权出版社 2020 年版。

[简介] 本书通过系统深入研究国家监察体制改革的基本理论和实践问题,有利于正确揭示国家监察体制改革的本质和规律,有利于建立健全国家监察体制改革的理论体系,创新和丰富中国特色社会主义国家监察体制。

[目录]

第一章　国家监察体制改革的宪法学思考
一、监察委员会的宪法定性
（一）监察委员会宪法定性的争议及其分析
（二）监察委员会宪法定性的界定及其分析
二、监察权的宪法定性
（一）监察权宪法定性的争议及其分析
（二）监察权宪法定性的界定及其分析
（三）监察权与其他国家权力之关系
三、监察委员会的宪法地位
（一）监察委员会与执政党的宪法关系
（二）监察委员会与人大及其常委会的宪法关系
（三）监察委员会与行政机关的宪法关系
（四）监察委员会与审判机关、检察机关的宪法关系
四、监察委员会的宪法约束
（一）执政党监督
（二）人大监督
（三）其他国家机关监督
（四）监察委员会自我监督
第二章　监察委员会研究
一、监察委员会的性质与地位
（一）监察委员会的性质
（二）监察委员会的地位
二、监察委员会的职责与职权
（一）监察委员会职责与职权概述
（二）监察委员会职权配置和职责行使的问题
（三）对监察委员会职权配置完善的建议
三、监察委员会的监察范围与管辖
（一）监察委员会的监察范围
（二）监察委员会的管辖
四、监察委员会的组织与运行

(一)监察委员会的组织
(二)监察委员会的运行
(三)对监察委员会组织和运行完善的思考
第三章　监察委员会监督制约机制研究
一、监察委员会监督制约机制概述
(一)监察委员会监督制约机制构建的必要性
(二)监察委员会监督制约机制构建的原则遵循
(三)监察委员会监督制约机制的具体设计
二、监察委员会监督制约机制存在的不足
(一)党委监督易发生错位、越位
(二)人大监督力度不够
(三)司法机关、执法部门与监察委互相制约难落实
(四)监察委员会内部监督不到位
(五)民主监督、社会监督和舆论监督乏力
三、监察委员会监督制约机制的完善
(一)坚持与改善党委监督
(二)加强人大监督
(三)强化司法机关和执法部门的监督与制约
(四)完善监察委员会内部监督
(五)加强民主监督、社会监督和舆论监督
第四章　监察留置措施研究
一、监察留置措施的概念及性质
(一)留置措施的概念界定
(二)监察留置措施的性质探讨
(三)监察留置措施的合法性与正当性
二、监察留置措施的适用
(一)监察留置措施的适用条件
(二)监察留置措施的适用对象
(三)监察留置措施的适用场所
(四)监察留置措施的适用期限

12. 张晋藩:《中国监察法制史》,商务印书馆 2021 年版。

[**简介**]中国古代监察制度产生于中华民族文化土壤上,具有鲜明的特征。其发展历程充分体现了中华民族的智慧与创造力。中国古代的统治者不仅注重监察体制的完善,而且致力于监察法的制定,以保证监察效能的发挥。本书论述了中国自夏商至清的历代监察法制建设,史料充实,分析精制,具有较高的借鉴价值。本书在第一版的基础上进行了修订,着重修改之处为:(1)强化监察思想部分,以显示思想对于制度建设的引领作用;(2)沟通中枢制度与监察制度的内在联系,强调中枢制度的发展变化对于监察制度的直接影响;(3)充实了对明清两朝监察立法的介绍,作为古代最后两个王朝,监察法和其他立法一样,均已达到相当完备的程度。

[**目录**]

附录四

监察法论文统计

（2019 年 11 月—2021 年 9 月）

整理者:傅世杰　徐君豪　朱　璇　邓正鸿　王利月*

2021—9

[1]卞建林:《职务犯罪监检管辖之分工与衔接》,载《法学评论》2021 年第 5 期。

[2]陈鹏:《清代国家治理中的廉政建设探研——以边疆地区反腐倡廉为例》,载《黑龙江民族丛刊》2021 年第 2 期。

[3]陈伟、汪云遥:《监察体制改革背景下国际追逃追赃机制及其完善》,载《吉林大学社会科学学报》2021 年第 5 期。

[4]池通:《中国共产党百年纪检监察体制变革的历程与逻辑》,载《南京审计大学学报》2021 年第 5 期。

[5]董坤:《检察提前介入监察:历史流变中的法理探寻与机制构建》,载《政治与法律》2021 年第 9 期。

[6]龚亲华:《中国共产党中央监察委员会创建之因由——百年征程中的党内监督机构探源》,载《南京审计大学学报》2021 年第 5 期。

[7]韩春晖:《依法治国和依规治党有机统一研究》,载《中国法学》2021 年第 4 期。

* 傅世杰,西南政法大学监察法学院硕士研究生。徐君豪,西南政法大学监察法学院硕士研究生。朱璇,西南政法大学监察法学院硕士研究生。邓正鸿,西南政法大学监察法学院硕士研究生。王利月,西南政法大学监察法学院硕士研究生。

[8]侯艳芳、陈望舒:《生态环境领域行政执法权的配置对行刑衔接的影响及其应对》,载《山东社会科学》2021 年第 9 期。

[9]龙太江、王琦:《论党内政治生态建设与“三不”体制机制的耦合性》,载《广州大学学报(社会科学版)》2021 年第 5 期。

[10]阮传胜:《提高反腐法规体系的协调性:基础、向度与路径》,载《新视野》2021 年第 5 期。

[11]石伟:《党的纪律建设百年图景的四维考略》,载《东岳论丛》2021 年第 9 期。

[12]孙国祥:《反腐败刑事政策时代转型的逻辑与法治化思考》,载《社会科学辑刊》2021 年第 5 期。

[13]王峰:《海外新时代中国共产党纪检监察制度研究的回顾与思考》,载《新视野》2021 年第 5 期。

[14]左卫民、刘帅:《监察案件提前介入:基于 356 份调查问卷的实证研究》,载《法学评论》2021 年第 5 期。

[15]张卓、苏宏元:《中国共产党反腐败制度建设的百年探索及基本经验》,载《求实》2021 年第 5 期。

[16]张震、黄鑫:《监察权的系统定位与制度完善之理论思考》,载《学习论坛》2021 年第 5 期。

[17]杨永庚、罗新远:《纪检监察和违法犯罪交叉案件的裁处机制探讨——以二者的双重处理为视角》,载《广州大学学报(社会科学版)》2021 年第 5 期。

[18]谢佑平、申育冰:《论监察调查三类案件的证据(明)标准及其程序衔接》,载《河北法学》2021 年第 11 期。

2021—8

[19]卜万红:《衔接贯通协同:新时代纪检监察体制改革的内在逻辑》,载《河南社会科学》2021 年第 8 期。

[20]郭世杰:《监察制度改革的基本思路与根本遵循》,载《河南社会科学》2021 年第 8 期。

[21]马雪松:《干部监督中诬告陷害的动机分析与源头防治》,载《人民论坛》2021 年第 24 期。

[22]牟绿叶、张传玺:《职务犯罪调查阶段认罪认罚从宽的制度缺陷与完善路径》,载《浙江社会科学》2021 年第 8 期。

[23]任建明、薛彤彤:《廉政公署专业化建设经验与启示》,载《河南社会科学》2021 年第 8 期。

[24]王可利、刘旺洪:《论监察委员会监察信息公开立法模式的建构》,载《江苏行政学院学报》2021 年第 4 期。

[25]杨光:《六察法的推行与宋神宗时期监察制度的转变》,载《中国史研究》2021 年第 3 期。

[26]魏地:《论公安机关执行监察技术调查》,载《中国人民公安大学学报(社会科学版)》2021 年第 4 期。

2021—7

[27]唐皇凤、杨洁:《中国共产党百年纪检监察领导体制的历史演变与基本经验》,载《治理研究》2021 年第 4 期。

[28]邬思源:《百年来中国共产党党内监督实践历程、历史经验及前瞻性思考》,载《学术探索》2021 年第 7 期。

[29]姚宏志:《中国共产党纪律建设的百年历程及基本经验》,载《安徽师范大学学报(人文社会科学版)》2021 年第 4 期。

[30]张滨:《监察建议的法解释学展开——概念构成、适用范围与法律效果》,载《北京行政学院学报》2021 年第 4 期。

[31]朱福惠:《〈政务处分法〉上纪律处分双轨制的形成机理与衔接适用》,载《河北法学》2021 年第 9 期。

[32]白冰:《搜查、扣押同步录音录像制度的功能及其实现》,载《法学家》2021 年第 4 期。

[33]崔凯:《〈监察法〉"互相配合,互相制约"原则的明确及展开》,载《中南大学学报(社会科学版)》2021 年第 4 期。

[34]陈萍:《"预惩协同型"腐败治理机制之建构——基于法国〈萨潘二号法〉的比较视角》,载《浙江工商大学学报》2021 年第 4 期。

[35]郭文涛:《行政与监察关系中行政保留的构建》,载《广西社会科学》2021 年第 7 期。

[36]李涛:《预算监督嵌入地方立法的生成逻辑与路径》,载《地方财政研究》2021年第7期。

[37]任建明、王璞:《党和国家监督体系:对象、目标及其实现路径》,载《学术界》2021年第7期。

[38]宋方青、张可:《国家监察委员会监察法规制定权:权限范围与制度构建》,载《湘潭大学学报(哲学社会科学版)》2021年第4期。

[39]孙红培、韩晓蕾等:《中国共产党建党100年来纪律建设的经验与启示》,载《北京师范大学学报(社会科学版)》2021年第4期。

[40]王立峰、李洪川:《党内法规同国家法律衔接和协调中的主体定位及其职责完善》,载《探索》2021年第4期。

[41]王小鹏、刘先春:《百年大党领导"中国之治":理论范式与制度全景》,载《江西财经大学学报》2021年第4期。

[42]张鸿绪:《我国监察案件证明标准二元构造论——基于〈宪法〉有关内容的分析》,载《湖北大学学报(哲学社会科学版)》2021年第4期。

[43]张辉:《构建高校"不敢腐、不能腐、不想腐"机制的探索》,载《学校党建与思想教育》2021年第14期。

[44]陈凯健、蔡宝刚:《中国古代御史监察制度的运行机制及其功效》,载《南京社会科学》2021年第7期。

[45]杜昕怡、肖泽晟:《任免机关、单位处分的法律规制研究——基于二元处分体制的语境》,载《湖湘论坛》2021年第4期。

[46]冷波:《监督下乡:乡村监督体系重塑及其效应》,载《中国农村观察》2021年第4期。

[47]董坤:《监察与司法衔接中的证据问题研究》,载《西南民族大学学报(人文社会科学版)》2021年第7期。

[48]黄鑫:《深化国家监察体制改革视阈下生态环保督察制度衔接问题研究》,载《学术探索》2021年第7期。

2021—6

[49]唐皇凤、毕鸿昌:《中国共产党加强党内监督的百年历程与基本经验》,载《江汉论坛》2021年第6期。

[50]王弘宁:《职务犯罪调查阶段认罪认罚从宽制度适用问题研究》,载《兰州学刊》2021年第8期。

[51]王建国、谷耿耿:《宪制改革视域下监察委属性定位的法理逻辑》,载《河南师范大学学报(哲学社会科学版)》2021年第3期。

[52]王寿林:《健全党和国家监督体系的理论思考——兼论如何破解同级监督的难题》,载《科学社会主义》2021年第3期。

[53]王冠、任建明:《新时代纪检监察业务工作改革观察——形势任务、机构改革与绩效表现》,载《社会主义研究》2021年第3期。

[54]王译:《党内监督执纪"四种形态"间程序衔接规制探讨》,载《河南社会科学》2021年第6期。

[55]吴建雄、夏彩亮:《习近平法治思想中的反腐败科学要义》,载《法学杂志》2021年第6期。

[56]吴建雄:《公职人员职务违法惩戒制度的理论逻辑和有效实施》,载《行政管理改革》2021年第6期。

[57]吴建雄:《建党百年视域下的反腐败理论创新》,载《中共中央党校(国家行政学院)学报》2021年第5期。

[58]张甲哲:《论新时代中国共产党党内监督制度的创新发展与内在逻辑》,载《社会主义研究》2021年第3期。

[59]张阳、朱瑞可:《论认罪认罚从宽制度的实体化实现》,载《河南社会科学》2021年第6期。

[60]陈海锋:《职务犯罪刑事程序的体系化检视》,载《政治与法律》2021年第6期。

[61]邓峰彬:《习近平法治思想中的权力监督理论》,载《人文杂志》2021年第6期。

[62]黄志钧、朱忆天:《建党百年巡视制度的历史嬗变与现实进路》,载《领导科学》2021年第12期。

[63]江国华、龚雄艳:《职务犯罪监察管辖冲突及其解决机制》,载《江汉学术》2021年第5期。

[64]吕岩峰、秦晋:《我国反腐败国际追逃追赃法治化和规范化研究》,载《学术论坛》2021年第2期。

[65]彭新林:《我国反腐败国际追逃追赃长效机制构建的动因与路径》,载《学术界》2021年第6期。

2021—5

[66]吴国斌、沈思雨:《论对监察委员会的监督与制约》,载《北京航空航天大学学报(社会科学版)》2021年第3期。

[67]许健:《检察提前介入职务犯罪调查中认罪认罚的一体化探讨》,载《上海对外经贸大学学报》2021年第3期。

[68]阳平:《"两规"到留置的演进历程、逻辑及启示》,载《法学杂志》2021年第5期。

[69]周伟:《论监察体制机制的去地方化》,载《河南财经政法大学学报》2021年第3期。

[70]陈辉:《〈政务处分法〉双轨惩戒体制下处分主体之间的关系定位》,载《甘肃政法大学学报》2021年第3期。

[71]程衍:《纪、监程序分离之提倡》,载《华东政法大学学报》2021年第3期。

[72]冯新舟:《中国共产党健全党和国家监督体系的基本经验及新的实践要求》,载《理论视野》2021年第5期。

[73]何旗:《党内监督的百年探索:历史演进及价值启迪》,载《华南师范大学学报(社会科学版)》2021年第3期。

[74]胡之芳、刘敏:《监察调查中的认罪认罚从宽审查制度反思——从〈监察法〉第31条切入》,载《湘潭大学学报(哲学社会科学版)》2021年第3期。

[75]李春峰:《中国共产党行政监察体制的百年进程与现实启示》,载《齐鲁学刊》2021年第3期。

[76]林艺芳:《监察检察主体互涉案件管辖问题检视》,载《法学杂志》2021年第5期。

[77]林艺芳:《监察与公安主体互涉案件管辖问题研究:解析与建构》,载《北方法学》2021年第3期。

[78]刘仁海:《职务犯罪"其他违法所得"的认定与处置》,载《法学》2021年第5期。

[79]孟松:《监察法与刑事诉讼法衔接中的监察管辖问题探讨》,载《理论探

索》2021 年第 3 期。

[80]任喜荣:《论最高国家权力机关的宪法说理》,载《法学家》2021 年第 3 期。

[81]王若磊:《论监察体制的制度逻辑》,载《法学评论》2021 年第 4 期。

[82]文丰安、段光鹏:《中国共产党巡视制度的百年历程、经验与启示》,载《东南学术》2021 年第 3 期。

[83]彭文龙:《地方党委创新同级监督的实践路径研究》,载《江西社会科学》2021 年第 5 期。

[84]吴建雄、杨立邦:《论监察学学科创建的价值目标、属性定位与体系设计》,载《新疆师范大学学报(哲学社会科学版)》2021 年第 5 期。

[85]赵祖斌:《检务督察与监委会监察权力关系勘定及协调》,载《北京理工大学学报(社会科学版)》2021 年第 3 期。

2021—4

[86]周维栋、汪进元:《监察建议的双重功能及其宪法边界》,载《法学评论》2021 年第 5 期。

[87]韩旭:《认罪认罚从宽制度中"认罚"辨析》,载《法治研究》2021 年第 3 期。

[88]朴宗根、乔良:《监察调查提前介入:正当性、问题及体系完善》,载《广西社会科学》2021 年第 4 期。

[89]陈朋:《中国共产党廉政建设的百年探索:三重逻辑的推进》,载《南京社会科学》2021 年第 4 期。

[90]高寿仙:《读高春平〈明代监察制度与案例研究〉》,载《中国史研究动态》2021 年第 2 期。

[91]何静:《监察留置措施的功能定位与规范续造》,载《华侨大学学报(哲学社会科学版)》2021 年第 2 期。

[92]邓立军:《我国技术调查措施立法检讨》,载《法商研究》2021 年第 2 期。

[93]王占洲、林苇:《监察机关提请公安机关配合搜查中"工作需要"的范围界定》,载《中国人民公安大学学报(社会科学版)》2021 年第 2 期。

2021—3

[94]徐铜柱、张恩:《乡村微腐败的异质性表现及其法治化治理之维》,载《湖北民族大学学报(哲学社会科学版)》2021 年第 2 期。

[95]杨解君:《新时代监察法与既存法律体系和谐关系的确立》,载《江海学刊》2021 年第 2 期。

[96]张震、廖帅凯:《习近平法治思想中的监察法治思维体系论》,载《重庆大学学报(社会科学版)》2021 年第 4 期。

[97]赵秉志、陈诏:《包庇、纵容黑社会性质组织罪管辖主体研究》,载《河北法学》2021 年第 5 期。

[98]曾明:《组织型腐败视角下派驻监督履职的完善策略》,载《湖湘论坛》2021 年第 2 期。

[99]陈伟、刘金政:《监察权运行中的多元监督制约机制探究》,载《贵州师范大学学报(社会科学版)》2021 年第 2 期。

[100]董瑛:《中国特色权力运行制约监督机制的三重逻辑》,载《甘肃社会科学》2021 年第 2 期。

[101]何锡辉、黄永鹏:《论增强监督严肃性、协同性、有效性的内在统一》,载《广西社会科学》2021 年第 3 期。

[102]孔祥承:《论职务犯罪调查中的类推适用——以刑事诉讼法规范的适用为视角》,载《北方法学》2021 年第 2 期。

[103]李莉:《中国共产党纪律检查机关的历史变迁——基于中纪委历届报告的文本分析》,载《暨南学报(哲学社会科学版)》2021 年第 3 期。

[104]贵州省纪委省监委办公厅:《为党管档 科学用档——贵州省纪检监察数字档案管理创新实践》,载《中国档案》2021 年第 3 期。

[105]何旗:《新时代中国共产党反腐败治理研究的回溯与前瞻——以党的十八大以来国内文献为中心》,载《治理研究》2021 年第 2 期。

[106]江必新、张雨:《习近平法治思想中的法治监督理论》,载《法学研究》2021 年第 2 期。

[107]李彦娅、郑盛:《新时代“小官巨贪”治理的成效与展望》,载《领导科学》2021 年第 6 期。

[108]田湘波:《路径依赖和关键节点理论视角下的巡察制度变迁》,载《宁夏

社会科学》2021 年第 2 期。

[109]肖瑞宁:《从一份珍贵档案看新中国初期的纪律检查委员会》,载《北京档案》2021 年第 3 期。

[110]魏书存:《信息化条件下纪检监察档案利用中的问题与对策》,载《档案管理》2021 年第 2 期。

[111]王希鹏、李雪勤:《一体推进“三不”的理论贡献与实践路径》,载《新视野》2021 年第 2 期。

[112]吴建雄:《党的反腐倡廉建设:百年回望及经验启示》,载《新疆师范大学学报(哲学社会科学版)》2021 年第 2 期。

[113]夏金莱:《论监察全覆盖下的监察对象》,载《中国政法大学学报》2021 年第 2 期。

2021—2

[114]陈朋:《监督权的再监督:逻辑理路与空间拓展》,载《河海大学学报(哲学社会科学版)》2021 年第 1 期。

[115]董邦俊、张扬:《监察留置措施之法治化进路研究》,载《中国人民公安大学学报(社会科学版)》2021 年第 1 期。

[116]桂梦美、王思涵:《治理视域下纪检监察派驻机构改革:原则、职责和评估》,载《河北法学》2021 年第 4 期。

[117]蒯正明:《中国共产党百年纪律建设的历史经验》,载《中州学刊》2021 年第 2 期。

[118]刘松山:《全国人大及其常委会决议与决定的应然界分》,载《法学》2021 年第 2 期。

[119]秦前红、周航:《党纪处分与政务处分的衔接协调及运行机制》,载《中国法律评论》2021 年第 1 期。

[120]杨伟东、刘明远:《新时代国家机构组织法面临的问题和完善思路》,载《行政管理改革》2021 年第 2 期。

[121]叶正国、王景通:《国家监察体制改革与刑事司法关系的调适》,载《江西社会科学》2021 年第 2 期。

[122]虞浔:《职务犯罪案件中监检衔接的主要障碍及其疏解》,载《政治与法

律》2021 年第 2 期。

[123]张斌峰、乔聪:《系统法学视野下监察委员会运行机制的法律衔接》,载《江西社会科学》2021 年第 2 期。

[124]朱孝清:《刑事诉讼法与监察法衔接中的若干争议问题》,载《中国刑事法杂志》2021 年第 1 期。

[125]李辉:《从"主动投案"现象看中国的反腐败制度成效》,载《人民论坛》2021 年第 Z1 期。

[126]谢小剑:《刑事职能管辖错位的程序规制》,载《中国法学》2021 年第 1 期。

[127]王妍:《新时代深化反腐败斗争的策略》,载《人民论坛》2021 年第 4 期。

[128]王文波、陈洪连:《新时代干部容错纠错机制构建:价值意蕴、问题检视及破解之道》,载《理论导刊》2021 年第 2 期。

[129]吴园林、刘昱成:《监察权性质新论》,载《河北法学》2021 年第 2 期。

[130]夏引业:《监察体制改革宪法保障的实现路径及其理论意义》,载《兰州学刊》2021 年第 2 期。

[131]喻少如、李勇峰:《监察建议"柔性"对事监督权的属性厘定与功能实现》,载《江西社会科学》2021 年第 2 期。

[132]卜万红:《百年大党不断增强拒腐防变能力的制度建构》,载《世界社会主义研究》2021 年第 2 期。

2021—1

[133]潘金贵、王霈:《职务犯罪监察调查中的从宽处罚建议制度研究》,载《重庆社会科学》2021 年第 1 期。

[134]王高贺、周华国:《监督监督者:新时代特约监察员制度的探索与突破》,载《理论探讨》2021 年第 1 期。

[135]王玄玮:《监检衔接中检察职责的尺度——刑事诉讼中"制约"与"监督"辨析》,载《云南师范大学学报(哲学社会科学版)》2021 年第 1 期。

[136]姚莉:《〈监察法〉第 33 条之法教义学解释——以法法衔接为中心》,载《法学》2021 年第 1 期。

[137]喻中文:《风景名胜区管理机构公职人员职务犯罪案件分析——以纪检

监察与诉讼程序的衔接为中心》,载《湖南大学学报(社会科学版)》2021年第1期。

[138]何静:《监察留置措施的内部约束与外部制约》,载《湖湘论坛》2021年第1期。

[139]李志强:《监察委员会的职能定位及其类型化构造》,载《山东社会科学》2021年第1期。

[140]董石桃:《监察下乡:监察职能向基层延伸的国家治理逻辑》,载《行政论坛》2021年第1期。

[141]吕成震:《明代京畿道的设置与运作研究》,载《古代文明》2021年第1期。

[142]潘春玲:《新发展阶段须持续深化全面从严治党》,载《人民论坛》2021年第1期。

[143]秦前红、张晓瑜:《政务处分与党纪处分适用衔接的若干问题》,载《中南民族大学学报(人文社会科学版)》2021年第1期。

[144]滕明政:《中国共产党十八大以来党内监督的鲜明特点》,载《重庆社会科学》2021年第1期。

[145]张世飞:《运用科技手段提升纪检监察工作水平》,载《人民论坛》2021年第3期。

[146]张海英:《明代言官进谏的流变》,载《人民论坛》2021年第2期。

[147]徐汉明、赵清:《检察机关对职务犯罪案件依法审查的三个运行向度》,载《中南民族大学学报(人文社会科学版)》2021年第1期。

[148]申世涛:《程序正义视野下监察证据的几个问题:文献梳理及展望》,载《社会科学家》2021年第1期。

[149]韦嘉燕:《国家治理现代化之监察委员会案件管辖立法考量——以监察机关获得授权制定监察法规为背景》,载《河南社会科学》2021年第1期。

[150]邓联荣、高通:《赋予监察证据以刑事证据资格研究——以〈监察法〉第33条第1款为中心》,载《湘潭大学学报(哲学社会科学版)》2021年第1期。

[151]段妍:《毛泽东加强党的政治纪律建设的实践探索及现实启示》,载《湘潭大学学报(哲学社会科学版)》2021年第1期。

[152]薛彤彤、任建明:《法官员额制改革及其对国家监察官制度的启示》,载

《河南社会科学》2021 年第 1 期。

[153]熊瑛:《留置概念研究——从留置性质的角度切入》,载《法治研究》2021 年第 1 期。

[154]邱霈恩、李天昊:《监察法的法律属性及相关法理论析》,载《法治研究》2021 年第 1 期。

[155]李晓明:《从行政监察到国家监察及其学科原理的建构》,载《法治研究》2021 年第 1 期。

2020—12

[156]谢小剑、李鹏云:《以审判为中心改革中监察案件的办理》,载《江西社会科学》2020 年第 12 期。

[157]陈辉、周东升:《〈监察法〉实施背景下涉黑职务犯罪的治理模式及完善》,载《广西社会科学》2020 年第 12 期。

[158]程俊霖、石路:《依附与失灵:清代监察制度的历史省察》,载《青海社会科学》2020 年第 6 期。

[159]丁方旭、任进:《国家监察体制改革视域下中国特色监察官制度的构建》,载《行政管理改革》2021 年第 1 期。

[160]郭文涛:《〈政务处分法〉双轨惩戒制度之间的衔接协调》,载《法学》2020 年第 12 期。

[161]胡云:《风宪再造:钱穆政治思想中的监察权理论》,载《政治思想史》2020 年第 4 期。

[162]蒋来用:《监督体系在应对重大突发事件中的缺陷与修补》,载《中共中央党校(国家行政学院)学报》2020 年第 6 期。

[163]井晓龙:《监察调查权与检察侦查权衔接研究》,载《法学杂志》2020 年第 12 期。

[164]李少文:《从政治实践中理解和创新中国宪法——评秦前红教授〈监察改革中的法治工程〉》,载《中国法律评论》2020 年第 6 期。

[165]李晓明:《从行政监察到国家监察及其学科原理的建构》,载《法治研究》2021 年第 1 期。

[166]聂辛东:《论监察解释权的法治化原理及其方案》,载《南大法学》2020

年第4期。

[167]于海洋、何康:《纪检监察工作与政务流程再造的融合:问题、逻辑与路径》,载《行政论坛》2020年第6期。

[168]谢治菊、范飞:《大数据驱动民生监察的价值、逻辑与图景——以“T县民生监察大数据平台”为例》,载《中国行政管理》2020年第12期。

[169]吴园林、刘昱成:《监察权性质新论》,载《河北法学》2021年第2期。

[170]吴金群、曾智洪、游晨:《廉政治理的技术应用及超越:系统集成的智慧纪检监察模式研究》,载《党政研究》2020年第6期。

[171]吴建雄:《司法人员职务犯罪双重管辖制度的多维思考》,载《中国法学》2020年第6期。

[172]王新亭:《管住基层公权力需开启监督“聚光灯”——关于健全完善党和国家基层监督体系的实践探索》,载《人民论坛》2020年第34期。

[173]王立峰、李洪川:《特约监察员制度的演变逻辑、实践价值与完善路径》,载《党政研究》2020年第6期。

2020—11

[174]陈宏彩:《强化监察机关内部监督的理论逻辑与制度建构》,载《河南社会科学》2020年第11期。

[175]熊瑛:《留置概念及性质研究》,载《中国延安干部学院学报》2020年第6期。

[176]陈胜强:《监察职能向基层延伸的成效、问题与优化路径》,载《中州学刊》2020年第11期。

[177]陈伟:《监察建议在监察全覆盖中的表现形态与规范运行》,载《南京师范大学学报(社会科学版)》2020年第6期。

[178]陈小炜:《监检关系视野下退回补充调查与自行补充侦查》,载《北方法学》2020年第6期。

[179]封利强:《监察法学的学科定位与理论体系》,载《法治研究》2020年第6期。

[180]何静:《检察介入监察调查:依据探寻与壁垒消解》,载《安徽师范大学学报(人文社会科学版)》2020年第6期。

[181]李海峰:《非法证据排除规则在监察程序中的价值预期与合理运用》,载《法治研究》2020 年第 6 期。

[182]林彦:《维护全国人民代表大会的民主功能——兼评〈全国人大组织法〉(修正草案)》,载《法学评论》2020 年第 6 期。

[183]刘畅:《国家监察体系结构调适与功能优化分析》,载《学习与探索》2020 年第 11 期。

[184]楼丽:《监察机关移送案件刑事立案相关问题研究》,载《法治研究》2020 年第 6 期。

[185]彭思远、李照彬:《监察国家赔偿案件受理机制研究》,载《四川师范大学学报(社会科学版)》2020 年第 6 期。

[186]秦前红、石泽华:《监察法规的性质、地位及其法治化》,载《法学论坛》2020 年第 6 期。

[187]王尘子:《公职人员精准问责:分析框架、实践偏差与优化策略》,载《中共天津市委党校学报》2020 年第 6 期。

[188]王建国、谷耿耿:《监察权独立行使的法治逻辑》,载《宁夏社会科学》2020 年第 6 期。

[189]王军仁:《论政务处分制度对传统政纪处分制度的扬弃与超越》,载《安徽师范大学学报(人文社会科学版)》2020 年第 6 期。

[190]周伟:《监察机关派驻监督体制机制的完善》,载《现代法学》2020 年第 6 期。

[191]赵晓耕、刘盈辛:《中国传统御史监察制度的反思》,载《武汉大学学报(哲学社会科学版)》2020 年第 6 期。

[192]张硕:《监察案件非法证据排除制度体系:法理解构与实践路径》,载《政法论坛》2020 年第 6 期。

[193]伊士国:《国家监察体制改革的宪法学思考》,载《甘肃社会科学》2020 年第 6 期。

[194]阳平:《我国监察管辖制度体系的构成及完善》,载《法治研究》2020 年第 6 期。

[195]徐汉明、丰叶:《检察机关"先行拘留权"属性、程序、效能之逻辑结构》,载《法学评论》2020 年第 6 期。

[196]修晓波:《江南行台的设置与元初政治》,载《山东社会科学》2020年第11期。

[197]王玄玮:《检察官司法责任追究制度的若干问题》,载《云南大学学报(社会科学版)》2020年第6期。

[198]陈宏彩:《强化监察机关内部监督的理论逻辑与制度建构》,载《河南社会科学》2020年第11期。

[199]熊瑛:《留置概念及性质研究》,载《中国延安干部学院学报》2020年第6期。

[200]陈胜强:《监察职能向基层延伸的成效、问题与优化路径》,载《中州学刊》2020年第11期。

[201]陈伟:《监察建议在监察全覆盖中的表现形态与规范运行》,载《南京师范大学学报(社会科学版)》2020年第6期。

2020—10

[202]秦永超:《监察体制改革背景下农村基层公权力监督机制优化之策》,载《领导科学》2020年第20期。

[203]邱守慈、戴建华:《检察官惩戒制度的现实困境与对策研究》,载《理论月刊》2020年第10期。

[204]涂小雨:《在历史唯物主义视域中完善全面从严治党制度》,载《学习论坛》2020年第10期。

[205]王进芬:《列宁对马克思主义党内民主理论的开创性贡献》,载《江汉论坛》2020年第10期。

[206]伍海泉:《大学公权力:概念、溯源与治理——基于国家监察治理的视角》,载《教育研究》2020年第10期。

[207]吴建雄、马少猛:《司法人员职务犯罪侦查制度的基本理论与机制构建》,载《中国刑事法杂志》2020年第5期。

[208]孔祥承:《监察留置要件规范化研究》,载《学术交流》2020年第10期。

[209]李海青:《新时代的国家治理现代化:变革与方向》,载《人民论坛》2020年第29期。

[210]李阳阳:《妨害监察行为刑法规制的困境及其疏解——基于〈监察法〉

与〈刑法〉衔接的视角》,载《学术交流》2020 年第 10 期。

2020—9

[211]袁士杰、汪太贤:《检察官惩戒制度的"去全"与"回归"》,载《辽宁大学学报(哲学社会科学版)》2020 年第 5 期。

[212]张金奎:《锦衣卫监察职能略论》,载《史学集刊》2020 年第 5 期。

[213]张梁:《新时代国家监察监督制度之建构理据、运行价值、效能增进》,载《西北民族大学学报(哲学社会科学版)》2020 年第 5 期。

[214]张伟:《民国监察权运行实效考察(1931 - 1949)》,载《法学评论》2020 年第 5 期。

[215]赵冠男:《论职务犯罪监察调查程序中刑事证据规则的构建》,载《湘潭大学学报(哲学社会科学版)》2020 年第 5 期。

[216]赵军锋、金太军:《国家审计与国家监察的协同监督:现实基础与实践路径》,载《江海学刊》2020 年第 5 期。

[217]王建学:《监察机关立法权纵向配置研究——基于地方试点的视角》,载《四川师范大学学报(社会科学版)》2020 年第 5 期。

[218]魏晓文、张玉超:《论新时代强化纪委党内政治监督的实践逻辑》,载《东北大学学报(社会科学版)》2020 年第 5 期。

[219]于学强、于学勇:《中国古代巡视制度设计的弊端及警示》,载《广西社会科学》2020 年第 9 期。

[220]郑超华:《新时代党内监督的逻辑理路、运行状况与效能提升》,载《求实》2020 年第 5 期。

[221]朱福惠、聂辛东:《论监察法体系及其宪制基础》,载《江苏行政学院学报》2020 年第 5 期。

[222]朱福惠:《检察机关对监察机关移送起诉案件的合法性审查——〈人民检察院刑事诉讼规则〉解读》,载《武汉大学学报(哲学社会科学版)》2020 年第 5 期。

[223]曹鎏:《论职务违法调查的理论逻辑、规制路径及证据规则》,载《法学评论》2020 年第 5 期。

[224]陈光斌:《监察官职业伦理:概念、渊源和内容》,载《法学评论》2020 年

第5期。

[225]陈军:《“四大检察”改革背景下的检察权能配置探析》,载《政法论丛》2020年第5期。

[226]封利强:《检察机关提前介入监察调查之检讨——兼论完善监检衔接机制的另一种思路》,载《浙江社会科学》2020年第9期。

[227]耿华昌:《试论监察委员会调查权的运行模式》,载《江苏大学学报(社会科学版)》2020年第5期。

[228]桂梦美:《职务犯罪调查阶段认罪认罚从宽的制度逻辑与展开》,载《苏州大学学报(哲学社会科学版)》2020年第5期。

[229]郭世杰:《监察制度改革背景下检察权的规范解读》,载《新疆社会科学》2020年第5期。

[230]李海滢、王延峰:《监察委员会调查权两分构造之提倡与实现》,载《长白学刊》2020年第5期。

[231]刘畅:《权力结构视域下的国家监察体制改革与优化》,载《行政论坛》2020年第5期。

[232]龙浩:《论监察机关对检察机关的制约及其必要限度》,载《新疆社会科学》2020年第5期。

[233]马媛:《十八大以来中国共产党强化自我监督的效能评析和实践取向》,载《宁夏社会科学》2020年第5期。

[234]毛健:《监督与制衡:唐代巡察制度的特征、运作及成效》,载《求索》2020年第5期。

[235]朴林:《一体推进“不敢腐、不能腐、不想腐”的理论思考》,载《理论探讨》2020年第5期。

[236]王雷、梁迎修:《空间与理念:职务犯罪调查权的司法间距——兼评新〈刑事诉讼法〉第一百七十条》,载《学术论坛》2020年第4期。

2020—8

[237]颜德如、栾超:《当代中国监察制度变迁的动力分析》,载《社会科学》2020年第8期。

[238]叶海波:《从“纪检立规”到“监察立法”:深化国家监察体制改革法治路

径的优化》,载《政治与法律》2020 年第 8 期。

[239]于兆波:《对公职人员既要加强监督也要保障其权益》,载《中国党政干部论坛》2020 年第 8 期。

[240]张桂林:《党和国家监督体系原理探析》,载《政治学研究》2020 年第 4 期。

[241]张卫东:《“扩权”与“限权”:国民政府时期监察权配置之不同方案》,载《江汉论坛》2020 年第 8 期。

[242]周伟:《完善全国人大专门委员会设置的宪法思路与展望》,载《中国法律评论》2020 年第 4 期。

[243]朱茜:《加强党对国家监察体制改革的领导》,载《人民论坛》2020 年第 24 期。

[244]曹鎏:《论监察问责的基本法律问题概念澄清与构成要件解析》,载《中外法学》2020 年第 4 期。

[245]曾哲、丁俊文:《问题展开与路径阐释:依法监察理论与地方监察立法之证成》,载《河北法学》2020 年第 10 期。

[246]曾智洪、陈煜超、吴金群:《智慧纪检监察:概念框架、实践图谱和优化策略》,载《电子政务》2020 年第 8 期。

[247]蒋来用:《政治监督常态化:反腐战略优化路径与对策》,载《政治学研究》2020 年第 4 期。

[248]刘增合:《中央权威与地方特性:国民政府时期央地监督制度疏论》,载《江汉论坛》2020 年第 8 期。

[249]罗星:《新中国成立以来纪检监察机关两次合署办公比较研究》,载《学习论坛》2020 年第 8 期。

[250]王海军:《新时代我国特约监察员制度的设立与优化》,载《人民论坛》2020 年第 24 期。

2020—7

[251]王翠芳:《新时代党内监督的创新发展》,载《中国特色社会主义研究》2020 年第 3 期。

[252]王希鹏:《〈公职人员政务处分法〉的开创意义与核心要义》,载《人民论

坛》2020 年第 19 期。

[253]王旭:《论套取高校科研经费治理的〈国家监察法〉适用》,载《法学杂志》2020 年第 7 期。

[254]颜杰峰、唐锡康:《党的纪检监察派驻制度的历史脉络及其经验启示》,载《毛泽东邓小平理论研究》2020 年第 7 期。

[255]张正宇:《完善与发展中国特色监察制度的三个维度》,载《理论视野》2020 年第 7 期。

[256]赵卿:《双重改革视域下行政检察监督与监察委监督的关系辨析》,载《江西社会科学》2020 年第 7 期。

[257]朱茜:《历史与治理实践视角下党的全面领导与监察体制改革探索》,载《领导科学》2020 年第 14 期。

[258]段妍:《新中国成立初期加强党内监督的实践探索及现实启示》,载《思想理论教育导刊》2020 年第 7 期。

[259]胡云、任锋:《监察集权:从宋代监司政治透视强郡县国家的治理逻辑》,载《学海》2020 年第 4 期。

[260]曹胜军、常保国:《监察法与刑法、刑事诉讼法的衔接问题研究》,载《社会科学辑刊》2020 年第 4 期。

[261]陈朋:《县域监察体制改革的策略及其效能提升》,载《行政论坛》2020 年第 4 期。

[262]崔英楠、王柱国:《法律思维、监察传统与国家监察的实效性》,载《北京联合大学学报(人文社会科学版)》2020 年第 3 期。

[263]李志刚:《唐代监察权运行中蕴含的制衡理念》,载《东岳论丛》2020 年第 7 期。

[264]本刊编辑部、邵景均:《依法履职　秉公用权　廉洁从政》,载《中国行政管理》2020 年第 7 期。

[265]曹正汉、王宁:《一统体制的内在矛盾与条块关系》,载《社会》2020 年第 4 期。

[266]孔令勇:《新监察制度与认罪认罚从宽制度的错位及衔接》,载《安徽大学学报(哲学社会科学版)》2020 年第 4 期。

[267]李元珍、吕德文:《县域治理中的纪检监察监督:过程、机制与功能——

基于A县的经验研究》,载《探索》2020年第4期。

[268]蒙慧、胥壮壮:《监察体制改革背景下纪委监委合署办公体制的构建》,载《中州学刊》2020年第7期。

[269]明辉:《"御史监察"的历史构造与运转实效》,载《法学研究》2020年第4期。

[270]庞振宇:《中华苏维埃共和国国家监察制度的政治功能与时代意蕴》,载《江西社会科学》2020年第7期。

[271]彭新林:《腐败犯罪法律治理:内涵、思路与路径》,载《学术界》2020年第7期。

[272]秦前红、石泽华:《我国高校监察制度的性质、功能与改革愿景》,载《武汉大学学报(哲学社会科学版)》2020年第4期。

[273]黄风、陶琳琳:《关于〈中华人民共和国引渡法〉修订的几个主要问题》,载《吉林大学社会科学学报》2020年第4期。

[274]李云霖、银鹰、岳天明:《人大及其常委会监督监察委员会的逻辑与作为》,载《湖南科技大学学报(社会科学版)》2020年第4期。

[275]宋乐静:《中管高校纪检监察体制改革探究》,载《学校党建与思想教育》2020年第14期。

2020—6

[276]张廷:《论列宁的党和国家监察思想及其启示》,载《学校党建与思想教育》2020年第11期。

[277]曹鎏:《论职务违法认定的体系化构成》,载《中国行政管理》2020年第6期。

[278]陈伟、郑自飞:《监察机关职务犯罪调查案件的检察衔接及其制约》,载《湖北社会科学》2020年第6期。

[279]程衍:《论监察权监督属性与行权逻辑》,载《南京大学学报(哲学·人文科学·社会科学)》2020年第3期。

[280]蒋凌申:《论监察体制改革中的纪法协同》,载《南京大学学报(哲学·人文科学·社会科学)》2020年第3期。

[281]李瑞芳:《六届六中全会的三个〈决定〉》,载《中国档案》2020年

第6期。

[282]李少文:《人大如何加强对监察委员会的监督》,载《中国党政干部论坛》2020年第6期。

[283]刘霜:《反腐败国际追逃的法律适用困境及其有效应对》,载《河南大学学报(社会科学版)》2020年第4期。

[284]罗星:《新中国70年来党内监督理论与实践的发展》,载《广西社会科学》2020年第3期。

[285]骆成明:《国家监察体制需要直面的问题及深化改革建议》,载《西北民族大学学报(哲学社会科学版)》2020年第4期。

[286]马方、张升魁:《监察立法权运行逻辑及规范体系构建》,载《学习论坛》2020年第6期。

[287]蒙慧、胥壮壮:《功能·问题·优化:党内法规保障纪委监委合署办公研究》,载《广西社会科学》2020年第6期。

[288]郑毅:《论我国宪法文本中的"中央"与"地方"——基于我国〈宪法〉第3条第4款的考察》,载《政治与法律》2020年第6期。

[289]魏昌东:《腐败治理体系法治化发展的一般原理》,载《南京大学学报(哲学·人文科学·社会科学)》2020年第3期。

[290]张福平、张晓根、刘卫东:《疫情防控中纪检监察机关查处的典型问题梳理与思考》,载《领导科学》2020年第12期。

2020—5

[291]张淑瑛:《特约监察员制度视阈下监察委员会权力监督问题探究》,载《广西社会科学》2020年第2期。

[292]陈卫东:《刑事诉讼法修改若干问题研究》,载《内蒙古社会科学》2020年第3期。

[293]胡铭:《刑事辩护全覆盖与值班律师制度的定位及其完善——兼论刑事辩护全覆盖融入监察体制改革》,载《法治研究》2020年第3期。

[294]金鸿浩、童庆庆:《高级领导干部腐败犯罪的"大数据画像"及廉洁治理对策——基于十八大以来125个腐败案例的实证分析》,载《中共天津市委党校学报》2020年第3期。

[295]李昌盛:《监察体制改革后职务犯罪嫌疑人身份的确认》,载《湖北社会科学》2020 年第 5 期。

[296]李海峰:《庭审实质化背景下监察调查取证规则的检视与完善》,载《社会科学》2020 年第 5 期。

[297]林劲松:《监察机关人证笔录的证据能力辨析》,载《法治研究》2020 年第 3 期。

[298]刘计划:《监察委员会职务犯罪调查的性质及其法治化》,载《比较法研究》2020 年第 3 期。

[299]刘诗林:《"不敢腐、不能腐、不想腐"视角下的腐败治理成效与对策建议》,载《学校党建与思想教育》2020 年第 9 期。

[300]马雪松、王慧:《党和国家监督体系中的有效监督机制构建》,载《理论探索》2020 年第 3 期。

[301]孙国祥:《监察法从宽处罚的规定与刑法衔接研究》,载《法学论坛》2020 年第 3 期。

[302]王春业:《论我国监察损害赔偿法律制度的构建》,载《中共天津市委党校学报》2020 年第 3 期。

[303]于学强:《论党内巡视的制度优势及其治理效能的转化》,载《探索》2020 年第 3 期。

[304]张俊:《论我国监察调查权程序性控制模式之完善》,载《湖湘论坛》2020 年第 3 期。

[305]张磊:《从"百名红通人员"归案看我国境外追逃的最新发展——写在"百名红通人员"名单公布五周年之际》,载《法律适用》2020 年第 10 期。

[306]张于杰圣:《中国特色社会主义法治思想视阈下体育自治的本土化路向》,载《西安体育学院学报》2020 年第 3 期。

[307]张智辉:《论法律监督》,载《法学评论》2020 年第 3 期。

[308]江满情:《"三反"运动与新中国成立初期的制度建设》,载《当代中国史研究》2020 年第 3 期。

[309]李蓉、瞿目:《论监察体制改革背景下的检察官惩戒制度》,载《中南大学学报(社会科学版)》2020 年第 3 期。

[310]利子平、梁娟:《村干部犯罪的特点、主要成因和治理对策》,载《江西社

会科学》2020 年第 5 期。

[311]刘用军:《印证证明:传统、问题与未来——以〈监察法〉印证证明为切入》,载《学习论坛》2020 年第 5 期。

[312]马怀德、李淮:《聚焦行政权力规范运行的行政法学——2019 年行政法学研究述评》,载《湖南科技大学学报(社会科学版)》2020 年第 3 期。

[313]彭超:《国家监察权的法教义学阐释》,载《中州学刊》2020 年第 5 期。

[314]赵祖斌:《论适度公开原则在职务犯罪调查程序中的展开》,载《西北民族大学学报(哲学社会科学版)》2020 年第 3 期。

[315]王怡然:《监察调查案件证据补查的理论模式及法理反思》,载《甘肃社会科学》2020 年第 3 期。

[316]张梁:《中国特色"二维"监察权:属性、使命与功能》,载《广西社会科学》2020 年第 2 期。

2020—4

[317]陈建兵、贺娜:《列宁关于工农检查院改组的思考及启示》,载《马克思主义理论学科研究》2020 年第 2 期。

[318]陈伟:《国家监察全覆盖的内涵、原则及重点》,载《学术论坛》2020 年第 2 期。

[319]褚宸舸、王阳:《我国监察官制度的立法构建——对监察官范围和任职条件的建议》,载《浙江工商大学学报》2020 年第 4 期。

[320]董茂云:《监察委员会独立性地位的三个认识维度》,载《东方法学》2020 年第 3 期。

[321]韩旭:《监察委员会办理职务犯罪案件程序问题研究——以 768 份裁判文书为例》,载《浙江工商大学学报》2020 年第 4 期。

[322]姜胜辉:《嵌入式监督:探索权力监督有效实现新模式》,载《天津行政学院学报》2020 年第 3 期。

[323]蒋来用、王阳:《健全和完善党内监督体系的系统性、协调性和有效性》,载《重庆社会科学》2020 年第 4 期。

[324]孔凡河:《我国监察体制改革的现实动因与创新理路》,载《兰州学刊》2020 年第 4 期。

[325]李钢:《〈监察法〉实施后人民监督员制度的功能重塑与立法完善》,载《甘肃行政学院学报》2020 年第 2 期。

[326]李翼恒:《明清地方道制研究述评》,载《中国史研究动态》2020 年第 2 期。

[327]刘远亮:《新时代反腐败工作的法治化转向及其路径优化分析》,载《兰州学刊》2020 年第 4 期。

[328]罗星、白平浩:《新时代党内监督与国家监察相统一的三维分析》,载《理论视野》2020 年第 4 期。

[329]骆成明:《垂直管理单位公职人员职务犯罪问题管辖困境及破解举措》,载《领导科学》2020 年第 7 期。

[330]吕永祥、王立峰:《监察委员会廉政教育职能研究:设置依据、实施主体与防腐作用》,载《河南社会科学》2020 年第 3 期。

[331]秦毅:《论〈政务处分法〉立法的基本立场》,载《社会科学家》2020 年第 4 期。

[332]王春业:《论赋予监察机关立法权——兼评全国人大常委会的〈决定〉》,载《浙江工商大学学报》2020 年第 4 期。

[333]王飞跃:《论扫黑除恶工作机制中的配合与制约并重》,载《湖南师范大学社会科学学报》2020 年第 2 期。

[334]王建国、谷耿耿:《新时代监察改革深化的法治逻辑》,载《河南师范大学学报(哲学社会科学版)》2020 年第 2 期。

[335]王昭华、江国华:《法理与逻辑:职务违法监察对象权利救济的司法路径》,载《学术论坛》2020 年第 2 期。

[336]周佑勇:《对监督权的再监督:地方人大监督地方监察委员会的法治路径》,载《中外法学》2020 年第 2 期。

[337]范海啸、田富军:《政府审计与纪检监察协同运作中的冲突及应对策略》,载《领导科学》2020 年第 8 期。

[338]孙伯阳、李钢:《监察体制改革背景下人民监督员制度的缺憾及完善》,载《广西社会科学》2020 年第 4 期。

[339]曾哲、丁俊文:《从"条款解释"到"体系强制":国家监察体制改革的法学路向》,载《学习论坛》2020 年第 4 期。

2020—3

[340]卞建林:《检察机关侦查权的部分保留及其规范运行——以国家监察体制改革与〈刑事诉讼法〉修改为背景》,载《现代法学》2020年第2期。

[341]陈明辉:《论我国国家机构的权力分工:概念、方式及结构》,载《法商研究》2020年第2期。

[342]陈伟:《监察官法制订的现实必要、原则构建及实践问题》,载《学术界》2020年第1期。

[343]韩晗:《检察权能新拓:撤案核准的内涵阐释与模式展望——兼论刑事撤案与监察撤案的制度建构》,载《法律科学(西北政法大学学报)》2020年第2期。

[344]何阳、任鹏飞:《论纪检机关权力的监督——兼评〈中国共产党纪律检查机关监督执纪工作规则〉》,载《中国矿业大学学报(社会科学版)》2020年第5期。

[345]林艺芳、张云霄:《监察法与刑事诉讼法衔接视角下认罪认罚从宽的制度整合》,载《甘肃社会科学》2020年第2期。

[346]刘社建:《清代监察御史选拔制度探析》,载《社会科学》2020年第3期。

[347]梅士伟、赵俊芳:《日本国立大学监事制度的生成逻辑与实践论析》,载《外国教育研究》2020年第3期。

[348]秦前红:《人大监督监察委员会的主要方式与途径——以国家监督体系现代化为视角》,载《法律科学(西北政法大学学报)》2020年第2期。

[349]施鹏鹏、马志文:《论刑事诉讼法与国家监察体制的衔接》,载《浙江工商大学学报》2020年第2期。

[350]田飞龙:《中国模式视角下新型政商关系的法治建构》,载《学术界》2020年第1期。

[351]汪海燕:《职务犯罪案件认罪认罚从宽制度研究》,载《环球法律评论》2020年第2期。

[352]王高贺:《特约监察员与特邀监察员的比较与启示》,载《河南社会科学》2020年第2期。

[353]王可利、刘旺洪:《监察信息公开范围初探》,载《江苏社会科学》2020年第2期。

[354]王寿林:《坚定不移推进反腐败斗争——新时期我国反腐败斗争发展的历程》,载《新视野》2020年第2期。

[355]吴建雄:《新中国反腐的历史轨迹和实践经验》,载《国家检察官学院学报》2020年第2期。

[356]徐继敏、张承思:《宪制视野下法律监督和检察权能逻辑的重构》,载《四川师范大学学报(社会科学版)》2020年第2期。

[357]杨万顺:《国家监察制度建设的社会主义核心价值观基础》,载《中国矿业大学学报(社会科学版)》2020年第3期。

[358]金成波、张航:《国家监察视阈下谈话制度的运用与完善》,载《长白学刊》2020年第2期。

[359]李雷:《向高校派驻纪检监察机构的必要性及规范完善路径——以深化国家监察体制改革为背景》,载《社会科学家》2020年第3期。

[360]徐双敏:《坚持和完善中国特色的问责制度》,载《学习与实践》2020年第3期。

[361]安治民、江小民:《我国纪检监察体制改革的进路研究》,载《云南行政学院学报》2020年第2期。

2020—2

[362]丰叶:《职务犯罪大数据证据研究》,载《科技与法律》2020年第1期。

[363]冯留建:《"纪法贯通"的实践基础与当代价值》,载《人民论坛》2020年第4期。

[364]谷耀宝:《"防"重于"治"——芬兰如何有效防治腐败》,载《中国党政干部论坛》2020年第2期。

[365]雷园园:《论〈监察法〉对〈法兰西内战〉监督思想的继承与发展》,载《理论导刊》2020年第2期。

[366]刘华超、臧秀玲:《列宁关于无产阶级执政党建设的思考与探索》,载《当代世界与社会主义》2020年第1期。

[367]马振清:《"纪法贯通,法法衔接"的本质透视与现实保障》,载《人民论坛》2020年第5期。

[368]魏祥健:《大数据环境下审计与纪检监察协同监督动力机制构建》,载

《财会通讯》2020 年第 3 期。

[369]常冰霞、艾永明:《中国古代监察权的监督与制约及当代启示》,载《华侨大学学报(哲学社会科学版)》2020 年第 1 期。

2020—1

[370]陈宏彩:《国家监察体制改革绩效评估问题探析》,载《中州学刊》2020 年第 1 期。

[371]程龙:《监督抑或共责:监察调查与刑事诉讼衔接中的补充侦查》,载《河北法学》2020 年第 2 期。

[372]陈伟:《监察法与刑法的关系梳理及其症结应对》,载《当代法学》2020 年第 1 期。

[373]戴芳:《达摩克里斯之剑——评监察体制改革的法治进路》,载《云南行政学院学报》2020 年第 1 期。

[374]高国梁、夏纪森:《政治信任风险控制的法律监督体系构建》,载《广西大学学报(哲学社会科学版)》2020 年第 1 期。

[375]龚举文:《论监察调查中的非法证据排除》,载《法学评论》2020 年第 1 期。

[376]何家弘:《论监察委犯罪调查的法治化》,载《中国高校社会科学》2020 年第 1 期。

[377]黄紫红:《新时代高校纪检监察组织与队伍建设探研》,载《思想理论教育》2020 年第 1 期。

[378]冀明武:《论党内监督法规与国家法律制度的衔接——以〈中国共产党党内监督条例〉与〈监察法〉为视点》,载《江汉学术》2020 年第 2 期。

[379]林飞、毕霞:《国家监察体制改革的动因、原则与路径》,载《中学政治教学参考》2020 年第 3 期。

[380]刘艳红、刘浩:《政务处分法对监察体制改革的法治化推进》,载《南京师范大学学报(社会科学版)》2020 年第 1 期。

[381]吕晓刚:《监察调查提前介入实践完善研究》,载《法学杂志》2020 年第 1 期。

[382]吕永祥、王立峰:《监察委员会的精细化廉政教育模式研究——以公职

人员的职业生涯发展阶段为分析视角》,载《东北大学学报(社会科学版)》2020 年第 1 期。

[383]聂辛东:《国家监察委员会的监察法规制定权限:三步确界与修法方略》,载《政治与法律》2020 年第 1 期。

[384]钱小平:《监察管辖制度的适用问题及完善对策》,载《南京师范大学学报(社会科学版)》2020 年第 1 期。

[385]石经海:《〈监察法〉与〈刑法〉衔接实施的基点、问题与路径》,载《现代法学》2020 年第 1 期。

[386]宋伟、过勇:《新时代党和国家监督体系:建构逻辑、运行机理与创新进路》,载《东南学术》2020 年第 1 期。

[387]宋玉波、黄锟:《党政体制改革的探索与优化》,载《上海行政学院学报》2020 年第 1 期。

[388]苏嘉靖:《从〈宪纲〉修订看明代监察制度的兴衰》,载《西南大学学报(社会科学版)》2020 年第 1 期。

[389]谭家超:《监察建议职权的内在机理与外在标准》,载《天津行政学院学报》2020 年第 2 期。

[390]魏昌东:《〈监察法〉监察强制措施体系的结构性缺失与重构》,载《南京师范大学学报(社会科学版)》2020 年第 1 期。

[391]夏伟:《监察体制改革"纪法衔接"的法理阐释及实现路径》,载《南京师范大学学报(社会科学版)》2020 年第 1 期。

[392]于学强、于学勇:《论巡视制度建设的历史传承与时代创新》,载《长白学刊》2020 年第 1 期。

[393]张云霄:《〈监察法〉实施中的若干问题与完善建议》,载《法学杂志》2020 年第 1 期。

[394]朱珊珊:《国有企业监督制度的困局与策略》,载《经济体制改革》2020 年第 1 期。

[395]谷斌、魏丽丽:《基于区块链技术的纪检监察工作优化路径》,载《中国行政管理》2020 年第 1 期。

[396]陈大为:《内在契合:建设法治政府与推行权力清单制度的关系研究》,载《河南社会科学》2020 年第 1 期。

[397]朱殿骅:《新时代审计权的权力属性与审计管理体制改革路径——与监察权、司法权比较》,载《江汉学术》2020 年第 1 期。

[398]王译、江国华:《逻辑原点、基本原则与功能期待:完善监察监督机制的应然面向》,载《中共天津市委党校学报》2020 年第 1 期。

2019—12

[399]王硕:《纪检监察干部的社会刻板印象及重塑思路》,载《领导科学》2019 年第 23 期。

[400]王希鹏:《坚持和完善党和国家监督体系:基本经验与推进路径》,载《中国特色社会主义研究》2019 年第 6 期。

[401]吴建雄、杨立邦:《反腐败法治化规范化的科学要义》,载《人民论坛》2019 年第 35 期。

[402]吴建雄:《坚持和完善党和国家监督体系的重要抓手——试论纪检监察工作规范化、法治化》,载《中国延安干部学院学报》2019 年第 6 期。

[403]詹建红、崔玮:《职务犯罪案件监察分流机制探究——现状、问题及前瞻》,载《中国法律评论》2019 年第 6 期。

[404]朱广亮、张卫东:《清末民初国家监督制度体系近代转型探析》,载《中州学刊》2019 年第 11 期。

[405]陈辉:《论监察委员会处置权的合理配置与规范运行》,载《社会主义研究》2019 年第 6 期。

[406]管素叶、陈志刚:《党和国家监督体系的创新发展》,载《中国特色社会主义研究》2019 年第 6 期。

[407]郭威、王敬存:《明代如何构建惩贪法律体系》,载《人民论坛》2019 年第 35 期。

[408]李建军:《明清监察制度之比较》,载《中州学刊》2019 年第 12 期。

[409]李健:《权能定性与文化塑造:深化监察体制改革的双重维度》,载《法学》2019 年第 12 期。

[410]李龙、李一鑫:《国家监察委员会的法规制定权研究》,载《河南社会科学》2019 年第 12 期。

[411]李沫、黄健:《我国纪检监察反腐举报制度的法律重塑——基于对举报

信访化的反思》,载《湖南社会科学》2019 年第 6 期。

[412]卢树鑫:《晚清巡道监察职能的运用与地方治理的强化——基于贵东道的分析》,载《福建论坛(人文社会科学版)》2019 年第 12 期。

[413]任巧:《论对行政公务员的行政处分和政务处分双轨机制之间的调适》,载《重庆社会科学》2019 年第 12 期。

[414]刘小权、周峰:《从负面清单管理模式看高校行政效能监察治理》,载《中国高校科技》2019 年第 S1 期。

[415]颜德如、栾超:《国家监督权力结构转换与系统重构》,载《社会科学》2019 年第 12 期。

[416]王冠、任建明:《纪检监察派驻制度的演进、逻辑与改革建议》,载《科学社会主义》2019 年第 6 期。

2019—11

[417]吴建雄、李春阳:《〈监察法〉实施中的若干疑难问题及其破解对策》,载《湖南大学学报(社会科学版)》2019 年第 6 期。

[418]许治政:《北宋三司监察权略论》,载《江西师范大学学报(哲学社会科学版)》2019 年第 6 期。

[419]叶青、王小光:《职务犯罪双轨调查体系构造及改革展望》,载《探索与争鸣》2019 年第 11 期。

[420]于晓虹、杨惠:《党政体制重构视阈下政法工作推进逻辑的再审视——基于〈中国共产党政法工作条例〉的解读》,载《学术月刊》2019 年第 11 期。

[421]艾永明:《古代监察官员的激励制度》,载《人民论坛》2019 年第 32 期。

[422]曾明:《创新激励与创新能力:地方同级监督创新对监察改革创新的启示》,载《湖湘论坛》2019 年第 6 期。

[423]陈瑞华:《刑事辩护制度四十年来的回顾与展望》,载《政法论坛》2019 年第 6 期。

[424]冯俊伟:《〈监察法〉实施中的证据衔接问题》,载《行政法学研究》2019 年第 6 期。

[425]刘亮:《检察机关职权调整的宪法审视》,载《北京理工大学学报(社会科学版)》2019 年第 6 期。

[426]罗许生:《党内监督与国家监督的联动和协同研究》,载《广西社会科学》2019年第11期。

[427]欧爱民、向嘉晨:《第五次宪法修正案蕴含的党规与国法关系》,载《理论与改革》2019年第6期。

[428]吴建雄:《开创党和国家监督体系现代化的新境界——坚持和完善党和国家监督体系的历史逻辑、理论逻辑与实践逻辑》,载《新疆师范大学学报(哲学社会科学版)》2019年第6期。

[429]于晓虹、杨惠:《监察体制改革视阈下的地方治理逻辑——基于地方监察委实践的实证分析(2016-2018)》,载《治理研究》2019年第6期。

[430]袁曙光、李戈:《监察调查与刑事诉讼的衔接与协调》,载《济南大学学报(社会科学版)》2019年第6期。

[431]周佑勇、周维栋:《宪法文本中的"执法部门"及其与监察机关之配合制约关系》,载《华东政法大学学报》2019年第6期。

[432]巢陈思:《监察委员会留置措施初探》,载《延边大学学报(社会科学版)》2019年第6期。

[433]董石桃:《技术执行视域中的大数据反腐:情境、结构与绩效》,载《行政论坛》2019年第6期。

[434]李宜春:《使职与差遣:中国古代政治制度变迁的一个基本路径》,载《深圳大学学报(人文社会科学版)》2019年第6期。

[435]黄毅、文军:《从"配置性效率"迈向"适应性效率"——国家监察体制改革的制度化逻辑与理性构造》,载《湖湘论坛》2019年第6期。

[436]田湘波:《监察委员会进一步制度化建设研究——基于理性选择制度主义的理论视角》,载《湖湘论坛》2019年第6期。